Shengchan Yu
Yunzuo Guanli
Shiwu

"十四五"职业教育国家规划教材

21世纪高等职业教育精品教材·工商管理类

U0648749

生产与运作
管理实务 （第六版）

◉ 阮喜珍 编著

东北财经大学出版社 大连
Dongbei University of Finance & Economics Press

图书在版编目（CIP）数据

生产与运作管理实务 / 阮喜珍编著 . —6 版 . —大连 ： 东北财经大学出版社，2023.7（2025.1重印）

（21世纪高等职业教育精品教材·工商管理类）

ISBN 978-7-5654-4887-4

Ⅰ.生…　Ⅱ.阮…　Ⅲ.企业管理-生产管理-高等职业教育-教材　Ⅳ.F273

中国国家版本馆CIP数据核字（2023）第126663号

东北财经大学出版社出版

（大连市黑石礁尖山街217号　邮政编码　116025）

网　　址：http://www.dufep.cn

读者信箱：dufep@dufe.edu.cn

大连图腾彩色印刷有限公司印刷　东北财经大学出版社发行

幅面尺寸：185mm×260mm　　字数：478千字　　印张：19.75

2023年7月第6版　　2025年1月第4次印刷

责任编辑：郭海雷　　　　　　　责任校对：何　群

封面设计：原　皓　　　　　　　版式设计：原　皓

定价：46.00元

在过去的十年中，科学技术（特别是信息科技）发展之快、经济形势变化之大，出乎我们意料，对于因科技、经济变化而引起生产与运作管理的新进展必须及时跟进，反映在我们的教材中，以感谢广大读者对我们的厚爱。本次修订没有改动教材的框架体系，只是对教材的细节方面进行了完善，使其更能突出新颖性和实用性。目前，中国本土诞生了很多优秀的企业运作管理方面的实践案例，比如海底捞的服务创新模式、海尔的人单合一模式、美的的数字化转型等，可以说中国企业在生产与运作管理中体现的传统内容和新兴内容正处在新旧交替中，为此我们在修订时针对这些变化增加了生产运作管理模式和技术项目。另外，本次修订还考虑到了职教本科的使用需求，在内容选择和难易度方面进行了微调。

本书在2014年和2020年先后获评"十二五""十三五"职业教育国家规划教材，2023年6月获评"十四五"职业教育国家规划教材，对于编者来说，这既是肯定，也是鞭策。经过此次修订，本书的内容构成分为以下几个部分：生产与运作管理认知；选址与设施布置；工作设计与组织；生产与运作计划；库存管理；MRP、MRP II 和 ERP；质量管理与控制；生产现场管理与作业排序；项目管理与网络计划技术；供应链环境下的生产与运作；生产成本控制与经济核算；产品开发和生产运作的流程设计。

本书的主要特点如下：

1. 贯彻党的二十大精神，挖掘课程思政元素，通过素养目标的确立、高质量发展思想的融入和"学思践悟"栏目的拓展将爱国情怀、工匠精神、创新精神、进取意识与知识传播有机结合起来，使"学习—思考—实践—感悟"形成闭环，把"立德树人"的根本任务落到实处。

2. 根据《关于推动现代职业教育高质量发展的意见》的基本要求，"将新技术、新工艺、新规范、典型生产案例及时纳入教学内容"。本书按照系统工程的基本思想，沿着生产与运作系统设计、生产与运作系统运行、生产与运作系统控制、生产与运作系统维护、生产与运作系统评价、生产与运作系统再造这一主线，涵盖制造与服务活动的长期战略决策、中期战术决策以及短期运作决策，将新技术、新工艺、新规范以及中国本土生动的企业实践案例融入其中。

3. 借鉴"岗课赛证融通"综合育人机制，在项目制教学模式下设计了从知识传授到技能实训的系统化教材架构，引导学生实现"学思用贯通、知信行统一"。

4. 突出先进制造业和现代服务业"两业融合"对于"增强制造业核心竞争力、培育现代产业体系、实现高质量发展"的重要性，介绍了两大领域运营管理的原理、方法、应用以及未来的发展趋势等。

　　本书既可作为职业教育本科、专科工商管理类专业的通用教材，也可供企业在职人员培训使用。为方便教学，本书配有PPT教学课件、习题参考答案等教学资源，任课教师可登录东北财经大学出版社网站（www.dufep.cn）下载使用。

　　本书由武汉职业技术学院的阮喜珍教授编著。在本书的编写过程中，参考和引用了许多学者的研究成果，在此谨向有关作者表示诚挚的谢意！同时，本书的出版得到了东北财经大学出版社的大力支持，得到了同行专家的关心、帮助和指导，在此一并表示感谢！

　　由于编著者水平有限，书中难免存在缺点和不足，恳请读者批评指正。

编著者

2023 年 7 月

目录

3

4

生产与运作管理认知

[学习目标]

通过本项目内容的学习，你应该达到以下目标：

知识目标：

◎理解生产与运作活动的含义和生产与运作管理的概念；

◎掌握生产与运作管理的职能范围和内容；

◎了解生产与运作战略的含义、生产运作总体战略。

技能目标：

◎能对组织结构简单的企业进行模拟生产与运作；

◎企业生产运作系统演练（ERP 沙盘）。

素养目标：

◎明确"制造强国""质量强国"战略的重要性，增强使命担当意识。

引例

新型家电引领消费升级

当前，我国家电市场消费新潮涌动，一方面存量特征明显，另一方面新型家电渐成新宠。积极扩大市场需求，把握消费升级趋势，帮助用户构建和谐美好"未来家"正成为驱动家电产业升级、迈向高质量发展的核心动力。近日，2023年中国家电及消费电子博览会在上海举办。作为全球三大家电与消费电子展之一，此次展会以"智科技、创未来"为主题，千余家国内外企业踊跃参展，展示全球家电及消费电子领域前沿创新成果。

产品更新换代提速。对于家电及消费电子行业来说，2023年是扩大市场规模、加快结构调整的重要一年。行业领军企业以硬核实力和创新举措，展现了行业努力走出低迷、开启新一轮增长的信心和力量。众多家电厂商聚焦品质生活需求，强化新风、洗烘、除菌、适老等产品功能创新，为用户带来新的体验。高端家电品牌德国美诺展示了衣物护理、洗碗机、嵌入式厨电等系列共计100余件产品。

家电家居一体化。在新兴数字技术加速发展的背景下，家电及消费电子厂商正全面打通客厅、厨房、卧室、卫浴等生活场景，并通过人工智能赋能，为用户提供具备主动智能且不断升级的智慧家居体验。在家电家居一体化趋势下，产品与家居环境的适配程度日益受到家电业重视。各冰箱品牌在新品开发中，不仅以新的科技成果满足智能、健康生活需要，还在美学与实用性的结合上大做文章。

嵌入式家电渐成新时尚。新亮相的容声无边界系列冰箱，通过底置散热系统，冰箱两侧与橱柜无须留出缝隙，就能够实现完全嵌入橱柜的效果。

品牌向高端迈进。在产业端，中国家电及消费电子博览会历来是行业未来发展的风向标。在本次展会举办的高峰论坛上，业内人士围绕数字智能深度融合、推动行业高质量发展等议题展开深入研讨。

智能技术的发展，构成了家电产业产品创新、场景发现、模式重构的新基座。彩电企业加速转型升级，拥抱新兴"屏世界"。

资料来源　周雷. 新型家电引领消费升级［N］. 经济日报，2023-05-12. 经节选改编。

这一案例表明：任何一个企业要想做大做强，其产品必须不断迭代升级，不断研究和使用新型生产、服务方式，加强生产与运作管理，形成竞争优势。

生产与运作管理作为一门实践性极强的管理学科，不仅包括对传统的物质产品制造活动的管理，还包括对非制造性服务活动的管理。它是伴随着近代产业革命的发展而产生的，其目的就是将生产要素组织成为现实的生产力，以便有效地创造出优质的产品和服务。

基础知识 ////////∘∘∘∘∘∘∘∘

知识点1：生产与运作管理概述

一、生产与运作活动

生产与运作活动是指"投入—变换—产出"的过程，即投入一定的资源，经过一系列多种形式的变换，使其价值增值，最后以某种产出的形式供给社会的过程。也可以说，生产与运作活动是一个社会组织通过获取和利用各种资源向社会提供有用产品的过程。其中投入包括人力、设备、物料、信息、技术、能源、土地等劳动资源要素；产出包括有形产品和无形产品；中间的变换过程，也就是劳动过程和价值增值过程，即运作过程。生产与运作活动过程如图1-1所示。表1-1是几种典型的社会组织的输入、变换内容和输出。

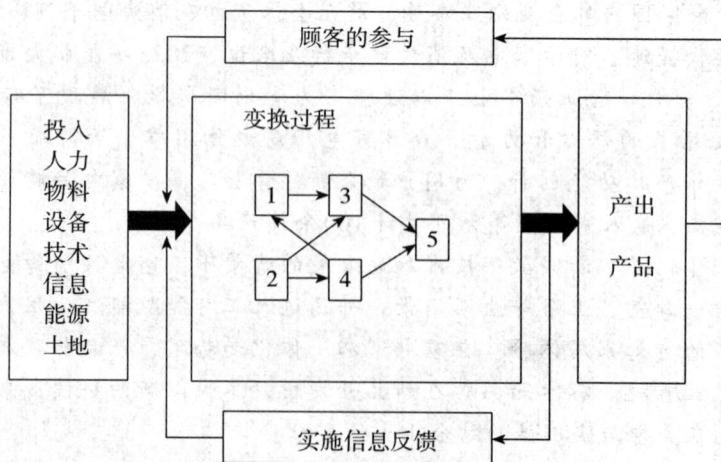

图1-1　生产与运作活动过程

表1-1　　　　　　　　　　　几种典型的社会组织的输入、变换和输出

社会组织	主要输入	变换的内容	主要输出	利用的资源
工厂	原材料	加工制造	产品	工具、设备、工人
运输公司	产地的物资	位移	销地的物资	运输工具、工人
修理站	损坏的机器	修理	修复的机器	修理工具、修理员
医院	病人	诊断与治疗	恢复健康的人	医疗器械、医生、护士
大学	高中毕业生	教学	高级专门人才	教室、教材、教师
咨询站	情况、问题	咨询	建议、方案	咨询员、信息
饭店	饥饿的顾客	提供餐饮和服务	满意的顾客	厨师、服务员、食物

二、生产与运作管理的概念

生产与运作管理（production and operation management）就是对企业日常生产活动的计划、组织和控制，是和产品制造密切相关的各项管理工作的总称，是指对企业生产系统进行设计、运行与改进的过程。人们最初对生产过程的研究主要限于对有形产品过程的研究，即对生产制造过程的研究。

随着经济发展、技术进步以及社会工业化、信息化的发展，人们除了对各种有形产品的需求之外，对其相关服务的需求也逐渐提高。随着社会分工的出现，原来附属于生产过程的一些业务相继分离并独立出来，形成物流、零售、金融等服务行业，使社会第三产业所占比重越来越大。因此，针对无形产品的运作过程的管理和研究应运而生。在经济高速发展的今天，生产与运作管理学的外延大大扩展了，它将凡是有"投入—变换—产出"特征的组织活动都纳入其研究范围，不仅包括工业制造企业，还包括了服务业、社会公益组织及政府机构。特别是随着国民经济中第三产业所占比重越来越大，对其运作进行管理的重要性日益凸显，也成为生产运作管理研究的重要内容。现代生产与运作管理内涵范围也不仅仅局限于对生产过程的计划、组织与控制，还包括运作战略的制定、运作系统设计、运作系统运行等多个层次的内容。所以，从生产管理学到生产与运作管理学不仅仅是名称的变化，更体现了其研究外延的拓展和内涵的深化。

三、生产与运作管理的发展

1. 生产与运作管理的发展过程

1911年以前，机械时钟的发明使人类的活动精确地协调起来，零件标准化的价值逐渐得到普遍的认识。英国经济学家亚当·斯密（Adam Smith）于1776年在其《国民财富的性质和原因的研究》一书中系统地论述了劳动分工的三个经济优点：重复单项作业可使技能熟练程度得到提高；减少由于工作变换而损失的劳动时间；作业专门化会促使人们发明机器和工具。这为后来的现代工作简化、过程分析和时间研究等理论的发展打下了基础，可以说是生产与运作管理理论的始祖。

自从泰勒的科学管理理论诞生以来，人们对企业管理的研究逐步由经验走向科学化。泰勒于1911年在其《科学管理原理》一书中将管理与劳动区分开来，把凭经验办事的传统管理提升到科学管理的高度，认为一切管理问题都应当而且可以用科学的方法研究和解

决。随后，福特汽车公司的创始人亨利·福特运用泰勒的科学管理原理，在汽车装配线上进行大规模的流水线生产，使一辆T型车的生产时间由10个多小时缩短到1个多小时。美国的通用汽车、美国钢铁、标准石油、IBM、杜邦等公司也由于比较早地采用大规模生产方式，成为这一时期的工业巨头。

20世纪70年代至今，美国和欧洲的软件开发企业推出了许多优秀的管理软件包，如COPICS、MRP等，柔性制造系统在工厂得到了应用，无人工厂开始出现。成组技术解决了多品种、小批量生产所带来的问题，生产管理的理论研究拓展到服务业的管理领域，生产与运作管理在理论上和应用上取得了重大突破。由于信息技术的发展、经济全球化的趋势以及世界范围内的市场竞争环境，使得企业更加关心生产的组织方式。出现在生产与运作管理体系中的新理论和方法包括准时生产（JIT）、全面质量管理（TQM）、工厂自动化（factory automation）、精细生产（lean production）、供应链管理（supply chain management）、电子化企业（electronic enterprise）等。

2. 生产与运作管理的新特征

随着生产与运作环境的变化，生产与运作管理的内容本身也在不断地发生变化，特别是信息技术突飞猛进的发展和普及，更为生产与运作管理增添了新的有力手段，也使生产与运作管理学科的研究进入了一个新的阶段，使其内容更加丰富，体系更加完整。

现代生产与运作管理的涵盖范围已不局限于生产过程的计划、组织与控制，还包括生产与运作战略的制定、生产与运作系统设计及运行管理等多个层次的内容，把生产与运作战略、新产品开发、产品设计、采购供应、生产制造、产品配送直至售后服务视为一个完整的"价值链"，对其进行综合管理，进而将整个供应链上的多个企业当成一个联盟，以共同对抗其他供应链。

信息技术已成为生产与运作系统控制和生产与运作管理的重要手段，随之带来的一系列管理组织结构和管理方法上的变革已成为生产与运作管理学的重要研究内容。

随着科技进步和人们生活水平的提高，用户的价值观念变化很快，从量的消费逐步转向质的消费，要求产品具有个性和特色，消费者的需求向多样化方向发展，产品生命周期缩短。客户开始采取多品种、小批量、多批次的订货方式。生产方式的这种转变使得生产与运作管理面临着多品种小批量生产与降低成本之间相悖的新挑战，要求从生产系统的"硬件"（柔性生产设备）和"软件"（计划与控制系统、工作组织方式和人的技能多样化）两个方面去探讨新的方法。

随着全球化供应链运作模式的快速发展，企业间的竞争变为供应链之间的竞争，强调企业的核心竞争力和供应链的整体竞争力。"全球生产与运作"成为现代企业的一个重要研究课题，全球生产与运作管理也逐渐成为生产与运作管理学科的一个新热点。

总而言之，在技术进步日新月异、市场需求日趋多变的今天，企业的生产经营环境发生了很大的变化，相应地给企业的生产与运作管理带来了许多新课题。这就要求我们从管理观念、组织结构、系统设计、方法手段以及人员管理等多方面探讨和研究这些新问题。

知识点2：生产过程组织

一、生产过程

生产过程是指从投料开始，经过一系列的加工，直至成品生产出来的全部过程，其中包括劳动过程和自然过程。劳动过程是指人利用劳动工具，作用于劳动对象，按照预定的方法和步骤，改变劳动对象几何形状和性质，使其成为产品的过程。自然过程是指在自然力的作用下，改变其物理和化学状态的过程。影响生产过程的构成因素包括：企业产品的特点、企业的规模、企业生产采用的设备和工艺方法、企业对外协作关系等。

生产过程的构成按各部分分担任务的不同划分为四部分：

生产技术准备过程——产品在投入生产前所进行的各种生产技术准备工作过程；

基本生产过程——对构成产品实体的劳动对象直接进行工艺加工的过程；

辅助生产过程——为保证基本生产过程的正常进行而从事的各种辅助性生产活动的过程，如为基本生产提供动力、工具和维修工作等；

生产服务过程——为保证生产活动顺利进行而提供的各种服务工作，如供应工作、运输工作、技术检验工作等。

这里有必要介绍一下工艺阶段和工序。工艺阶段是指按照使用的生产手段的不同及加工性质的差别而划分的局部生产过程。若干相互联系的工艺阶段组成基本生产过程和辅助生产过程。工序是指一个工人或一组工人在同一工作上对同一劳动对象进行加工的生产环节。它是组成生产过程的最小单元。若干个工序组成工艺阶段。按照工序的性质，可把工序分为基本工序和辅助工序：基本工序是指直接使劳动对象发生物理或化学变化的工序；辅助工序是指为基本工序的生产活动创造条件的工序。

综上所述，生产过程的构成就是指生产过程的各个部分（生产技术准备过程、基本生产过程、辅助生产过程、生产服务过程，生产过程的各个工艺阶段、基本工序和辅助工序）之间的组成情况和相互联系。

案例 1-1

炼钢厂生产过程的构成

对于炼钢厂而言，其生产技术准备过程包括产品的设计、工艺准备、标准化工作、定额工作、劳动组织调整、设备布置和人员培训等；基本生产过程包括炼钢生产中的烧结、压锭、熔铁、炼钢和轧钢；炼钢生产设备的维修属于辅助生产过程；炼钢原材料和炼钢设备、器具等的保管、供应等工作属于炼钢生产服务过程。

二、生产过程组织

生产过程组织是指对生产过程中劳动者、劳动手段、劳动对象以及生产过程的各个阶段、环节和工序的合理组织与安排，包括生产过程的空间组织和生产过程的时间组织。其目的是在空间上、时间上衔接平衡、紧密配合，形成一个有机协调的产品生产系统，保证产品制造过程最短、时间最省、耗费最小，并按计划确定的产品品种、质量、数量、交货期生产产品，满足市场需要，获得最大的经济效益。

1.生产过程的基本要求

（1）连续性。企业产品生产过程的各个阶段、各个环节、各个工序等应相互衔接，连续进行，不间断或少间断。

（2）比例性，也称协调性。企业的各种生产过程之间、各生产阶段之间和各工作地之间等，在设备生产能力、劳动力配备和物料、动力、工具等供应上，应保持合理的比例关系，使之平衡协调地按比例生产。

（3）均衡性，也称节奏性。企业从物料投入生产到最后成品完工的过程中，应避免时紧时松、前松后紧等现象，保证企业生产负荷均衡、有节奏地进行。

（4）平行性。企业生产过程的各个组成部分、各个生产阶段和各个工序等应实行平行作业，使产品的各个零部件的生产能在不同的空间同时进行。

（5）适应性。企业生产过程应能根据市场多变、品种变换的需要，灵活地改变生产组织形式，增强适应能力，能及时满足变化的市场需要，即朝着多品种、小批量、能够灵活转向、应急应变性强的方向发展。

2. 生产过程的空间组织

生产过程的空间组织就是指企业的各个生产单位的组成、相互联系及其在空间上的分布情况。有效的空间组织能使生产活动高效顺利地进行。这里主要从生产单位（如车间）布置的角度加以说明。

（1）工艺专业化形式。工艺专业化形式又称工艺原则，就是按照生产工艺的特点来设置生产单位。在工艺专业化的生产方式下，每一个生产单位集中同种类型的生产设备和同工种的工人，完成同种工艺方法的加工或同种功能，即加工对象是多样的，但工艺方法是同类的。每一个生产单位只完成产品生产过程中的部分工艺阶段和部分工序的加工任务，产品的制造完成需要数个生产单位的协同努力。机械制造业中的铸造车间、机加工车间、热处理车间及车间中的车工段、铣工段等，都是工艺专业化生产单位。

工艺专业化形式的优点：可以充分利用设备；适应产品品种的要求，适应分工的要求；便于加强工艺管理、提高技术水平和进行专业技术指导；个别设备出现故障进行维修时，对整个产品的生产制造影响小。它的缺点：加工路线长；经过许多车间，增加交接等待时间；车间之间的相互联系比较复杂，使计划管理和在制品管理工作更加复杂。

工艺专业化形式适用于企业生产品种多、变化大、产品制造工艺不确定的单件小批生产类型，特别是适用于新产品的开发试制。

（2）对象专业化形式。对象专业化形式又称对象原则，是指各基本车间独立完成产品（零部件）的全部或大部分工艺过程，工艺过程是封闭的。在对象专业化生产单位（如汽车制造厂中的发动机车间、底盘车间、机床厂中的齿轮车间等）里，集中了不同类型的机器设备、不同工种的工人，对同类产品进行不同的工艺加工，能完成一种或几种产品（零部件）的全部或部分的工艺过程，而不用跨越其他的生产单位。

对象专业化形式主要有两类：以成品或部件为对象的专业化形式和以同类零件为对象的专业化形式。其优点：加工路线短；为采用先进的生产过程组织形式（流水线、自动化）创造条件；大大减少车间之间的联系，有利于在制品管理。它的缺点：对产品变动的应变能力差；设备利用率低；工人之间的技术交流比较困难，导致工人技术水平的提高受到限制。

对象专业化形式适用于企业的专业方向固定、产品品种稳定、工艺稳定的大量大批生产，如家电、汽车、石油化工产品生产等。

在实际生产中，上述两种专业化形式往往是结合起来应用的。根据它们所占比重的不同，专业化形式又可进一步细分：在对象专业化形式的基础上，局部采用工艺专业化形式；在工艺专业化形式的基础上，局部采用对象专业化形式。

案例 1-2

机械制造企业的车间布置

在机械制造类企业中，有的铸造车间内按工艺专业化形式设置了熔化工部、浇铸工部、清理工部、配砂工部等；造型部分又按对象专业化形式建立了床身造型工段、箱体造型工段和杂件造型工段等；按对象专业化形式建立的齿轮车间内，又按工艺专业化形式设置了粗车组、精车组、滚齿机组、插齿机组和磨齿机组等。

3. 生产过程的时间组织

合理组织生产过程，不仅要求生产单位在空间上密切配合，而且要求劳动对象和机器设备等在时间上紧密衔接，以实现有节奏的连续生产，达到提高劳动生产效率和设备利用率、减少资金占用、缩短生产周期的目的。生产过程的时间组织是指研究产品生产过程的各生产单位之间和各工序之间在时间上衔接和结合的方式。企业生产过程时间组织包括的内容很多，涉及的范围比较广，它同生产进度的安排、生产作业计划、生产调度等都有密切联系。生产过程在时间上的衔接程度，主要表现在劳动对象在生产过程中的移动方式。劳动对象的移动方式，与一次投入生产的劳动对象数量有关。以加工零件为例，当一次生产的零件只有一个时，零件只能顺序地经过各道工序。当一次投产的零件有两个或两个以上时，工序间就有三种不同的移动方式，即顺序移动、平行移动、平行顺序移动，不同移动方式下的零件加工周期也不同。

（1）顺序移动方式。顺序移动方式是指一批产品（或零件）在上道工序全部加工完毕后才能整批转入下道工序加工，其特点为：一道工序在加工，其他工序在等待。若将各工序间的运输、等待加工等停歇时间忽略不计，则该批零件的加工周期的计算如图1-2所示。

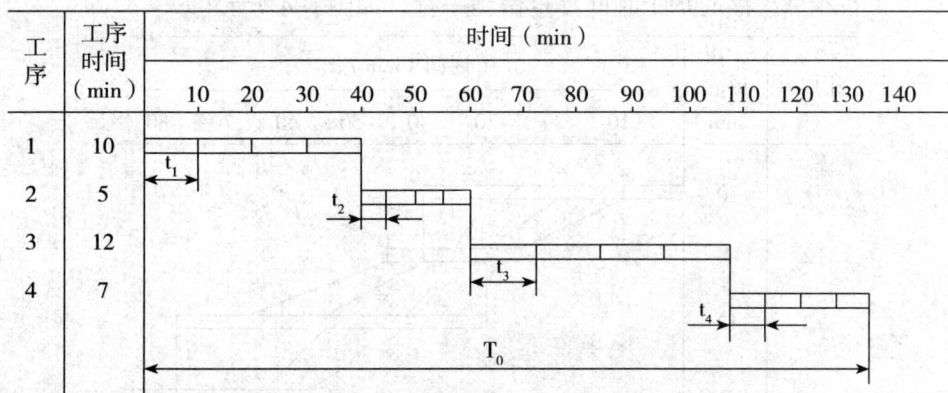

图1-2　顺序移动方式示意图

一批零件在顺序移动方式下的加工周期，按下列公式计算：

$$T_0 = nt_1 + nt_2 + \cdots + nt_m = \sum_{i=1}^{m} nt_i = n \sum_{i=1}^{m} t_i$$

式中：T_0——零件在顺序移动方式下的加工周期；n——零件批量；t_i——零件在第 i

道工序的单件工时；m——工序数目。

（2）平行移动方式。平行移动方式是指每件产品（或零件）在一道工序加工完毕后，立即转入下道工序进行加工，各个零件在各道工序上平行地进行加工，如图1-3所示。

在平行移动方式下，其加工周期的计算公式为：

$$T_p = t_1 + t_2 + \cdots + nt_L + \cdots + t_m$$
$$= t_1 + t_2 + \cdots + t_L + \cdots + t_m + (n-1)t_L$$
$$= \sum_{i=1}^{m} t_i + (n-1)t_L$$

式中：t_L——最长的单件工序时间。

在平行移动方式下，零件的加工周期最短。但由于前后工序时间不等，当后道工序时间小于前道工序时间时，后道工序在每个零件加工完毕之后，就会发生设备和工人的停歇。为了充分利用人力和设备，使各工序连续作业，必须使零件在各工序的单件时间相等或成整数倍。

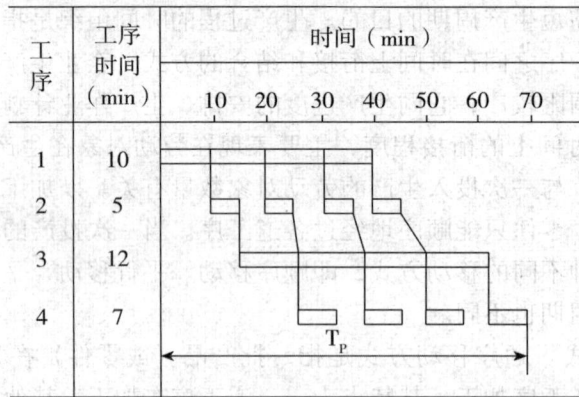

图1-3 平行移动方式示意图

（3）平行顺序移动方式。平行顺序移动方式是指保持一批产品（或零件）在一道工序上连续加工，在相邻工序间加工时间尽量做到平行，如图1-4所示。

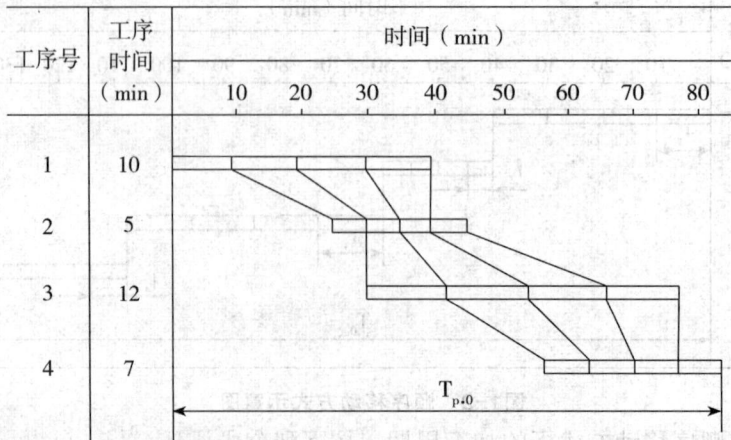

图1-4 平行顺序移动方式示意图

此方式是介于顺序移动方式与平行移动方式之间的工序间移动方式。

平行顺序移动方式的特点：当一批制件在前道工序尚未全部加工完毕，就将在前道工序已加工完成的部分制件转到下道工序进行加工，并使下道工序能连续地、全部地加工完该批制件。为了达到这一要求，要按下面规则运送零件：当前道工序的单件时间小于或等于后道工序的单件时间时，加工完的每一个零件应立即转入后道工序去加工，即按平行移动方式转移；当前道工序的单件时间大于后道工序的单件时间时，只有当前道工序上完工的零件数量足以保证后道工序连续加工时，才开始将完工的零件转入后道工序加工。这样既可以避免后道工序发生作业时断时续的现象，又可以集中利用设备。

平行顺序移动方式下的加工周期，可用顺序移动方式下的加工周期减去各重合部分的时间求得。平行顺序移动方式下的零件加工周期的计算公式为：

$$T_{平顺} = n\sum_{i=1}^{m} t_i - (n-1)\sum_{i=1}^{n-1} t_{较短}$$

式中：$T_{平顺}$——零件在平行顺序移动方式下的加工周期；n——零件批量；t_i——零件在第 i 道工序的单件工时；m——工序数目；$t_{较短}$——每相邻两道工序中较短的工序加工时间。

技能实训

实训1：熟悉企业生产与运作流程模式及生产类型

【实训目标】

辨别不同的生产与运作模式，能正确划分企业的生产类型。

【相关知识】

一、生产与运作的类型

由于企业种类繁多，我们不可能把每种生产与运作类型的细节一一列出。总而言之，可以将生产与运作分为服务业的生产与运作和制造业的生产与运作。然而，很难对服务业和制造业进行绝对的区分，而且也不是非常必要。为了让客户满意，制造业企业也会为顾客提供一些服务，例如维修工作、客户培训等与产品有关的其他服务。

服务型生产企业向用户提供以劳务为主的服务功能，这种输出特性决定了服务过程与制造过程的差异（见表1-2），也形成了服务型生产企业自己的特点。服务业生产与运作的特殊性表现在如下几个方面：

表1-2　　　　　　　　**制造业和服务业生产与运作的区别**

制造业生产与运作	服务业生产与运作
产品是有形的、耐久的	产品是无形的、不耐久的
生产与消费分离	生产与消费同步
产出可储存	产出不可储存
顾客与生产系统接触少	顾客与生产系统接触频繁
质量相对容易度量	质量难以度量
辐射范围小	辐射范围广
绩效难以测量	绩效容易测量

（1）生产者和消费者共同参与。因为服务是个性化的，所以服务必然要求生产者和消

费者共同参与，服务的结果使得生产者和消费者的状态同时发生了改变：生产者获得了收入而消费者得到了效用。与之相比，制造业生产的商品可以由生产方单独提供。

（2）服务的效用需要"事后检验"。这是服务业的一个重要特征，其根源来自于服务的个性化和过程化。这种"事后检验"有两方面的含义：其一，同标准化的商品相比，消费者在服务发生前是难以准确地评估出某项服务的价值和效用的；其二，服务的质量难以标准化，消费者很难在事后针对服务的质量进行"讨价还价"（相比较而言，商品的质量是较易鉴别的）。这一性质使得在事前签订合同以及事后进行诉讼的交易成本非常高，因而服务一经发生，消费者往往只能接受。

（3）服务范畴的外延或者说服务集合的边界是动态的，技术进步可以使得某些个性化服务的生产逐步标准化和批量化，由此原本属于服务集合的某些元素在技术进步的作用下可能会逐渐演化为一种物质商品。比如信息技术的发展使得银行等金融机构可以将其部分业务"标准化"，从而具有部分制造业的生产特征——我们所熟知的自动柜员机（ATM）便是如此。另外，这种变化还鲜明地表现在零售（自动售货机）以及教育（网络教学）等传统的服务业领域。

（4）服务往往是无法储存的。制造型企业的生产与运作管理的一个主要手段是生产库存管理，通过库存调节来适应波动的需求。由于服务的消费往往与生产同时发生，服务无法存储。例如，理发店的服务是完全不能储存的。

二、生产与运作发展新模式介绍

1. 准时生产（JIT）

准时生产方式是起源于日本丰田汽车公司的一种生产管理方法。它的基本思想可用现在已广为流传的一句话来概括，即"只在需要的时候，按需要的量生产所需的产品"，这也就是 Just in Time（JIT）一词所要表达的本来含义。这种生产方式的核心是追求一种无库存的或使库存达到最小的生产系统。为此而开发了包括"看板"在内的一系列具体方法，并逐渐形成了一套独具特色的生产经营体系。准时生产方式最初被称为"丰田生产方式"，后来随着这种生产方式被人们越来越广泛地认识、研究和应用，特别是引起西方国家的广泛注意以后，人们开始把它称为 JIT 生产方式。

JIT 生产方式将"获取最大利润"作为企业经营的最终目标，将"降低成本"作为基本目标。在福特主义时代，降低成本主要是依靠单一品种的规模生产来实现的，但是在多品种中小批量生产的情况下，这一方法是行不通的。因此，JIT 生产方式力图通过"彻底消除浪费"来达到这一目标。

2. 敏捷制造（AM）

敏捷制造强调信息的快速收集与处理，强调运作的方案性与速度以获得竞争优势。其指导思想是"灵活性"。其优势在于通过提高灵活性，增强企业的应变能力和竞争能力。敏捷制造的目的可概括为："将柔性生产技术、有技术和知识的劳动力与能够促进企业内部和企业之间合作的灵活管理（三要素）集成在一起，通过所建立的共同基础结构，对迅速改变的市场需求和市场时机做出快速响应。"从这一目标中可以看出，敏捷制造实际上主要包括三个要素：生产技术、管理和人力资源。企业实现敏捷制造可以增强其应变能力和竞争力。

3. 计算机集成制造系统（CIMS）

计算机集成制造系统（computer integrated manufacturing system，CIMS），是计算机技术在工业生产领域应用的主要分支技术之一。它的概念是由美国的约瑟夫·哈林顿于1973年首次提出的，但是直到20世纪80年代才得到人们的认可。CIMS对制造型企业整体效率的提高，体现在以下方面：在工程设计自动化方面，可提高产品的研制和生产能力，便于开发技术含量高和结构复杂的产品，保证产品设计质量，缩短产品设计与工艺设计的周期，从而加速产品的更新换代速度，满足顾客需求，进而占领市场。在制造自动化或柔性制造方面，提高了产品制造的质量和柔性，提高了设备利用率，缩短了产品制造周期，增强了生产能力，提高了产品供货能力。在经营管理方面，CIMS使企业的经营决策和生产管理趋于科学化，让企业能够在市场竞争中快速、准确地报价，赢得时间，解决实际生产中的"瓶颈"问题，减少在制品，同时降低库存资金的占用。

4. 大批量定制生产（MC）

大批量定制生产（mass customization，MC）是一种集企业、客户、供应商、员工和环境于一体，在系统思想指导下，用整体优化的观点，充分利用企业已有的各种资源，在标准技术、现代设计方法、信息技术和先进制造技术的支持下，根据客户的个性化需求，以大批量生产的低成本、高质量和效率提供定制产品和服务的生产方式。MC的基本思路：基于产品族零部件和产品结构的相似性、通用性，利用标准化、模块化等方法降低产品的内部多样性；增加顾客可感知的外部多样性，通过产品和过程重组将产品定制生产转化或部分转化为零部件的批量生产，从而迅速向顾客提供低成本、高质量的定制产品。

案例 1-3

AA公司的大规模定制生产

AA公司在时装行业起步较早，其在战略转型时主要关注个性化服务的提供，在做推广时同步收集相关数据，包括面料、款式等信息。AA公司的数据系统可以把订单直接分配到车间中各个岗位上，灵活地组织生产，这种方式可以使其供货周期达到7天左右。AA公司希望通过努力，将供货周期压缩到5天左右。实际上，这对其数据整合水平和供应链整合程度，以及工艺生产水平要求非常高，很大程度上取决于其数字化转型进展。我们知道，人的身材不一样，服装的板型也不同，以前都是靠板型师来做这项工作的，现在实行大规模定制生产后，可以把100多种板型资料输入数据库，再根据顾客的身材数据进行定制生产。

分析提示：该案例说明了企业要在竞争中取胜，必须不断改进生产系统，大批量定制生产就是很好的生产方式，可以迅速向顾客提供低成本、高质量的定制产品。

5. 虚拟制造（VM）

虚拟制造（virtual manufacturing，VM）技术是制造技术与仿真技术相结合的产物。基于虚拟现实技术的虚拟制造技术是在一个统一模型之下对设计和制造等过程进行集成，它将与产品制造相关的各种过程与技术集成在三维的、动态的仿真真实过程的实体数字模型之上，其目的是在产品设计阶段，借助建模与仿真技术及时、并行地模拟出产品未来制造过程乃至产品全生命周期的各种活动对产品设计的影响，预测、检测、评价产品性能和产品的可制造性等。通过 VM 可以更加有效地、经济地、柔性地组织生产，提高决策与控制水平，有力地降低由于前期设计给后期制造带来的回溯更改，达到产品的开发周期和成本最小化、产品设计质量的最优化、生产效率的最大化。虚拟制造技术的研究内容是极为广泛的，除了虚拟现实技术涉及的共同性技术外，虚拟制造领域本身的主要研究内容有：虚拟制造的理论体系；设计信息和生产过程的三维可视化；虚拟制造系统的开放式体系结构；虚拟产品的装配仿真；虚拟环境中及虚拟制造过程中的人机协同作业等。

一般来说，虚拟制造的研究都与特定的应用环境和对象相联系，由于应用的不同要求而存在不同的侧重点，因此出现了三个流派，即以设计为中心的虚拟制造、以生产为中心的虚拟制造和以控制为中心的虚拟制造。

6. 清洁与节能生产（cleaner production）

"废物减量化""无废工艺""污染预防"是处于不同发展阶段或者不同国家的叫法，其基本内涵是一致的，即对产品和产品的生产过程采取预防污染的策略来减少污染物的产生。环境保护是指人类为解决现实的或潜在的环境问题，协调人类与环境的关系，保障经济社会的持续发展而采取的各种行动的总称。其方法和手段既有工程技术方面的、行政管理方面的，也有法律方面的、经济方面的、宣传教育方面的。

节能是指加强用能管理，采用技术上可行、经济上合理以及环境和社会可以接受的措施，减少从能源生产到消费各个环节中的损失和浪费，更加有效、合理地利用能源。其中，技术上可行是指在现有技术基础上可以实现；经济上合理就是要有一个合适的投入产出比；环境可以接受是指节能还要减少对环境的污染，其指标要达到环保要求；社会可以接受是指不影响正常的生产与生活水平的提高；有效、合理就是要降低能源的损失与浪费。节能是我国可持续发展的一项长远发展战略，是我国的基本国策。广义上的节能是指除狭义节能内容之外的节能方法，如节约原材料消耗，提高产品质量、劳动生产率，减少人力消耗，提高能源利用效率等。狭义上，节能是指节约煤炭、石油、电力、天然气等能源。从节约石化能源的角度来讲，节能和降低碳排放是息息相关的。

7. 互联网+

"互联网+"代表了一种新的经济形态，它指的是依托互联网信息技术实现互联网与传统产业的联合，以优化生产要素、更新业务体系、重构商业模式等途径来完成经济转型和升级。"互联网+"的目的在于充分发挥互联网的优势，将互联网与传统产业深入融合，促进产业升级，提升经济活力，最后实现社会财富的增加。"互联网+"概念的中心词是互联网，它是"互联网+"的出发点。"互联网+"具体可分为两个层次的内容来表述。一方面，可以将"互联网+"概念中的文字"互联网"与符号"+"分开理解。符号"+"意为加号，代表着添加与联合。这表明了"互联网+"的应用范围为互联网与其他传统产业，它是针对不同产业间发展的一项新计划，应用手段则是通过互联网与传统产业进行联合和深入融合的方式进行。另一方面，"互联网+"作为一个整体概念，其深层意义是通过传统产业的互联网化来完成产业升级。通过将开放、平等、互动等网络特性在传统产业上的运用，通过大数据的分析与整合，试图理清供求关系，通过改造传统产业的生产方式、产业结构等内容，来增强经济发展动力，提升效益，从而促进国民经济健康有序发展。

8. 智能制造（intelligent manufacturing，IM）

智能制造是一种由智能机器和人类专家共同组成的人机一体化智能系统，它在制造过程中能进行智能活动，诸如分析、推理、判断、构思和决策等。通过人与智能机器的合作共事，去扩大、延伸和部分地取代人类专家在制造过程中的脑力劳动。它把制造自动化的概念更新，扩展到柔性化、智能化和高度集成化。智能制造源于人工智能的研究。人工智能就是用人工方法在计算机上实现的智能。随着产品性能的完善化及其结构的复杂化、精细化，以及功能的多样化，促使产品所包含的设计信息和工艺信息量猛增，随之生产线和生产设备内部的信息流量增加，制造过程和管理工作的信息量也必然剧增，因而促使制造技术发展的热点与前沿转向了提高制造系统对爆炸性增长的制造信息处理的能力、效率及规模上。先进的制造设备离开了信息的输入就无法运转，柔性制造系统（FMS）一旦被切断信息来源就会立刻停止工作。专家认为，制造系统正在由原先的能量驱动型转变为信息驱动型，这就要求制造系统不但要具备柔性，而且要表现出智能，否则是难以处理如此大量而复杂的信息工作量的。另外，瞬息万变的市场需求和激烈竞争的复杂环境，也要求制造系统表现出更高的灵活、敏捷和智能。因此，智能制造越来越受到高度的重视。纵览全球，虽然总体而言智能制造尚处于概念和实验阶段，但各国政府均将此列入国家发展计划，大力推动实施。党的二十大报告强调：实施产业基础再造工程和重大技术装备攻关工程，支持专精特新企业发展，推动制造业高端化、智能化、绿色化发展。

9. 工业4.0

"工业4.0"研究项目由德国联邦教研部与联邦经济技术部联手资助，在德国工程院、弗劳恩霍夫协会、西门子公司等德国学术界和产业界的建议和推动下形成，并已上升为国家级战略。"工业4.0"概念包含了由集中式控制向分散式增强型控制的基本模式转变，目标是建立一个高度灵活的个性化和数字化的产品与服务的生产模式。在这种模式中，传统的行业界限将消失，并会产生各种新的活动领域和合作形式。创造新价值的过程正在发生改变，产业链分工将被重组。

10. 极端制造模式

制造技术正在从常规制造、传统制造向非常规制造及极端制造发展，因而出现了极端制造模式。极端制造是指在极端条件或环境下，制造极端尺度或极高功能的器件和功能系统。当前，极端制造已成为制造技术发展的重要领域，集中表现在微细制造、超精密制造、巨系统制造和强场（如强能量场）制造方面。例如，制造空天飞行器、超常规动力装备、超大型冶金和石油化工装备等极大尺寸和极强功能的重大装备，制造微纳电子器件、微纳光机电系统等极小尺度和极高精度的产品。

以大型金属构件塑性成形制造能力为例，美、俄、法等国建造了一批4.5万吨到7.5万吨的巨型水压机，从而迅速提高了大型飞机制造能力及洲际运载能力；欧美等工业发达国家使用大型盾构机进行施工的城市隧道已占90%以上；大型集装箱起重机作为集装箱船与码头之间的主要装卸设备在世界上许多国家和地区都得到了迅猛发展。再以微制造为例，纳米技术和微纳系统是21世纪高技术的制高点，而微制造则是其基础；半导体设备作为一种重要的极端微细加工设备，是整个半导体产业链的基础与核心，发达国家一直将其作为重要的战略产业，加以积极支持保护和重点发展。因此，制造科学与技术

13

的一个重要前沿领域是在物质结构与运动的多层次、多尺度条件下探索极端制造规律与技术创新。

三、生产类型

1. 按生产方法分类

按生产方法划分有四种生产类型，分别是合成型、分解型、调制型和提取型，每一类型都有自己的基本生产过程。合成型的基本生产过程特点是把不同的成分（零件）合成或装配成一种产品，是一种具有加工装配性质的生产，如机电产品制造厂。分解型的基本生产过程特点与合成型正好相反，它把单一的生产原料经过加工处理后分解成多种产品，如石油化工厂、煤化工厂的产品生产过程。调制型的特点是通过改变加工对象的形状或性能而制成产品，如钢铁厂、橡胶制品厂的产品生产过程。提取型的特点是从自然界中直接提取产品，如煤矿、油田企业的产品生产过程。基本生产过程不同，生产与运作管理的具体方法差别很大，其中最复杂的是合成型生产企业，结构复杂的产品可以由上万个零件组成。生产这样的产品，需要大量的加工设备和具有各种技能的生产人员，需要一个庞大的后勤保障系统，生产过程的组织结构非常复杂。

2. 按生产过程的稳定性、重复性分类

按照生产过程的稳定性、重复性进行划分，有大量生产、单件小批生产和成批生产三种基本生产类型。

大量生产类型是指生产的品种很少，每一种产品的产量很大（或单位产品劳动量和年产量的乘积很大），生产能稳定地不断重复进行。这类产品一般在一定时期内有相对稳定的社会需求，而且需求量很大，如各种标准件、各类标准元器件、家电产品、汽车等。因为生产稳定、数量人、专业化程度高，可以采用高效专用设备，按对象专业化原则，采用流水生产线的生产组织方式。

单件小批生产类型的特点是产品对象基本上是一次性需求的专用产品，一般不重复生产。单件小批生产类型的典型代表，有重型机器产品、远洋船舶、试制阶段的新产品等。单件小批生产类型的特点与大量生产类型正好相反，很少重复生产，生产的品种繁多。由于生产对象经常在变，工作的专业化程度低，所以必须选用通用设备，按工艺专业化原则，采用机群式布置的生产组织方式。

成批生产类型的特点介于以上两者之间，它的生产对象是通用产品，生产具有重复性，产品品种较多，每种产品的产量不大，形成多品种周期性轮番生产的特点。

在现实社会中，严格意义上的单件生产不重复制造的企业十分少见，即使是航天航空和船舶制造这些行业的产品也有标准型号，只不过重复生产的周期比较长，如半年、一年等，所以也有把后两种生产类型通称为周期性生产类型的。其实大量生产类型也是重复性生产，也有周期，只不过周期很短，短至几分钟，甚至几十秒，因此把它看成连续性生产更合理一些。

值得注意的是，随着科学技术进步，人们生活条件不断改善，消费者的价值观念变化很快，消费需求多样化，从而引起产品的生命周期相应缩短。为了适应市场需求，企业越来越多地采用多品种、小批量的生产方式。

案 例 1-4

制造业和服务业不同生产类型划分举例，见表1-3。

表 1-3　　　　　　　　制造业和服务业不同生产类型划分举例

生产类型	制造业	服务业
单件小批	模具、电站锅炉、大型船舶等	特快专递、出租车服务、包机服务等
大量大批	汽车、轴承、紧固件	公共交通、快餐服务、普通邮件
流程式生产	化工、炼油、面粉、造纸	

【实训材料及实训要求】

1.1903年，亨利·福特创立了福特汽车公司。公司成立初期，只是一家规模不大的机器厂，制造汽车的同时还开展汽车修理和改进参赛汽车服务。1908年，他成功地设计出了世界第一辆家庭用福特T型车并投入市场。很快，T型车就以其样式新颖、性能优良、价格低廉等特点迅速地占领了世界汽车市场。20世纪，亨利·福特等人对美国的制造业模式进行了革命性的改造，对其生产模式进行了根本改变。这种新的生产模式强调通畅的运作流程和装配线上的操作效率，以及专用的机器设备和专业化分工，并通过标准化产品获得规模经济效益。这种模式不仅巩固了美国制造业的领先地位，而且使其成为世界上占领统治地位的制造强国和出口大国。

分析20世纪亨利·福特等人对美国的制造业模式进行了什么样的变革？这种新的模式当时有何特点和优势？使用时应具备什么样的条件？通过查阅资料、小组讨论，然后汇报分析、撰写报告。

2.参观学校所在城市的一家服务型企业和一家制造型企业，判断其属于哪种生产类型，列举两家企业生产与运作上的主要区别。

实训2：企业生产与运作系统的演练（ERP沙盘）

【实训目标】

提高学生学习兴趣；掌握多门相关学科知识的综合应用；掌握针对问题应用所学的生产与运作管理以及相关管理学科理论与方法进行分析，提出解决方案的能力；提高学生解决企业生产与运作系统实际问题的能力。

【相关知识】

一、生产与运作管理的目标、任务、职能范围和内容

1.生产与运作管理的目标和任务

生产与运作管理的目标是通过构造一个高效率、适应能力强的生产与运作系统，为企业生产有竞争力的产品，具体可用一句话来概括："在顾客需要的时候，以适当的价格，向顾客提供具有适当质量的产品和服务。"要想实现价值增值，要想向社会提供"有用"的产品，必要条件是生产与运作过程提供的产品，无论有形还是无形，必须有一定的使用价值。产品使用价值的支配条件主要是产品质量和产品提供的适时性。

生产与运作管理的两大任务是生产与运作活动的计划、组织、控制和生产与运作系统的设计、改造、升级。生产与运作管理的基本任务包括：保证生产系统正常顺利运行；提

高效率，缩短交货期，准时生产和准时交货；降低生产成本，提高生产过程质量水平和质量稳定性；提高生产系统柔性和反应速度。

2. 生产与运作管理的职能范围和内容

生产与运作管理的职能从生产与运作系统的设计和运行管理两方面着手。生产与运作系统的设计包括产品或服务的选择和设计、生产与运作设施的定点选择和布置、服务交付系统设计和工作设计，主要涉及生产计划、组织和控制。生产与运作系统的运行管理主要包括在现行的生产与运作系统中，适应市场的变化，按用户的需求，生产用户满意的产品和提供满意的服务。

在生产与运作管理的职能范围内，生产与运作管理内容如下：

（1）生产与运作战略制定。生产与运作战略决定产出什么，如何组合各种不同的产出品种，为此需要投入什么，如何优化配置所需要投入的资源要素，如何设计生产组织方式，如何确立竞争优势等。其目的是为产品生产及时提供全套的、能取得令人满意的技术经济效果的技术文件，并尽量缩短开发周期，降低开发费用。

（2）生产与运作系统构建管理。生产与运作系统构建管理包括设施选择、生产规模与技术层次决策、设施建设、设备选择与购置、生产与运作系统总平面布置、车间及工作地布置等。其目的是以最快的速度、最少的投资建立起最适宜企业的生产与运作系统主体框架。

（3）生产与运作系统的运行管理。生产与运作系统的运行管理是对生产与运作系统的正常运行进行计划、组织和控制。其包括三方面内容：①计划编制，如编制生产计划和生产作业计划；②计划组织，如组织制造资源，保证计划的实施；③计划控制，如以计划为标准，控制实际生产进度和库存。其目的是按技术文件和市场需求，充分利用企业资源条件，实现高效、优质、安全、低成本生产，最大限度地满足市场销售和企业盈利的要求。

（4）生产与运作系统的维护与改进。生产与运作系统只有通过正确的维护和不断的改进，才能适应市场的变化。生产与运作系统的维护与改进包括设备管理与可靠性、生产现场和生产组织方式的改进。生产与运作系统运行的计划、组织和控制，最终都要落实到生产现场。因此，要加强生产现场的协调与组织，使生产现场做到安全、文明生产。生产现场管理是生产与运作管理的基础和落脚点，加强生产现场管理，可以消除无效劳动和浪费，消除不适应生产活动的异常现象和不合理现象，使生产与运作过程的各要素更加协调，不断提高劳动生产率和经济效益。

二、生产与运作战略

为有效地实施企业战略，就生产与运作管理而言，必须对生产与运作系统的许多重大问题做出决策，例如和企业战略相适应的生产与运作管理目标是什么？应该生产和提供标准化产品还是顾客定做的特殊产品？厂址靠近目标市场还是原材料产地？应选择多大生产与运作规模及何种扩大模式？采用什么样的工艺技术？怎样进行生产与运作成本和库存控制？所有这些都属于生产与运作战略，应该认真研究。

1. 生产与运作战略的基本内容

企业的生产与运作战略主要包括三方面的内容：生产与运作总体战略、生产与运作系统设计和生产与运作系统运行维护。

生产与运作的总体战略包括自制或购买战略、生产方式的选择战略。产品的零部件是自制还是购买，是每个企业在制定战略时都必须回答的问题。如果从企业战略的角度看，这实际上涉及企业的纵向一体化问题。企业开发新产品、建立或改进生产系统之前，都需要做出是购买还是自制的决策。如果自制，需要建造必要的设施，采购所需设备，配备相应人员；如果外购，只需建立经销公司，就可以为消费者提供相应的服务。近几十年来，科学技术尤其是信息技术飞速发展，消费者的消费观念日趋个性化，全球性的市场竞争越来越激烈，使得制造业的生产方式面临巨大的变革。这就要求企业在做出自制或购买的决策后，应从战略的高度对生产方式做出选择。企业进行生产与运作，先要确定向市场提供的产品或服务。产品或服务确定之后，就要对产品或服务进行设计，确定其功能、型号、规格和结构；接着，要对如何制造产品或提供服务的工艺进行选择，对工艺过程进行设计。

生产与运作系统的设计对生产与运作系统的运行有先天性的影响，它是企业战略决策的一个重要内容，也是实施企业战略的重要步骤，生产与运作系统的设计主要包括选址、设施布置、工作设计、考核与报酬四方面的内容。

2. 质量战略

基于质量的战略是以提供合适质量的产品来满足客户需求为中心，将质量管理贯穿于企业生产与运作各个阶段的过程。这就是说，在生产与运作过程中不仅关注最终向客户提供的产品或服务，还要关注相关的过程，如设计、生产及售后服务。

质量是企业的生命线，是企业加入竞争行业的资格要素，因此在企业内部强化质量意识是必不可少的。但企业也不能回避这样的问题，那就是随着质量的提高，成本也会上升，相应的价格也会增加。所以，企业不应只沉溺于质量，从而导致"质量近视症"。企业必须从市场竞争角度去定义质量，从客户的角度去认知质量。

案例 1-5

多维战略浴火重生

某啤酒集团的前身是国内第一家全面引进国外技术和设备的啤酒厂。在相当长的一个时期，该集团位列中国啤酒巨头前三甲，一直保持着较高的增长速度。虽然拥有较高的生产效率和先进的技术水平，但由于生产与运作管理水平落后，该企业的利润严重滑坡。后来，新一届领导班子率领该集团人打响了"突围"战役。他们适时提出了"多维开发，核心突破"的战略方针。事实证明，正是这一以产品为核心的生产与运作战略，使该集团浴火重生。所谓"多维开发"，就是根据啤酒市场消费者的需求特点和市场的变化，在对市场进行综合分析的基础上，筛选和确定可能存在潜在需求的新产品概念，开展研发；"核心突破"就是根据市场的反响，向市场推广销路比较好的新产品以实现规模经济。正是在这个基础上，该集团开发并向市场投放了各种浓度系列啤酒、金小麦啤酒、全麦啤酒等。"核心突破"的典型事件就是率先在国内进行纯生啤酒的开发，它不但给企业带来了滚滚财源，而且引发了一场国内啤酒市场的"纯生革命"，使该啤酒集团再度声名鹊起。

为长久保持"多维开发，核心突破"的战略执行能力，该集团投巨资组建了国家级质量检测中心，在实施信息管理 ERP 系统的基础上，又建立了企业绩效管理系统——BPM 系统。这套系统一举解决了"信息孤岛"问题，通过对数据的深层挖掘，对关键指标进行分析，有助于提升企业的高级财务监测和全面管理能力，在全面掌握企业发展趋势的基础上为决策层提供最佳方案，最终确保企业战略目标的实现。

该啤酒集团拥有先进的生产效率和技术水平但利润下滑，问题出在生产与运作战略上，面对现状，提出了"多维开发，核心突破"的战略方针，并长久保持"多维开发，核心突破"的战略执行能力。该案例说明仅有先进的生产手段还不够，还必须有正确的生产与运作战略做指导。

【实训材料及实训要求】

某企业长期以来一直专注于某行业，其生产的 P 产品市场知名度很高，客户也很满意。企业拥有自己的厂房，生产设施齐备，状态良好。最近，一家权威机构对该行业的发展前景进行了预测，认为 P 产品将会从目前的相对低水平发展为一个高技术产品。为此，公司董事会及全体股东决定将企业交给一批优秀的新人去发展，他们希望新的管理层负责新产品的开发，使公司的市场地位得到进一步提升，开拓本地市场以外的其他新市场。同时，他们希望新的管理层能运用科学的生产与运作管理模式，扩大生产规模，采用现代化生产手段，努力提高生产效率。

实训内容及实训要求见表 1-4。

表1-4 实训内容及实训要求

序号	实训内容	实训要求
1	企业整体介绍（PPT）	以订单为主线讲述企业的主要流程，理解企业的关键术语
2	企业规则介绍	借助模拟沙盘介绍企业规则
3	引导生产与运作	业务模拟经营（1年），教师指导学生完成模拟沙盘
4	第一年经营（感性经营期）	关注企业的经营本质、如何盈利、增加利润的关键
5	第二年经营（理性经营期）	关注生产与运作战略的解析、产品的分析
6	第三、四年经营（科学经营期）	科学地制订生产与运作计划，注意现代化信息工具的运用
7	第五、六年经营（全成本核算期）	关注费用成本效益、企业精细化管理
8	第七年经营（化战略为行动期）	关注竞争战略、人力资源战略、无形资产的提升
9	第八年经营（全面信息化期）	关注信息化整合、经营绩效综合分析
10	总体点评	交流实训心得

[项目总结]

本项目涉及的知识点包括生产与运作及生产与运作管理的概念，生产与运作系统、生产过程的组织等。学生在掌握以上知识点的前提下，可以参考实例，对一项具体的管理任务进行分析，认识生产与运作模式及生产类型，通过 ERP 沙盘的操作基本掌握生产与运作系统的运作过程。

[项目测试]

□判断题

（1）对象专业化形式适用于企业的专业方向固定、产品品种稳定、工艺稳定的大量大批生产，如家电、汽车、石油化工产品生产等。　　　　　　　　　　　　（　　）

（2）以平行移动方式组织生产，生产周期最长。　　　　　　　　　　（　　）

（3）大量生产类型是指生产的品种很多，每一种产品的产量很大（或单位产品劳动量和年产量的乘积很大），生产能稳定地不断重复进行。　　　　　　　　（　　）

（4）JIT 生产方式将"降低成本"作为企业基本目标。　　　　　　　　（　　）

（5）生产与运作过程提供的产品，无论有形还是无形，必须有一定的使用价值。（　　）

□选择题

（1）按照生产工艺的特点来设置生产单位的是（　　　　）。

　A.工艺专业化原则　　　　　　B.对象专业化原则　　　　　C.混合原则

（2）劳动对象按照一定的工艺过程，顺序地、一件接一件地通过各个工作地，并按照统一的生产速度和路线，完成工序作业的生产过程组织形式是（　　　　）。

　A.成组加工单元　　　　　　　B.流水线　　　　　　　　　C.柔性加工单元

（3）下面生产周期最短的移动方式是（　　　　）。

　A.平行移动方式　　　　　　　B.顺序移动方式　　　　　　C.平行顺序移动方式

（4）运用泰勒的科学管理原理，在汽车移动装配线上进行大规模的流水线生产，使一辆 T 型车的生产时间由 10 个多小时缩短到 1 个多小时的是（　　　　）。

　A.亨利·福特　　　　　　　　B.埃尔·惠特尼　　　　　　C.甘特

（5）为了适应市场需求，企业越来越多采用的生产方式是（　　　　）。

　A.大量大批生产　　　　　　　B.单件生产　　　　　　　　C.多品种、小批量

□简答题

（1）生产与运作的含义是什么？怎样理解生产与运作管理的概念？

（2）简述生产与运作管理的发展历史。

（3）制造业生产与运作和服务业生产与运作有哪些区别？

（4）大量生产、成批生产和单件生产各有何特点？

（5）生产与运作战略有哪些内容？

□计算分析题

某产品生产 3 件，经 4 道工序加工，每道工序加工的单件工时分别为 10 分钟、5 分钟、20 分钟、10 分钟，要求按三种移动方式计算其生产周期。掌握生产过程时间组织中产品在工序间的移动方式，运用公式法计算不同移动方式的生产周期。

□案例分析题

案例 1：T 公司的问题

T 公司是一家具有 20 年经验的从事玩具和游戏拼图生产的企业，其产品质量和创新精神在业内享有盛誉。近几年来，公司销售额增长停滞不前，生产经理将其归结为经济形势

19

欠佳。为此，他采取了许多紧缩措施降低生产成本，包括解雇产品研发人员。尽管目前看来成效不大，但他相信接下来的6个月内该决策带来的影响会反映到利润的增长上。

销售副总裁则把注意力放在了顾客的抱怨上。某些玩具上的转动零件变得松垮，并且不能运转或运转时出现故障。他的助手建议实行交换计划，顾客可以用有问题的玩具更换新产品，相信这样会展现公司良好的信誉且平息顾客抱怨。该助手同时建议将交换的玩具维修后在公司的零售店里折价出售，她不认为这会抢走新玩具的生意，也不需要增加新的雇员。生产经理则认为更好的选择是在完工的玩具装运前增加检查次数，"通过100%的检验，能够排除任何有缺陷的玩具并彻底避免问题"。

资料来源　佚名. 生产运作管理案例1〔EB/OL〕.〔2020-05-20〕. https://doc.wendoc.com/b8d92c72ab87f69ababc1148a.html.有改动。

问题：假设你是公司的顾问，你有何意见？

案例2：宜家家居

宜家公司是一个颇有个性的家具零售商。凭着全球15个国家的近100个巨型家具商场，它已经发展出了一套销售家具的独特方法。

顾客在宜家的商场中停留的时间在一个半小时到两个小时之间，远高于在竞争对手那里逗留的时间，这要归功于宜家的全球统一商场管理方法。而这种商场管理哲学可以追溯到20世纪50年代中期它的创始人英格瓦尔·坎普拉德在瑞典南部开办第一家家具店时期。那时，坎普拉德先生采用以产品目录为主的运作方式，生意非常红火，因为顾客希望能够实地看到他的部分家具。他在斯德哥尔摩建起了一家展示厅，他并没有选择市中心那些价格高昂的地段，而是将其设在了市郊地带。他没有购买昂贵的展台，而是按照家居布置的格局将各款家具简单地陈列出来。同样，他改变了将家具从仓库运到展示厅的传统做法，而是请顾客自己从仓库挑选喜欢的家具。正是这种与传统理念几乎背道而驰的运作方法，奠定了今天宜家公司经营理念的基础。

宜家公司不仅家具品种繁多，而且始终坚持做到"物超所值"。这些家具的设计方法很特殊：不仅可以以"平板箱包"的形式储存和销售，而且用户自己就可以很轻松地将它们组装起来。同样，宜家公司的家具商场也是围绕着"自助服务"的理念来设计的——从寻找商场、停车、浏览到订货、挑选的整个过程都力争做到"简洁、流畅和顺利"。每家商场的入口处都设有大型的标志牌，不仅宣扬宜家的理念，还为那些从未到过宜家的顾客提供建议。在这里，你还可以获得产品目录，上面印有宜家的产品介绍、图片展示和效果图等。

为了方便那些带小孩的顾客，公司设有一个专人看管的儿童游乐区、一个小型电影院、一个母婴室和专用卫生间。这样，那些爸爸妈妈们就可以将自己的孩子放在游乐区，然后离开一段时间。游乐区为每个孩子配备了一件上面印有数字的帽子。如果孩子有什么问题的话，工作人员会通过扬声器通知他的父母。此外，父母还可以领取一个婴儿车，这样就可以一直和自己的宝宝在一起了。为了方便顾客进行比较，宜家公司在展示厅中特意划分出一些名为"家居背景"的展区，而在其他展区中集中展示某一类产品，如床。

宜家的理念是"不要打扰顾客，让他们自己在合适的时候拿定主意"。如果顾客确实需要帮助的话，展示厅内各处咨询点身着鲜红服装的工作人员可以担任导购、提供测量尺寸、绘制草图等方面的帮助。同时，每件家具都带有一个标签，上面注明了尺寸大小、价格、所使用的材料、原产地以及同一款式的其他颜色等产品信息。每件家具上还有一个编号，顾客可以凭号码在库房中找到并把它组装起来。大件家具上的标签还会提醒顾客到咨询台获取帮助。逛完展示大厅后，顾客就进入了"免费服务区"。在这里，小件家具直接摆放在货架上，顾客可以直接从陈列架上将它们取下，放在自己的提袋或推车中。接下来，顾客要经过的就是半自助式仓库，他们可以挑选那些在展示厅里看中的产品，然后将购买的大小物件放在一个倾斜的传送带上，交给收银台的工作人员办理结账手续。出口处备有咨询台和服务点，通常还有一个专门出售各种瑞典风味食品的小商店。宜家公司还设置了一个大型的装载箱，顾客可以将自己的车开到这里，把购买的家具装上去。此外，他们还可以在这里买到或租到车顶行李架。

资料来源　佚名．瑞典宜家家居公司（IKEA）简介［EB/OL］．［2020-05-28］．http://wiki.mbalib.com/wiki/Ikea.

问题：（1）宜家公司的运作系统在设计上与其他大多数的家具零售运作系统有哪些不同之处？

（2）你认为，宜家公司这样的运作系统在实际运营过程中容易出现哪些问题？

［学思践悟］

质量强国建设迎来新"施工图"

日前，中共中央、国务院印发《质量强国建设纲要》（简称《纲要》），确立了新时期质量工作的全新方位，为统筹推进质量强国建设提供了行动指南、注入了强大动力。

2月16日，国家市场监督管理总局、国家发展和改革委员会、工业和信息化部等部门相关负责人在国新办新闻发布会上表示，贯彻实施好《纲要》是推进中国式现代化建设、促进中国经济由大向强转变、实现经济社会高质量发展的重要举措，有关部门将下最大气力一个行业一个行业抓质量提升，以更好满足人民对美好生活的追求。

资料来源　王俊岭．质量强国建设迎来新"施工图"［N］．人民日报（海外版），2023-02-17.

延伸阅读

质量强国建设迎来新"施工图"

选址与设施布置

[学习目标]

通过本项目内容的学习,你应该达到以下目标:

知识目标:

◎ 了解选址和设施布置的重要性;

◎ 掌握选址需考虑的因素,了解选址的一般步骤;

◎ 以加工-装配式企业布置为例,掌握有关的设施布置方法。

技能目标:

◎ 能运用相关方法进行选址;

◎ 能进行制造业和服务业的设施布置。

素养目标:

◎ 弘扬调查研究的优良传统,不断提升调查研究能力。

引 例

邦图公司选址

近年来,国内厂商在国外设厂的兴趣越来越浓。这样做的原因有很多,例如:第一,一些欠发达国家的土地、劳动力和原材料的成本低廉;第二,为了开拓国际市场,就近生产可以节约运输及其他费用,如关税等;第三,通过与当地企业合作建厂,可以避免一些贸易限制。作为世界上最大的化工企业之一,邦图公司也把跨国经营作为重要的发展战略之一。对于邦图公司来说,不够发达但人口众多的印度是个不容忽视的市场。印度政府规定必须与当地企业合资才能够生产某些产品,生产的地点也必须获得政府的许可。为了进入印度市场,邦图公司决定在印度设立合资企业。公司选择了一家印度企业作为合作伙伴,并对未来厂址提出如下要求:接近港口和市场,便于原材料运输;地方政局稳定,合作伙伴与当地政府的合作关系良好;与其他企业联系方便;劳动力报酬、地价、能源供应结构合理;便于处理污染;基础设施建设情况、投资政策和环境状况良好;接近首都新德里(因为邦图公司合作伙伴的总部设在那里)。根据以上条件,首先排除一些明显不符合条件的地点,如政局动荡的地区。经过几番筛选,最后选择了位于喜马拉雅山脚下的北方邦作为候选地区。这个地方离最近的海港有1 700公里,沿途许多地方的道路都很危险。邦图公司的合作伙伴历时两年才获得了在这个州生产的许可,其过程真可谓漫长而艰辛。而另外三家与邦图公司有竞争关系的公司也获得了在印度生产同类产品的许可。时不我待,邦图公司必须尽快做出决策。为此,邦图公司成立了一支由各方面专家组成的选址小组,深入印度,对候选地点进行考察和评价。其核心任务就是考察该地区是否存在严重不符合投资建厂条件的因素。

房地产专家确保在计算土地成本时将所有占地包括进去，并且负责场地获得方式的选择。另外，他们还要调查建造公司派驻人员的住所和其他辅助设施的可能性，如仓库、办公场所等。土木工程师负责考察土质稳定性、工厂建筑的方式、公共设施、风向、环境因素等。后勤人员研究和评价将原材料运入和产品运出的可行性。制造和生产方面的代表对劳动人口、劳动纪律、劳动力的素质，以及该地区是否适合生产进行整体上的评价。选址小组的一些人员到该地区的其他工厂调查劳动力的素质、当地政府的态度和政策、电力供应等情况，还对公共服务设施以及当地的学校进行了调查，因为这对公司派驻到当地的员工和他们的家庭成员十分重要。

资料来源 佚名. 案例：邦图化学品公司在印度设厂 [EB/OL]. [2020-05-22]. https: //wenku. baidu.com/view/3997bcb91a37f111f1855bfe.html.

这一案例表明：任何一个组织在进行选址决策时，都会考虑诸如地理、政治和社会等因素的影响。企业的决策者的能力在于能够综合分析各种因素可能给企业带来的利与弊，扬长避短，最终做出正确的选址决策，为企业的发展创造条件。

基础知识 ///////

知识点1：选址决策

设施选址（facility location）是指运用科学的方法确定设施的地理位置，使之和企业的整体生产与运作系统有机结合，以便有效、经济地达到企业的经营目的。设施选址包括两个层次的问题：一是选位，即选择什么地区（区域）设置设施，沿海还是内地，南方还是北方等，在当前全球经济一体化的大趋势之下，或许还要考虑是国内还是国外；二是定址，地区选择后，具体选择在该地区的什么位置设置设施，也就是说，在已选定的地区内选定一片土地作为设施的具体位置。

一、选址决策的原则与类型

1. 选址决策的原则

（1）费用原则。企业首先是经济实体，经济利益对于企业无论何时何地都是重要的。建设初期的固定费用，投入运行后的变动费用，产品出售以后的年收入，都与选址有关。

（2）集聚人才原则。人才是企业最宝贵的资源，企业地址选得合适有利于吸引人才。相反，如果选址不当，就会因企业搬迁造成员工生活不便，导致员工流失。

（3）接近用户原则。对于服务业来说，几乎无一例外都需要遵循这条原则，如银行、邮局、电影院、医院、学校和便利店等。许多制造企业也把工厂建到消费市场附近，以降低运费和损耗。

（4）长远发展原则。企业选址是一种带有战略性眼光的经营管理活动，要有长远发展意识。选址工作既要考虑到企业生产力的合理布局和市场的开拓，还要有利于获得新技术。在当前世界经济越来越趋于一体化的时代背景下，更要考虑如何有利于参与国际竞争。

案例 2-1

AA鞋厂的迁址

2019年8月，AA鞋厂的高层管理者宣布将其位于沿海某市的生产车间迁往内地某农村小镇。迁出地是一个人口比较密集的工业城市，迁入地则是一个被农村包围的小城镇。AA鞋厂主要生产中低档旅游鞋。近年来，AA鞋厂经营不是很景气，生产成本不断上升，利润持续下滑。在人工成本、原材料成本和水电费用大幅增长的情况下，尽管销售收入也有所增加，但AA鞋厂还是经历了自创办以来的第一次亏损。

2.选址决策的类型

（1）企业创建选址决策。这是企业初创时需要做出的选址决策，在企业选址决策中难度最大。因为决策必须以拥有足够的信息资料为基础，而企业创建时，创建者面临着多种变化的未知因素，信息资料常常不足，与其他类型企业选址决策相比，其决策的难度自然就增大了，这也说明企业未来发展的不确定性尤为突出。由于种种原因，很多小企业的创建者很少进行真正的关于企业选址的规范性决策，常常从便利角度考虑，甚至在选址时直接就选择了自己的居住地。而现代企业的创建则要求克服小企业创建选址的随意性。

（2）企业战略性迁移选址决策。与初创企业时的选址决策相比，企业战略性迁移选址决策虽然在资金、信息方面所做的准备要充分得多，但由于进入新的经济地理环境，而且常常会打破原有的一些业务关系，从而导致在选址上仍然存在较大风险。

（3）企业分设选址决策。由于目前厂址存在一些不足之处，如面积不足、劳动力短缺等原因，企业要增布新点。企业增设一些分址可能会带来一系列直接投资好处，如离目标市场更近，减少运输成本，或离重要原材料供应地更近，减少生产成本等。在此情况下，企业就可能提出到另一地区去建立分支机构的决策问题。

小思考 2-1

温州西货场是综合性铁路货运场站，位于中心城区，周边多为商业住宅区，与区域发展定位不符，并且由于其现有规模小、设施陈旧，不能开展多式高效联运，难以满足高效、多样化的物流需求。同时，大量货车进出对城市内部交通影响较大。《温州市综合交通体系规划（2018—2030年）》中明确：温州西站承接温州站的客运转移功能，温州西站既有的货运功能向西部外迁，减少铁路货运对城市交通的影响，具体货站选址建议进一步深入研究。启动温州西货场迁建对城市发展、多式联运体系构建具有重要意义。那么，温州西货场迁建应遵循什么样的原则？

答：（1）位于交通良好地区。交通条件是影响物流效率及成本的重要因素，铁路物流基地选址应将是否具备良好的对外交通通道作为重要评价因素，周边宜具备多条铁路、高速公路、主干线，并靠近港口作业区，满足城市货物快进快出的物流需求。
（2）位于城市近郊地区。物流基地周边每天有大量车辆进出，一是会产生空气和噪声污染，二是会对城市道路通行存在交叉干扰，故物流基地宜选址近郊区，既能满足城市内高效物流运转需求，又可减少对城市交通环境、生态环境的影响。（3）位于货源聚集地区。物流基地主要服务于地方产业发展，应紧靠产业集聚区，如省级产业集聚区、省级工业园区、大型专业市场等货源生成区，这样可以缩短运输距离，降低物流成本，达到降本增效目的。（4）位于土地资源充足地区。物流基地的规模一般较大，周边还将聚集大量物流运输企业，因此，需具备充足土地空间，合理利用土地资源。

二、选址的难度和重要性

1. 选址的难度

（1）选址因素互相矛盾。选址涉及很多因素，而这些因素常常是互相矛盾的。有利于营业的地方能接受较多订货，但常常地价贵、租金高。

（2）不同因素的相对重要性很难确定和度量。

（3）不同的决策部门利益不同，所追求的目标不同。

（4）判别的标准会随时间变化，现在认为是好的选址，过几年可能就不一定是好的了。

在做选址决策时，必须针对企业的经营特点，如原材料、产品、销售渠道、运输工具等，有总体了解，然后就其所处的环境提出数个备选方案，逐个分析，权衡利弊，再决定取舍。

2. 选址的重要性

无论是生产有形产品的企业，还是提供服务的企业，建在什么地区不仅影响建设投资和建设速度，还影响企业的生产布局和投产后的生产经营成本。

（1）考虑物质因素。设施选址决定着企业生产过程的结构状况，从而影响企业的建设速度和投资规模。例如，建厂地区的公共设施和生产协作条件，决定着企业是否要自备动力、热力等辅助生产设施；原料供应的可靠性和便利性，决定着企业仓库面积的大小以及运输工具的类型和规模等。

（2）考虑投资成本和运行成本因素。设施选址是否合理，是否靠近客户和原材料产地，劳动力资源是否丰富，地价高低，以及生产协作条件等，均会直接影响企业的投资效益和运营效益。

（3）考虑行为因素。要根据不同地区文化习俗的差异，采取相应的管理方式，否则会产生消极因素，影响企业的生产经营效果。

满足各方面要求的设施选址是十分困难的，必须权衡利弊，选出一个在总体上经济效益最佳的方案。总之，设施选址的战略目标是给企业带来最大化的收益。

案例 2-2

马鞍山经开区招商再结硕果。5月6日，华人健康医药连锁项目正式签约落户园区。据了解，安徽华人健康医药股份有限公司成立于2001年，经过多年发展，现已成为以零售连锁为主体、医药代理和终端集采为两翼的创新型医药企业，位居安徽省民营企业服务业百强榜第49位。其全资子公司安徽国胜大药房连锁公司是安徽省最大的零售连锁企业，在省内拥有1 000多家门店，位列"2021—2022年度中国连锁药店综合实力百强企业"第23位。

作为安徽华人健康医药股份有限公司投资打造的"第二总部"，该项目通过国胜大药房重组马鞍山曼迪新，将立足马鞍山市交通区位优势，依托安徽华人健康医药股份有限公司的供应商、资金、管理等资源，持续扩大影响力，拓展新业务，逐步辐射周边城市，加快做大做强，为全市高质量发展赋能助力。

资料来源 刘挺，姚杰超，杨亚. 华人健康医药连锁项目落户马鞍山经开区 [N]. 马鞍山日报，2023-05-10.

由此可见，安徽华人健康医药连锁项目签约落户马鞍山经开区，在选址时考虑了交通条件、现有资源等，为其做大做强创造有利条件。

知识点2：制造业的设施布置

一、设施布置的基本问题

1. 要考虑的问题

（1）包括哪些经济活动单元：

——基本生产单位、辅助生产单位；

——生产服务单位、生产技术准备部门；

——附属生产单位。

（2）每个单元所需空间。

（3）每个单元的形状。

（4）每个单元的位置。

2. 影响企业经济活动单元构成的因素

（1）企业的产品。

企业的目标最终是通过它所提供的产品来实现的，因此企业的产品从根本上决定了企业经济活动单元的构成。

（2）企业规模。

企业经济活动单元的构成与企业规模的关系十分密切。这是因为企业所需经济活动单元的数目、大小是由企业规模决定的。企业规模越大，所需要的单元数目也越多。

（3）生产专业化水平与协作水平。

很多标准件都可容易地通过外部加工而得到，没必要建立全部的生产单元。在今天，企业正在向两个不同的趋势发展：一是生产的集中化和专业化，即生产要素越来越多地向大型专业化企业集中；二是生产的分散化，即生产要素向与大企业协作配套的小型企业扩散。这两种发展趋势给企业的设施布置带来了一些新的要求。

（4）企业的技术水平。

这主要是指装备的技术水平，它直接影响着企业经济活动单元的构成。数控设备、加工中心等高技术设备拥有率较高的企业，其生产单元的组成比较简单；反之，则较复杂。

二、制造业设施布置的影响因素

1. 所需投资

设施布置将在很大程度上决定所要占用的空间、所需设备以及库存水平，从而决定投资规模。如果产品的产量不大，设施布置人员就可能愿意采用工艺专业化布置，这样可节省空间，提高设备的利用率，但可能会带来较高的库存水平，因此这里有一个平衡的问题。如果是对现有的设施布置进行改造，就更要考虑所需投资与可能获得的效益相比是否划算。

2. 物料搬运

在考虑各个经济活动单元之间的相对位置时，物流的合理性是一个主要考虑因素，即应该使相互之间搬运量较大的单元尽量靠近，以便使搬运费用尽可能少，搬运时间尽可能短。一般情况下，在一个企业中，从原材料投入直至产品产出的整个生产周期中，物料只有15%左右的时间处于加工工位，其余都处于搬运过程中或库存中，搬运成本可达总生产成本的25%～50%。由此可见，物料搬运是生产与运作管理中相当重要的一个问题。而一个好的设施布置，可使搬运成本大为降低。

3. 柔性

设施布置的柔性一方面是指对生产的变化有一定的适应性，即使生产发生变化后也仍然能达到令人满意的效果；另一方面是指能够容易地改变设施布置，以适应变化后的情况。因此，在开始设计布置方案时，就需要对未来进行充分预测，考虑到后期的可改造性。

4. 其他

其他需要着重考虑的因素有：劳动生产效率，在进行设施布置时要注意不同单元操作的难易程度差别不宜过大；设备摆放，即注意不要使空间太狭小，否则会导致设备之间的相对位置不好；工作环境，即温度、噪声水平和安全性等，均受设施布置的影响；人的情绪，即要考虑到是否可使工作人员之间能有所交流，是否给予不同单元的人员相应的责任与机会，使他们感到公平。

三、制造业设施布置的形式

1. 物料流程形式

设施布置的目标是使物流成本最小，流程形式可以分为水平的和垂直的。如果所有的设备、设施都在同一个车间里，就按水平方式考虑；如果生产作业是在多个楼层周转时，就按垂直方式考虑。常见的水平流程形式如图2-1所示。

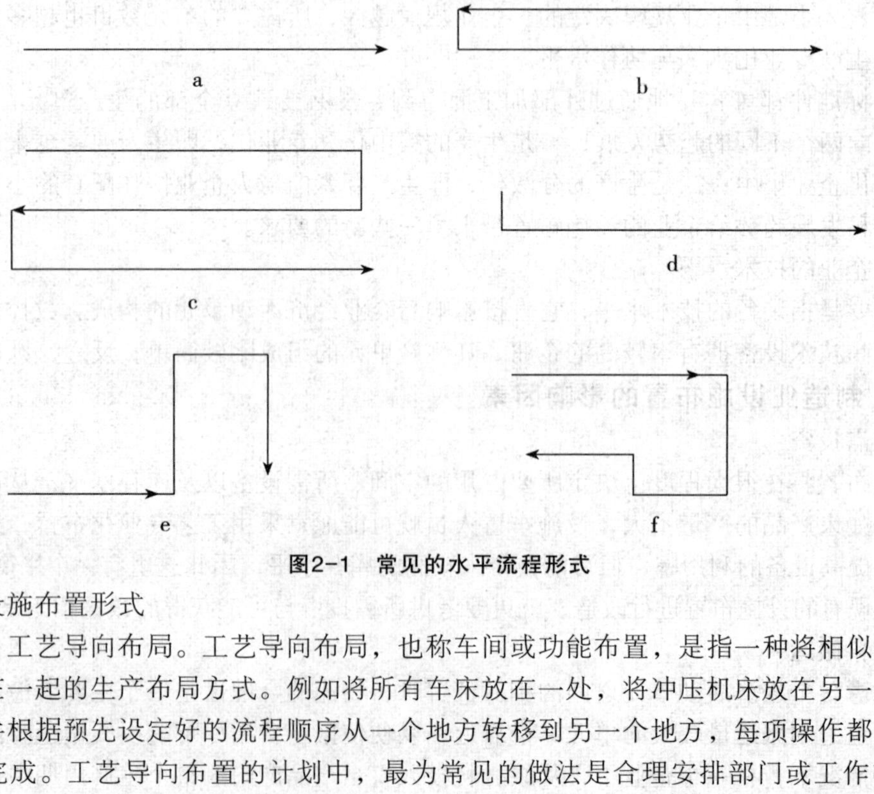

图2-1　常见的水平流程形式

2. 设施布置形式

（1）工艺导向布局。工艺导向布局，也称车间或功能布置，是指一种将相似的设备或功能放在一起的生产布局方式。例如将所有车床放在一处，将冲压机床放在另一处。被加工的零件根据预先设定好的流程顺序从一个地方转移到另一个地方，每项操作都由相应的机器来完成。工艺导向布置的计划中，最为常见的做法是合理安排部门或工作中心的位置，以减少材料的处理成本。也就是说，零件和人员流动较多的部门应该相邻。工艺导向布局适合于处理小批量、个性化程度高的生产与服务。其优点是设备和人员安排具有灵活性；缺点是设备使用的通用性要求劳动力具备较高的技术熟练程度和创新能力，在制品较多。

（2）产品导向布局。产品导向布局，也称装配线布局，是指一种根据产品制造的步骤来安排设备或工作过程的布局方式。鞋、化工设备和汽车清洗剂等的生产都是按产品导向原则设计的。产品导向布局是对生产大批量、相似程度高且变化较少的产品进行组织规划。一个典型的实例是，飞机制造公司巨大的产品的最后组装线采用的就是产品导向布局。产品导向布局的两种类型是生产线和装配线。

生产线是在一系列机器上制造零件，诸如汽车轮胎或冰箱的金属部件。装配线是在一系列工作台上将制造出的零件组合在一起。两种类型都是重复过程，而且两者都必须"平衡"，即在生产线上的一台机器所做的工作必须与另一台机器所做的工作相平衡，就像装配线上的一个工人在一个工作站上所做的工作必须和另一个工人在另一工作站上做的工作相配合一样。生产线趋向于机械化，并要求通过机器和工程上的改变来达到平衡。装配线则相反，生产的步调由分配给个人或工作站的任务来确定。所以，装配线上可以将一个人的工作转移给另一个人来达到平衡。在这种情况下，每个人或工作站要求的时间是一样的。

产品导向布局适合于大批量的、高标准化的产品生产。其优点是：单位产品的可变成本低，物料处理成本低，存货少，对劳动力标准要求低。其缺点是：投资巨大，不具产品弹性，一处停产则影响整条生产线。

（3）混合类型布局。混合类型布局是指将两种布局方式结合起来的布局方式。比如，一些工厂总体上是按产品导向布局（包括加工、部装和总装三个阶段），在加工阶段采用工艺导向布局，在部装和总装阶段采用产品导向布局。这种布局方法的主要目的是：在产品产量不足以达到使用生产线的情况下，尽量根据产品的一定批量、工艺相似性来使产品生产有一定顺序，物流流向有一定秩序，以达到减少中间在制品库存、缩短生产周期的目的。混合类型布局又包括一人多机、成组技术等具体应用方法。

一人多机（one worker multiple machine，OWMM）是一种常用的混合布局方式。其基本原理是：如果生产量不足以让一个人看管一台机器就足够忙的话，可以设置一人可看管的小生产线，既可使操作人员保持满工作量，又可在这种小生产线内使物流流向有一定秩序。这个小生产线，就是由一个人同时看管几台机器，如图2-2所示（图中 M_1、M_2 等分别表示不同的机器设备）。

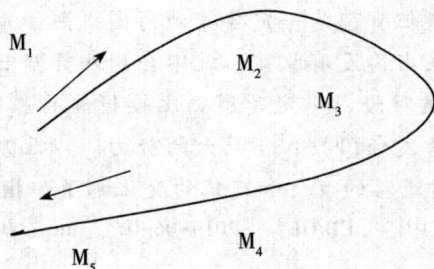

图2-2 一人多机布置示意图

29

在一人多机系统中，因为有机器自动加工时间，员工只在需要看管的时候（装、卸、换刀和控制等）看管，因此就可能在 M_1 自动加工时，去看管 M_2，依此类推。通过使用不同的装夹具或不同的加工方法，具有相似性的不同产品可以在同一"OWMM"中生产。这种方法可以减少在制品库存以及提高劳动生产率，其原因是产品不需要在每一机器旁积累到一定数量后再搬运至下一机器。通过一些小的技术革新，例如在机器上安装一些自动换刀、自动装卸、自动启动和自动停止的小装置，可以增加"OWMM"中的机器数量，以进一步降低成本。

图2-2所示的"OWMM"系统呈现一种U形布局，最大特点是物料入口和加工完毕的产品的出口在同一地点。其中加工的产品并不一定必须通过所有的机器，可以是 $M_1 \to M_3 \to M_4 \to M_5$，也可以是 $M_2 \to M_3 \to M_5$ 等。通过联合U形布局，可以获得更大的灵活性，这在日本丰田汽车公司的生产实践中已得到充分证实。

成组技术布局则是将不同的机器分成单元来生产具有相似形状和工艺要求的产品。成组技术布局现在被广泛应用于金属加工、计算机芯片制造和装配作业。其优点是：改善人际关系，增强参与意识；减少在制品和物料搬运及生产过程的存货；提高机器设备利用率；减少机器设备投资与缩短生产准备时间等。

（4）固定位置布局。固定位置布局是指产品由于体积或重量庞大需停留在一个地方，从而需要将生产设备移到要加工的产品处，而不是将产品移到设备处的布局方式。造船厂、建筑工地和电影外景场地往往采用这种布局方式。

在一个固定位置布局中，生产项目保持在一个地方，工作人员和设备都到这个地点工作。但由于在建设过程中的不同阶段需要不同的材料，所以随着项目的进行，不同材料的安排变得非常关键。同时，材料所需的空间也是不断变化的。例如，随着工程进展，建造一艘船的外壳使用的钢板量是不断变化的。

知识点3：非制造业的设施布置

案例—2-3 ————————————

肯德基选址

肯德基对快餐店选址是非常重视的，其选址成功率几乎是百分之百，选址是肯德基的核心竞争力之一。其具体做法是：首先是划分商圈，以北京为例，有市级商业型（西单、王府井等）、区级商业型、定点（目标）消费型，还有社区型、社区商务两用型、旅游型等。然后是选择商圈，比如规划局说要新建某条路，在什么地方设立广场，将来哪里有可能成为成熟商圈等。但肯德基一定要等到商圈成熟稳定后才进入，不管这家店三年以后效益有多么好，如果当前没有收益，就不会列入开店日程。肯德基投入一家店要花费几百万元，当然不冒这种险，一定是遵循比较稳健的原则，保证开一家成功一家。为了规划好商圈，肯德基开发部门投入了巨大的努力。以北京肯德基为例，其开发部门跑遍了北京的各个角落，对道路的变化和建筑的变化都了如指掌。

资料来源 林枫. 肯德基在中国 [EB/OL]. [2019-06-07]. http://jw.qz5z.com/yjxxxblog/article.php?nj=2009&id=2556. 有删减。

服务组织的运作战略通常与其总体战略联系在一起。对于大多数服务型公司来说，提供服务就是企业的全部活动。尽管服务业与制造业有着不同的特性，但是许多有关制造业的战略概念也同样适用于服务业。例如，服务性企业可以运用PWP（厂中厂——在工厂内不同地方装上不同的生产线，每条生产线拥有自己的生产作业战略）结构来获得竞争重点。医院使用PWP结构可以建立为不同患者提供服务的独立科室，如心脏病科、肿瘤科、妇产科和外科等。超市可以将产品和服务分成独立的单位，如女装、运动服、童装、内衣和男装等，各单位拥有自己的消费者、物流和战略，各自侧重于服务有独特需求的消费群体。对于银行业来说，资源要素是优越的地点、广告活动以及ATM服务等，这些要素强化了银行和客户间的良好联系。

一、办公室布置

1. 办公室布置需考虑的因素

（1）信息的传递与交流迅速、方便。信息的传递与交流既包括各种书面文件、电子信息的传递，也包括人与人之间的信息传递和交流。对于需要跨越多个部门才能完成的工作，部门之间的相对位置也是需要考虑的。

（2）人员的劳动生产率。办公室布置要考虑的另一个主要因素是办公室人员的劳动生产率。当办公室人员主要由高智力、高工资的专业技术人员构成时，劳动生产率的提高就具有更加重要的意义。而办公室布置则会在很大程度上影响办公室人员的劳动生产率，必须根据工作性质的不同、工作目标的不同来考虑什么样的布置更有利于劳动生产率的提高。例如，在银行营业部、贸易公司和快餐公司的办公总部等地方，开放式的大办公室布置使人们感到交流方便，促进了工作效率的提高；而在一个出版社，这种开放式的办公室布置可能会使编辑们受到干扰，无法专心致志地工作。

2. 办公室布置的主要模式

（1）传统的封闭式办公室布置。这种形式的办公室布置，通常情况下是指办公楼被分割成多个小房间，伴之以一堵堵墙、一扇扇门和长长的走廊。这种布置可以保持工作人员足够的独立性，但却不利于信息交流和传递，使人与人之间产生疏远感，也不利于上下级之间的沟通，而且几乎没有调整和改变布局的余地。

（2）开放式办公室布置。这种模式的办公室布置是在一间很大的办公室内，可同时容纳一个或几个部门的十几人、几十人甚至上百人同时工作。这种布置不仅方便了同事之间的交流，也方便了部门领导与一般员工的交流，在某种程度上消除了等级的隔阂，但有时会互相干扰，易发生员工之间的闲聊等。

在开放式办公室布置的基础上，进一步发展起来的一种布置是带有半截屏风的组合办公模块。这种布置既利用了开放式办公室布置的优点，又在某种程度上避免了开放式办公室布置情况下的相互干扰、闲聊等弊病。而且，这种模块布置有很大的柔性，可随时根据情况的变化重新调整和布置。有人曾估算过，采用这种形式的办公室布置，建筑费用比传统的封闭式办公室布置能节省40%。

20世纪90年代以来，随着信息技术的迅猛发展，一种更加新型的办公形式——远程办公也正在冲击着传统的办公室布置形式。所谓远程办公，是指利用网络信息技术，将处于不同地点的人们联系在一起，共同完成工作。例如，人们可以坐在家里办公，也可以在出差地的另一个城市或飞机、火车上办公等。

31

3. 办公室布置的基本方法

（1）力求使办公室有一个安静的工作环境。办公室应布置在比较安静、适中的位置。如修建办公大楼，则大部分办公室可以集中在一起，这样既便于工作上相互联系，又可以创造比较安静的工作环境。

（2）办公室应有良好的采光、照明条件。室内光线过强或过弱，都会增加人的疲劳感，降低工作效率。一般来说，自然光优于人造光，间接光优于直光，散射光优于聚焦光。

（3）最有效地利用办公室面积，合理布置工作人员的座位。安排座位时要考虑业务工作的流程和同一业务小组工作需要，尽可能采取对称布置，避免不必要的文书移动。

（4）办公室布置应力求整齐、清洁。室内用品应摆放整齐，使用方便。文件箱、文件柜的大小、高度最好一致，并尽量靠墙放置或背对背放置。常用的文件箱应布置在使用者附近。办公用品和其他室内装饰物要经济实用，不要不切实际地一味追求豪华。

二、仓库布置

仓储是制造业中占比很大的一个环节，一般的仓库布置的目标都是寻找一种布置方案，使总搬运量最小。这个目标与很多制造企业设施布置的目标是一致的。实际上，这种仓库布置的情况比制造业工厂中的生产单元的布置更简单，因为全部搬运都发生在出入口和货区之间，而不存在各个货区之间的搬运。

案例 2-4

家电用品的仓库布置

有一个家电用品仓库共有14个货区，分别储存7种家电。仓库有一个出入口，进出仓库的货物都要通过该处。该仓库每种物品每周的存取次数见表2-1。那么，应该如何布置不同物品的货区，使的总搬运量最小呢？

表2-1　　　　　　　　**家电用品仓库的存储信息**

序号	存储物品	搬运次数（每周）	所需货区
1	电烤箱	280	1
2	空调	160	2
3	微波炉	360	1
4	音响	375	3
5	电视	800	4
6	照相机	150	1
7	其他	100	2

这种仓库布置可进一步分为两种情况：

（1）各种物品所需货区面积相同。这种情况下，只需把搬运次数最多的物品货区布置在靠近出入口之处，即可得到最小总负荷数。

（2）各种物品所需货区面积不同。首先需要计算某物品的搬运次数与所需货区数量之比，取该比值最大者靠近出入口，依次往下排列。

假设在上述案例中，各种物品的比值从大到小的排列顺序为（括号中为比值数）：

3（360），1（280），5（200），6（150），4（125），2（80），7（50）。那么，根据这种排列所做出的布置方案就如图2-3所示。

货区

7	2	4	6	5	5	3

7	2	4	4	5	5	1

图2-3 布置好的仓库平面示意图

资料来源 陈荣秋，马士华. 生产与运作管理［M］. 3版.北京：高等教育出版社，2011.

上面是以总负荷数量最小为目标的一种简单的仓库货区的布置方法。在实际中，根据情况的不同，仓库布置可以有多种方案。例如，不同物品的需求经常是呈季节性变化的，在元旦、春节期间应把电视机、音响放在靠近出入口处。

三、服务型企业的平面布置

1.服务型企业运作管理的特点

（1）由于服务型企业大多劳动密集程度较高，服务对象往往是人，所以其管理的重点是对人的管理。

（2）由于服务过程很难像制造过程那样可以程序化、规范化，所以其运作管理也很难程序化、规范化。

（3）由于服务业的产品具有无形的特性，因此很难像制造业那样用数量方式加以考核。

2.服务型企业的运作模式

（1）生产线的模式。

这是美国麦当劳首创的一种服务业流水作业运作模式，该模式是将快餐运作作为一个制造过程而不是服务过程。这种理念的价值在于它克服了服务概念本身固有的许多问题。服务过程的核心是人，因此服务质量的好坏往往受到人的影响；而生产过程的核心在于事物，人对生产的影响就比较小。在麦当劳的服务过程中，"将服务内容定位于有效的生产而不是参加者或者其他"。麦当劳成功地将制造业的生产线方式引入服务业，使服务业的运作管理取得了巨大的成功。

（2）自动服务模式。

自动服务模式是通过让顾客在服务运作中发挥主动性来改善服务过程的模式。实践中主要是采用自助服务方式，如自动售货机、自动取款机等。这种方式使顾客能方便地进行自我服务，因此得到了顾客的喜欢。自动服务模式使整个服务更快捷、高效，同时由于员工支出的减少，提高了服务企业的利润水平。

（3）个体服务模式。

个体服务模式（也可以说是直接服务模式），就是指服务员在服务场所或主动上门直接面对面地为客户服务的模式，如百货店里的售货员、保险推销员等。在这种服务模式中，服务员是整个服务的主角。其最大特点就是有人与人之间的互动关系，其服务效果和质量直接受到服务员服务水平的影响。同样一次服务，由于服务员的不同，给客户留下的印象是不一样的。因此，有些服务员只能做成一次生意，但有些服务员就能做成多次生意。

3.服务场所布置考虑的因素

（1）环境条件。环境条件是指背景特征，如噪声、音乐、照明和温度等，这些都会影响雇员的表现和士气，同时也会影响顾客对服务的满意程度、顾客的逗留时间以及顾客的消费情况。虽然其中许多特征主要是受建筑设计（照明布置、吸音板和排风扇的布置等）的影响，但建筑内的布置也有一定影响。比如，食品柜台附近的地方常可以闻到食物的气味，剧院外走廊里的灯光必须是暗淡的，靠近舞台处会比较嘈杂，而入口处的位置往往通风良好。

（2）空间布置及其功能性。在空间布置及其功能性上有两个方面非常重要，即设计出顾客的行走路径以及将商品分组。行走路径的设计目的就是要给顾客提供一条路径，使他们能够尽可能多和细致地看到商品，并沿着这个路径按需要安排各项服务。通道也非常重要，除了要确定通道的数目之外，还要确定通道的宽度。通道的宽度也会影响客流的方向。此外，将顾客认为相关的物品放在一起，而不是按照商品的物理特性或货架大小与服务条件来摆放商品，这是目前很流行的做法，多用在百货店的精品服务柜台、专卖店和超市的美食柜台等处。

（3）徽牌、标志和装饰品。对于服务型企业而言，徽牌、标志和装饰品具有重要意义，这些物品与周围环境一起构成了独特的风格。比如，麦当劳的醒目标志能够使人从很远的地方就可以找到它。

技能实训 //////////ooooooooo

实训1：熟悉如何选址

【实训目标】

通过对企业选址的分析，加强我们对企业选址的原则、考虑因素、步骤及方法的理解，并在实践当中能灵活地加以运用。

【相关知识】

一、影响选址的因素和选址步骤

1.影响选址的因素

（1）经济因素。

①运输条件与费用。企业的生产经营活动离不开交通运输。例如，原材料、工具和燃料进厂，产品和废物出厂，零件协作加工等，都有大量的物料需要运输；员工上下班，也需要交通方便。交通便利能使物料和人员准时到达需要的地点，使生产活动能正常进行，还可以加强原材料产地与市场之间的联系。

原材料成本占产品成本的比重很大的企业应该接近原材料产地：原材料笨重而价格低廉的企业，如砖瓦厂、水泥厂、玻璃厂、钢铁冶炼厂和木材厂等；原材料易变质的企业，如水果、蔬菜罐头厂；原材料笨重，产品由原材料中的一小部分提炼而成的企业，如金属厂和制糖厂；原材料运输不便的企业，如屠宰厂。

一般来说，下述情况的企业应该接近消费市场：产品运输不便的企业，如家具厂、预制板厂；产品易变化和变质的企业，如制冰厂、食品厂；大多数服务业，如商店、消防队、医院等。

②劳动力可获得性与费用。对于劳动密集型企业，人工费用占产品成本的大部分，必须考虑劳动力的成本。工厂设在劳动力资源丰富、工资低廉的地区，可以降低人工费用。一些发达国家的公司纷纷在经济不够发达的国家设厂，一个重要原因是可以降低人工费用。对于需要大量具有专门技术员工的企业，人工费用占制造成本的比例很大，而且员工的技术水平和业务能力又直接影响产品的质量和产量，劳动力资源的可获得性和费用就成为选址的重要条件。

③资源可获得性与费用。没有燃料（煤、油、天然气）和动力（电），企业就不能运转。对于耗能大的企业，如钢铁厂、炼铝厂等，其厂址应该靠近燃料、动力供应地。

④厂址条件和费用。建厂地址的地势和地质条件等，都会影响到建设投资。显然，在平地上建厂比在丘陵或山区建厂要容易施工，造价也低很多。在地震多发区建厂，则所有建筑物和设施都要满足抗震要求。同样，在有滑坡、流沙或下沉的地面上建厂，也都要有防范措施，这些措施都将导致投资增加。此外，选择在荒地上还是良田上建厂，也会影响到投资多少。地价是影响投资的重要因素。城市地价高，城郊地价较低，农村地价更低。选择厂址还应考虑协作是否方便。由于专业化分工，企业必然与周围其他企业发生密切的协作关系。大城市是企业聚集的地方，但地价高。因此，对这些因素需要综合考虑。

小思考 2-2

大功率蓝光半导体激光器产业基地落户武汉

2023年5月12日，大功率蓝光半导体激光器产业化项目与江夏经济开发区和江夏科投集团在湖北武汉举行签约仪式。该项目由武汉鑫威源电子科技有限公司投资10亿元打造。此项目从事蓝光大功率光半导体激光器相关部件的研发、制造和销售，致力于实现国产大功率蓝光半导体激光器的产业化，致力于弥补国内高端光器件研发及生产领域的不足，实现蓝光半导体激光器的国产替代和自主可控。

问题：武汉鑫威源电子科技有限公司为什么选择武汉作为大功率蓝光半导体激光器的产业基地？

答：武汉位于长江和京广铁路交汇处，水陆交通便利。武汉江夏区现已形成大健康、汽车及零部件、现代装备制造、光电子、互联网及现代物流等五大主导产业。为吸引更多企业入驻，江夏区政府一方面围绕企业落户、人才激励、研发等领域出台各项利好政策，另一方面在从研发、生产、制造到服务的整个产业链上给予支持。

（2）政治因素。

政治是否稳定，法制是否健全，税负是否公平（不同国家有不同的税收政策）等都是选址时需要考虑的问题。国内建厂涉及的法律法规非常多（如环保法、税法等），国外建厂需要了解的法律更多。要了解当地有关法规，包括环境保护方面的法规，不能将污染环境的工厂建在法规不允许的地方。若税负不合理，使企业财务负担过重，也不宜建厂。

（3）社会因素。

投资建厂要考虑的社会因素包括居民的生活习惯、文化教育水平、宗教信仰和生活水平等。不同国家和地区、不同民族的生活习惯不同。企业的产品一定要适合当地的需要。在本国流行的产品或流行的款式，放到国外就不一定流行了。

在文化教育水平高的地区设厂，有利于招收受过良好教育和训练的员工，有利于吸引更多的优秀人才加盟，这对企业的发展来说是至关重要的。

到经济不发达的地区建厂，要注意当地居民的开化程度和宗教信仰。如果生产企业的性质与当地宗教信仰相矛盾，则不仅原料来源和产品销路有问题，招收员工有困难，而且可能会遭到无端的干涉和破坏。

（4）自然因素。

自然因素主要是气候条件和水资源状况。美国制造业协会的资料显示，气温在15℃~20℃，人们的工作效率最高。气温的高低关系到厂房和办公室的建筑设计。通过空调来保持适宜的温度，不仅作用范围有限，而且耗费能源，增加成本。有的产业对气候条件的要求较高，如纺织厂和乐器厂。英国的曼彻斯特是世界著名的纺织工业区，温度及湿度合适是一个主要原因。电影制片厂之所以集中在好莱坞，是因为该地终年温和而干燥，适于室外拍摄活动。

有些企业耗水量巨大，应该靠近水资源丰富的地区建厂，例如造纸厂、发电厂、钢铁厂、化纤厂等。有些企业（如啤酒厂）对水质要求高，则其选址不仅要靠近水源，而且要考虑水质。

（5）其他因素。

① 土地资源利用。企业设施的规划应贯彻节约用地、充分利用国土资源的原则，设施如果占地面积较大，周围还需留有足够的发展空间。因此，地价的高低对布局规划有重要影响。此外，企业的布局还要兼顾区域与城市规划用地的其他要素。

② 环境保护要求。企业的选址需要考虑保护自然环境与人文环境等因素，尽可能降低对城市生活的干扰。

③ 周边状况。有的企业设施是火灾重点防护单位，不宜设在易散发火种的工业设施（如冶金企业）附近，也不宜选择居民住宅区附近。

企业的选址应综合运用定性与定量相结合的方法，在全面考虑以上影响因素的基础上做出决策。功能完善、位置适宜的设施选址必将对企业的发展起到重要作用。

案例 2-5

数字经济大潮下，阿里巴巴、华为、浪潮为何扎堆河南？

河南省作为全国人口大省和千兆网络示范省，数字资源丰富，发展前景广阔，更拥有无可比拟的人力成本、住房成本、物流成本等综合优势。近年来，河南省高度重视数字经济发展，把发展数字经济作为构建现代化经济体系、推动经济高质量发展的重要举措。2019年，河南省印发《2019年河南省数字经济工作要点》，以建设国家大数据（河南）综合试验区为契机，大力推进大数据、5G、人工智能、智能终端等产业集群建设；推进数字基础设施建设，制造业、服务业、农业数字化转型，新型智慧城市建设等工程，成功吸引了一大批互联网行业巨头落户。阿里巴巴、华为、浪潮落户郑州市郑东新区，新华三、启明星辰、国信优易落户郑州国家高新技术开发区。

作为全国首批国家级高新区，郑州高新区拥有全省70%的软件企业，拥有高新技术企业和智慧产业相关企业上千家，是河南省高新技术产业、新兴产业发展的重点区域。

案例 2-6

中百超市走进居民区

中百超市的总体发展目标是建立便民超市，方便社区居民。根据这一发展战略，中百超市几乎遍及所有的社区，目前达到300家，成为武汉市网点数量最多的社区型连锁超市，社区覆盖面达70%以上。由于便民超市这一业态目前尚没有外资进入，而内资进入者规模远不及中百，因此形成了中百的独特优势。

可见，中百超市的总体发展目标是为社区居民服务，因此它的网点布局主要选择社区，伴随着这样一种理念，它在武汉市社区的覆盖率达70%以上。从这里我们可以看出，一个公司或企业的选址决策离不开其总体发展战略这一目标。

资料来源　佚名. 武汉中百总经理张锦松：有作为才会有地位［EB/OL］.［2020-03-02］. http://finance.sina.com.cn/leadership/crz/20050302/16541397408.shtml.有删减.

2. 选址的一般步骤

（1）选择某一个地区。

① 城市建厂。城市人口稠密，人才集中，交通便利，通信发达，各种企业聚集，协作方便，动力供应便利，资金容易筹集，基础设施齐备。但是，城市高楼林立，地价昂贵，生活水平高，对环境保护要求高。综合比较，以下情况较适于在城市设厂：工厂规模不大，需大量受过良好教育和培训的员工；服务业，因大部分服务业需要与顾客直接接触；占用空间少，最好能设置于多层建筑内；对环境污染小。

② 农村建厂。在农村设厂与在城市设厂的优缺点相反，以下情况较适于在农村设厂：工厂规模大，需占用大量土地；生产对环境污染较大，如噪声、有害气体或液体排放；需大量非技术性工种；有高度制造机密，需与人群隔离。

③ 城郊建厂。城郊兼具城市和农村的优点，并且由于现代交通和通信发达，将有越来越多的工厂设在城郊。

（2）选择适当的地点。

① 确定厂址应考虑厂区平面布置方案，并留有适当扩充余地。按一般程序，先定厂址，再搞厂区平面布置设计。实际上，做任何工作都不可能如此刻板，都有一个交互的过程。在购置厂地之前，即应有厂区平面布置方案。留有余地会增加投资，但不考虑长远发展可能会导致更多的投资。

② 治理周边环境的费用。不能只考虑厂房和仓库的建设费用，还要考虑周围环境、道路、供水、下水道及废料堆放处理的场地等费用。尤其在远离城市的地方建厂，公共设施缺乏，一切都需自理，所需费用往往很高。

③ 员工生活方便。在远离城市的地区建厂，要同时考虑员工的住房问题，厂区和生活区要兼顾。在城市或城郊建厂，要考虑员工上下班交通问题。

（3）方案评价。

方案评价，做出取舍。对初步拟订的候选方案进行详细评价。评价方法可用因素评分法、重心法、线性规划（运输法、模拟方法）等设施选址的方法，将会得出各个方案的优劣程度的结论，或找到一个方案优于其他方案，这样就可选定最终方案。

37

因素评分法适用于有多个候选方案时，对方案进行比较和评价。因素评分法的具体步骤如下：列出一组影响选址决策的因素；对每一个因素赋予一个权重，以反映这个因素在所有因素中的重要程度；对所有因素的打分设定一个共同的取值范围，一般是1～10或1～100；将每一个备选地址，对所有因素按设定范围打分；将各个因素的得分与相应的权重相乘得到权值，并把所有因素的权值相加，即得到每一个备选地址的最终得分；选择具有最高最终得分的地址作为最佳的选址。

重心法也可称为地理重心法，在为待建设施选址时，它通常只考虑待建设施到现有设施之间的运输费用最少，并且将运输费用简单看成是运输量、运输距离以及运输费率的乘积。它常用于中间仓库位置的选择，例如由一个仓库向多个销售点送货等情况。通过重心法找到的位置，可以使总运费最少。

设施网络选址的方法主要使用线性规划（运输法、模拟方法）等。设施网络中的新址选择往往不仅要决定新设施的地点位置，还必须同时考虑添加新设施后，整个网络的工作任务重新分配的问题，以达到整体运营效果最优的目的。例如，某市场区域内原有若干个仓库，现在由于需求的增加，需要再新建一个仓库，那么就要考虑新建仓库之后，整个区域内的运输任务如何进行重新分配，达到整体运营效果最好或总运费最低等目的。如果只单独考虑新设施，不考虑它与现有设施之间的联系，那么得到的方案对整个公司而言可能不是最佳的。

二、服务型企业的布置形式

服务型企业的布置形式可以分为工艺专业化和产品专业化，通常以工艺专业化居多。图2-4是一家诊所的平面布置示意图。

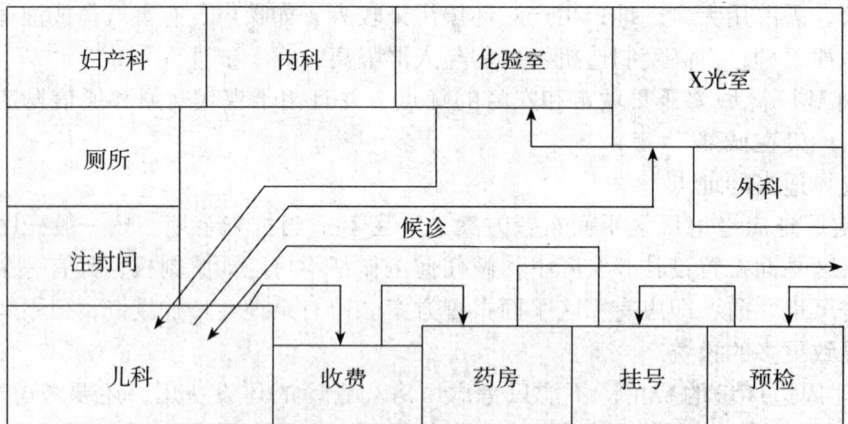

图2-4　一家诊所的平面布置示意图

从图2-4中可以看出，病人要在多个科室停留。可以想象，当诊所规模扩大成一所大医院，疾病的诊断和治疗越来越需要依靠先进的设备，病人在医院中要到许多部门做仪器设备检查，行走距离会很长。特别是对于病情较重的住院病人，需护工运送，无疑会增加成本。这时我们会遇到使运输费用最小化的医院平面布置问题。

再如百货零售商店，它的平面布置有两项要求：一是能使顾客进店后很容易找到自己想要的商品；二是店面的走道布置不能太拥挤。图2-5为一家超市的平面布置示意图。

图2-5的这种布置，好处是视野更开阔，顾客进入店铺后在主干道上就可以看清通道上方的标志，查找货物比较方便。由于服务业的生产过程和消费过程合为一体，消费者会对整个服务过程提出质量要求，因此服务业还十分强调环境的布置，如家具的式样和颜色、室内的灯光、墙壁的色彩和图案等。

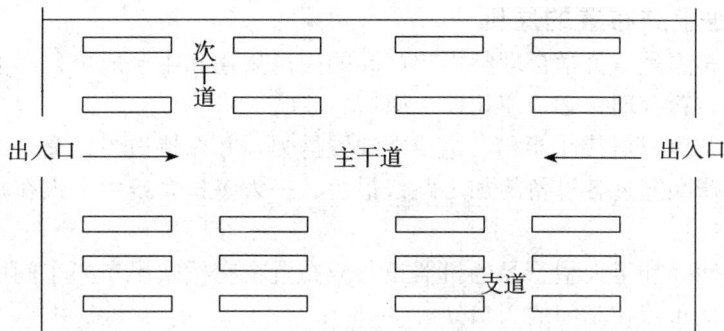

图2-5　一家超市的平面布置示意图

零售服务业布置的目的是使店铺的每平方米的净收益达到最大。在实际应用中，这个目标经常被转化为这样的标准："最少搬运费用"或"产品摆放最多"，同时应该考虑其他一些人性化的因素。

【实训材料及实训要求】

某外资公司为世界上最大的通信设备制造企业之一，总部位于某国某区，主要业务范围包括通信设备研发和销售、客户支持与服务、业务流程运营和IT服务外包及制造等领域。现在公司将发展战略定位于开拓中国市场，将在中国设立中国区集团总部。集团总部业务将涵盖通信设备销售和研发、客户支持与服务、业务流程运营和IT服务外包（对于设备生产厂区的选址将另做规划）。集团总部工作人员包括高级管理人员、职能部门人员（财务部门人员、人力资源部门人员、企业发展部门人员、总经理办公室人员）、研发人员、支持人员（咨询顾问、销售人员、客户支持和服务人员）及其他业务人员。

由此可以看出该公司具有两个突出特点：一是该公司首次开拓中国市场，为其集团总部选址应注重其企业形象，以彰显其领先于全球市场的企业地位；二是集团总部工作人员涉及管理、研发、职能人员，该公司又属于高科技企业，尤其要注重人力资源选拔与培养。

要求：首先进行省级区域选址，再进行省内开发区选址，最后撰写选址分析报告。

提示：先以地区工资水平、房地产价格、教育水平、经济发展水平、发展定位、外商投资规模作为分析的主因素。根据这些主因素选择省级区域，制定评价标准，进行评价结果分析。然后再进行省内开发区选址。同样首先要确定影响选址的主因素，然后确定评价标准，用一定的方法评价，最后得出结论。

实训2：设施布置模拟

【实训目标】

能动手规划制造企业的设施布置；理解设施布置对企业生产的重要性；对企业的生产

流程有明确的认识；理解设施布置与高效益生产之间的关系；认识到个体在企业经营中所担负的重要职责；作为组织中的一员要以企业效益最大化为目标来处理问题。通过"设施布置模拟"实训进行自我剖析，通过"设施布置模拟"实训进行课程价值分析。

【相关知识】

一、制造业设施布置的原则

车间内设施布置是否科学合理将影响产品的生产周期和生产成本，影响劳动生产率的提高。要使设施布置合理，必须遵循以下原则：

（1）机器设备应根据其性能和工艺要求安置排列，并保持适当距离，避免阻塞运输。

（2）尽量使产品通过各设备的加工路线最短，一人多机系统中工人在机器设备之间的行走距离最短。

（3）便于运输。加工大型产品的机器设备应布置在有桥式吊车的车间里，加工长棒料的机器设备尽可能布置在车间的入口处。

（4）确保安全。各机器设备之间、机器设备与墙壁、柱子之间应有一定的距离，机器设备的传动部分要有必要的防护装置。

（5）便于工人进行操作和工作地布置。

（6）有利于充分利用车间的面积。

二、制造业设施布置的常用方法

1. 物料运量比较法

物料运量比较法是按照生产过程中物料的流向及生产单元之间运输量布置企业的车间及各种设施的相对位置的方法。其步骤为：

（1）根据原材料、在制品在生产过程中的流向，初步布置各个生产车间和生产单元的相对位置，绘出物流图。

（2）统计车间之间的物料流量，制定物料运量表，见表2-2。

表2-2　　　　　　　　　　　　物料运量表　　　　　　　　　　　　单位：吨

从车间 到车间	A_1	A_2	A_3	A_4	A_5	总计
A_1		4		2	1	7
A_2	1		4	3	1	9
A_3	2	3		5	2	12
A_4	1	1	4		1	7
A_5	1	1	1	1		4
总计	5	9	9	11	5	39

（3）按运量大小进行布置，将车间之间运输量大的安排在相邻位置，并根据其他因素进行改进和调整。最后的结果如图2-6所示。因为车间 A_2 和 A_3、车间 A_3 和 A_4 之间的运量最大，所以应该相邻布置。

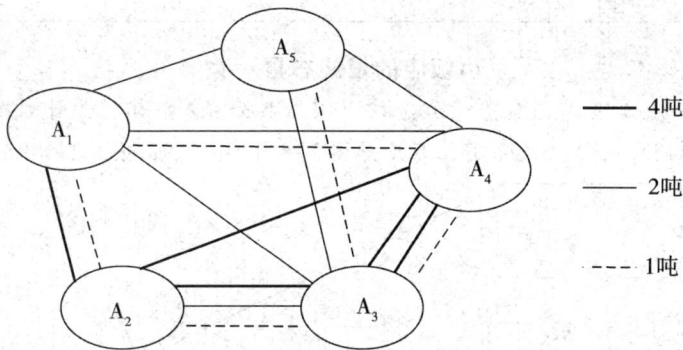

图2-6 车间布置图

2. 作业相关图法

作业相关图法是根据企业各个部门之间的活动关系密切程度布置其相互位置的方法。首先，将关系密切程度划分为A、E、I、O、U、X六个等级，见表2-3。其次，列出产生不同密切程度关系的原因，见表2-4。最后，使用这两种资料，逐一确定待布置的部门的相互关系，按密切程度高的部门相邻布置的原则，安排出最合理的布置方案。

表2-3 关系密切程度分类表

代号	密切程度
A	绝对重要
E	特别重要
I	重要
O	一般
U	不重要
X	不予考虑

表2-4 关系密切原因

代号	关系密切原因
1	使用共同的原始记录
2	共用人员
3	共用场地
4	人员接触频繁
5	文件交换频繁
6	工作流程连续
7	做类似的工作
8	共用设备
9	其他

案例 2-7

小饭店的设施布置

一个小饭店欲布置其生产与服务设施。该小饭店共分成6个部门，计划布置在一个2×3的区域内。这6个部门间的作业关系密切程度如图2-7所示。请根据图2-7做出合理布置。

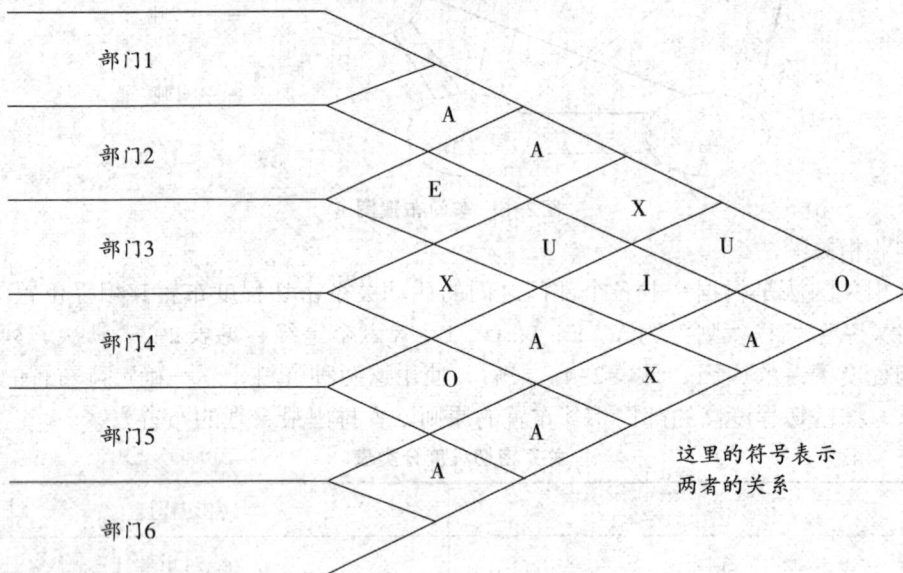

图2-7 作业相关图

分析：

第一步，列出关系密切程度（只考虑A和X）。

第二步，根据列表编制主联系簇，如图2-8所示。其原则是：从关系"A"出现最多的部门开始，如本例的部门6出现3次，首先确定部门6，然后将与部门6的关系密切程度为A的一一联系在一起。

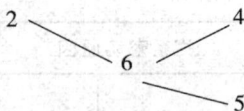

图2-8 主联系簇

第三步，考虑其他"A"关系部门，如能加在主联系簇上就尽量加上去，否则画出分离的子联系簇。本例中，所有的部门都能加到主联系簇上去，如图2-9所示。

图2-9 "A"关系联系簇

第四步，画出"X"关系联系，如图2-10所示。

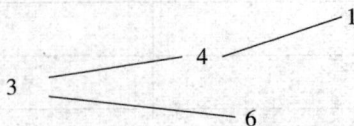

图2-10 "X"关系联系簇

第五步，根据联系簇图和可供使用的区域，用实验法安置所有部门，如图2-11所示。

1	2	6
3	5	4

图2-11 最后结果

资料来源 陈荣秋，马士华. 生产与运作管理［M］. 3版. 北京：高等教育出版社，2011.

【实训材料及实训要求】

实训工具：（1）给出既定的题目、授课用PPT（教师用）；（2）相关资料及道具（学生用）。

实训准备：实训场地为教室或实训室；准备实训桌椅30～50张；实训用品见表2-5。

表2-5 实训用品

序号	品名	数量	序号	品名	数量
1	投影仪	1台	5	A4白纸	200张
2	电脑	最少1台	6	白板笔	红蓝各1支
3	音响设备	1套	7	铅笔	按学员人数准备
4	白板	1个	8	实训效果评估表	按学员人数

实训题目：

（1）一个制造厂计划在某车间旁增加一条新的生产线，可生产5种型号的产品：A、B、C、D、E。现有两个布置备选方案，如图2-12所示。5种型号产品在6个部门间的移动距离和移动方向等见表2-6。如何选择设施布置方案，以实现月运输量最小的目标？请简要说明选择此方案的原因。

1	2	3
4	5	6

4	1	3
2	5	6

图2-12 新建生产线设备布置方案

表2-6 产品在部门间移动情况

产品型号	产品工艺路线	月产量（件）	移动方向	设备间的距离（米）	
				方案A	方案B
A	1-2-3	2 000	1-2	15	25
B	4-5-6	2 000	1-5	30	10
C	1-5-6	3 000	2-3	15	35
D	2-5-6	1 000	2-4	20	10
E	2-4-3	3 000	2-5	15	15
			3-4	35	25
			4-5	15	25
			5-6	10	10

（2）计划在高校开设一家超市，要求超市内的布置有存放区、收银台、商品展示区以及一间办公室（主要用来进行商品信息、账目管理等工作）。请制作一份超市布局图。

操作提示：首先，选择区域。一般选在人流量较大的地方，如学生食堂、学生宿舍楼附近。其次，考虑整体布局。例如，存放区一般设置在入口处；收银台是设置在出口处同一侧还是其他地方要结合实际情况而定；办公室应设置在远离出入口处和收银台的地方，以保持一个相对安静的环境。最后，具体布局。考虑办公室如何布置，商品展示区又如何放置商品等。

[项目总结]

本项目涉及的知识点包括选址和设施布置的重要性、选址需考虑的因素，选址的方法和一般步骤、制造业和服务业设施布置原则及方法等。通过背景导入和情境导入训练，要求学生掌握选址和设施布置的技能。

[项目测试]

□判断题

（1）设施选址就是确定在何处建厂或建立服务设施，它直接关系到企业的生产管理活动和经济效益。　　　　　　　　　　　　　　　　　　　　　（　　）

（2）企业选址的类型有三种，其中企业战略性迁移选址决策在企业选址决策中难度最大。　　　　　　　　　　　　　　　　　　　　　　　　　（　　）

（3）工厂规模大，需占用大量土地的选址可考虑在农村建厂；工厂规模不大，需大量受过良好教育和培训的员工的选址可考虑在城市建厂。　　　　　　（　　）

（4）物料运量比较法是按照原材料、在制品以及其他物资在生产过程中的总流向来布置工厂的各车间、仓库和其他设施，并绘制物料流向图。　　　（　　）

（5）作业相关图是根据企业各个部门之间的活动关系密切程度布置其相互位置绘制的。　　　　　　　　　　　　　　　　　　　　　　　　　　　（　　）

□选择题

（1）影响企业生产单元构成的因素有（　　）。

A.企业的产品　　　　　　　　　　B.企业的技术水平

C.企业规模　　　　　　　　　　　D.以上都对

（2）在设施布置形式中，将相似的设备或功能放在一起的生产布局方式是（　　）。

A.混合类型布局　　B.产品导向布局　　C.工艺导向布局　　　D.以上都不是

（3）办公室布置的主要考虑因素不包括（　　）。

A.员工的劳动生产率　　　　　　　B.信息传递的迅速性

C.信息交流的方便性　　　　　　　D.员工休息的舒适性

（4）对于服务型企业而言，（　　）具有重要意义，这些物品与周围环境一起构成了独特的风格。

A.环境条件　　　　　　　　　　　B.空间布置

C.徽牌、标志和装饰品　　　　　　D.空间的功能性

（5）一般仓库布置时，总的目标是（　　）。

A.搬运量最小　　　B.工人最省力　　　C.运输最方便　　　D.储存量最大

□简答题

（1）制造业设施布置的原则是什么？

（2）选址决策的难度体现在哪些方面？

（3）服务业的选址与制造业的选址有哪些不同？

（4）导致选址决策复杂化的原因有哪些？

（5）试比较办公室布置与生产制造系统布置的特点。

（6）试述服务业的三种运作模式，并请判断：一家服务公司能否既采用生产线的模式或自动服务模式，又能保持以客户为核心？请举例说明。

□作图分析题

（1）假定你所在学校的旁边有一家小餐厅需要改进它的布置（自己观察，并选择一家），请你收集相关数据以帮助这家小餐厅出谋划策。通过观察小餐厅的服务状况，来规划小餐厅的整体布局，以达到增加收益的目的。对其客户资源、服务状况进行客观调查，然后画出一张平面布置图。

（2）根据下列作业相关图2-13，将6个部门安排在一个2×3的区域内，要求把部门5安排在右上角的位置上，根据作业相关图所表达的含义，安排出最合理的布置方案。

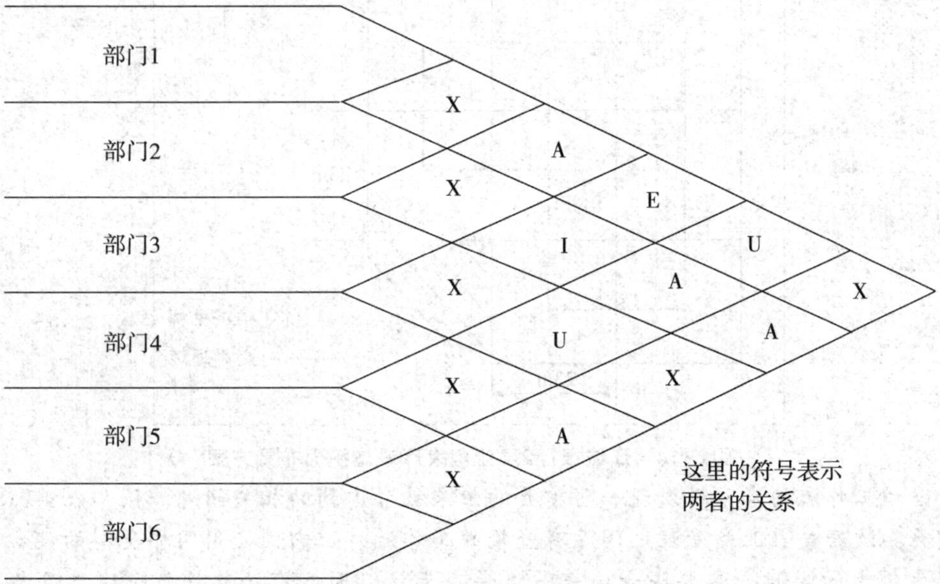

图2-13　作业相关图

□案例分析题

江城银行的设施布置

江城银行在城市商业区新建的办公大楼已竣工，银行整个业务机构将搬进新的办公场所，这也给银行提供了合理布置办公设施、进一步提高作业效率的机会。

江城银行的一个主要业务部门是支票业务受理部，该部门主要负责商业支票和个人支票的结算。这些支票来自楼下营业服务窗口或其他金融机构。支票业务受理部的业务内容主要包括：支票分类，对转来的支票进行归类整理，这可以通过识别支票底部的磁性墨水数字号码来完成；支票调节，对经由支票进出资金的总额进行平衡；支票结算，完成业务交易和资金过户；支票分送，将已归类整理的支票进行捆扎和发送。

支票业务处理部还负责受理来自政府部门的支票和通过系统返回的支票。由于业务处理程序不同，这类支票由分管商业支票业务的一个分部来受理，该分部也位于同一楼层的办公大厅。楼层电梯从底层通到2层，支票业务受理部设在新办公楼2层的办公大厅内。办公大厅被划分为8个相等面积的工作间，如图2-14所示，但没有隔墙。每个工作间面积为529m²（23m×23m）。有8个业务分部设在2层大厅，每个分部所需面积大约为466m²，所以还留有一些供存放物品和未来扩展的空间。

工作物流，诸如业务处理过程中的支票和计算机打印输出票据等，将沿着走廊通道移动，走廊通道从各工作间的中心穿过。支票的传递要通过楼层电梯，因此有必要将支票分送业务设置在距离电梯较近的工作间。对给定的工作间，其他分部的设置没有任何物理条件限制。

分析的第一步是确定来往于各分部之间的业务流量。经过数周对有关数据的积累和搜集，得出了各分部之间每天业务的平均往来次数。虽然一周当中不同工作日所受理的支票数量有所不同，但所统计的业务平均往来次数仍然能反映各分部之间工作流实际数量。

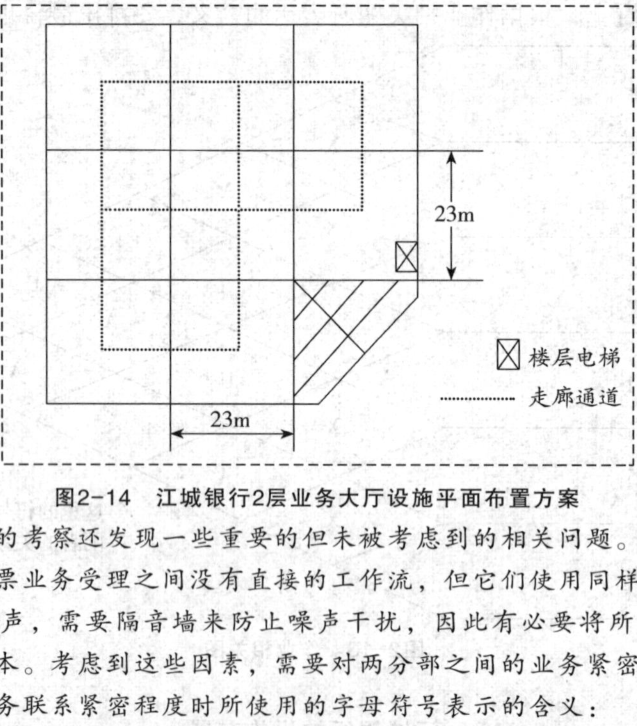

图2-14 江城银行2层业务大厅设施平面布置方案

通过对工作流的考察还发现一些重要的但未被考虑到的相关问题。例如，虽然在商业支票分类和政府支票业务受理之间没有直接的工作流，但它们使用同样类型的设备。该种设备产生较大的噪声，需要隔音墙来防止噪声干扰，因此有必要将所有这类设备集中安置，可节约装修成本。考虑到这些因素，需要对两分部之间的业务紧密程度进行识别和排序。以下是表述业务联系紧密程度时所使用的字母符号表示的含义：

A——绝对必要；E——特别重要；I——重要；O——一般程度；U——不重要；X——不予考虑。

在表2-7中，对角线右上部分给出了各分部之间每天的平均工作流（业务平均往来次数），对角线的左下部分是各分部之间的业务紧密程度。比如，在支票分类与支票调节之间的工作流是每天业务往来50次，它们之间的业务关系是"X"，即无紧密程度可言。

表2-7　　　　　　　　　　　　工作流和业务关系紧密程度　　　　　　　　单位：次

业务部门	1	2	3	4	5	6	7	8
支票分类	…	50	0	250	0	0	0	0
支票调节	X	…	50	0	0	0	0	0
支票结算	X	A	…	0	0	0	0	10
支票分送	U	U	U	…	40	60	0	0
政府支票	A	U	U	E	…	0	0	0
返回支票	U	U	U	E	U	…	12	0
结算调整	X	A	A	U	U	E	…	10
办公室	X	I	I	U	O	O	I	…

资料来源　申元月. 生产运作管理［M］. 2版. 济南：山东人民出版社，2005.

问题：（1）制作平面布置设计方案，使总工作流最小。

（2）对上述平面布置设计方案进行评价。

（3）在设计平面布置时，还有哪些其他因素应当予以考虑？

[学思践悟]

从调查研究中来　到真抓实干中去

习近平总书记强调，大兴调查研究之风，大力弘扬求真务实、真抓实干的作风，真正做出经得起历史和人民检验的实绩。调查研究，是我们党的"传家宝"，也是做好各项工作的基本功。从毛泽东的"没有调查，就没有发言权"到邓小平的"只有调查研究，你心中才有数"，再到习近平总书记的"调查研究是谋事之基、成事之道"。一百多年来，我们党始终重视和坚持调查研究，注重在调查研究中提高工作本领，形成了科学的调研理论和工作方法。实践证明，调查研究这项基本功，不仅是推动改革发展稳定各项事业的"先手棋"，更是攻坚克难、防范化解各种风险的"金钥匙"。

实践的观点是马克思主义哲学的核心观点，深入细致的调查研究是科学决策的前提和基础，正确地贯彻落实也离不开调查研究。做好调查研究，要把现实情况和群众需要结合起来，把党的二十大的重大战略部署和本地区本部门本单位的实际结合起来，掌握正确的方法原则，瞄准问题、找出症结、拿出实招，不断提高调查研究的成效和水平。

延伸阅读

从调查研究中来 到真抓实干中去

资料来源　王慧. 从调查研究中来 到真抓实干中去［N］. 学习时报，2023-04-10.

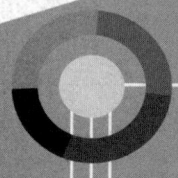

工作设计与组织

[学习目标]

通过本项目内容的学习，你应该达到以下目标：

知识目标：

◎了解劳动生产率的计算方法与提高劳动生产率的途径；

◎明确工作设计的内容与方法；

◎熟知劳动定额的作用与制定方法；

◎掌握劳动定员的编制方法。

技能目标：

◎能进行简单的工作设计；

◎能制定劳动定额。

素养目标：

◎培养发现问题、分析问题、解决问题的能力。

引例

福特的工作设计

亨利·福特二世为了改变他在接替老亨利时公司员工消极怠工的局面，制订了一项"雇员参与计划"，在各车间成立由工人组成的"解决问题小组"。工人们有了发言权，不但解决了他们生活方面的问题，更重要的是对工厂的整个生产工作起到了积极的推动作用。兰吉尔载重汽车和布朗Ⅱ型轿车的空前成功就是其中突出的例子。投产前，公司大胆打破了那种"工人只能按图施工"的常规做法，而是把设计方案摆出来，请工人们"评头论足"，提出意见，其中有两项意见的效果非常显著。以前在装配车架和车身时，工人得站在一个槽沟里，手拿沉重的扳手，低着头把螺栓拧上螺母。由于工作十分吃力，因而往往干得马马虎虎，影响了汽车质量。工人格莱姆说："为什么不能把螺母先装在车架上，让工人站在地上就能把螺栓拧上螺母呢？"这个建议被采纳后，既减轻了工人的劳动强度，又使汽车质量和装配效率大大提高。另一位工人建议，在把车身放到底盘上去时，可使装配线先暂停片刻，这样既可以使车身和底盘两部分的结合工作容易做好，又能避免发生意外伤害。此建议被采纳后也达到了预期效果。原来某个机器的操作工只负责操作而不管维修，只做单一的作业，现在改为操作工接受维修训练，负责所使用机器的维修，由3~5人组成小组，完成整个工作任务。类似这样的工作再设计的例子还有很多。工人的积极性被调动起来了，生产效率也得到大幅提高。

资料来源 佚名. 看福特公司是如何管理员工的 [EB/OL].［2019-07-06］. http://www.xuexishi. com/n-100.html.

这一案例表明：工作能否吸引人，取决于它是否能充分发挥员工的能力。工作设计就是组织向其成员分配工作任务和职责的方式。运用工作设计的方法，比如充实工作内容，增加岗位的技术含量，使工作更加多样化、充实化，消除因从事单调乏味工作而产生的枯燥厌倦情绪，从心理上满足员工的合理要求，使员工得到基于工作本身的激励和成就感。

基础知识 ////////..........

知识点1：劳动生产率

一、劳动生产率概述

1. 劳动生产率的概念

劳动生产率是指劳动者在一定时期内创造的劳动成果与劳动消耗量的比值，即劳动者生产某种产品的劳动效率。劳动生产率水平可以用单位时间内所生产的产品的数量来表示，也可以用生产单位产品所耗费的劳动时间来表示。单位时间内生产的产品数量越多，劳动生产率就越高；反之，则越低。生产单位产品所耗费的劳动时间越少，劳动生产率就越高；反之，则越低。

生产的产品量可以用产品实物产量、标准实物产量、生产工作量和产品价值量（总产值、净产值等）等指标计算。

2. 劳动生产率的分类

（1）劳动生产率按其计算的范围可分为：

① 个别劳动生产率，包括个人劳动生产率和企业劳动生产率。前者按个别劳动者的劳动耗费来计算；后者按个别企业的劳动耗费来计算。

② 社会劳动生产率，是以全社会为单位来计算单位产品所耗费的社会平均必要劳动量。社会劳动生产率是衡量全社会范围内生产先进程度的根本尺度。

个别劳动生产率高于社会劳动生产率，生产商品的个别劳动量就低于社会平均必要劳动量；反之，则高于社会平均必要劳动量。劳动生产率同单位时间内所生产的产品量成正比，即劳动生产率越高，单位时间生产的产品量越多；而同单位产品所包含的劳动量成反比，即劳动生产率越低，单位产品所包含的劳动量越大。

（2）劳动生产率按其决定的条件可分为：

① 劳动的社会生产率，是指由社会生产力的发展程度所决定的生产率。

② 劳动的自然生产率，是指由劳动的自然条件所决定的生产率。

（3）劳动生产率按不同人员的范围计算可分为：

① 全员劳动生产率，就是按全部职工计算的生产率。

② 生产工人劳动生产率，就是按生产工人计算的生产率。

3. 劳动生产率的计算

劳动生产率是在一定时间内生产出来的有用产品（或完成工作）的数量与相应的劳动

消耗量之间的比率。劳动生产率有两种算法：

（1）劳动生产率的直算法：以单位时间内生产的产品数量或销售额为单位进行计算，即：

工业企业的劳动生产率=产品数量÷生产时间

如：某企业在8小时内生产的产品数量为1 000件，则劳动生产率=1 000÷8=125（件/小时）。

商业企业的劳动生产率=销售额÷销售人数

如：某贸易公司有销售人员20名，实现销售收入100万元，则劳动生产率=100÷20 = 5（万元/人）。

（2）劳动生产率的逆算法：以工人生产单位产品所消耗的工时为单位进行计算，即：

劳动生产率=生产时间÷产品的数量

如：某车间生产100件产品需要4小时，则劳动生产率=4÷100=0.04（小时/件）。

说明：直算法得出的数值越大，表明单位时间生产的产品越多，劳动生产率也就越高。逆算法得出的数值越小，表明生产一个产品所消耗的工时越少，劳动生产率也就越高。

二、提高劳动生产率的意义和途径

1. 提高劳动生产率的意义

提高劳动生产率，可以缩短个别劳动时间，是生产者增加收入的主要途径；提高劳动生产率还可以缩短社会必要劳动时间，使商品达到物美价廉，从而提高人民的生活水平。因此有必要研究提高劳动生产率的途径。

小思考3-1

党的二十大报告中将"居民收入增长和经济增长基本同步，劳动报酬提高与劳动生产率提高基本同步"作为未来5年主要的目标任务之一。那么，你知道影响劳动生产率的因素有哪些吗？

答：劳动生产率的状况是由社会生产力的发展水平决定的。具体说，决定劳动生产率高低的因素主要有：①劳动者的平均熟练程度。劳动者的平均熟练程度越高，劳动生产率就越高。劳动者的平均熟练程度不仅指劳动实际操作技术，而且也包括劳动者接受新的生产技术手段、适应新的工艺流程的能力。②科学技术的发展程度。科学技术水平越高，并被广泛地运用于生产过程，劳动生产率也就越高。③生产过程的组织和管理。这主要包括生产过程中劳动者的分工、协作和劳动组合，以及与此相适应的工艺规程和经济管理方式。④生产资料的规模和效能。这主要指劳动工具有效使用的程度，对原材料和动力燃料等利用的程度。⑤自然条件。这主要包括与社会生产有关的地质状态、资源分布、矿产品位、气候条件和土壤肥沃程度等。

2. 提高劳动生产率的途径

如何提高劳动生产率？首先要搞清楚影响劳动生产率的因素有哪些。如小思考3-1所列示，劳动生产率的状况是由社会生产力的发展水平决定的。具体来说，决定劳动生产率高低的因素主要有：劳动者的平均熟练程度；科学技术的发展程度；生产过程的组织和管理；生产资料的规模和效能；自然条件，如地质状态、资源分布、矿产品位、气候条件和土壤肥沃程度等。这些因素中，除某些自然条件外，绝大多数都可以提出与之相应的改善途径。总而言之，提高劳动生产率的途径有：

（1）提高劳动者的平均熟练程度。劳动者的平均熟练程度越高，劳动生产率就越高。劳动者的平均熟练程度不仅指劳动实际操作技术，而且包括劳动者接受新的生产技术手段、适应新的工艺流程的能力。

（2）应用先进的科学技术。科学技术越是先进，而且越是被广泛地运用于生产过程，劳动生产率也就越高。

（3）对生产过程进行科学的组织和管理。这主要包括对生产过程中劳动者的分工、协作和劳动组合，以及与此相适应的工艺规程和生产管理方式进行科学的组织和管理。

（4）提高生产资料的有效使用程度。这主要指对劳动工具有效使用的程度、原材料和动力燃料等利用程度的提高。

那么，管理者应如何提高劳动生产率呢？管理者可以考虑以下八条措施：

第一，招聘和选拔那些与实现战略所需能力相匹配的员工。把招聘和选拔员工当成一个业务，当成一个足以影响企业未来发展的业务。

第二，为员工提供培训、晋升的机会。把培训当成企业文化的一部分，像惠普、微软、谷歌那样重视企业员工的培训。提高员工的激情和热情，从而获得晋升的机会，更能提高他们的工作效率，进而提高劳动生产率。

第三，建立合理、透明、简单和公平的绩效体系。让每一个员工都清楚自己的付出和回报要做好绩效三件事：绩效界定、绩效促进、绩效鼓励。

第四，实施合理有竞争力的薪资体系，更侧重于浮动工资系统，如低工资、高奖金的工资计划。尽可能实现外部公平、内部公平和个人公平的结合。

第五，认识到提高劳动生产率没有"速成"的捷径，必须脚踏实地、一步一步地走。

第六，认识通过避免错误使质量持续提高的重要性。要做到这一点需要对所有企业成员的态度进行重塑，使他们认识到质量比简单地把产品卖出去更为重要。

第七，努力修复由于企业裁员、结构重组和合并而被削弱的员工忠诚度。像施乐、莫森托和联合技术公司，他们通过为留下来的员工增加培训预算和修改薪酬计划等，提升了员工忠诚度。

第八，关心员工生活和福利，重视企业文化。采取实际措施为员工创造更好的工作和生活环境，实行员工援助计划，帮助员工解决现实问题。

劳动生产率的提高可以改变企业在竞争中的地位，提高市场占有份额，与此同时也可以让员工间接受益，如更高的报酬、更好的工作环境、更和谐的员工关系等。在提高劳动生产率后，很多员工希望看到所获得的成就和报酬之间有更紧密的联系，希望自己的工作生活质量获得显著提高。管理者可以通过对员工的有效管理，在实现提高企业劳动生产率目标的同时，既满足员工的期待，又整合了企业和员工两者之间的利益。

知识点2：工作设计

一、工作设计的含义、内容、原则与实例

在一个利润不断下降且全球竞争越来越激烈的环境中，公司如果不能不断地对产品和

工作过程进行改进，后果将不堪设想。工作设计和再设计可以使公司的资源（人力、资本和技术资源等）得到充分利用，从而使公司保持竞争优势。

随着技术的不断创新和广泛应用，劳动者的生产效率得到了显著提高。但是，单纯提高效率会导致很多工作变得无聊乏味，这些工作专业面窄、易学、重复性强，工作者很难从中得到满足。于是，如何使工作能够激励员工，如何进行工作设计就成为管理者应该认真思考的问题。

1. 工作设计的含义

工作设计（job design）是指为了有效地达到组织目标与满足个人需要而进行的工作内容、工作职能和工作关系的设计。也就是说，工作设计是一个根据组织及员工个人需要，规定某个岗位的任务、责任、权力以及在组织中工作的关系的过程。工作设计要解决两个问题：①工作怎样做——最大限度地提高组织的效率和劳动生产率。②怎样使工作者在工作中得到满足——最大限度地帮助个人成长和增加个人福利。工作设计是否得当，对于激发员工的工作积极性，增强员工的工作满意度，以及提高员工的工作绩效，都有重大的影响。

2. 工作设计的内容

工作设计的主要内容包括工作内容的设计、工作职责的设计和工作关系的设计三个方面。

（1）工作内容的设计。工作内容的设计是工作设计的重点，一般包括工作的广度、工作的深度、工作的完整性、工作的自主性以及工作的反馈性五个方面。

一是工作的广度，即工作的多样性。工作设计得过于单一，员工容易感到枯燥和厌烦，因此在设计工作时，应尽量使工作多样化，使员工在完成任务的过程中能进行不同的活动，保持对工作的兴趣。

二是工作的深度。设计的工作应具有从易到难的一定层次，对员工工作的技能提出不同程度的要求，从而增加工作的挑战性，激发员工的创造力和克服困难的能力。

三是工作的完整性。保证工作的完整性能使员工有成就感，即使是流水作业中的一个简单程序，也要是全过程的，让员工见到自己的工作成果，感受到自己工作的意义。

四是工作的自主性。适当的自主权能增加员工的工作责任感，使员工感到自己受到了信任和重视。认识到自己工作的重要，使员工工作的责任心增强，工作的热情提高。

五是工作的反馈性。工作反馈信息包括：他人对自己工作能力、工作态度的评价；工作本身的反馈，如工作的质量、数量、效率等。工作反馈信息使员工对自己的工作成果有全面的认识，能正确引导和激励员工，有利于工作的精益求精。

（2）工作职责的设计。工作职责设计主要体现在工作的责任、权限、方法等方面的设计。

一是工作责任设计。工作责任设计就是员工在工作中应承担的职责及压力范围的界定，即工作负荷的设定。

二是工作权限设计。权限与责任是对应的，权限范围越广责任越大，二者脱节则会影响员工的工作积极性。

三是工作方法设计。工作方法的设计具有灵活性和多样性，不同性质的工作，根据其工作特点的不同，采取的具体方法也不同。

（3）工作关系的设计。确定与其他人相互交往联系的范围及相互配合协作的要求。

3.工作设计的原则与实例

（1）给员工尽可能多的自主性和控制权。例如，维修部经理允许维修人员自己订购零件和保管存货。

（2）让员工对自己的绩效做到心中有数。例如，主管与下属进行定期的绩效反馈面谈，并且建立渠道让员工了解同事和客户对自己的评估。

（3）在一定范围内让员工自己决定工作节奏。例如，实行弹性工作时间政策。

（4）让员工尽量负责完整的工作。例如，建立项目管理制度，使员工独立负责一个项目从而接触一项工作的全部过程。

（5）让员工有不断学习的机会。例如，让员工参加各种技能的培训并进行工作轮换，丰富员工所掌握的技能。

小思考 3-2

工作设计不是一成不变的，那么在哪些情况下，管理者应该考虑进行工作再设计？

答：在下列情况下，可以考虑进行工作再设计：

岗位设置不合理。有些岗位工作量大，员工经常要加班才能完成工作；有些岗位工作量少，员工经常无事可做。这是人力资源配置不合理的表现，无形中加大了人力资源的成本，也可能会破坏员工之间的公平与和谐，由此带来整体工作效率的降低。

企业计划进行管理变革。企业的不断发展，或者外部市场环境的变化，使得企业必须对现有的经营模式和管理模式进行改革时，人力资源部门应该进行相应的工作设计，以此来配合企业的改革，使工作能够适应企业发展的需要。

员工工作效率下降。诚然，员工工作效率下降的原因有很多，但如果是由于员工对现有工作失去兴趣而产生的效率下降，那么对这些工作进行再设计也不失为一种解决措施。

二、工作研究

工作设计解决的是分配工作任务和职责的方式问题，那么如何寻求更好、更经济、更容易的工作方法来提高劳动生产率，则是工作研究所要解决的问题。工作研究的基本过程是运用动作分析获得最佳程序和方法，然后再利用时间研究将所有作业制定出标准时间。

1.动作分析

人的生产作业活动实际上是由一系列的动作组成的，这些动作的快慢、多少、有效与否，直接影响了生产效率的高低。进行动作分析，最主要的目的就是消除无效的动作，以最省力的方法实现最佳的工作效率。

动作分析是把某项作业的动作，分解为最小的分析单位（动素），来对作业进行定性分析，以找出最合理的动作，使作业达到标准化的一种方法。动素由吉尔布雷斯创立，后经美国机械工程师协会等机构修改补充为18项，各个动素的符号及含义等见表3-1。

表3-1　　　　　　　　　　　　　　　　　　　动素符号表

序号	动素名称	文字符号	形象符号	含义	符号说明
1	伸手	R	⌣	空手移动，接近或离开目的物的动作（运空）	空手或空碟的形状
2	握取	G	⌒	利用手指充分控制物体	抓东西的形状
3	移物	M	⌣	手持物从一处移到另一处的动作（运实）	手里或碟子里有东西的形状
4	放手	RL	⌣	从手中放掉东西，又称放开	东西从手里或碟子里掉下来的形状
5	预对	PP	ð	物体定位前先将物体安置到预定位置	把两个将要对准的东西接近的形状
6	装配	A	≠	为了两个以上的物件的组合而做的动作	把东西组合起来的形状
7	使用	U	∪	利用器具或装置所做的动作，又称应用	形如USE的"U"
8	拆卸	DA	⫫	对两个以上组合的物体，做分解的动作	从组合中去掉物件的形状
9	检验	I	○	将产品和所制定的标准做比较的动作，又称检查	透视的形状
10	寻找	SH	⬭	确定目标物的位置的动作	用眼睛找东西的形状
11	选择	ST	→	为选取欲抓取目的物的动作	指示选择出来东西的形状
12	计划	PN	⚑	在操作进行中，为决定下一步骤所做的考虑	把手放在头上进行思考的形状
13	定位	P	♟	为将物体放置在正确位置而进行的动作，又称对准	螺旋曲线向心导入的形状
14	保持	H	⌓	手握物并保持静止状态，又称拿住	磁铁吸住东西的形状
15	休息	RT	⌇	不含有用的动作，而以休息为目的	人坐在椅子上的形状
16	延迟	UD	⌢	含有有用的动作，而作业者本身不能控制	人失控倒下的形状
17	故迟	AD	⌐	不含有有用的动作，作业者本身可以控制而不去控制	人躺着休息的形状
18	发现	F	⬯	物品已找到的瞬间动作。此动素为美国机械工程师学会增加	

　　根据这些动素在作业过程中的实际作用的大小，可以将其分成三个类别：

　　第一类，有效动素，即进行工作所必要的动素，包括伸手、握取、移物、装配、使用、拆卸、放手、检验。

55

第二类，辅助性动素，它虽然有时是必要的，但这类动素会使作业时间消耗过多，降低作业效率，除了非用不可之外应尽量取消，包括寻找、发现、选择、计划、定位、预对。

第三类，无效动素，属于不进行任何工作的动素，是一定要设法取消的，包括保持、休息、延迟、故迟。

如何对构成某作业的动素进行分析呢？其具体步骤如下：

第一步，找出作业中存在的问题，决定应进行动素分析的作业。

第二步，动素分析的准备：动素分析表、记录纸、秒表、卷尺等。

第三步，动素分析的实施：在分析表中填写必要的事项；观察、分解、记录动作；整理分析结果，填写总结表（将动素记号按左右手分开，填写合计数）；画出作业现场布置图。

第四步，讨论分析结果，确定改进方案：找出第二、三类动作过多的原因并进行改善；运用表3-2所示的"5W1H分析法"从六个方面反复提出问题；在确定改进方案后，应做出改进作业后的动素分析表，比较改进前后的动素数，评价改进效果。

表3-2   5W1H分析法

项目	现状如何	为什么	能否改善	该怎么改善
对象（what）	生产什么	为什么生产这种产品	是否可以生产别的	到底该生产什么
目的（why）	什么目的	为什么是这种目的	有无别的目的	应该是什么目的
场所（where）	在哪儿干	为什么在那儿干	是否能在别处干	应该在哪儿干
时间（when）	何时干	为什么在那时干	能否其他时候干	应该什么时候干
人员（who）	谁来干	为什么由那人干	是否由其他人干	应该由谁干
方法（how）	怎么干	为什么那样干	有无其他方法	应该怎么干

2.5W1H分析法

5W1H分析法也叫六何分析法，是一种思考方法，也可以说是一种创造技法，是一种对选定的项目、工序或操作，从目的（何因）、对象（何事）、场所（何地）、时间（何时）、人员（何人）、方法（何法）六个方面提出问题并思考，寻求解决问题的答案的分析法。

以上六个方面的英文第一个字母为5个W和1个H，所以简称5W1H分析法。运用这种方法分析问题时，先将这六个问题列出，得到回答后，再考虑列出一些小问题，又得到回答后，便可进行取消、合并、重排和简化工作，对问题进行综合分析研究，从而产生更新的创造性设想或决策。

案例 3-1
电阻元件插入电路板的作业过程的动素分析

表3-3是一个把电阻元件插入电路板的作业过程的动素分析表，通过分析，可以发现左手的动作存在一些无效动素，因而有针对性地提出了几点改善措施。

表3-3　　　　　　　　　　　　　　动素分析表

序号	要素作业	左手动作	左	眼	右	右手动作	改善点
1	把电阻元件放到左手	等待				伸手到容器	
2		等待				抓起数个电阻元件	
3		伸手到右手				移物到左手	
4		接右手中的电阻元件				把电阻元件放到左手	
5	把电阻元件插入电路板	拿住电阻元件				伸手到左手	·把容器放在靠近左手的地方便于抓取元件
6		拿住电阻元件				选择拿起一个元件	·用左手抓元件
7		等待				移动到电路板，调整方位	·探讨用两手同时插元件的可行性
8		等待				把引线对准电路板孔	
9		等待				把引线插入孔中	
10		等待				放开电阻元件	
11	剩余电阻元件放回容器	等待				伸手到左手	
12		剩下的元件放入右手				接左手的元件	
13		手缩回原处				把元件移动到容器	
14		等待				把元件放回容器	

合计	类别	第1类						合计	第2类		合计	第3类		合计	注：共插入
	记号														5个元件
	左手														
	右手														

3. 动作经济原则

（1）动作经济原则的含义。动作经济原则，就是在作业时，能以最少的劳力取得最佳的工作效果的经济法则。在作业过程中要经济地使用动作，必须经常观察和分析操作动作，彻底排除动作中的不合理成分。

（2）动作经济的四条基本原则。①减少动作的数量。是否有多余的寻找、选择、计划和预对？简化握取与装配动作。②双手同时进行动作。双手中的某一只手是否处于拿物或故延状态？③缩短动作的距离。减少需全身运动的动作；减少手腕动作的距离。是否用不必要的大动作进行作业？④舒适地工作。减少动作的困难性；避免改变工作姿势；减少需要用力的动作。

（3）动作经济原则应用实例。一是取消不必要的动作。不必要的动作会使作业时间变长，使宝贵的时间消耗在无用的动作上。

焊锡作业动作的改善

表3-4为焊锡作业改善前后的对比情况。在改善前的焊锡作业过程中，左手动作数为5个，电烙铁需要右手频繁地拿起和放下，如图3-1所示。通过将电烙铁固定，使得左右手的动作得以改善，取消了不必要的动作，左手动作数也由5个减少为3个，如图3-2所示。

表3-4　　　　　　　　　　　　焊锡作业改善前后的对比情况

	改善前		改善后	
	左手	右手	左手	右手
1	取工件放在操作台上	空手等待	取制品	拿起焊丝（等待）
2	拿起焊丝	拿起电烙铁	焊锡	焊锡
3	焊锡	焊锡	将工件放入产品箱中	拿住焊丝（等待）
4	放下焊丝	放下电烙铁		
5	将制品放入成品箱中	空手等待		

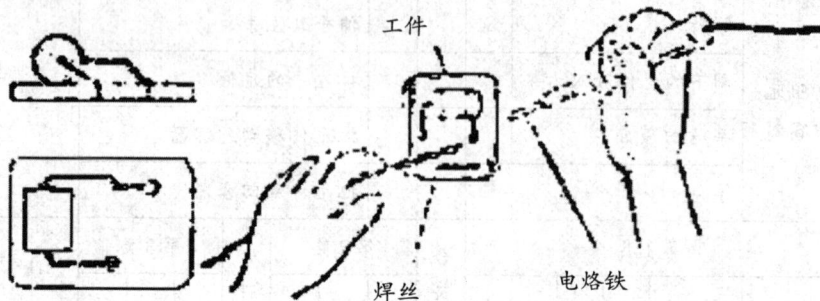

图3-1　改善前的焊锡作业操作

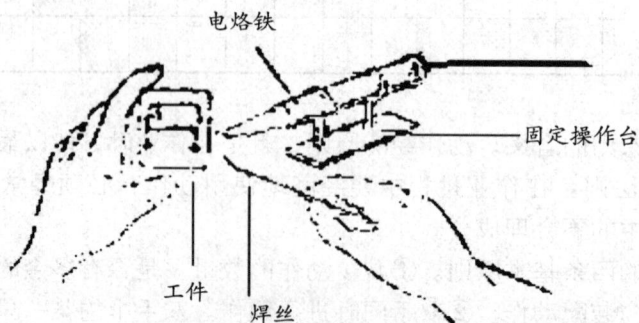

图3-2　改善后的焊锡作业操作

二是合并两个及以上动作。作业过程中，有些动作是非常相似的，只是简单的重复性操作，这时可以考虑将这些动作进行合并。

案例 3-3

工件上盖印

改善前用两个不同的印章先后在工件上盖印，显然效率不高，既然两次盖印的动作基本相似，那么我们可以把两个印章组合成一个印章，这样在工件上就只进行一次盖印动作，工作效率几乎提高了一倍，如图 3-3 所示。

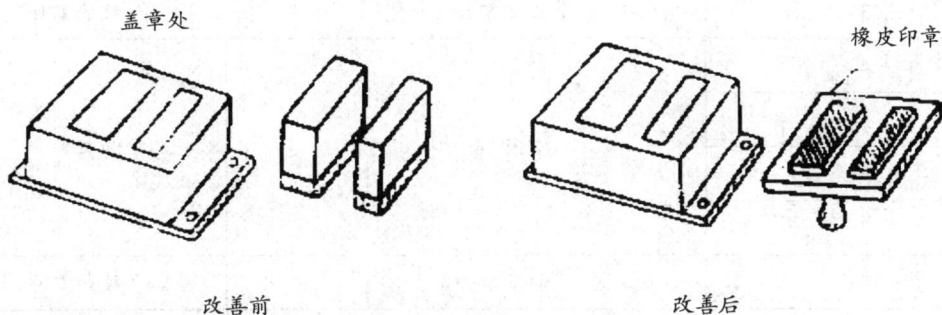

图 3-3 用组合印章减少盖印次数

三是双手同时进行动作。在作业过程中某一只手闲着，不仅造成浪费，还要加重另一只手的负担，造成动作的不平衡。因此，要尽可能地让双手同时进行作业动作。从动作经济原则来讲，除休息以外作业过程中不允许双手出现空闲。

案例 3-4

元件插入电路板

原来是用一只手把元件插入电路板，造成另一只手在大部分时间内处于空闲状态，现在改用双手同时操作，同时在两个电路板上进行元件的插入操作，提高工作效率近一倍，如图 3-4 所示。

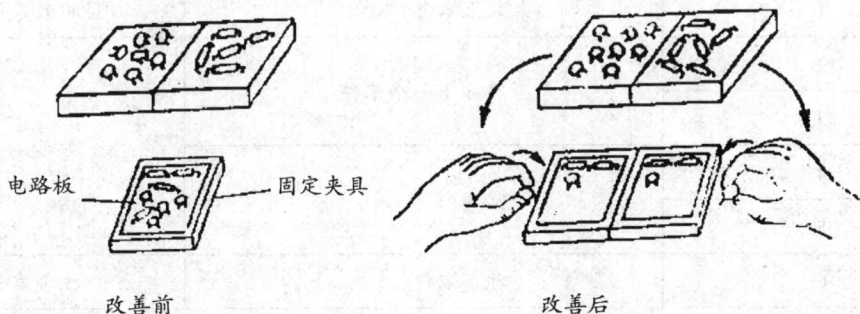

图 3-4 双手同时作业

四是对作业程序重新组合。调整作业过程中动作的先后顺序，有时也会减少空闲时间，带来工作效率的提高。

案例 3-5

塑料压铸机压铸某制品的作业程序

一个塑料压铸机压铸某制品的作业程序，调整前，加工一次零件总共花费 10 分钟，其中人和机器的空闲时间都达到 4 分钟，利用率只有 60%，见表 3-5。

表3-5 调整前的作业程序及时间利用率

时间（分）	人工	机器
1	准备零件	空闲
2		
3	装上零件	被装零件
4	空闲	加工
5		
6		
7		
8	卸下零件	被卸零件
9	修整和存放零件	空闲
10		
利用率	60%	60%

现在进行第一次调整，在机器加工的同时进行"准备下一个零件"的操作，这样调整后，人和机器的空闲时间减少为2分钟，一次加工的时间也减少为8分钟，利用率达到了75%，见表3-6。

表3-6 第一次调整后的作业程序及时间利用率

时间（分）	人	机器
1	装上零件	被装零件
2	准备下一个零件	加工
3		
4	空闲	
5		
6	卸下零件	被卸零件
7	修整和存放零件	空闲
8		
利用率	75%	75%

可以发现，机器被装零件、加工、被卸零件的时间总共只需6分钟，而人的各个作业动作时间总共也只需6分钟，那么能不能把多出来的2分钟空闲时间也消除掉呢？答案是肯定的。再进行第二次调整，在机器加工的时候，同时进行"修整和存放零件"的操作，这样在机器加工的4分钟内，人也在同时进行操作，一次加工的总时间降为6分钟，人和机器的利用率都达到了100%，见表3-7。

表3-7 第二次调整后的作业程序及时间利用率

时间（分）	人	机器
1	装上零件	被装零件
2	修整和存放零件	加工
3		
4	准备下一个零件	
5		
6	卸下零件	被卸零件
利用率	100%	100%

小思考3-3

一般情况下，企业的生产系统是庞大且复杂的，在众多的作业环节中，应该从哪些方面着手，去选择那些亟待改良的工作呢？

答：通过对企业生产中各个方面的观察，从以下几点对生产进行分析，找出切入点：①最消耗人力与机器时间的工作；②生产工序过多，时间耗用较多的工作；③质量不稳定，易出次品的工作；④生产效率低，易发生生产任务积压，需经常加班才能做完的工作；⑤生产活动中的薄弱环节。

4.时间研究

（1）时间研究的含义。运用动作分析获得了最佳程序和方法后，就要用时间研究的方法来建立工作的时间标准。时间研究又称工作测量，是对确定的标准作业方法进行研究，确定作业的时间标准。

（2）时间研究的步骤。在时间研究中，研究人员用秒表观察和测量一个训练有素的人员，计算正常发挥的条件下其在各个工作单元所花费的时间，这通常需要对一个动作观察多次，然后取其平均值，再考虑到正常发挥的程度和允许变动的幅度，以决定标准时间。

为了方便阐述，结合一个茶杯包装的例子（将一套6个茶杯装入纸盒，封口，码放）来具体说明时间研究的基本方法、步骤和要注意的事项。

步骤一：将工作分解成单元。

在茶杯包装例子中，可将这一工作分解成4个工作单元：①取两个纸盒；②将衬垫放入纸盒；③将茶杯放入纸盒；④纸盒封口、码放。将相关的数据记录到数据记录表中。

分解工作单元时要注意的几个问题是：第一，为了测量工作单元所花费的时间，每一工作单元都应该有明确的开始和结束标志。第二，工作单元的划分不能太细，否则动作难以用秒表测量。例如，上述事例中的动作单元②如果再细分，还可分成3个单元：左手拿起衬垫；将衬垫打开（将放每个茶杯的网眼撑开）；将衬垫放入纸盒。因为这几个动作的每一个都非常快，难以精确测量各自所需的时间，所以不宜将动作单元②再分解。第三，如果这项工作已经进行了一段时间，已经有约定俗成的工作方法，那么动作单元的划分应

61

与这样的工作方法保持一致。有些非正常的、偶然发生的动作（如：衬垫失手掉在地上）不应计算在工作时间内。

步骤二：测量各工作单元的时间。

选择一名训练有素的人员作为研究对象，测量其在每个工作单元所需的时间。常用的测量方法是连续测量法，即研究人员在每个工作单元的动作结束时，记下该时刻，列在时间记录表中的r行中，然后根据相邻两个工作单元结束时刻的差即可得出后一个单元所花费的时间，填写在t行中。时间记录表的形式见表3-8。

如在第一次测量活动中，第3个工作单元所花费的时间：

t=28-15=13（秒）

表3-8　　　　　　　　　　　　　　　时间记录表　　　　　　　　　　　　单位：秒

工作单元		观测记录										$\overline{t}$
		1	2	3	4	5	6	7	8	9	10	
1.取两个纸盒	t	9										
	r	9										
2.将衬垫放入纸盒	t	6										
	r	15										
3.将茶杯放入纸盒	t	13										
	r	28										
4.纸盒码好、封口	t	4										
	r	32										

应当注意的是，如果所观察测量的数值中有明显偏离大多数其他数值的，就应分析它是不是由偶然因素引起的，例如工具失手、机器故障等。如果是由偶然因素引起的，应将这样的数据排除在外。假设共观察了10个工作循环，将测量数据填入表3-8中，并对每一工作单元的t行的数据求平均值，记在表3-8中的$\overline{t}$列内，得到每个工作单元的观测时间。

步骤三：评定正常时间。

上述观测时间为该操作者的平均操作时间，由于此人的动作可能比标准动作快，也可能比标准动作慢，所以还不能作为标准时间，必须利用"评比"予以修正，使其成为不快不慢的正常时间。

所谓"评比"，就是时间研究人员将观测到的操作速度，与理想速度（正常速度）做比较，来评比操作者动作的快慢。时间研究人员必须通过训练，在自己头脑中建立起理想速度的标准。要进行比较，必须有一个评比的尺度，以常用的100分法为例，凡观测速度与理想速度完全相同的，给予100分；观测速度大于理想速度的，给予100分以上的分数；观测速度小于理想速度的，给予100分以下的分数。由此得到：

$$正常时间=观测时间\times\frac{研究人员的评比}{正常评比}$$

式中：因为采用100分法，所以正常评比取值为100。

例如，采用100分法，得到观测时间为18秒，研究人员的评比为133，则：

$$正常时间=18\times\frac{133}{100}\approx24（秒）$$

步骤四：确定宽放时间。

上面得到的正常时间还不能作为标准时间，还要加上宽放时间，即操作时所需的停顿或休息时间。宽放时间包括操作者由于生理上的需要所占用的时间，由于疲劳造成动作缓慢，或操作中无法避免的延迟所需要的时间等。宽放时间应该如何取值，也需要进行主观判断。通常宽放时间的范围是正常时间的10%～20%。宽放时间与正常时间的比值称为宽放率。宽放率和宽放时间的计算如下：

$$宽放率（\%）=\frac{宽放时间}{正常时间}\times100\%$$

宽放时间=正常时间×宽放率

步骤五：制定标准时间。

标准时间是指在适宜的作业条件下，用最合适的操作方法，以普通熟练工人的正常速度完成标准作业所需的劳动时间。

标准时间=正常时间+宽放时间

　　　　=正常时间+正常时间×宽放率

　　　　=正常时间×（1+宽放率）

（3）时间研究的应用实例。设某工序共有7个操作单元，通过对这7个操作单元的10次观测，得到每个操作单元的平均操作时间，例如，第1单元的平均操作时间为0.143，第2单元为0.155等。第1、2、3、5、6、7操作单元的评比系数为110%，而第4操作单元的评比系数为100%，宽放率为15%，以第1单元为例，则：

正常时间=观测时间×评比系数 = 0.143×1.10 ≈ 0.157

标准时间=正常时间×（1+宽放率）= 0.157×（1+0.15）≈ 0.181

案例 3-6

UPS 的工作效率

UPS（联合包裹服务公司）为了实现他们的宗旨——"在邮运业中办理最快捷的运送"，系统地对员工展开培训，使他们以尽可能高的效率从事工作。下面以送货司机的工作为例进行说明。

UPS对每一位司机的行驶路线都进行了时间研究，并对送货、暂停和取货活动都设立了标准。这些工程师们记录了红灯、通行、按门铃、穿过院子、上楼梯、中间休息喝咖啡的时间，甚至记录了上厕所的时间，然后将这些时间输入计算机中，从而给出每一位司机每天工作的详细时间标准。

为了完成每天取送130件包裹的目标，司机们必须严格遵循工程师设定的程序。当他们到达发送站时，先松开安全带，然后按喇叭，关闭发动机，拉起手刹车，把变速器推到一挡上。他们右臂夹着活页夹，左手提着包裹，右手拿着车钥匙，看一眼包裹上的住址并把它记在脑海里，然后以每秒钟1米的速度快步走到顾客的门前，先敲一下门以免浪费时间找门铃。送货完毕后，他们在回到卡车上的路途中完成登记工作。

这种刻板的时间表看起来有点烦琐，但其效率却得到了专家的认可。FedEx平均每

63

人每天取送80件包裹，而UPS却是130件。在提高效率方面的不懈努力，对UPS获得净利产生了积极的影响。

分析提示：开展工作研究对于提高生产效率可以起到很大的作用。工作过程中的每个动作都要成千上万次地重复出现，如果节省几个动作、几秒钟时间，那么会收到意想不到的效果。

三、工作标准

工作标准是指一个训练有素的人员完成一定工作所需的时间，所以也称为时间标准。完成这样的工作应该用预先设定好的方法，发挥其正常的努力程度和正常的技能（非超常发挥）。

制定工作标准的关键是定义正常的工作速度和正常的技能发挥。有人精力旺盛，动作敏捷，工作速度就快，还有一些人则相反。因此，必须寻找一个能够反映大多数人正常工作能力的标准。这个标准的建立，必须通过观察若干个人、观察一定的时间、做一定数量的产品，然后用统计学方法得出标准时间。此外，即使经过这样的一些步骤建立了工作标准，在实际工作开始之后，也仍需不断地观察、统计，适时地进行修正。

1. 工作标准的作用

工作标准的制定是工作设计中的重要的基础性工作。工作标准的作用主要体现在：

（1）制订生产与运作能力计划。企业根据市场需求决定生产量，然后根据生产量和标准时间决定所需人数和设备数量，在此基础上可以制订设备和人员计划。

（2）进行作业排序和任务分配。根据不同工序完成不同工作的标准时间，合理安排每个人、每台设备每天的工作任务，防止出现设备、人员空闲或者忙闲不均的现象。

（3）作为一种激励手段。可根据工作标准确定"超额"完成的工作量，并给予相应的奖励。

（4）用于成本和价格计算。以工作标准为基础，可以确认产品的成本标准，这一标准又可以用来制定预算，决定产品价格，以及决定自制还是分包这样的生产与运作战略。

（5）评价员工的工作绩效。将员工在一段时间内的工作成绩与工作标准进行比较，从而判断其工作绩效。

2. 使用工作标准的弊端

工作标准在工作设计以及许多管理活动中都起着重要的作用，但是任何事物都是有两面性的，工作标准的使用也存在一些问题和争议。

一是当工作标准的使用与工资挂钩时，往往会出现这样的情况：工人说标准过高会影响收入，反对工作标准；管理人员认为工作标准过低会影响生产任务完成，也反对工作标准。工作标准过高或过低均不利于生产，它会给制订生产计划和人员计划带来很多障碍。工作标准的"高"与"低"实际上是一个相对的尺度，不同的人站在不同立场上会有不同的看法，因此工作标准的使用有一定难度。

二是有人认为工作标准缺乏对人的尊重，把人当成机器来制定机械的标准，因此不赞成使用工作标准。另外，员工为避免企业将工作标准提高，即使创造了更好的新工作方法，也会保密，这样难以使生产率得到提高。

三是有人认为，制定工作标准本身就要耗费相当多的时间、人力和费用，其成本恰好与工作标准所能带来的益处相抵消，甚至不够抵消，因此得不偿失。

四是工作标准如果使用不当，容易使人产生一种只重视产出数量而忽视产出质量的倾向。

知识点3：劳动组织

一、劳动定额

1.劳动定额的概念

劳动定额是指在一定的生产技术和组织条件下，为生产一定数量的产品或完成一定量的工作所规定的劳动消耗量的标准。现代化大生产要求分工以协作为条件，要使分工在空间和时间上紧密地协调起来，就必须以工序为对象，规定在一定时间内应该提供一定数量的产品，或者规定生产一定数量产品所消耗的时间。否则，生产的节奏就会遭到破坏，造成生产过程的混乱。

劳动定额的基本表现形式有两种：一是生产单位产品消耗的时间——时间定额；二是单位时间内应当完成的合格产品的数量——产量定额。两者互为倒数关系。另外，还有一种看管定额，即一个人或一组工人应同时看管几台机器设备。企业采用什么形式的劳动定额，要根据生产类型和生产组织的需要而定。产量定额主要适用于产品品种少、大批量生产的企业；看管定额一般在纺织企业中较多采用。

2.劳动定额的作用

劳动定额是企业管理的一项重要基础性工作。在企业的各种技术经济定额中，劳动定额占有重要地位。正确地制定和贯彻劳动定额，对于组织和推动企业生产的发展，具有重要作用。

（1）劳动定额是企业编制生产计划的基础，是科学组织生产的依据。例如，制订生产计划时，必须应用台时定额，以便把生产任务、设备生产能力和各工种劳动力加以平衡。

（2）劳动定额是挖掘生产潜力，提高劳动生产率的重要手段。先进合理的劳动定额，可以调动员工的积极性，充分挖掘潜力，不断地提高员工的文化、技术水平和熟练程度，促进企业、车间生产水平的整体提高，不断提高劳动生产率。

（3）劳动定额是企业经济核算的主要基础资料。定额是制订计划成本的依据，是控制成本的标准。没有先进合理的劳动定额，就无从核算和比较。所以，劳动定额是企业实行经济核算，以降低成本、增加效益的主要依据之一。

（4）劳动定额是衡量员工贡献大小，合理进行分配的重要依据。无论是实行计时还是计件工资制度，劳动定额都是考核工人技术水平高低和贡献大小、评定劳动态度的重要标准之一。没有劳动定额，就难以衡量劳动业绩，无法合理地进行分配。

二、劳动定员

1.劳动定员的概念

劳动定员是指企业在一定的生产技术组织条件下，为保证生产经营活动正常进行，而规定的各类人员配备的质量要求和数量界限。劳动定员的内容有定组织机构、定人员类别和职务、定人员数量和比例关系。

要注意劳动定额和劳动定员的区别。劳动定额是劳动者的活劳动消耗量，采用工时、实物产品等计量单位；劳动定员是一定时期内承担特定生产（或工作）任务的人数，采用人/年或人/月的计算单位表示。

简而言之，劳动定员解决了企业中各工作岗位配备什么样的人员，以及配备多少人员的问题。

2. 劳动定员的编制方法

劳动定员的编制依据是计划期总工作量和各类人员的工作效率（劳动效率）。由于各类人员的工作性质不同、总工作量和工作效率表现形式不同，以及其他影响定员的因素不同，所以劳动定员的编制方法也不同。一般来说，主要有以下几种劳动定员的编制方法：

（1）按劳动效率定员。按劳动效率定员是指根据生产任务量、工人的劳动效率来计算定员人数的方法，主要适用于有劳动定额的工种的定员人数的确定。

（2）按设备定员。按设备定员是根据机器设备需要开动的数量、工人的看管定额和设备的开动班次等因素来计算定员人数的方法，适用于以机器设备操作为主的工种的定员人数的确定。

（3）按岗位定员。按岗位定员是根据工作岗位的数量和每个工作岗位的工作量、工人的劳动效率、平均开动班次和出勤率等因素来计算定员人数的方法，适用于需要多人看管的大型设备的定员以及辅助工人岗位和服务人员的定员人数的确定。

（4）按比例定员。按比例定员是根据员工总数或某一类人员总数的一定比例来计算定员人数的方法，适用于直接生产人员和非直接生产人员、基本生产工人和辅助生产工人、服务人员的定员人数的确定。

（5）按组织机构、职责范围和业务分工定员。这种方法是先确定组织机构和各职能科室，明确各项业务及职责范围以后，根据业务工作量的大小和复杂程度来确定定员，主要用于管理工作人员的定员人数的确定。

在以上五种基本定员方法中，按劳动效率定员是基础。在定员工作中，可根据企业内部各单位及各类人员的特点，灵活选择运用，也可以把几种方法结合起来加以运用。

3. 劳动定员范例

表3-9是某企业某部门的人员编制预算表，包括各基层操作人员和管理人员，生产班次和每班定员都是根据各岗位的工作性质而定的，再根据二者得出各岗位的定员人数。

表3-9　　　　　　　　　　　　某企业某部门的人员编制预算表

生产岗位和部门	生产班次 （班/日）	每班定员 （人/班）	岗位定员 （人）	预算费用 （万元）
管道维护	3	7	21	37.80
管道维护管理	1	4	4	7.20
泵站生产	3	6	18	32.40
泵站生产管理	1	3	3	5.40
环境监测	3	2	6	10.80
环境管理	1	4	4	7.20
合计	—	—	56	100.80

4. 劳动定员的原则

劳动定员工作中应坚持如下原则：

（1）先进性原则。劳动定员水平要有先进性，劳动生产率越高，用人相对越少。劳动定员水平的先进性表现在横向比较与纵向比较两个方面。横向比较是与同行业生产条件相当的社会组织比较，看是否达到了行业的最高水平。纵向比较是与自身历史比较，看是否超过了历史最高水平。

（2）合理性原则。劳动定员水平要科学合理。社会组织定员要满足正常生产对各类人员的合理需求，做到事事有人做、有人负责。单位各类定员要有合理的比例关系。

（3）稳定性原则。劳动定员要保持相对稳定。为适应生产技术的发展需要，定员标准要适时地进行调整，但是定员一经确定就要在一定时期内保持相对稳定，不能随意改变。

技能实训

实训：工作设计和劳动定额的制定

【实训目标】

（1）培养学生的观察力、沟通能力，培养学生针对企业实际问题应用所学以及相关理论与方法进行分析并提出解决方案的能力。提高学生解决企业工作设计和组织中实际问题的能力。

（2）掌握工作设计与组织相关知识的综合应用。

（3）劳动定额制定方法的运用。

【相关知识】

一、工作设计的主要方法

从20世纪初至今，工作设计的理论经历了从工作专业化到工作轮换和工作扩大化，再到工作丰富化以及工作团队等几个重要的发展阶段。19世纪末20世纪初，以泰勒为首的科学家首先在企业中强调了工作专业化，专业化在提升企业效率的同时，也使员工感到枯燥和反感，逐渐变得沮丧和失去激情。在一些企业中，甚至出现了专业化带来的高绩效被相伴而来的不满和厌烦情绪所带来的损失所抵消的情况。因此，人们开始探求更适用的工作设计方法。在这种情况下，工作轮换、工作扩大化、工作丰富化和工作团队等新的工作设计方法应运而生（见表3-10）。

表3-10　　　　　　　　　　　　**工作设计的类型及特点**

类型	工作内容	特点
工作专业化	只做很小的工序	劳动生产率高、员工满意度低
工作轮换	不同岗位间的轮换	拓宽工作领域，提高员工满意度
工作扩大化	增加上、下工序的内容	拓宽工作领域，提高员工满意度
工作丰富化	增加部分主管人员的工作	员工责任感加强
工作团队	工作围绕团队来设计	增强员工之间的协作和自我管理

1. 工作轮换

工作轮换是指企业有计划地按照大体确定的期限，让员工轮换担任若干种不同工作的做法。从目前众多组织运用工作轮换的实践来看，工作轮换具有激励员工、促进员工职业成长、适应组织变化等作用。

工作轮换有利于员工了解组织的不同部门，从而对整个组织的运作形成一个完整的概念；有利于提高员工解决问题的能力和决策能力，帮助他们选择更合适的工作；有利于部门之间的了解和合作。

工作轮换应注意的几个问题：

（1）必须先对工作岗位进行分析，明确哪些职位之间可以互相轮换。一般来说，工作轮换首先在同一个职位类别中的职位之间开始，然后在不同职位类别中的职位之间进行。

（2）工作轮换必须有序进行，以免影响正常的工作秩序和工作效率。

（3）应充分考虑个人意愿，并非所有员工都愿意过多地尝试新的职位，一些员工更希望专注于一个领域进而深入发展。

案例 3-7

某公司的岗位轮换管理办法

以下是某公司的岗位轮换管理办法，其中对岗位轮换的部门范围、应遵循原则、参加轮换员工的条件，以及具体的操作办法等做了详细的规定，具体如下：

第1条 为完善人力资源管理体系，培养高素质、复合型的人才队伍，特制定本办法。

第2条 本办法适用于公司内各单位。岗位轮换的范围包括经营单位内部、公司各部门之间、公司部门与经营单位之间、各经营单位之间的轮换。

第3条 各单位安排员工进行轮换时，必须遵循以下原则：

1.符合公司的发展战略，符合公司的人力资源发展规划。

2.有利于提高员工的综合能力，做到量才适用。

3.干部轮换建立在年终考核结果的基础上，遵循有利于提高其综合素质的原则，着重培养干部的综合管理能力。

第4条 各单位应结合本单位的人力资源发展规划，每年按以下比例安排员工进行轮换：

1.按现有专业人员数的3%～5%比例进行轮换。

2.按10%～15%的比例对中高层干部进行轮换。

第5条 符合以下条件的两类员工应参加轮换：

1.在外协、采购、广告、财务、审计、人事、劳资、资金结算等关键、敏感岗位工作满3年的员工。

2.大学专科以上，有一定的专业技术知识和管理经验，有较强的事业心和上进心，有较大发展潜力的员工，后备干部优先。

第6条 每年12月初，进行下年度的轮换安排。专业人员的轮换由个人提出申请，并填写"工作轮换申报表"（见附件一：表3-11）。集团由人力资源部负责审核，部长审批；经营单位由各人力资源部门负责审核，总经理审批，报人力资源部备案。

第7条 每年12月初，人力资源部与各单位拟定本单位参加轮换的关键、敏感岗位人员名单。其中，各经营单位将名单报人力资源部审核。

第8条　进行轮换的员工由所在单位的人力资源管理部门建立"员工工作轮换登记卡"（见附件二：表3-12），记录员工的基本情况、优缺点、轮换期间工作、培训情况，由专人负责保管。

第9条　工作轮换的具体操作按内部调动形式进行，审批手续按内部调动程序执行。

第10条　每年由各单位人力资源管理部门针对本单位轮换员工的情况，做好轮换计划，报人力资源部备案。

第11条　对安排轮换的员工，根据其培养方向及集团的发展需要，由人力资源管理部门安排其相关工作。向管理方面发展的员工以安排行政管理、企划、品牌管理、营销管理、科技管理、生产管理等工作为主；向技术方向发展的员工以安排开发、品质管理、设备管理、工艺等工作为主。条件成熟时，可安排轮换的员工到市场营销队伍中进行短期锻炼。

第12条　集团可根据实际情况，安排有关员工进行跨部门、跨单位的轮换。

第13条　各单位、各部门必须密切配合轮换工作，指定专人负责对轮换人员进行工作指导及考核。在符合轮换原则的基础上，不得以任何理由推托、拒收。

第14条　参加工作轮换的员工必须遵守新单位的工作纪律，服从单位的领导，接受考核，将考核结果记录于"员工工作轮换登记卡"，作为奖惩、培训、晋升、轮换的依据。

第15条　对轮换人员新岗位的考核每半年进行一次，主要考核其工作态度、工作能力、发展潜力、工作绩效。其直接主管对其考核结果负责，考核结果报人力资源管理部门备案。

第16条　每次考核结束后，人力资源管理部门会同其所在单位与轮换员工进行面谈，评价其长处与不足，并商讨改进方案及提出培训建议。

第17条　对连续两次考核结果为C以及D者，可根据所在单位意见，安排其调岗、培训或降职。

第18条　各单位及集团应积极对轮换对象进行有针对性的培训，提高其各方面的素质，以适应新岗位的要求，培训结果记录在"员工工作轮换登记卡"上。

第19条　由人力资源委员会、人力资源部和各单位人力资源管理部门共同组成岗位轮换管理体系，负责轮换工作的运作和管理。

第20条　人力资源部在部长的领导下，负责公司总部员工轮换工作的安排、管理、培训和考核；负责对各单位轮换工作的指导与监控；负责对跨单位轮换的审批等。

第21条　在总经理的领导下，各单位人力资源管理部门负责本单位轮换员工工作的安排、管理、培训和考核等。

第22条　每年11月底，人力资源部及各单位人力资源管理部门向人力资源委员会提交上年度轮换工作总结，接受人力资源委员会的考评，考评结果列入年度考核中。

第23条　本规定由人力资源部负责制定、修改并解释。

第24条　本规定由下发之日起执行。

以上管理办法中的附件如下：

附件一：

表 3-11　　　　　　　　　　　　　工作轮换申请表

审核人：　　　　　　　　　　　　年　月　日

姓名		性别		年龄		学历	
当前工作部门			职位名称				
目标部门/岗位							
轮换原因							
本部门领导意见		审批人：				年　月　日	
目标部门领导意见		审批人：				年　月　日	
人力资源部门意见		审批人：				年　月　日	

附件二：

表 3-12　　　　　　　　　　　　　员工工作轮换登记卡

姓名		性别		学历	
工作轮换经历					

		工作部门	部门领导	具体工作	工作期限
第一次轮换	轮换前				
	轮换后				
	接受培训	1.　　2.　　3.			
		工作部门	部门领导	具体工作	工作期限
第二次轮换	轮换后				
	接受培训	1.　　2.　　3.			
		工作部门	部门领导	具体工作	工作期限
第三次轮换	轮换后				
	接受培训	1.　　2.　　3.			

资料来源　姚月娟. 工作分析与应用［M］. 5版. 大连：东北财经大学出版社，2020.

2. 工作专业化

工作专业化是一种传统的工作设计方法。它通过对动作和时间的研究，把工作分解为许多很小的单一化、标准化、专业化的操作内容和程序，并对工人进行培训和激励，使工作保持高效率。这种工作设计方法在流水线生产上应用得最广泛。

3. 工作扩大化

工作扩大化是指工作范围的扩大或增加工作多样性，从而给员工增加工作种类和工作强度。它增加了所设工作岗位的工作内容，使员工有更多的工作可做。

工作内容的增加，要求员工掌握更多的知识和技能，从而能提高员工的工作兴趣。在制造领域，增加员工在一件产品上的工作内容，员工在心理上可以得到安慰，同时也减少了产品的传递环节，因而节省了时间，提高了工作效率。

工作扩大化增加了员工的工作满意度和提高了工作质量。IBM公司声称虽然工作扩大化导致工资支出和设备检查的增加，但因质量改进，员工满意度提高而抵消了这些费用；美国美泰克（Maytag）公司声称通过实行工作扩大化提高了产品质量，降低了劳务成本，工人满意度提高，生产管理变得更有灵活性。

工作扩大化要求员工具有更高的知识技能，给员工带来新的挑战，但并未从根本上解决员工内在驱动力问题。

4. 工作丰富化

工作扩大化在20世纪60年代盛行一时，但很快员工便不再满足于简单地增添工作内容，原因是在参与、控制与自主权方面，工作扩大化和工作轮换没有增加任何新东西，而工作丰富化却较好地解决了这些问题。

（1）工作丰富化的含义、优缺点。

工作丰富化是指在工作中赋予员工更多的责任、控制权和自主权。以员工为中心的工作再设计是工作丰富化的优点，它将员工对工作的满意程度与组织的使命联系起来，鼓励员工参加对其工作的再设计。

工作丰富化的缺点是培训费用的增加、工资报酬的上升及工作设施的完善或扩充带来的开支增加，以及对员工个人素质要求较高。

（2）工作丰富化和工作扩大化的区别。

工作丰富化和工作扩大化虽然都属于改进工作设计的重要方法，但存在明显的差异。工作扩大化是通过增加工作任务、扩大岗位任务结构，使员工完成任务的内容、形式和手段发生变更；而工作丰富化是通过岗位工作内容的充实，使岗位的工作变得丰富多彩，更有利于员工的身心健康，促进员工的综合素质逐步提高、全面发展。

（3）进行工作丰富化的步骤。

管理者可以通过增加工作的多样性、完整性、重要性、自主性、反馈性来丰富工作的内容，具体采取以下五个步骤：

第一步，确定工作单元。工作单元可以根据地理位置、产品或生产线、业务或顾客来划分。

第二步，合并任务。尽可能把独立的和不同的工作合成一个有意义的整体。

第三步，建立和顾客之间的联系。在生产者和产品的使用者（其他生产部门、顾客、销售团体等）之间建立联系。

第四步，直接分派任务。尽可能地给予生产者计划、控制自己工作的权力，也意味着给生产者更多计划工作、控制存货、预算资金和质量控制的权责。

第五步，公开信息反馈渠道。尽可能给予生产者更多的成本、产量、质量、消费者抱怨等信息。

5. 工作团队

工作团队是指由数人组成一个小组，共同负责并完成一项工作。团队工作方式也可采用不同形式，常见的有：

（1）解决问题式。

这是一种由志愿者参加的非正式团体，研究和解决工作中遇到的一些问题，如QC小组。

（2）特定目标式。

这是为解决某一个特定问题或达到某一个目标而成立的临时组织，如项目小组。

（3）自我管理式。

这是由数人组成的一个小组，共同完成一项相对完整的工作，小组成员自己承担管理责任。

6. 工作设计的综合模型

无论是工作轮换、工作扩大化还是工作丰富化，都不应看成解决员工不满的灵丹妙药，必须在职位设计、人员安排、劳动报酬及其他管理策略方面进行系统考虑，以便使组织要求及个人需求获得最佳组合，从而最大限度地激发员工的积极性，有效实现企业目标。因此，在管理实践中，人们根据组织及员工的具体需要探索了工作设计的综合模型。工作设计的综合模型包括工作设计的主要因素、绩效成果目标因素、环境因素、组织内部因素和员工个人因素等。

二、劳动定额的种类与制定要求、原则和方法

1. 劳动定额的种类

劳动定额可以分为以下五类：

（1）时间定额。时间定额（亦称工时定额）是规定单位产量或完成一定量工作所需的时间。时间定额是计算产量定额和其他定额的基础。

（2）产量定额。产量定额（亦称工作量定额）是规定单位时间所必须完成的产量或工作量，又称为工作量定额。产量定额和时间定额是两种基本定额的表达形式，产量定额和时间定额是倒数关系，多适用于基本生产工人。

（3）操作定额。操作定额是为某些特定操作工种规定的工作数量。一是看管定额，是规定为单位设备、工作场地和其他生产单位服务的时间或数量；二是销售定额，是规定完成销售额多少的定额；三是设计定额，是规定设计人员要完成的设计定额。

（4）服务定额。服务定额是规定为一定数量员工或集体单位如班组、工段和车间等提供符合质量要求的服务的数量，多适用于管理人员和后勤人员。

（5）人员定额。人员定额是规定为完成一定工作量或管理职能而确定的员工人数。

2. 制定劳动定额的要求和原则

（1）制定劳动定额的要求。

制定劳动定额总的要求是全、快、准。"全"是指工作范围的要求，凡是需要和可能制定定额的工作都要定额。"快"是指时间上的要求，就是要简便、工作量小，能迅速制定出定额，及时满足生产需要。"准"是指质量上的要求，即定额水平要先进合理。如果定额水平不先进合理，即使制定定额很全很快，也不会发挥定额的积极作用。

所谓先进合理，就是制定的定额要在已经达到的实际水平基础上有所提高，在正常生产条件下，经过一定时期的努力，大多数员工可以达到，部分先进员工可以超过，少数后进员工也能够接近应达到的水平。这样的定额才能保证劳动生产率的提高。定额水平过高或过低都是不对的，为了保证定额水平能够先进合理，在制定定额时必须符合三个要求：

① 确定一个产品或者一项工作的工作消耗，必须要有科学依据。科学依据是指设计文件、工艺文件、质量标准、过去定额完成情况的统计资料，同行业同工种在条件相似情况下的定额资料等。

② 要总结和推广节约劳动的先进经验，挖掘提高劳动生产率的潜力，保证定额水平的先进性。

③ 要保证相同工作定额的统一和不同工作（包括不同生产单位、不同工种、不同产品）定额水平的平衡。

在制定定额时，全、快、准应全面要求，但在实际工作中往往有困难，因此要根据不同情况采用不同的制定定额方法。

（2）制定劳动定额的原则。

不同的行业和不同的企业有不同的生产过程和特点，其劳动定额的内容也不尽相同，因此制定的方法也可能各不相同。但为使劳动定额发挥促进生产的作用，应根据工业生产的普遍特点，在制定劳动定额时必须符合下列原则：

① 制定定额必须走群众路线，使定额具有坚实的群众基础。

② 确定定额水平应有科学根据，实事求是，力求做到先进合理。

③ 在同一个企业内，各个车间、班组、工序间的定额水平必须平衡，要保证相同工作的定额水平的统一。

④ 定额工作必须要以提高劳动生产率，激励员工发挥积极性，贯彻"各尽所能、按劳分配"方针为目的，结合企业实际情况，逐步健全，不断提高。

3. 制定劳动定额的基本方法

（1）经验估工法。

经验估工法是由定额员（必要时可以由技术人员及经验丰富的员工参加），依照产品图纸和工艺技术要求，并考虑生产现场使用的设备、工艺装备、原材料及其他生产条件，根据过去的实践经验，对产品劳动量进行估工的一种方法。

这种方法简便易行、工作量小、能满足定额制定"快"和"全"的要求。但是，用此法制定的劳动定额准确性较差，容易受估工人员水平和经验的局限，导致定额出现偏高或偏低的现象，定额水平不易平衡。

（2）统计分析法。

统计分析法是根据过去生产同类型产品或零件工序的实耗工时或产量的原始记录和统计资料，经过整理和分析，并考虑以后企业生产技术组织条件的变化来制定或修订定额的方法。

在此种方法中，比较简单的一种方法是以统计资料为依据，先求出平均数，再把大于平均数的数值排除，对剩下数值再次求平均数，即得到所求。这种方法一般适用于生产条件比较稳定，工艺变化比较小，而且原始统计资料比较齐全的情况。其计算公式为：

$$每人平均单件实耗工时 = \frac{耗用工时总数}{工人总数}$$

例如，某维修厂修理机车零件，有8名工人分别完成同一道工序的加工，其单件实耗工时为10、12、14、15、18、23、25、27分钟，根据上述资料求出平均单件实耗工时。

$$\bar{x} = \frac{10 + 12 + 14 + 15 + 18 + 23 + 25 + 27}{8} = 18（分钟/件）$$

然后将大于平均数的单耗工时删除，求出二次平均数：

$$\bar{\bar{x}} = \frac{10 + 12 + 14 + 15 + 18}{5} = 13.8（分钟/件）$$

则该工时定额为13.8分钟/件。

（3）类推比较法。

类推比较法是以现有同类型产品的零件或工序的定额为依据，经过分析、比较、推算出另一种产品、零件和工序的定额方法。

（4）技术定额法。

技术定额法又称技术测定法或计算测定法，是通过对生产技术组织条件的分析，在挖掘生产潜力以及操作合理化的基础上，采用分析计算或实地测定来制定定额的方法。这种方法一般适用于生产技术组织条件比较正常和稳定的项目。

技术定额法又分为分析研究法和分析计算法。

① 分析研究法。分析研究法是用测时和工作日写实等方法，来确定工时定额各部分时间。现代的分析研究法还应用人体工程学和数学工具对工作进行分析研究，使之更合理、更科学。"动作与时间研究"这门学科为确定先进合理的劳动定额提供了科学的依据。

② 分析计算法。分析计算法是根据定额手册中提供的各项定额标准，通过计算来制定定额的方法。如机械加工，可以根据工艺规程，从定额手册中找出相应的定额标准，然后通过计算来制定定额。

技术定额法是定额制定方法中最有科学依据的方法，可使劳动定额水平容易做到先进合理；复杂的定额工作能条理化、定量化；便于掌握定额水平，并有利于贯彻执行。其缺点是制定方法复杂、工作量大，难以做到迅速及时。但它的实行有利于促进企业各项管理工作的开展和劳动组织的完善。现代化的生产管理要求企业应努力创造条件，推广和运用这种科学的方法。

（5）定额标准资料法。

它是以系统成套的时间定额标准为基础，通过对作业要素的分解，找出一一对应的项目与时间值，最后求出零件（或工序、工步、操作）时间定额的方法。这种方法的优点是，使用标准资料制定定额比较简便，而且定额水平也比较准确；其缺点是，制定定额标准资料的工作量大，一般由行业管理单位组织编制。这种方法适用范围广，在品种多、零件多、工序多的情况下采用更为适宜。

对于以上方法，企业应从实际出发，根据实际情况选用，也可以结合起来使用。

【实训材料及实训要求】

1.当美国人计划乘飞机到国外时，很多人仍旧发现自己对恐怖主义非常担心。美国政府已经对危险的恐怖分子所造成的威胁做出反应，然而事实证明，在老练的恐怖分子面前没有什么有效的防护措施。更糟糕的是，现有的措施也会因人为原因而失效，特别是机场人员在面对大量不耐烦的旅客和堆积如山的行李进行超负荷工作时，他们经常会不知所措。比如，现有的一个主要问题是 X 光屏幕监视员的工作设计方式。这个工作是重复性的，毫无疑问，长时间工作让 X 光屏幕监视员变得厌烦、劳累、注意力不集中。考虑到 X 光屏幕监视员注意力不集中所带来的灾难性的后果，航空公司应该考虑评价现有的工作设计的合理性。重新设计这份工作，使它变得更加有趣，而且使 X 光屏幕监视员更加具有工作积极性，这可以拯救很多人的生命。糟糕的工作设计有可能导致危及身体甚至生命安全的后果。

学生分组，运用所掌握的知识对 X 光屏幕监视员岗位进行再设计，对其进行工作内容、工作职责和工作关系三方面的设计。

2.A 企业成立已经一年多了，其业务主要是进行机械零件加工。随着业务量的增加，从最初的几台机床和十几个人发展到现在的几十台各类机床和一两百人，张厂长感到的压力也与日俱增。他似乎感觉到工人们的工作积极性不如创业之初那么高了，生产效率也有所降低，工人每天完成的工作量也参差不齐，没有一个标准来衡量。另外，人事部门对班组人员的配备也几乎是凭感觉，导致班组之间怨言颇多。张厂长觉得应该对工厂做一些变革了。

学生分组，运用所掌握的知识对主要岗位进行工作设计；对某个工位进行动作分析和时间研究；制定劳动定额；编制部门人员预算表。

具体内容及程序见表3-13。

表3-13   综合实训具体内容

序号	内容	实训内容
1	企业整体介绍（PPT）	对企业的劳动组织情况做一个整体的介绍
2	进行工作设计	学生分组，每组选定一个岗位，对其进行工作内容、工作职责和工作关系三方面的设计
3	进行动作分析和时间研究	每组选定一个工位，观察工人的操作方法，对其进行动素分析，再讨论该动作的合理性，找出最合理的动作，最后再确立该动作的时间标准
4	制定劳动定额	每组选定一个工序，搜集完成该工序的历史数据，同时访问该工序的熟练工人，依据合适的方法制定该工序的劳动定额
5	编制部门人员预算表	分析各个班组的工作性质，依据合适的方法确定每班组的岗位定员，编制一份人员预算表

[项目总结]

本项目涉及的知识点包括：劳动生产率的计算方法、提高劳动生产率的途径、工作设计的内容与方法、劳动定额的作用与制定方法、劳动定员的编制方法等。通过项目任务的完成，培养学生的观察力、沟通能力；针对企业实际问题应用所学以及相关理论与方法进行分析，提出解决方案的能力；提高学生解决企业工作设计和组织中实际问题的能力。

[项目测试]

□ 判断题

（1）生产单位产品所需要的劳动时间越多，劳动生产率就越高。　　　　（　　）

（2）所有的员工都会对工作轮换持欢迎态度。　　　　　　　　　　　（　　）

（3）在作业过程中，要尽量使双手同时进行动作。　　　　　　　　　（　　）

（4）利用"评比"予以修正之后得到的正常时间即可作为标准时间。　（　　）

（5）劳动定额水平定得越高越好。　　　　　　　　　　　　　　　　（　　）

□ 选择题

（1）影响劳动生产率高低的因素有（　　　）。

A.劳动者的平均熟练程度　　　　　　　B.科学技术的发展程度

C.生产过程的组织和管理　　　　　　　D.生产资料的规模和效能

E.某些自然条件

（2）工作设计的主要内容包括（　　　）。

A.工作内容　　　　B.工作职责　　　　C.工作关系　　　　D.工作报酬

（3）下列动素中，属于无效动素的有（　　　）。

A.握取　　　　　　　　B.选择　　　　　　　　　C.保持

D.寻找　　　　　　　　E.故迟

（4）劳动定额的制定方法有（　　　）。

A.经验估工法　　　B.统计分析　　　C.类推比较法　　　D.技术定额法

（5）某车间的工作是以钻床操作为主，其定员采用（　　　）方法较好。

A.按劳动效率定员　　　　　　　　B.按设备定员

C.按岗位定员　　　　　　　　　　D.按比例定员

□ 简答题

（1）提高劳动生产率的途径有哪些？

（2）工作设计都包括什么内容？

（3）简述工作设计常用的三种方法。

（4）动素分析包括哪几个步骤？

（5）动作经济的四条基本原则是什么？

（6）使用工作标准有何利弊？

（7）劳动定额的制定方法有哪几种？

（8）劳动定员的编制方法有哪几种？

□ 案例分析题

案例1：劳动定额在机械制造行业中的运用

劳动定额的制定是企业的一项基础管理工作，它的开展将会直接影响到企业的产品质量、生产效率和经济效益等方面。在实际生产过程中，我们应根据具体生产情况合理灵活地加以运用劳动定额的制定方法。

　　某单位以小批量、单件生产为主，故在生产过程中采用经验估工法为主，由定额专业人员（必要时可以和技术人员、技师相结合）根据产品的图纸及工艺规格，考虑生产中使用的设备、工艺装备、原材料以及其他生产技术条件，凭过去积累的实践经验进行工时估计。当然，在工时估计时可以参考有关的统计资料，也可以和一些同类产品的定额资料对比。但此种定额制定法受估计人员的主观影响大，容易使定额出现偏高或偏低的现象，故在实际生产过程中工时定额必须坚持"一支笔"，也就是由一人负责生产任务中所有产品工时定额的制定。这样做可有效保证各产品定额制定基准的一致性，避免出现如粗车φ50的光杆，你定25分钟、他定40分钟的不同基准而造成标准混乱，引起工时纠纷，给生产管理带来负面影响。尽管经验估工法存在着不准确性，但它还是有一定的优势。例如，现在一些单位因生产条件限制，对于一些零件加工需要外委而且要求时间紧，如果按照正常的测算流程，则需要：（1）分析图纸；（2）选择加工工艺；（3）根据加工工艺选择加工设备、工装、刀具等；（4）选择加工工步中的参数；（5）利用计算机计算出每一工步的加工时间；（6）工时定额＝工步的时间总和＋工件安装拆卸时间＋零件分摊的检验时间＋工休时间。这么一算下来估计简单的要一两天吧，复杂的用时就更长了。作为企业就要积极响应并即时报出相关加工费用，这时就用上了经验估工法。虽然它的准确度不是太高，但它的覆盖面广、报价速度快的优势，能够让你在短时间内赢得对方的好感，有可能不会因为价格的高低而得到一单合同。现在，数控操作系统中大都带有时间统计功能，通过这个功能把一个零件加工的全过程或一个工序的加工时间统计出来，这也就为以后的工作打下了基础。比如当加工一个直径为80毫米的叶轮（6个叶片）的工序为"粗车→热处理→半精车→粗铣叶型→时效→精车→精铣叶型→抛光→检验"，共需24H，那么我们在编制一个直径为100毫米的叶轮的工时定额时，就可以参照直径为80毫米叶轮的工时定额，用类比法来确定叶型加工所需时间；或者是采用机床数控系统的模拟加工，再加上各种辅助时间，从而制定一个完整零件的工时定额。其实这也利用了技术测定法，就是以原始记录和实际工时统计为主要依据，再利用经验估工法来得到最后的工时定额。

　　长期以来，由于各个企业的资源（如人力资源、技术能力、设备组成等）都不一样，这也造成了各个企业的定额标准不同，出现了劳动定额的制定方法多样化，缺乏规范性和统一性，劳动定额过高的现象。目前，国家为了满足企业现代化管理需要，充分发挥劳动定额在企业管理中的基础作用，促进企业不断提高经济效益，降低产品成本，增强企业的竞争力，推出了"工作抽样方法"（GB/T 21664—2008）、"劳动定员定额术语"（GB/T 14002—2008）、"工时消耗分类、代号和标准时间构成"（GB/T 14163—93）等一系列国家标准，明确规定了工作抽样程序、应用范围及要求，劳动定员、定额标准化工作的基本术语，工时消耗分类及代号、标准时间的构成、标准时间的计算以及标准作业时间修正的计算等。通过这些标准要求制定出的时间定额是科学的、合理的，水平是先进的，对提升企业管理水平，提高企业劳动生产率和经济效益，降低产品成本起到了积极的作用。当然，工时定额管理并不是一成不变的东西，随着各企业的不断发展和工装设备、加工工艺的不断更新与改进，定额管理也要随之相应革新。目前，各类工时定额计算和管理软件频出，在今后的工作中，我们也应借助这些先进的辅助工具，并结合本单位的实际情况，改进工时定额管理系统或进行自主开发，以便使工时定额管理跟上社会发展的步伐，走标准化、统一化、科学化和正规化的发展之路。

资料来源　朱卿利. 劳动定额在机械制造行业中的运用 [J]. 价值工程，2012（16）：39-40.

问题：看完本案例，你觉得企业在制定劳动定额时应注意哪些事项？小型企业应怎样制定劳动定额？制定劳动定额时运用先进的管理系统有好处吗？目前还存在哪些局限？

案例2：工作轮换——使用是最好的培养方式

《21世纪经济报道》开展的一次调查显示，经理们认为使潜在的领导者轮换不同的岗位是最有价值的领导才能发展技巧。企业要培养出能够独当一面的复合型人才，内部的岗位轮换可以说是一种既经济又有效的方法。

定期改变中层管理者的工作部门或岗位，让他们到各个部门或岗位去丰富工作经验，扩大对企业各个工作环节的了解，以使他们对公司的经营管理或其他岗位的职责有更全面的了解，对中层管理者提高工作的分析能力和内部的沟通协调能力都十分有帮助。不同地域之间的岗位轮换可以增进员工对不同地域文化的理解；部门之间的岗位轮换，可以提高部门之间的协作，减少部门摩擦。具体形式可以是只在每个部门做观察员，但更有效的方式是让受训者实际介入所在部门的工作，通过实际工作来了解所在部门的业务，包括销售、生产、财务和其他业务，使中层管理者"通才化"。

据了解，目前在一些大型的高科技企业和知名外企中实行轮岗制的公司较多，华为、西门子、海尔、联想等公司也都成功地在公司内部或跨国分公司之间进行了岗位轮换。

华为公司为了在人力资源管理中引入竞争和选择机制，在公司内部建立了一个劳动力市场，目的是促进人才的合理流动，通过岗位轮换实现人力资源的合理配置和激活潜力。华为公司还明确规定，高中级中层管理者必须强制轮换。

爱普生中国公司5年来每年的业绩增长都在40%以上，最终在国内打印机市场占有率达到40%。公司信息产品营业部经理郭一凡说：爱普生公司这几年的飞速发展，正是得益于中层管理者的工作轮换制度。爱普生中国公司一般要求中层管理者每两年左右轮一次岗，例如，市场开拓科经理张锋刚来公司时是做公关工作，后来派到武汉工作，用了一年半的时间，把武汉办事处从无到有办成一个优秀的办事处，回来以后做喷墨打印机的产品经理，干了一段时间后又去做公关经理。经过这么多次的轮岗，张锋对公司的所有工作都比较清楚了，不仅使自己的工作效率得到提高，而且更熟悉如何与其他部门进行合作。

资料来源　佚名. 中层管理者的培养方法 [EB/OL]. [2022-12-31]. http://doc.mbalib.com/view/95de026d86aa8a6ad9c302133c7ccfcd.html.

问题：（1）什么是工作轮换？

（2）结合该案例分析为什么很多知名企业都实施了工作轮换制度？

[**学思践悟**]

从现在开始，学会独立思考

人的能力包括体力、智力和创造力，而创造力是人类最重要的能力。目前人类的体力已经被机器战胜；人类的智力也正在被人工智能战胜，AlphaGo战胜了所有的围棋高手便是一个很好的例子。尽管如此，AlphaGo却没有创造力去设计围棋。德国著名学者洪堡认为，大学不仅要传授知识，更要"发展"知识。今天的社会正处在百年未有之大变局中，大数据、人工智能、基因编辑等颠覆性的前沿科技不断涌现，构成了这个时代的标签，也加快了大学教育创新的脚步。一流大学要求老师能以解决科技重大问题、服务社会重大需求为己任，将学生培养成为卓越一流的"领导者"为育人要义。大学将赋予你们基于兴趣的学习选择自由；让你们有施展才华的机会，通过实践产生思想的碰撞和方法的创新；让你们从对老师的依赖中解放出来，学会独立思考，掌握科学思维，培养价值判断。

延伸阅读

从现在开始，
学会独立思考

资料来源 陈云敏. 从现在开始，学会独立思考 [N]. 光明日报，2020-09-03.

[学习目标]

通过本项目内容的学习，你应该达到以下目标：

知识目标：

◎了解企业计划的层次和特点；

◎明确生产与运作计划的主要内容和主要指标，综合计划的概念，主生产计划的概念，物料需求计划的概念，生产作业计划的概念，生产能力计划的概念，期量标准的概念；

◎熟知生产与运作计划的编制步骤，不同生产类型企业的期量标准制定方法，核定生产能力的方法；

◎掌握综合计划制订的思路和方法，主生产计划的制订方法，生产作业计划的制订步骤。

技能目标：

◎能制订综合计划和主生产计划；

◎制订生产作业计划。

素养目标：

◎树立系统思维，坚持系统观念谋划发展。

引 例

某玩具公司的生产与运作计划

某玩具公司是一家规模较小的民营公司，主要生产结实耐用且价格低廉的塑料玩具，品种包括游戏道具、娃娃、汽车和故事人物等22种。公司最近的财务状况很糟，为了改善局面，公司决定努力减小库存并改善客户服务。同时，为了降低成本，公司重新设计了生产制造工艺流程。

该公司的生产活动围绕不同类型的玩具进行，不同类型的玩具有自己的组装线和特定的工人。目前，每条线上有10名工人负责组装、检查和包装玩具。成品玩具的部分部件在公司的塑料成型设备上生产，其他部件外购，其生产控制是以MAPICS的MRP系统为基础。该公司每周都要制订未来6周的总生产计划，例如对组装线1，它将设定每周需要生产的玩具卡车、玩具汽车、玩具机器人的数量。该公司对每种玩具采用了批量生产的方式，见表4-1。

表4-1   2023年6月19日制订的主生产计划   单位：辆

每周开始

周	6月26日	7月3日	7月10日	7月17日	7月24日	7月31日
玩具汽车	3 500	500				3 500
玩具卡车		1 500	1 750			
玩具机器人				2 333	2 333	

这样形成的总计划输入计算机后，计算机通过材料单和现有存货进行部件的分解。每种玩具需要许多种部件。例如，每辆玩具汽车需要1个车身、4个车轮、2个车窗和1个风挡。每辆玩具汽车经过部件组装、产品检查、玩具包装，总共需要0.1个小时。10个人共同在组装线上工作。目前每周的生产时间为350个小时（每人35个小时），如果整周生产玩具汽车，总共能生产3 500辆。生产玩具卡车需要0.2个小时，生产玩具机器人需要0.15个小时。如果整个生产线专门生产其中的任何一种玩具的话，则最多可以生产1 750辆玩具卡车和2 333个玩具机器人。生产按批量进行，但整周的时间不可能全部用来生产一种玩具产品。

在生产线转换时，需要10个工人用1个小时的时间来改造生产线，包括把旧玩具的部件移走、把新玩具的部件移进来、安排组装线的夹具和固定物、进行试生产，以确保产品的质量。

采购部门并不总是按生产控制部门所提出的部件数量进行采购。对采购数量进行调整，主要是为了得到供应商的价格折扣或实现满负荷运输。玩具公司设置存货的安全储备量能够保证任何情况下生产计划和生产线都能顺利运行。

公司采用以现有生产能力和准备时间为基础的6周的滚动生产计划，每周都加入新的一周的内容以保证总计划仍为6周，每周根据现有的部件、生产能力和玩具的需求来调整生产。

这一案例表明：企业的生产与运作计划是很重要的，而且这不是一件容易做的事情。企业的生产与运作计划做好了，可以降低企业的存货水平，提高企业的服务质量，从而增强企业的盈利能力和竞争力。生产与运作计划的制订除了考虑销售预测等因素外，经验也是很重要的。该玩具厂的生产计划包括未来6周的综合滚动计划、针对某种产品的主生产计划，以及物料需求计划（或者制造资源计划）。

生产与运作计划是生产与运作管理中的核心内容。它在企业中的地位就如同一个交响乐队的指挥一样，需要调配企业内外的多种资源，并在需要的时候按需要的质量和数量提供产品和服务。因此，能否制订出切实可行的计划就成了生产与运作管理学习成果的试金石。

基础知识 ░░░░░░░░░░

知识点1：生产与运作计划概述

一、企业计划的层次与特点

计划是一种预测与构想，即预先进行的行动安排。具体来说，计划就是预先确定要去做什么、如何做、何时做和由谁做的一种程序。它实际上是由一系列活动组成的计划编制过程。生产与运作计划是对企业生产与运作活动所做的统筹安排过程，是生产与运作活动的依据。企业中的各种计划，一般可分为战略层计划、战术层计划和作业层计划三个层次，见表4-2。

表4-2   不同层次计划的特点

项目	层次		
	战略层计划	战术层计划	作业层计划
计划期	长（>5年）	中（1年）	短（月、旬、周）
计划的时间单位	粗（年）	中（月、季）	细（工作日、班次、小时、分）
空间范围	企业、公司	工厂	车间、工段、班组
详细程度	高度综合	综合	详细
不确定性	高	中	低
管理层次	企业高层领导	中层、部门领导	基层、车间领导
特点	涉及资源获取	资源利用	日常活动处理

由表4-2可以看出，三个层次的计划有不同的特点，从战略层到作业层，分别对应从高到低的管理层次，计划期由长到短，计划的时间单位越来越细，覆盖的空间范围越来越小，计划的内容越来越详细，计划的不确定性越来越小。生产计划也与其他计划一样，具有以下三个层次。

1. 长期生产计划

长期生产计划是全企业的生产指导计划，其计划长度一般为3年至5年，或更长的时间。它是企业在生产、技术、财务等重大问题方面的规划，包括企业的长远发展目标以及为实现目标所制订的战略计划。

其主要任务是：进行产品决策、生产能力决策，以及确立何种竞争优势的决策。

2. 中期生产计划

中期生产计划又称为综合生产计划或生产计划大纲，其计划期一般为1年，故很多企业又称其为年度生产计划。

其主要任务是：在正确预测市场需求的基础上，充分利用现有资源和生产能力，尽

83

可能均衡地组织生产活动和合理地控制库存水平，以及尽可能满足市场需求和获得利润。

3. 短期生产作业计划

短期生产计划又称为生产作业计划，它的计划期在半年以下，一般为月或跨月计划。它包括物料需求计划、生产能力需求计划等。

其主要任务是：直接根据顾客的订单，合理地安排生产活动的每一个细节，使它们紧密衔接，以确保按顾客要求的质量、数量和交货期交货。

二、生产与运作计划的主要内容与指标

1. 生产与运作计划的主要内容

企业的生产与运作计划应该包括以下内容：

（1）市场研究与综合计划，包括市场调查、预测与综合计划的制订。

（2）主生产计划，即生产大纲，是对全年生产进行综合平衡，对设备能力、劳力等进行平衡，也就是所谓的"定盘子"。这个环节需要落实到每一具体产品品种的安排。

（3）生产作业计划。这是生产与运作计划的执行计划。它要求对每一产品品种的各种零部件的生产都给出非常细致的物料需求安排。

（4）作业分配。它起到计划微调的作用，使各项工作落到实处。

（5）生产能力计划。它使计划从生产能力的角度进一步落实下来。

制造型企业计划构成的简要生产与运作计划体系如图4-1所示。

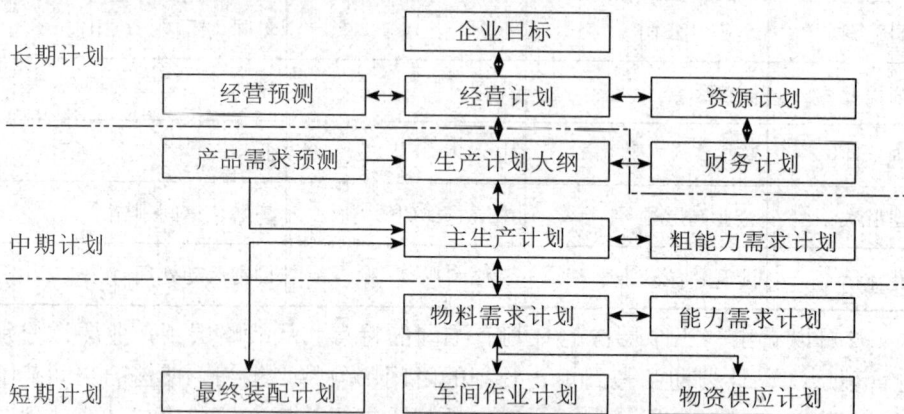

图4-1　制造型企业计划构成的简要生产与运作计划体系

2. 生产与运作计划的主要指标

企业年（季）度生产计划，包括产品产量计划、产值计划、产品出产进度计划、生产协作计划等，这些计划是由一系列生产指标构成的。

生产计划的主要指标有产品品种指标、产量指标、质量指标、产值指标等。这些指标各有不同的内容和作用，并从不同的侧面来反映对生产的要求。

（1）产品品种指标是企业在计划期内生产的产品品名和品种数。产品品种按具体产品的用途、型号、规格来划分。

（2）产品质量指标是指企业在计划期内提高产品质量应当达到的指标。

（3）产品产量指标是指企业在计划期内出产的符合质量标准的产品数量。产品产量指

标一般以实物单位计量。

（4）产品产值指标是用货币表示的产量指标。根据产品产值指标包括的具体内容及作用不同，产品产值指标分为商品产值指标、总产值指标及净产值指标三种。

①商品产值指标是企业在计划期内生产的可供销售的产品价值。它是编制成本计划、销售计划和利润计划的重要依据。它反映了企业在一定时期的生产规模及水平，是计算劳动生产率、产值利润率等指标的依据。

商品产值的组成：全部商品产值；外单位来料加工的来料价值和对外承做工业性劳务对象价值；企业自制半成品、在制品、自制模具的期末与期初结存量差额的价值、已构成固定资产并转入财务账目的企业自制设备的价值（一般以不变价格计算）。

②总产值指标是以货币表现的企业在计划期内完成的工业生产活动总成果数量，是用工厂法计算的。总产值包括：本企业计划期内的全部商品产值；外单位来料加工产品的材料价值；企业在制品、自制工具、模型等期末与期初结存量差额的价值。

③净产值指标是指企业在计划期内新创造的价值，是工业部门创造的国民收入。工业净产值在企业管理中有重要的作用。

第一，它反映企业为社会新增加的物质财富，能够比较确切反映工业生产的发展。

第二，工业净产值可以综合反映增产和节约两个方面的效果。

在产值指标中，商品产值和净产值一般用现行价格计算，总产值一般采用不变价格计算，以便消除各个时期价格变动的影响，保证不同时期总产值资料的可比性。

知识点2：生产作业计划

一、生产作业计划概述

1. 生产作业计划的概念

生产作业计划（production planning and scheduling）是生产计划的具体执行计划。它是把企业全年的生产任务具体地分配到各车间、工段、班组以至每个工作地和工人，规定他们在月、旬、周、日以至轮班和小时内的具体生产任务，从而保证按品种、质量、数量、期限和成本完成企业的生产任务。

企业年度以内的生产计划工作由年度（季、月）生产计划工作和生产作业计划工作两部分组成。生产作业计划是生产计划的继续、补充、执行和落实。生产计划通常仅规定企业较长计划期（年、季、月）的生产品种、质量、数量和期限。生产作业计划则按月、旬、周、日、轮班以及小时，规定各个生产环节（车间、工段、班组和机台等）的具体投入和产出的生产进度。

2. 生产作业计划的任务

生产作业计划工作的基本任务：通过生产作业计划的编制、生产作业控制和其他工作，实现有节奏的均衡生产，挖掘和充分利用生产潜力，保证按质量、品种、数量、期限全面完成企业的生产计划任务。

（1）生产作业计划起着具体落实年度生产计划的作用。在空间上，把全厂生产任务细分到车间、工段、班组、机台和个人；在时间上，把较长计划期的年、季任务细分到月、旬、日、轮班、小时；在计划单位上，把成台产品细分到零件和工序。

（2）生产作业计划与生产实际活动紧密衔接，针对薄弱环节提出作业要求和具体措施。

（3）生产作业计划是日常生产活动的依据。

（4）生产作业计划是联系供、产、销等日常工作和日常生产技术准备工作的纽带。

案例 4-1

鲍吉斯-罗易斯公司生产作业计划的调整

鲍吉斯-罗易斯公司是一个深受季节因素影响的公司。面对此问题，该公司对生产计划进行了调整，具体的解决办法是在维持工人正常的每周42小时工作的报酬的同时，相应改变生产计划，从8月到11月中旬改为每周工作52小时（南美洲是夏季时北半球是冬季）。等到高峰期结束，到第二年4月每周工作30小时。在时间宽松的条件下进行款式设计和正常生产。这种灵活的调度使该公司的生产占用资金降低了40%，同时使高峰期生产能力增加了一倍。由于该公司产品质量能够得到保证，具备价格竞争优势，因而销售市场进一步拓展至巴西、智利和乌拉圭等国家。

二、期量标准的制定

期量标准又称作业计划标准、日历标准或期量定额。它是对加工与服务对象在生产与运作过程规定的时间和数量标准，是编制产品出产进度计划、总装配计划、物料需求计划、作业进度计划等的主要依据。制定先进合理的期量标准，是编制生产作业计划的主要内容。

1. 大量生产类型期量标准的制定

大量生产类型的特点是企业生产的品种少、工序少且负荷稳定，一般都可以组织流水生产线，因此其主要的期量标准有节拍、流水线标准工作指示图表、在制品定额等。

（1）节拍。大量生产计划所要解决的主要问题是确保整个生产与运作过程及各个环节能够严格地按规定节拍生产。因此，节拍是大量、流水生产中最重要的期量标准。选择节拍的主要依据是工序同期化程度和加工、服务对象的重量、体积、工艺等特征。所谓工序同期化，是指调整各工序的时间定额，使之等于流水线节拍或与节拍成整倍数关系的过程。如果工序同期化程度很高，其他生产条件满足要求时，可采取强制节拍流水线，如连续式、脉动式传送带；否则可采取自由节拍，如滚道、滑道等，或粗略节拍流水线，如叉车、吊车等。

（2）流水线标准工作指示图表。流水线标准工作指示图表又称流水线作业指示图表。由于流水线的生产对象是固定的，生产任务比较稳定，流水线基本上可以按照标准计划进行工作。车间只需根据当月产量要求，适当调整流水线的工作班次和工作时间，所以流水线生产作业计划的核心问题是编制好流水线的标准计划。对于不同的流水线，其标准计划的内容和形式也不同。

（3）在制品定额。它是指在一定生产技术组织条件下，各生产环节为了保证生产衔接所必需的、最低限度的在制品储备量。一定数量的在制品是保证生产不断进行的必要条件。但是，在制品过多，又会使工作场所拥挤，产品生产周期延长，流动资金占用过多，运费、保管费用增加。因此，必须合理地确定在制品定额。

2. 成批生产类型期量标准的制定

成批生产的特点是企业按一定时间间隔依次成批生产多种产品。因此，成批生产作业计划要解决的主要问题是如何妥善安排生产的成批轮番，保证有节奏的生产。其期量标准有：

（1）批量和生产间隔期。批量和生产间隔期是成批生产的两个主要的期量标准。批量是花费一次准备结束时间投入生产的同种制品的数量。准备结束时间是指在生产一批产品之前，用于熟悉图纸、领取工具、调整设备安装、安装调整模具、准备砂箱和型板等所花费的时间。生产间隔期是相邻两批同种工件投入（或产出）的时间间隔，在周期性重复生产的条件下，批量就等于生产间隔期乘以平均日产量。批量和生产间隔期的关系可用下式表示：

批量=生产间隔期×平均日产量

（2）生产周期。产品的生产周期是指产品从原材料投入生产起一直到成品出产为止的全部日历时间（或工作日数）。产品的生产周期由各个零部件的生产周期所组成，零部件的生产周期由该零部件的各个工艺阶段或工序的生产周期组成。缩短生产周期，对于提高劳动生产率、节省生产面积、加速流动资金周转、减少在制品的保管费用以及缩短交货周期等都有重要的意义。

确定生产周期标准，一般要分两个步骤进行。首先，要根据生产流程，确定产品（或零件）在各个工艺阶段上的生产周期；其次，在这个基础上，把各个工艺阶段的生产周期和检验时间、运输时间、自然过程时间等汇总起来，就是产品的生产周期。产品生产周期的确定一般采用图表法。

（3）生产提前期。生产提前期是指产品、零部件、毛坯等在各个工艺阶段投入和出产的日期比成品出产的日期应提前的时间，前者称为投入提前期，后者称为出产提前期。产品装配出产日期是计算提前期的起点，生产周期和生产间隔期是计算提前期的基础。有了提前期标准，就可以根据生产计划或合同规定的产品交货期限，准确地确定一批产品的毛坯、零件投入和出产的日期，以保证产品按时完成交货。

3. 单件小批量生产类型期量标准的制定

单件小批量生产的特点是产品品种多、数量少、价值大、结构复杂、生产周期长，一般是按用户要求组织生产，因此其作业计划的重点是控制好生产流程、按期交货。

单件小批量生产的最基本的期量标准有吨工时、工时结构、生产周期、网络计划图和负荷分布模式（工时分配模式）等。

（1）吨工时，即每吨产品的加工劳动量。

（2）产品工时结构，即产品加工劳动量中各工种、工时的构成比例。

（3）生产周期。从加工对象投产时算起，到它完工时为止所经历的日历时间称为生产周期。产品生产周期表是最基本的期量标准。它把产品生产各个工艺阶段的生产周期、提前期及其相互衔接关系都在一张表上标明，以便于作业和管理。表4-3是一个简化的产品生产周期表。

表4-3　　　　　　　　　　　　简化的产品生产周期表

作业内容	零部件编号	毛坯周期	机加工周期	装配周期	3月						4月						5月					
					5	10	15	20	25	30	5	10	15	20	25	30	5	10	15	20	25	30
毛坯机加工	01-1	20	23																			
毛坯机加工	01-2	25	15																			
部件装配	01			10																		
毛坯机加工	02-1	20	15																			
毛坯机加工	02-2	10	20																			
部件装配	02			8																		
总装				10																		
					八		七		六		五		四		三			二				一
											提前期类别											

保险期 〰〰　　毛坯制造 ▬▬▬　　机加工 ───　　组装 ═══　　总装 ═══

知识点3：生产与运作能力

一、生产与运作能力的概念

生产与运作能力是指在计划期内，企业参与生产与运作的全部固定资产，在既定的组织技术条件下，所能生产和提供服务的产品数量。生产能力是反映企业所拥有的加工、服务能力的一个技术参数，它也可以反映企业的生产与运作规模。每位企业主管之所以十分关心生产能力，是因为他随时需要知道企业的生产与运作能力能否与市场需求相适应。当需求旺盛时，他需要考虑如何增加生产能力，以满足需求的增长；当需求不足时，他需要考虑如何缩小规模，避免产能过剩，尽可能减少损失。生产能力是反映企业生产可能性的一个重要指标。

生产与运作能力是编制生产与运作计划的一个重要依据，但并不是全部依据。企业在按照市场需要编制生产与运作计划的时候，不但要根据企业固定资产的生产能力，而且要考虑到原材料的供应情况，考虑到其他有关条件的因素。不考虑这些，就不能编制一个好的生产与运作计划。如果把工业企业的生产能力和生产与运作计划混同起来，用生产能力去代替生产与运作计划，或者用生产与运作计划代替生产与运作能力，那么，在前一种情况下，就会忽视机器设备等固定资产和劳动力、原材料等其他生产要素之间的比例关系，给生产或服务带来不良的影响；在后一种情况下，就会把由于考虑到劳动人数和原材料供应等因素的影响而计算出的生产水平，当作企业固定资产的生产与运作能力，不利于促使企业挖掘生产潜力。

案─例─4-2 ────────────────────────

机械厂的生产能力

一个机械厂的生产能力是指这个厂的金工、装配、模具制造、设备维修等生产环节的能力综合平衡以后的结果，而不是孤立地以其中一个环节来确定企业的生产能力。生产能力不能孤立、片面地根据企业内部的某一个生产环节、某一种固定资产来确定，否则就会破坏生产发展所要求的比例关系，造成生产过程比例不协调，给生产带来不良的影响。

二、生产与运作能力的计算

从管理角度考虑，生产与运作能力可分为理论能力和标定能力两种。理论能力指不考虑设备计划修理、设备故障和其他原因造成的停工等的损失所达到的产出量，即生产与运作系统在现有条件下可能达到的最大产出量；标定能力是指按实际出产效率计算的生产与运作能力，由于它考虑了设备故障、出现废品、返修等损失，通常比理论能力小。在不增加设备或班次的情况下，理论能力不能增加或修正，但标定能力却可通过各种改善措施，如改进工作方法、减少调整时间、加强设备维护、减少设备检修时间等来加以改进和提高。

生产与运作能力的计量方法也分为两种：

一种是按单位时间出产产品的实物数量来计量，如年产或月产多少台、多少吨等。若为多品种生产企业，当产品的结构、工艺很相似时，可用代表性产品（代表企业方向、产量大、产品结构和工艺有代表性产品）的产量表示企业的生产能力；若产品品种的特征差别较大，则用较综合的产量指标，如总重量、总功率等表示生产能力。

另一种计量方法是按投入量计量。例如，不少企业的标定能力常用全年可用的设备台时数、人工工时数来代表。虽然它不能说明生产系统所生产的确切产品与产量，但是在服务性企业中，用资源投入量表示生产能力却比产出量更有意义，因为在服务活动中，满足需求的能力主要依靠企业可提供的资源量。例如，医院的床位数、餐馆的座位数就代表了它们可以提供的服务量。

根据上述的概念，理论能力主要由生产与运作中的设备数量、设备的有效工作时间和设备的生产效率所决定。它的计算公式为：

$$P=F_eSq=F_yH(1-\theta)Sq=\frac{F_yH(1-\theta)S}{t}$$

式中：P——设备组的生产与运作能力；F_e——设备全年有效工作时间（小时）；F_y——设备全年制度工作日；H——每日的制度工作小时数；θ——设备计划修理的停工率；S——设备组的设备数量；q——设备产量定额；t——设备台时定额。

对按生产与运作面积计算的生产/运作能力，上述公式变为：

$$P=Aq$$

式中：A——生产/运作面积；q——单位生产/运作面积的平均产量。

对于流水线来说，其生产与运作能力的计算公式为：

$$P=\frac{F_e}{r}$$

式中：r——流水线的节拍（相邻两件相同制品出产的时间间隔）。

对于标定能力来说，由于企业现有的生产与运作水平受多种因素影响，如设备效率、工人技术熟练程度和劳动积极性、管理工作的效率等，在确定标定生产与运作能力时，可根据实际情况，在理论能力计算公式的后面加上若干系数加以调整，如定额完成率（k_1）、工时利用率（k_2）、合格品率（k_3）等。这时，计算公式可表示为：

$$P=\frac{F_y H(1-\theta)S}{t}\times k_1 k_2 k_3$$

三、生产与运作能力调节

由于不管采取哪一种能力策略，理论的生产与运作能力和实际的需求都有一定偏差，所以在企业经营过程中，存在着大量的生产与运作能力的调节问题。从计划的观点看，可将有关的调节控制因素按取得能力的时间长短，分为长期、中期和短期三类。

长期因素：取得能力的时间在一年以上的措施。如建设新厂、扩建旧厂、购置安装大型成套设备、进行技术改造等。它们都能从根本上改变生产与运作系统的状况，大幅度地提高生产与运作能力，但同时也需要大量的资金投入，因而属于战略性决策范畴。

中期因素：在半年到一年之内对能力产生影响的因素，如采用新的工艺装备、添置通用设备、对设备进行小规模的改造或革新，或增加员工，将某些任务委托给其他企业等，也包括利用库存来调节生产的作用。它们是在现有生产设施基础上所做的局部扩充，一般在年度生产计划的制订与实施中加以考虑。

短期因素：在半年之内以至当月之内就对能力产生影响的因素，如临时增加工人、增开班次、采取措施降低废品率、改善原材料质量、改善设备维修制度、减少设备的故障时间、提高设备利用率、采用适当的工资奖励制度激发工人的劳动积极性、合理选择批量等。它们是对现有生产设施利用的改善，属于作业层的决策。

需要说明的是，在实际工作中，由于存在着各种故障和其他影响因素，生产与运作设施的能力利用率一般要留有一定的富余，而不能以100%计算，富余的部分被称为能力缓冲。特别是在短期的生产与运作计划中，如果没有能力缓冲，就会很难完成计划任务。对于银行、邮局、超级市场等多数服务部门来说，由于基本上属于排队服务系统，所以一旦能力利用率低于70%的临界数值，服务质量就会迅速下降；如果能力利用率超过100%，则意味着进入服务系统的顾客太多，部分顾客可能得不到服务。此时，生产与运作能力的利用率等于顾客平均到达率与平均服务率的比值，即$\rho=\lambda/\mu$，如图4-2所示。

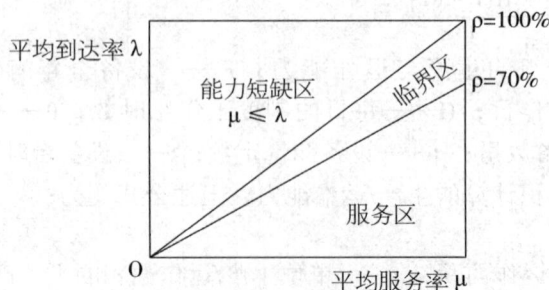

图4-2 能力利用率与服务质量的关系

航空公司利用这种特点（顾客因为过分拥挤而感到不舒服），试图安排更多的公务舱位或商务舱位。但作为特例，体育比赛则希望门票供不应求，因为爆满的运动场所创造出的气氛会刺激运动员超水平发挥，使观众得到更多满足，并促进以后的门票收入。剧院、酒吧等都有类似特点。

案例 4-3

北京九龙制药有限公司的生产与运作能力

北京九龙制药有限公司现有五种剂型的生产线，即滴丸剂、片剂（薄膜衣）、颗粒剂、口服液（10～200ml）、胶囊。2010年单班年产量：口服液为800万～3 000万瓶；滴丸剂为8亿粒；胶囊为2亿粒；颗粒剂为2 000万袋；片剂（薄膜衣）为3亿片。

以上各种剂型的生产设备性能先进、自动化程度高、车间预留空间大，可根据市场情况随时增添设备，使生产能力在现有基础上提高2～3倍。

中药提取：北京九龙制药有限公司目前拥有国内一流的中药提取设备和技术，可进行高温溶剂提取、二氧化碳低温萃取、低温浸渍、低温梯度渗滤、两相溶剂萃取、提取物精制、温控动态提取、分子蒸馏；可进行真空减压浓缩、薄膜蒸发浓缩、三效蒸发浓缩、醇沉、乙醇回收、乙醇蒸馏；可进行真空减压烘干、喷雾干燥、冷藏冷冻处理等多种中药有效成分的提取。

北京九龙制药有限公司现已成功打造出"九药牌""小宝哈哈牌"等系列畅销品牌，目前生产中西药品达30多种，包含心脑血管类、胃肠类、感冒咳嗽类、妇科类、滋补保健类、维生素类等。其中有一种心脑血管类药物为自主知识产权，治疗各种头痛，3～5分钟即可起效，以其特有的治疗特点和生产技术获得科技部中小企业创新基金立项，成为科技部高新技术项目转化产品、北京市自主创新产品，因其安全性和独特的疗效于2004年列入国家医保目录。

北京九龙制药之所以取得比较好的经营效果，离不开该企业注重从规模效应、生产设备、品牌效应等方面提升生产与运作能力。

资料来源　佚名. 北京九龙制药有限公司 ［EB/OL］. ［2022-12-13］. http://baike.baidu.com/link? url =vkkateF1LLpEgx04c00nwzQ3pEB6fbt1Ta9Z4 J47bZ1tDdVLc_vdexbqHspK4UAKl9qgtVjhK6T3ItfQ2OSDL_.

技能实训

实训：编制生产与运作计划

【实训目标】

让学生进一步熟悉企业生产与运作计划的类型及制订；认识计划的重要性；针对企业实际问题应用所学理论与方法进行分析，制订出相应的生产与运作计划。

【相关知识】

一、生产与运作计划的编制原则

作为管理活动的中心环节，计划的实质是对要达到的目标及途径进行预先规定。企业在考虑计划工作时，应根据企业的特点，遵循以下三个原则：

1.承诺原则

现在所做出的决策都是对未来的一种承诺，是对用户的保证，因此每一个决策都是为了实现组织未来的目标而制定的，具有权威性。承诺原则是指合理的计划应该规定一个必要的期限，在该期限内应尽可能履行目前决策所规定的各项任务。这实际上是计划工作的核心。

2. 弹性原则

弹性原则是指计划应有一定的灵活性。由于未来的不确定性因素很多，因此要求计划具有较大的适应性，具有在遇到意外事件时，在不增加成本情况下修正行动方案的能力。但弹性原则只能在一定的限度内进行，应与承诺期间所牵涉的风险大小相权衡。

3. 滚动原则

短期计划、中期计划与长期计划或战略计划、战术计划和作业计划应相互协调。在制订中期计划时，应考虑长期计划；在制订短期计划时，应考虑中期计划。并且，还应根据短期计划、中期计划的执行结果和环境的变化情况，不断适当调整中期计划和长期计划的内容和方向，将眼前的利益与长期的生存和发展相结合。

以上三个原则在生产与运作计划的制订和实施过程中尤为明显和重要。此外，统一性、持续性、灵活性与准确性，这些也都是一个好计划的一般特征。

小思考 4-1

生产与运作计划由三个层面的计划组成，它们的制订均受企业内外部环境的影响，那么影响生产计划制订的内外部因素有哪些？

答：外部因素有经济发展水平、生产需求、现有原材料、竞争者行为、外协与外包能力等；内部因素有当前生产能力、现有劳动力、库存水平及生产中的活动等。

二、生产与运作计划的编制步骤

编制生产与运作计划的步骤如图4-3所示。

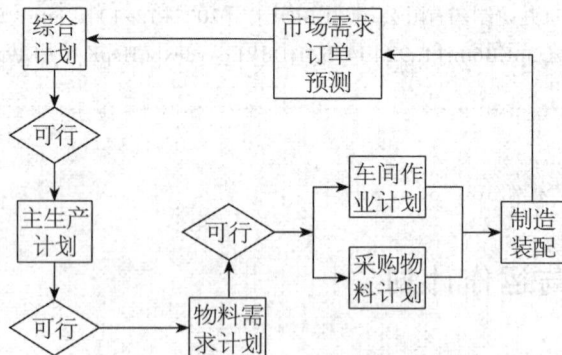

图4-3 编制生产与运作计划的步骤

编制生产与运作计划的内容包括：

1. 调查研究、收集资料

通过调查研究，主要摸清三方面的情况：国家和社会对企业产品的需要；企业生产的外部环境；企业生产的内部条件。同时，认真总结上期计划执行过程中取得的经验并分析存在的主要问题，制定本期计划中的具体改进措施。

2. 统筹安排、初步提出生产计划方案

企业根据国家、社会的需要提高企业的经济效益，在统筹安排的基础上，提出初步生产计划指标方案，其中包括：产品品种、质量、产量、产值和利润等指标；制定各种产品品种的合理搭配和出产进度的合理安排；将生产指标分解为各个分厂（或车间）的生产任务指标等工作。计划部门应该提出多个指标方案，并从中进行分析研究，通过定性和定量评价、比较，选择较优的可行方案。

3. 综合平衡，确定最佳方案

对计划部门提出的初步指标方案，必须进行综合平衡，研究措施，解决矛盾，以达到社会需要与企业生产可能之间的相互平衡，使企业的生产能力和资源都能得到充分的利用，获得良好的经济效益。

4. 编制年度生产计划表

企业的生产计划经过反复核算与综合平衡，确定生产指标，最后编制出年度生产计划表，经上级主管部门批准或备案后，即作为企业正式计划。年度生产计划表主要包括产品产量计划表、工业产值计划表及生产计划编制说明。生产计划编制说明主要包括下述内容：编制生产计划的指导思想和主要依据；预计年度生产计划完成情况；计划年度产量、产值增长水平及出产进度安排；实现计划的有利条件、不利因素、存在的问题及解决措施；对各单位、各部门的要求等。

5. 考核和总结生产与运作计划的完成情况

这一步许多企业都没有认真执行。实际上这是为下一期生产与运作计划编制工作能够做得更好所进行的非常重要的一个环节。

三、综合计划与主生产计划的编制

根据国际惯例，制造类企业的生产与运作计划可以分为三个层次：综合计划、主生产计划和物料需求计划。

综合计划又称生产计划大纲，它是企业根据市场需求和资源条件对企业未来较长一段时间内资源与需求的平衡所做的总体化规划，是根据企业所拥有的生产能力和需求预测对企业未来一段较长时期内的产品品种、产量、劳动力水平、库存投资等问题所做出的决策性描述。

综合计划意味着要将各种相合适的资源联结成一体，给定需求预测、设备生产能力、总的库存水平、劳动力数量及相关的投入，部门经理必须选定以后2～12个月合适的设备产出率，通过调整生产率、劳动力水平、存货水平、加班、转包率等决定满足预测需求最好的生产方式。

综合计划并不具体制定每一品种的生产数量、生产时间，也不布置每一车间、人员的具体工作任务，而是对产品、时间和人员的配置进行总体规划。

案例 4-4

两家运输服务企业

联邦捷运公司和联合包裹服务公司在包裹运输业中是直接的竞争者，它们的综合计划方式明显不同。联邦捷运公司为其巨型包裹分类设备配备了大量非全日制雇员。在半夜4小时一个轮班中，这台设备配以一定人员来处理100万件以上的信件和包裹。该公司发现大学生是理想的用工来源，这些精力充沛的非全日制雇员满足了高峰需求。联合包裹服务公司的包裹分类中心的经理也面临着是多聘用全日制员工还是多聘用临时工这个选择。联合包裹服务公司选择了多聘用全日制员工方式。该公司全面研究了工作方案和工作过程，希望提供一个高水平的工作满意度和树立强烈的团队意识。联合包裹服务公司的工作时间很长，工作也很艰苦。

资料来源　焦丹丹. 生产计划案例［EB/OL］.［2020-05-26］. http：//wenku.baidu.com/link？url=SHmZx8CLPf1-FWL-2yBYc275CZ5_rDTqJ-uDkQULDiXqHEoiUWfWKyqjQFB6O9jJN_OgqETVBdXIHG -pxKWq6cvYZctihL5Y1OLH21CmcZS.

综合计划编制按如下程序进行：①收集有关资料，进行必要的市场调研；②拟订多种可行的综合计划方案；③优化综合计划方案；④综合平衡，最终确定正式方案。

主生产计划（master production schedule，MPS）是在综合计划的基础上制订的运作计划，是把综合计划具体化为可操作的实施计划，其目的是要确定企业生产的最终产品的出产数量和出产时间。主生产计划是物料需求计划的输入部分之一，与我国通常采用的产品出产进度计划在计划的时间单位上略有不同，产品出产进度计划一般以月为计划时间单位，而主生产计划通常以周为单位。

主生产计划的制订过程：①编制 MPS 初步计划；②制订粗能力计划；③评价初步的MPS，最后修订和批准 MPS。

物料需求计划是根据主生产计划的要求，对所需的全部物料所做出的安排。这是一步最复杂而且细化的工作，尤其是在企业的产品结构复杂、零部件种类繁多的情况下，这个工作是非常难以细化操作的。

案例—4-5

某公司产品的需求量随季节不同而变化，现该公司准备编制今后 6 个月的生产计划。对今后 6 个月的需求预测及每月工作天数见表4-4，其他数据如下：产品的材料费用100元/台，库存保管费为1.5元/（台·月），缺货损失为5元/（台·月）；如果想把产品转包一些出去，则转包费用为20元/台；招聘并培训一个工人的费用为200元，解聘一个工人的费用为250元；该产品的加工时间为5小时/台；正常工作时间内的工时费用为4元/小时，加班时间内的工时费用为6元/小时；生产开始时的期初库存量为400台，另外，由于预测的不确定性高，另考虑有25%的安全库存。

表4-4　　　　　　　　　　6个月的需求预测与每月工作天数

月份	需求预测（台）	每月工作天数（天）
1	1 800	22
2	1 500	19
3	1 100	21
4	900	21
5	1 100	22
6	1 600	20

请制订综合计划和主生产计划。

操作：

制订初步生产计划，见表4-5。

表4-5 初步生产计划

月份	(1) 期初库存 (台)	(2) 需求预测 (台)	(3) 安全库存 0.25×(2) (台)	(4) 计划产量 (2)+(3)-(1)(台)	(5) 期末库存 (1)+(4)-(2)(台)
1	400	1 800	450	1 850	450
2	450	1 500	375	1 425	375
3	375	1 100	275	1 000	275
4	275	900	225	850	225
5	225	1 100	275	1 150	275
6	275	1 600	400	1 725	400
合计				8 000	

计划方案一：仅改变工人人数、按制度工作时间生产，每个月的投产量等于初步生产计划中安排的出产数量，方案见表4-6。

表4-6 计划方案一

月份	(1) 计划产量 (台)	(2) 所需生产时间 (1)×5 (小时)	(3) 每人每月工时 (小时)	(4) 所需人数 (2)÷(3) (人)	(5) 新增工人 (人)	(6) 招聘费用 (5)×200 (元)	(7) 解聘工人 (人)	(8) 解聘费用 (7)×250 (元)	(9) 正常时间总费用 (2)×4 (元)
1	1 850	9 250	176	53	0	—	—	—	37 000
2	1 425	7 125	152	47	0	0	6	1 500	28 500
3	1 000	5 000	168	30	0	0	17	4 250	20 000
4	850	4 250	168	25	0	0	5	1 250	17 000
5	1 150	5 750	176	33	8	1 600	0	0	23 000
6	1 725	8 625	160	54	21	4 200	0	0	34 500
合计	8 000					5 800		7 000	160 000

计划方案二：工人人数不变（假定有40名工人），仅改变库存水平，方案见表4-7。

表4-7 计划方案二

月份	(1) 期初库存 (台)	(2) 能力工时 (小时)	(3) 实际产量 (2)÷5 (台)	(4) 需求预测 (台)	(5) 期末库存 (1)+(3)-(4)(台)	(6) 缺货数 (台)	(7) 缺货费用 (6)×5 (元)	(8) 安全库存 (台)	(9) 超储 (5)-(8)(台)	(10) 库存费用 (9)×1.5(台)	(11) 正常时间总费用 (2)×4+(7)+(10)(元)
1	400	7 040	1 408	1 800	8	0	0	450	0	0	28 160
2	8	6 080	1 216	1 500	-276	276	1 380	375	0	0	25 700
3	-276	6 720	1 344	1 100	-32	32	160	275	0	0	27 040
4	-32	6 720	1 344	900	412	0	0	225	187	281	27 161
5	412	7 040	1 408	1 100	720	0	0	275	445	668	28 828
6	720	6 400	1 280	1 600	400	0	0	400	0	0	25 600
							1 540			949	162 489

四、生产作业计划的编制

1. 制订生产作业计划的基本要求

生产作业计划的实质是把生产计划层层分解，具体落实，因此生产作业计划的内容应详尽而具体。制订生产作业计划时要达到下面一些基本要求：

（1）确保实现交货期。生产计划中规定的生产任务有不同的交货要求，为了保证按期交货，需要在生产作业计划中做精心策划和安排，确保产品或者零部件在各个生产环节的投入和产出时间，尽可能满足所有任务的交货要求。如果因生产能力的限制或其他条件的制约不能保证任务按期完成，也应该使延期交货的损失最小。

（2）减少作业人员和设备的等待时间。提高生产效率的有效方法首先是使人员和设备能够满负荷工作，增加作业时间，减少非作业时间，特别是等待时间。因此制订生产作业计划要妥善地做好各生产环节的衔接，保证各工序连续作业或平行作业，缩短加工周期，减少时间损失。

（3）使作业加工对象的流程时间最短。流程时间是指作业加工对象如产品、零件或部件从投入某个工艺阶段开始，直到被加工完成的全部时间。在制订生产作业计划时，运用科学方法，进行合理的作业排序，可以明显地缩短流程时间，给按期交货创造有利条件。

（4）减少在制品的数量和停放时间。在制品是指从原材料投入开始到成品产出为止，处于生产过程中尚未完工的所有毛坯、零件、部件和产品的总称。在制品是生产流动资金的物化状态，在制品的数量越多、停放时间越长，流动资金的周转速度越慢，造成的损失就越大，同时还增加了搬运作业量和在制品管理业务。因此制订生产作业计划时必须考虑在制品的数量和停放时间。

2. 编制生产作业计划的步骤

（1）收集信息资料，为编制生产作业计划提供依据。主要信息资料有生产任务方面的资料、设计和工艺方面的资料、生产能力方面的资料、生产准备方面的资料、编制生产作业计划的期量标准、上期计划的执行情况的统计分析资料。

（2）确定计划单位。计划单位是编制生产作业计划时下达生产任务所用的计算单位。它反映了生产作业计划的详细程度及各级分工关系。一般常用的计划单位有产品、部件、零件组和零件。

（3）制定和修改期量标准。期量标准是按每种产品分别制定的，不同生产类型条件下生产的产品，由于生产过程的各个生产环节以及在时间上和数量方面联系的方式不同，期量标准也不同。

（4）确定编制方法。由于生产类型、生产专业化形式、生产方法不同，其生产作业计划的编制方法也具有不同特点。

对象专业化车间是以产品（或零部件）为对象建立的相对封闭的生产单元，能够独立地完成产品的全部或大部分生产过程。在这种条件下，厂部下达车间的作业计划任务就比较简单，只要根据车间的分工、生产能力、生产条件等直接将该产品分配给车间即可。

在工艺专业化车间里，只能完成产品加工的部分工艺阶段，产品要经过几个车间，各个车间之间是依次加工半成品的关系。此时编制生产作业计划的方法是反工艺顺序法，即按照工艺过程的反顺序，从成品车间出产任务开始，依次规定各个车间的投入产出任务。但是在不同生产类型的企业，这种反工艺顺序法又有不同的实施方法。

（5）做好综合平衡，及时下达生产作业计划。在编制生产作业计划时，还需要进一步做好综合平衡工作，制定措施，以保证生产任务的完成。生产作业计划编制完成后，要及时下达给车间、工段、班组等生产环节，以提前做好各项生产准备工作。

3.编制生产作业计划方法

编制生产作业计划，一般是先将企业生产任务分配到各车间，编制车间生产作业计划，然后由车间再分配到工段、班组直至工人，编制车间内生产作业计划。不同生产类型的企业选择不同的编制方法，主要有在制品定额法、提前期法、生产周期法和订货点法。随着科学技术的迅速发展，各种企业生产的品种日益增多，系统分析、运筹学等原理和计算机越来越多地应用于企业管理，又出现了成组技术法、网络法等新的生产作业计划编制方法。

（1）在制品定额法：根据生产计划的要求将预先制定的在制品定额与预计可能结存的在制品数量做比较，使期末在制品数量保持在规定的定额水平上，并据此来规定各车间的生产任务。这种方法适用于大批量生产的企业。

（2）提前期法：根据生产计划的要求和预先制定的提前期来规定各车间的某种产品的装配生产提前完成的产量。它通常用累计编号来表示投入出产的产量任务，故又称累计编号法。这种方法通常用于多品种成批生产的企业。

（3）生产周期法：根据生产计划的要求和预先制定的产品生产周期图表，通过生产能力的核算来规定各车间的生产任务。这种方法适用于单件小批量生产的企业。

（4）订货点法：这种方法适用于安排产量大、品种稳定、价值低、结构简单的小型零件生产企业。

（5）成组技术法：这种方法打破产品界限，把工艺相似的零件组织成组生产，适用于多品种、中小批量生产的企业。

（6）网络法：它是一种逻辑性的计划手段，其典型的方法是计划评审法。这种生产作业计划方法主要用于复杂的一次性产品（或工程）的生产。

（7）准时生产制：在必要的时候，按必要的数量，把生产所需的物料送到必要的地方。它的目的是把在制品储备压缩到最低限度，尽可能地节约流动资金。

日本丰田汽车公司的"看板管理"就是准时生产制的一种方式。它要求后道工序的工人凭"领料看板"到前一道工序领取必要数量的零件；前一道工序的工人根据"生产看板"生产规定数量的零件；搬运工人凭"送货看板"在规定的时间内运送规定数量的零件。这样可以利用"看板"把人力、物力和设备有机地结合起来，组成有节奏的生产，防止过量生产造成在制品的过量储备。

（8）混流生产方法：在现有生产条件和生产能力情况下，经过科学逻辑的运算，制订出在同一生产线上最优品种搭配的生产方案，达到品种、产量、工时的均衡，最大限度地节约资源。这种方法主要用于工艺相似的系列化产品的流水生产企业。

案例 4-6
运用在制品定额法编制车间作业计划

在制品定额法是指运用在制品定额，结合在制品实际结存量的变化，按产品反工艺顺序，从产品出产的最后一个车间开始，逐个往前推算各车间的投入、出产任务。

在制品定额法的计算公式是：

本月实际计划生产数＝本月计划生产数＋在制品定额－期初在制品预计结存量

表4-8为用此法编制某车间作业计划的实例。

表4-8   某车间作业计划

产品名称	某型号轿车		
商品产量	5 000 台		
零件编号	D1-188	D4-088	…
零件名称	轴	齿轮	…
每台个数（个）	2	8	
装配车间 1 出产量（个）	10 000	40 000	
2 废品及损耗（个）			
3 在制品定额（个）	1 000	5 000	
4 期初在制品预计结存量（个）	600	3 500	
5 投入量（个）	10 400	41 500	

【实训材料及实训要求】

1.某工厂产品呈现多品种、小批量、短交期的特点，生产工艺也较为复杂，包括冲压、注塑、喷漆、压装、精加工等，属于混合型制造企业。目前，公司计划部门排产以周计划为主。

现在的问题是，制订计划需要的基础数据不能从相关部门及时或准确拿到，导致生产计划频繁调整。有些工序排了计划，有些工序却没排，导致生产断断续续。

生产部门抱怨计划人员对影响生产计划的因素缺乏全面细致的考虑，出现计划与执行脱节。当生产不能按期交货时，市场部门抱怨计划部门，计划部门指责生产部门，而生产部门又说是设备和模具问题影响生产进度，反馈给计划部门，而计划员很难协调相关部门，所以才耽误交货。计划部门说，生产过程中模具和设备出现问题，应该由生产部门想办法解决，解决不了或其他部门不配合，再反馈给计划部门，计划部门给予相应协助。

让人头疼的是，工程部门在试制通过后移交批量生产，常常是突然来了一个大订单，让采购员来不及采购。计划部门要求工程部门在批产前特别是大批量订单来临之前，要提前告知，这样计划部门才好做物料计划，否则工程部门就自行采购。工程部门说，无法承担在试制通过前就通知做计划的责任。

讨论分析该公司相关部门应如何优化生产计划编制方式，是否该由计划部门编排？理顺计划部门和生产部门的关系。计划怎样才能行之有效？找出该公司计划管理存在的问题，提出解决该公司问题的措施。

2.某工厂有一条总装生产线，生产 Assy A 和 Assy B 两种产品，日产能均为 3 000 件；Assy A 下有注塑件 Part A，单机耗用 1 件，使用注射机#1 生产，日产能 1 000 件；Assy B 下有注塑件 Part B，单机耗用 1 件，使用注射机#2 生产，日产能 800 件；Assy A 有需求 30 000 件，Assy B 有需求 24 000 件。请问：该如何安排总装生产线和注射机的生产计划？

3.某企业产品工时定额和相关数据见表4-9、表4-10。

表4-9　　　　　　　　　　　各产品单件工时定额　　　　　　　　　　　　单位：小时

产品	车间1	车间2	车间3	车间4
A	0.1	0.1	0.2	0.2
B	0.1	0.2	0.1	0.2
C	0.2	0.2	0.2	0.1

表4-10　　　　　　　　　　各产品需求和生产相关数据

产品	年需求（件）	生产准备提前期（天）	生产准备成本（元/次）	库存维持费用（元/件·年）
A	2 000	4	50	10
B	1 200	2	100	10
C	800	1	40	10

假如每天工作8小时，每年有250个工作日，各车间之间采用整批移动生产方式，试安排生产计划。

[项目总结]

本项目涉及的知识点包括：企业计划的层次和特点，生产能力的概念、计算以及动态变化；生产与运作计划的主要内容和主要指标，综合计划的概念，主生产计划的概念，物料需求计划的概念，生产作业计划的概念，期量标准的概念；生产与运作计划的编制步骤，不同生产类型企业的期量标准制定方法；综合计划制订的思路和方法，主生产计划的制订方法，生产作业计划的制订步骤。完成本项目任务训练后让学生进一步熟悉企业生产与运作计划的类型及制订步骤；认识计划管理的重要性；能够针对企业实际问题运用相关理论与方法进行分析，计算生产能力和制订生产计划。

[项目测试]

□判断题

（1）节拍是大量、流水生产中最重要的期量标准。　　　　　　　　　　　　（　　）

（2）在企业经营过程中，生产与运作能力一经确定，再没法调节。　　　　　（　　）

（3）从计划期的时间长短上我们可以把生产计划分为长期计划、中期计划和短期计划。　　　　　　　　　　　　　　　　　　　　　　　　　　　　　　　　　　（　　）

（4）生产作业计划是生产计划的具体执行计划。　　　　　　　　　　　　　（　　）

（5）综合计划是在主生产计划的基础上制订的运作计划。　　　　　　　　　（　　）

□选择题

（1）生产计划的主要指标有（　　　　）。

A.产品品种指标　　　　B.产量指标　　　　　C.质量指标　　　　　　　D.产值指标

（2）物料需求计划是对所需的全部物料所做出的安排，其根据是（　　　　）。

A.主生产计划　　　　　B.综合计划　　　　　C.生产作业计划　　　　　D.短期计划

（3）主生产计划的制订过程是（　　　　）。

A.编制MPS初步计划

B.制订粗能力计划

C.评价初步的MPS，最后修订和批准MPS

D.综合平衡，最终确定正式方案

（4）长期生产计划是全企业的生产指导计划，其计划长度一般为（　　）。

A.1～2年　　　　　　B.3～5年　　　　C.半年　　　　　　D.1年

（5）成批生产类型的期量标准有（　　）。

A.批量和生产间隔期　　　　　　　　B.生产周期

C.在制品定额　　　　　　　　　　　D.生产提前期

□简答题

（1）生产与运作计划有哪三个层次？

（2）生产计划的主要指标有哪些？含义是什么？

（3）简述期量标准的种类及其含义。

（4）生产作业计划的编制方法有哪些？

（5）简述生产与运作能力的概念和指标。

□案例分析题

案例1：综合计划为某啤酒公司提供了竞争优势

某啤酒公司是国内一家大型啤酒生产厂家，其啤酒销量几乎占我国啤酒消费市场份额的40%。该公司在此产量下通过出色的工作使生产能力与需求量保持了一致，因而取得了很好的效益。中期内3～18个月的生产能力和需求相匹配是综合计划的核心。该啤酒公司通过特定的工厂注册商标、收购兼并、劳动力和存货量的管理控制等手段来与波动的需求保持平衡。在生产批量、高效的雇员、有效的设备维护及设备安排方面的精确计划有助于提高设备的利用率，而这也是固定资产投资考虑的一个重要方面。

啤酒是由产品导向生产设备生产出来的，该种设备产出量大，但生产的产品种类少。产品导向生产过程通常需要很高的固定成本，但却有利于降低可变成本。保持这种设备的高使用率是很关键的，由于有很高的固定资产投资，必然要求高的设备利用率以利于竞争，即超过盈亏平衡点的产量必然要求很高的设备利用率，如果开工时间不足则必然会带来很大损失。

问题：该啤酒公司的综合计划是如何帮助其获得竞争优势的？

案例2：草籽娃娃

草籽娃娃的合伙人，也是西方商学院的新近毕业生安顿·拉比和龙能·哈拉里，却不愿意给草籽娃娃的生产主管（他们的商学院同学）本·瓦拉蒂任何实质性建议，只是会说："保持弹性。我们也许会拿到10万件的订单，但是如果这些订单没有来，我们将保持现有人员，并不承担巨大的库存。"基于这种不确定性的背景，本正在寻求提高生产能力的方法，这些方法的实施是不能以牺牲弹性和提高成本为代价的。

当草籽娃娃的主人把它们从盒子里取出时，会发现一个光秃秃的惹人喜爱的小东西，这个小东西的直径大约8厘米。在水中浸泡后，将草籽娃娃在潮湿的环境中放上几天，它就会长出一头漂亮的"绿发"。草籽娃娃主人的创造力能够通过发型的变化表现出来。草籽娃娃的销售工作是从多伦多地区的花店和礼品商店开始的，由于产品获得广大顾客的普遍欢迎和认可，分销工作得以延伸到凯玛特、玩具反斗城和沃尔玛这样的大型超市。到7月中旬，有10万多只草籽娃娃在加拿大出售，向美国的出口工作也已经开始。

草籽娃娃通过一个混合批量流水生产过程加工出来。6个填充机操作员同时工作，把锯末和草籽装进尼龙袋子里，这样就制成了基本的球体。操作员把球体放入塑料的装载盒里，每盒可装25只。在另一个批量作业地，一个操作工人把带有塑料外衣的电线在一个简单的模具上缠绕一下就制成了草籽娃娃的眼镜。接下来的作业过程是一个由人工组成的流水线。3个塑形工把球体从装载盒中拿出来，通过加工使球体看起来更像一个人的头部，这包括为它们塑造出鼻子和耳朵，并把两只塑料的小眼睛用胶水粘在镜框里。经过塑形和组装的草籽娃娃们都转交给一个工人，他负责用织物染料给它们画上一个红红的嘴唇，画完后把它们放在一个晾晒架上，经过5个小时左右晾干以后，两个包装工人把草籽娃娃放进盒子，然后再把它们装入便于运输的箱子里。

为了分析研究生产能力，本和他的日常监管鲍勃·韦克莫对草籽娃娃的各加工工序及转移时间做了估计。估计的时间如下：填充——1.5分钟；塑形——0.8分钟；制作眼睛——0.4分钟；构造眼镜——0.2分钟；涂染——0.25分钟；包装——0.33分钟。除去不可避免的拖延和休息时间，本得出他可以对一个8小时班次按7小时计算实际工作量。

资料来源　徘徊初夏．草籽娃娃［EB/OL］．［2020-04-04］．http：//wenku.baidu.com/link? url=b168oH4n4LUaesFp0C_BV1GFaTayWWlpmPm　VTTxbvWX7WtmaAsfoE_5c5_WOGdPcy-ntaU1H-b2K8VsYieM7mgYwZq3SK7Q7c6CgJwHSUhG.

问题：（1）按照本的计算方法，目前一个班次可生产多少草籽娃娃？如果一周生产7天，一天3班，那么一周的产量能达到多少？

（2）安顿从沃尔玛接到一张大订单，预计还会有更多的订单，于是他要求本将产量提高到每天4 000件。本应该如何处理？

（3）尽管不是一个严重的问题，但通常在一个公司的早期生产中会有15%的产品要丢掉。假定缺陷出在填充之前或填充的过程中，而直到包装时才被发现，这对生产能力有什么影响？在填充工序后进行一下特别检验有帮助吗？

（4）在作业过程的改进上，你能向本提几条建议吗？

［学思践悟］

坚持系统观念　促进协调发展

习近平总书记在新进中央委员会的委员、候补委员和省部级主要领导干部学习贯彻习近平新时代中国特色社会主义思想和党的二十大精神研讨班开班式上强调，推进中国式现代化是一个系统工程，需要统筹兼顾、系统谋划、整体推进，正确处理好顶层设计与实践探索、战略与策略、守正与创新、效率与公平、活力与秩序、自立自强与对外开放等一系列重大关系。这一重要论述立足党和国家事业发展全局，具有很强的政治性、理论性、针对性、指导性，对于全面贯彻落实党的二十大精神，扎实推进中国式现代化建设，努力在新征程上开创党和国家事业发展新局面，具有十分重要的意义。坚持系统观念，促进协调发展不仅是推动高质量发展的关键，也是正确认识、把握、处理增长和分配、效率和公平关系的基础，更是扎实推进共同富裕的重要途径。只有坚持以系统论的思想方法协调经济社会主体共同参与、各种社会资源要素协同配合，才能更加有效更加稳健地贯彻践行新发展理念，推动经济实现质的稳步提升和量的合理增长。

资料来源　任晓刚．坚持系统观念　促进协调发展［N］．光明日报，2023-02-17.

延伸阅读

坚持系统观念
促进协调发展

101

[学习目标]

通过本项目内容的学习，你应该达到以下目标：

知识目标：

◎了解企业库存管理的重要性；

◎了解库存的类型、作用和成本；

◎掌握常用库存控制方法，并能灵活运用其指导实践；

◎掌握如何运用各种库存模型，会计算各种模型下的经济订货批量和库存总成本。

技能目标：

◎能用库存管理的思想和方法解决现实的库存问题。

素养目标：

◎培养数字素养，服务国家数字经济健康发展。

引 例

某集团的库存管理

某集团曾一度因为零部件仓库的管理不够先进，导致存货的资金占用问题比较突出。为解决这个问题，该集团建立了现代化的立体库并开发了库存管理软件，在库存管理方面达到了业内先进水平。随后，该集团发现，因该集团生产的零部件种类繁多，车间、分供方和经销商的管理水平跟不上，导致周转不畅，于是采用符合国际标准的托盘和塑料周转箱，采用先进的作业方法，用立体库带动机械化搬运和标准化包装，进行机械化搬运和管理。同时，把检验工作尽量分散到分供方和第三方仓库，这样就降低了库存水平，目前该集团只有3天的库存量，基本解决了存货的资金占用问题。

这一案例表明：库存管理对企业而言非常重要，落后的库存管理手段会导致资金占用问题突出，影响生产与运作。企业应重视库存管理，在库存管理上要不断创新，采用适合本企业的、科学合理的库存管理模式和方法。本项目将讨论如何管理企业的库存。

基础知识 ///////..........

知识点1：库存与库存管理概述

一、库存的概念、类型及功能

1. 库存的概念

库存是制造业和服务业必须面对的问题，库存管理是生产与运作管理的主要内容之一。究竟什么是库存？库存的作用是什么？什么是库存控制系统？对库存管理有什么要求？库存问题有哪些基本模型？这些模型又如何应用？这些都是本项目将要回答的问题。

在制造企业中，为了保证生产的正常进行，必须在各个生产阶段设置必要的物资储备，这些物资就是库存。它一般包括储备的原材料、辅助材料、燃料以及备用设备、零件、工具等，还包括等待加工的在制品、半成品、等待销售的成品。在服务型企业中，等待销售的商品、用于服务的耗用品等都是库存。

2. 库存的类型

库存可以按其功能分为：

（1）经常性库存，指企业为满足日常生产的需要而持有的库存，这种库存随着生产的进行不断减少，当库存降到一定水平时，就要进行订货来补充库存。

（2）季节性库存，指为了满足特定季节的特殊需求（如夏季对空调的需求）而建立的库存。对于季节性强的商品，商店必须在高需求季节到来之前准备充足的存货以满足需要。

（3）投机性库存，指为了避免因物价上涨造成损失或为了从商品价格上涨中获利而建立的库存。

（4）促销库存，指为了应对企业的促销活动产生的预期性的销售增加而建立起来的库存。

（5）安全库存，指为了防止由于不确定性因素（如大量突发性订货、交货期突然延长等）而准备的缓冲库存。它是在补充订货期间所维持的过量库存。安全库存能够降低订货提前期内的缺货风险。

库存按是否需要多次补充可分为：

（1）单周期库存，指库存消耗完毕后，不需要重新补充的库存，即那些发生在比较短的时间内的物料需求。例如，新年到来对挂历的需求、中秋节对月饼的需求。

（2）多周期库存，指每次库存消耗后需重新购买、补充的库存。大多数库存属于这种类型。

3. 库存的功能

几乎所有的公司都要保持一定的库存。库存的功能有很多，主要有以下几点：

（1）防止供应中断、交货误期。企业在向供应商订购原材料时，有许多原因都会导致原材料交货延误，常见的原因有：发运时间的变化、供应商原材料紧张短缺而导致订单积压、供应商工厂或运输公司发生意外的工人罢工、订单丢失以及材料误送或送达的原料有缺陷等。因此，保持适当的原材料库存可确保生产正常运行。

（2）费用分摊。原材料或在制品的库存，可利用批量采购分摊费用。进行大批量采购，可以使单位物品分摊订货、运输等费用，批量采购能使总的采购费用降低。在生产过程中，在制品采取批量加工，每件物品可以分摊生产中的调整准备等费用，降低总的生产费用。

（3）防止生产中断。在生产过程中，维持一定的在制品库存可以防止生产中断。比如，当某道工序的加工设备发生故障时，如果工序间有在制品库存，后续工序就不会停工中断。

（4）便于顾客订货，适应产品需求的增加。保持适当的成品储备，可以保证顾客很快采购到所需物品，缩短顾客订货提前期，提高服务水平。另外，适量库存可以保证企业在市场需求突然增大时，具有一定的应变能力，以免丧失商机。

可见，维持适当数量的物资储备，对于调节供需，保证生产经营活动正常而有效地进行，获得良好的经济效益，都是完全必要的。

但过量的库存也会给企业带来很多不利的影响，主要有以下几点：

（1）库存会占用企业的流动资金、场地。

（2）保管成本会增加。保管成本又称储存成本，即物资在仓库内存放期间发生的各种费用。它包括存储费（仓库管理费用、搬运费用、管理人员工资等），物资存放过程中发生变质、损坏、丢失、陈旧、报废等的损失费用，保险金、税金，以及占用资金的利息收入、机会成本等。

（3）库存会掩盖企业生产经营中存在的问题。例如，设备故障造成停机，工作质量低造成废品或返修，计划不周造成生产脱节，生产脱节造成工期延误等，都可以动用各种库存来弥补，导致企业生产中存在的问题被掩盖。从表面上看生产仍在平稳进行，实际上整个生产系统可能已是千疮百孔。

所以，日本企业提出"向零库存进军"的口号。压缩库存是各企业普遍需要重视的问题。一个将库存水平降到最低点的生产系统，无疑是一个高效率的系统，但它同时又是一个非常"脆弱"的系统。系统中任何一个环节出了问题，都可能造成整个系统停顿。因此，在一定的生产技术和经营管理水平下，还需要有库存，更需要加强库存管理，使库存数量始终保持在经济合理的水平上。

现代企业的库存管理是对企业内部的原材料、辅助材料、外购件、在制品和产成品等物料进行管理，目的是在保证均衡生产和满足顾客需求的前提下，尽可能降低库存。

二、库存管理的含义及任务

1. 库存管理的含义

库存管理（inventory management）是指根据外界对库存的要求和企业订购的特点，预测、计划和执行一种补充库存的行为，并对这种行为进行控制，重点在于确定如何订货、订购多少、何时订货。库存管理又称库存控制，对生产、经营过程的各种物品及产成品进行管理和控制，使其储备保持在经济合理的水平上。库存水平和库存周转速度的高低会直接影响物流成本的高低。库存量过少，会影响到生产经营，还可能失去市场机会；库存量

105

过多，不仅会占压大量资金，增加商品保管费用支出，还会加大市场风险。因此，企业必须采用科学的方法管理和控制库存。

2.库存管理的任务

从系统的角度分析，一个最简单的库存系统至少由补货环节、仓储环节和市场环节组成。由于库存是为了满足未来需求而暂时闲置的有价值的资源，因而库存管理的首要任务应该是在不断降低库存成本的基础上保证生产的正常进行。库存系统中的一些因素会直接影响各项成本，其中有两个重要的因素，即货物补充的时机和货物补充的批量。库存管理应该特别考虑下述两个问题：第一，根据销售计划，商品在市场上流通时，要在什么地方存放多少；第二，从服务水平和经济效益出发来确定库存量以及如何保证补充的问题。

三、库存管理基本指标及其概念

1.库存成本

成本的降低是优化物流系统的一个关键环节，在库存控制中，没有对库存成本的精确评估就很难实现库存控制的目标。企业如何控制库存成本呢？这需要对库存成本进行分析。通常来看，库存成本包括以下几项：

（1）采购成本。它是指采购物资过程中发生的各种费用，包括办理订购手续、物资运输与装卸、验收入库等费用，以及采购人员的差旅费等。总的采购成本随采购次数的增加而增加，随采购批量的增大而减少。

（2）保管成本。保管成本随库存储备的数量与时间的增加而增加。

（3）购置成本。它是指购置物资所花费的成本。许多企业为了增加销售，当买方购买的物资数量较多时，采用差别定价策略，即为用户提供批量折扣，对于大批订货给予折扣优惠是极为普遍的做法，买方可以通过增加每次订货的批量，获得较低的总的购置成本。如果物资的购置成本不受批量大小的影响，可不考虑这项成本。

（4）缺货成本。它是指由于不能满足用户需求而产生的成本。它主要来自两方面的费用：一是由于赶工处理这些误期任务而追加的生产与采购费用；二是由于丧失用户而对企业的销售与信誉所造成的损失，也包括误期的赔偿费用损失。显然，缺货成本随缺货量的增加而增加。

要在给定的顾客服务水平下，使总的库存成本最低，就需要正确的库存决策。应该什么时候进行订购或生产？订购量或生产量应该为多少？应采用什么类型的库存控制系统来维护预期的库存决策？一个企业要确定订购量或生产量，就需要考虑在不同批量下的上述几项成本的变化关系，从而找到能使库存总成本最低的最适当的批量。库存控制系统正是通过控制订货点和订货量来满足外界需求并使总库存费用最低。

另外，对库存的机会成本又该如何评价呢？在学术界，这个课题已经被详尽地讨论过。但是在实践中，依然没有一个可行的行业标准。即使在同一个公司的内部，变化的因素依然存在。大多数人都知道这些变化的因素包括资本和仓库的机会成本。一般来说，容易被忽略的库存成本部分包括：①过时成本，是由于短暂的产品生命周期导致的；②改进成本，是为了适应工艺变化而发生的对现存库存改进的费用。

2. 库存周转率

库存周转率越高，说明企业在投入的资金和库存量不变的情况下每年赚取的利润就越多，利润率越高，所以企业需要"快速出手、迅速周转"。其计算公式如下：

年库存周转率=该期间的出库总金额÷该期间的平均库存金额

=（该期间出库总金额×2）÷（期初库存额+期末库存额）

提高库存周转率对于加快资金周转，提高资金利用率和变现能力有积极作用。提高库存周转率可以通过合理确定进货批量、削减滞销存货、控制耗用金额高的物品和及时清理过剩物品等措施来实现。但是，库存周转率并不是越高越好。由于库存成本与购置成本、采购成本、缺货成本和相关的风险成本之间有一定的效益背反现象，因此，库存周转率过高会造成发生缺货的机会增加以及由于采购次数增加导致采购费用上升等问题。

3. 安全库存

许多企业都会考虑保持一定数量的安全库存，即缓冲库存，以应对需求或提前期方面的不确定性，但是困难在于确定什么时候需要保持多少数量的安全库存。安全库存量太多意味着多余的库存，而安全库存量不足则意味着缺货或失销。对于安全库存量的计算，可以根据需求量变化、提前期固定，需求量固定、提前期变化或者两者同时变化三种情况分别计算。

（1）需求量变化，提前期固定。

在这种情况下，安全库存量的计算公式为：

$$s=z\sigma_d\sqrt{L}$$

式中：σ_d——提前期内的需求量的标准差；L——提前期的时间；z——一定客户服务水平下需求量变化的安全系数，它可以根据预定的服务水平，由正态分布表（见表5-1）查出。

表5-1　　　　　　　　　　客户服务水平与安全系数对应关系的常用数据

服务水平	0.9998	0.99	0.98	0.95	0.90	0.80	0.70
安全系数	3.5	2.33	2.05	1.65	1.29	0.84	0.53

（2）需求量固定，提前期变化。

当提前期内的客户需求情况固定不变，而提前期的长短随机变化时，安全库存量的计算公式为：

$$s=zd\sigma_L$$

式中：z——一定客户服务水平下需求量变化的安全系数；d——提前期内的日需求量；σ_L——提前期的标准差。

（3）需求量和提前期都随机变化。

多数情况下需求量和提前期都是随机变化的，如果可以假设需求量和提前期是相互独立的，那么安全库存量的计算公式为：

$$s=z\sqrt{\sigma_d^2\overline{L}+\overline{d}^2\sigma_L^2}$$

式中：σ_d、σ_L、z的含义同上；$\overline{d}$——提前期内平均日需求量；$\overline{L}$——平均提前期。

四、零库存管理

零库存管理（zero inventory management 或 zero-stock management）并不是指以仓库储

存形式的某种或某些物品的储存数量真正为零，而是通过实施特定的库存控制策略，实现库存量的最小化。所以"零库存"管理的内涵是以仓库储存形式的某些种物品数量为"零"，即不保存经常性库存，它是在物资有充分社会储备保证的前提下，所采取的一种特殊供给方式。

实现零库存管理的目的是减少社会劳动占用量（主要表现为减少资金占用量）和提高物流运动的经济效益。如果把零库存仅仅看成是仓库中存储物的数量减少或数量变化趋势而忽视其他物质要素的变化，那么上述的目的则很难实现。因为在库存结构、库存布局不尽合理的状况下，即使某些企业的库存货物数量趋于零或等于零，不存在库存货物，但从全社会来看，由于仓储设施重复存在，用于设置仓库和维护仓库的资金占用量并没有减少。因此，从物流运动合理化的角度来研究，零库存管理应当包含以下两层意义：一是库存货物的数量趋于零或等于零；二是库存设施、设备的数量及库存劳动耗费同时趋于零或等于零。后一层意义上的零库存，实际上是社会库存结构的合理调整和库存集中化的表现。

零库存管理作为产生于日本的先进管理方式，在日本企业中有着广泛的应用。谈到零库存管理在日本的成功应用，日本丰田汽车公司毫无争议地成为零库存管理最先的受益者。经过几十年的发展，零库存管理在日本已经拥有了供、产、销的集团化作业团队，形成了以零库存管理为核心的供应链体系。

美国的企业从20世纪80年代开始逐步熟悉并应用零库存管理理论。现在，零库存管理已从最初的一种减少库存水平的方法，发展成为内涵丰富，包括特定知识、技术、方法的管理哲学。如戴尔公司运用直销模式以实现产成品的零库存，通过"供应商管理库存"（vendor management inventory，VMI）的方式，实现原材料的零库存管理。

零库存管理方式不仅在日本、美国得到广泛应用，其影响力也遍布欧洲、大洋洲等世界各地。零库存管理方式充满了诱惑也充满了风险，能否真正实现取决于各方面的具体条件和情况，包括供应商、技术、产品、客户和企业自身决策层的支持，因此建议企业做好以下工作：

（1）转变员工观念，树立全员对减少库存的认识。企业在推行零库存管理前，应对全体员工进行广泛宣传教育，对相关专业的员工进行针对性的宣传，做到人人了解推行零库存管理的意义，形成推行零库存管理的良好氛围。

（2）合理选择供应商，与供应商建立合作伙伴关系。由于零库存要求供应商在需要的时间提供高质量的原材料，因此对于原料库存、供应商的距离远近及运输方式的选择是关键因素。同时，企业应注重与供应商建立长期的合作伙伴关系，分享信息，共同协作解决问题，保证订货的及时供应。

（3）建立销售决定生产的观念。销售部门要致力于拓展销售市场，并保证销售渠道的稳定，而生产部门要有灵活的应变能力和以弹性的生产方式全力配合销售部门的工作，使企业能较均衡地进行生产，这对减少存货是有利的。

（4）严格奖惩制度。在零库存管理系统中，企业生产经营各环节、各生产工序的相互依存性空前增强。企业内部整条作业环节中的任何一个环节出现差错，都会使整条作业链出现紊乱甚至瘫痪。因而应严格奖惩制度，来保障生产经营活动顺利进行。

零库存实现的方式有许多，就目前企业实行的"零库存"管理而言，有委托营业仓库存储和保管货物方式、协作分包方式、采用适时适量生产方式、按订单生产方式、实行合理配送方式。

案例 5-1 ————————————————————————————————————

海尔的"零库存"

传统管理下的企业要根据生产计划进行采购，由于不知道市场在哪里，所以导致了高库存，企业里形成许许多多的"水库"。海尔通过实施信息化管理，打通了这些"水库"，把它变成一条流动的河。JIT采购就是按照计算机系统修正采购计划，需要多少，采购多少。JIT送料是指各种零部件暂时存放在海尔立体库，然后由信息系统进行配套，把配置好的零部件直接送到生产线。海尔在全国建有物流中心系统，无论在全国什么地方，海尔都可以快速送货，实现JIT配送。

库存不仅会造成资金占用，还会形成很多的呆坏账。当前，电子产品更新速度很快，一旦产品换代，原材料和产成品价格跌幅均较大，积压的产成品的最后出路就只有降价，进而导致"价格战"。不管企业说得多么好听，降价的压力就来自库存。海尔通过准时生产方式来满足用户的要求，最终实现"零库存"管理。

知识点2：EOQ（经济订购批量）库存控制策略

EOQ（economic order quantity）称为经济订购批量，即通过费用分析求得在库存总费用为最小时的每次订购批量，用以解决独立需求物品的库存控制问题。

一、基本费用分析

与库存有关的费用主要是采购费用、保管费用、购置成本和缺货费用。

库存总费用可由下式表示：

$C_t = C_o + C_h + C_g + C_q$

式中：C_t——库存总费用；C_o——采购费用；C_h——保管费用；C_g——购置成本；C_q——缺货费用。

采购费用、保管费用、购置成本、缺货费用四者之间是相互关联、相互影响的。要求出库存总费用最低条件下的经济订购批量，必须使这四种费用的总和最小。现就这些费用分别进行讨论。

1.采购费用（C_o）

采购费用是采购部门订货、补充库存而发生的有关费用。每次订货，就会发生一次费用，包括采购人员工资、差旅费、手续费、检查费用、通信费用，采购物料的运输费、装卸费等。采购费用计算公式为：

$C_o = \dfrac{D}{Q} A_o$

式中：D——全年需要量；Q——一次采购量；A_o——一次采购费用。

2.保管费用（C_h）

保管费用是物资入库储存后所发生的费用。其主要包括：保管设施的折旧；保管设施和保管物资的管理费、搬运费、维修费；保管期间物资流失、破损、变质等损失费；保管人员和保安人员的工资福利费用；库存物资占用资金的利息、机会成本等。

保管费用与库存物资量的大小有关，常常以库存物资平均库存量乘以年保管费用率来

109

计算。国外资料表明，保管费用率占物资总成本有较大的比重。其中，库存物资占用的资金利息占 10%～18%，储存损耗费占 1%～8%，企业内部搬运费占 1%～3%，其他费用如折旧、维修、保险等为 1%～5%，总计为 13%～34%。

保管费用计算公式如下：

$$C_h = \frac{1}{2}QPi$$

式中：Q——库存量；$\frac{1}{2}Q$——平均库存量；P——库存物资单价；i——保管费用率。

在不考虑购置成本和缺货费用时，增大订货批量有利于减少订货次数、降低订货成本，但是订货批量的增加会导致平均库存量增加，库存成本随之上升，库存总费用 C_t 与采购费用（C_o）和保管费用（C_h）的关系如图5-1所示。

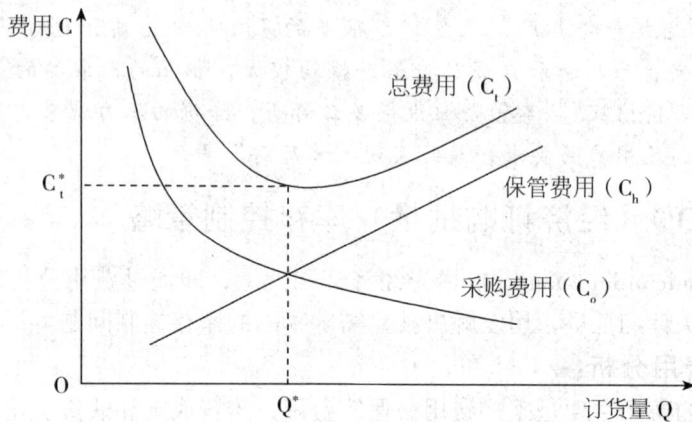

图5-1　订货量变化对库存成本的影响

如何合理控制库存，使库存总成本最低，关键是兼顾订货成本和保管成本，寻求最佳的订货批量 Q^*，Q^* 又称为经济订货批量。

3.购置成本（C_g）

购置成本计算公式为：

$C_g = P \cdot D$

式中：P——货物单价；D——货物全年需要量。

当供应商提供批量折扣时，进行批量采购可降低购置成本。

4.缺货费用（C_q）

缺货费用是库存量不能满足用户需求量而引起的损失。缺货费用包括企业利润损失和机会损失，如工人停工、机器闲置、因不能按时供货而失去顾客、影响信誉等。缺货费用一般属于不易估计的机会成本或损失成本，所以不考虑每件缺货费用是多少，而是考虑一次缺货损失的费用。

结合系统需求情况，组成了不同的库存控制环境，下面介绍在不同的情况下，库存控制决策的定量分析方法。

二、常见的 EOQ 库存控制模型

1.不允许缺货的经济批量

它是研究物料订购费用和保管费用与订购次数和订购数量之间关系的指标。企业在一定时期内对所需物料订购次数少，用于订购的费用也少，那么每次订购批量就大，支出的保管费用就多。相反，订购次数多，订购费用也高，那么每次订购批量小，从而保管费用也少。这里主要是研究在保证企业生产需要的前提下，使订购费用和保管费用之和最小的订购批量，即为经济批量。

案例 5-2

某制造企业全年耗用某项物资的需要量为 100 000 件，假定每年有 250 个工作日，该物资的单价为 1 元，每次采购费用为 25 元，订货提前期为 10 天，年保管费用率为 12.5%。该物资订购后一次性到货，企业生产均匀消耗，且不允许缺货。那么该物资经济订货批量、订货点和最小库存费用分别是多少呢？

该物资订购过程如下：假定时间为 0 时，仓库内尚有物资为 Q 单位，随着生产过程进行，物资被均匀耗用，由于不允许缺货，所以当库存降至 R 水平提出订购，订购量为 Q，从订购日 t_1 起，物资需要经过 L 天时间才能到达企业。假定在 L 天库存物资恰好用完，同时，所订购的 Q 单位物资恰好到达企业，上述订购过程如图 5-2 所示。

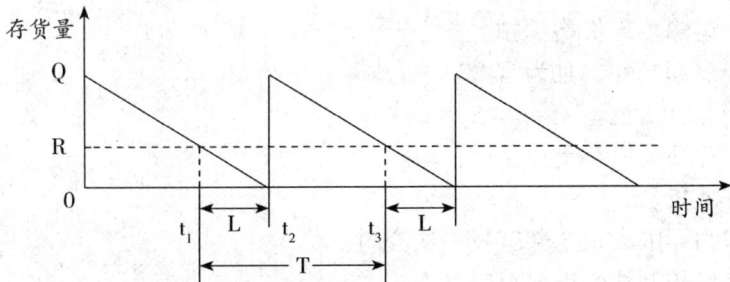

图5-2 不允许缺货条件下的存储模型

在图 5-2 中：R——订购点，当仓库内存储水平降至 R，提出订购；L——订货间隔（天），从开始提出订购到物资入库所经历时间；Q——订购量，是一个固定值；T——订货周期（天），相邻两次订货的时间间隔。

在上述的订购过程中，发生了如下三种费用：

库存总费用=采购费用+保管费用+购置成本，即：

$$C_t = C_o + C_h + C_g$$

所以有：

$$C_t = \frac{D}{Q}A_o + \frac{Q}{2}Pi + PD \qquad ①$$

式中：$\frac{D}{Q}$——全年订货次数；$\frac{D}{Q}A_o$——全年订货费用；$\frac{Q}{2}$——平均库存量；$\frac{Q}{2}Pi$——全年的保管费用。

为使 C_t 最小，求 C_t 的一阶导数并令其为零，可解出经济订货批量 Q^*。

要 $\frac{dC_t}{dQ} = 0 \Rightarrow -\frac{D}{Q^2}A_o + \frac{1}{2}Pi = 0$

得到 $Q^* = \sqrt{\dfrac{2DA_o}{Pi}}$ \qquad ②

将经济订购批量公式②代入式①，求得最小库存费用 C_t^*。

$$C_t^* = \sqrt{2DA_o Pi} + PD \qquad ③$$

111

订货点R计算公式为：

R=BL

式中：B——平均日需求量。

由此可计算得到该物资订货点的库存储备量R为：

R=BL=100 000÷250×10=4 000（件）

经济订货批量Q^*和最小库存费用C_t^*为：

$$Q^*=\sqrt{\frac{2DA_0}{Pi}}=\sqrt{\frac{2\times100000\times25}{1\times12.5\%}}\approx6\ 325（件）$$

$$C_t^*=\sqrt{2DA_0Pi}+PD=\sqrt{2\times100000\times25\times1\times12.5\%}+1\times100\ 000$$

$$\approx100\ 791（元）$$

总而言之，不允许缺货经济订购批量（EOQ）模型适用于有如下假设条件的情况：

（1）外部对库存系统的需求率已知，需求率均匀且为常量。货物全年需要量以D表示。

（2）一次订货量无最大最小限制。

（3）采购、运输均无价格折扣。

（4）订货提前期已知，且为常量。

（5）订货费与订货批量无关。

（6）维持库存费与库存量成正比。

（7）不允许缺货。

（8）补充率为无限大，全部订货一次交付。

（9）采用定量控制法管理库存。

在这些前提下，可根据已知的年需要量、订货提前期、物资的单价、每次采购费用、年保管费用率等求得经济订货批量、订货点和最小库存费用。

2. 不允许缺货，一次订购分批进货的经济批量

案例 5-3

根据企业生产过程的实际，有时订货量很大，货物不可一次性送到用户所在地，这时可采用连续进货。某企业连续进货时物资以1 000件/天的速率入库，同时每日消耗量为600件，全年消耗量为180 000件，每件价格为1元，一次订购费为25元，年保管费用率为12.5%。那么该物资经济订货批量、订货点和最小库存费用分别是多少呢？

订购过程如图5-3所示。假定时间为0时，仓库库存为$\left(Q-\frac{\rho}{\beta}Q\right)$单位的物资。随着生产过程进行，物资均匀被耗用。当库存水平下降到R时，提出订购Q单位物资。从订购日t_1物资须经过L天时间，即到t_2时物资开始进入企业，直到t_3，所订购的物资才完全入库。在(t_2, t_3)时间里，所订购物资一方面以β单位/天的速率入库，同时，又以ρ单位/天速率被使用（$\rho<\beta$）。扣去(t_2, t_3)时间里物资使用量，到t_3时实际仓库库存量恰为$\left(Q-\frac{\rho}{\beta}Q\right)$单位。

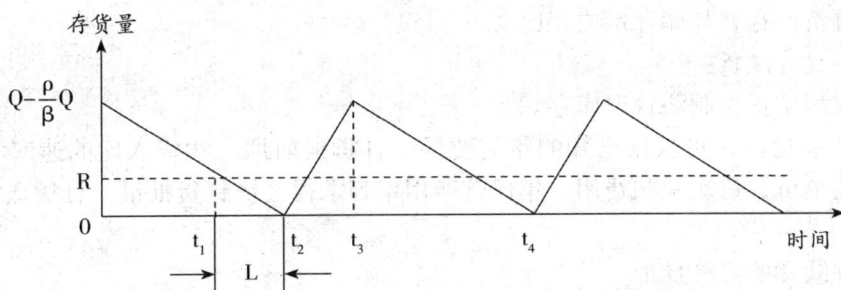

图5-3　连续进货方式下的存储模型

这种情况下，全年平均库存量为 $\left(Q - \dfrac{\rho}{\beta}Q\right) / 2$。

库存总费用模型为：

$$C_t = \frac{D}{Q}A_0 + \frac{Q}{2}\left(1 - \frac{\rho}{\beta}\right)Pi + PD$$

求 C_t 的最小值，同样用求 C_t 的一阶导数并令其为零的方法，可得到经济订货批量和最小库存费用分别为：

$$Q^* = \sqrt{\frac{2DA_0}{(1 - \frac{\rho}{\beta})Pi}} \qquad\qquad ④$$

$$C_t^* = \sqrt{2DA_0Pi(1 - \frac{\rho}{\beta})} + PD \qquad\qquad ⑤$$

订货点 R 计算公式为：

$$R = \rho L$$

式中：ρ——平均日需求量。

由公式④可求得该物资经济订货批量 Q^* 为：

$$Q^* = \sqrt{\frac{2DA_0}{(1 - \frac{\rho}{\beta})Pi}} = \sqrt{\frac{2 \times 180\,000 \times 25}{(1 - 600/1\,000) \times 1 \times 12.5\%}} \approx 13\,416\text{（件）}$$

订货点的库存储备量 R 为：

$$R = \rho L = (100\,000 \div 250) \times 10 = 4\,000\text{（件）}$$

由公式⑤可求得最小库存总费用 C_t^*：

$$C_t^* = \sqrt{2 \times 180\,000 \times 25 \times 1 \times 12.5\%(1 - \frac{600}{1\,000})} + 1 \times 180\,000$$

$$\approx 180\,671\text{（元）}$$

总而言之，不允许缺货，一次订购分批进货的经济订购批量（EOQ）模型适用于有如下假设条件的情况：

（1）外部对库存系统的需求率已知，需求率均匀。

（2）物资均匀到达、均匀使用，物资入库的速率和使用的速率都是固定的。

（3）一次订货量无最大最小限制。

（4）采购、运输均无价格折扣。

（5）订货提前期已知，且为常量。

（6）订货费与订货批量无关。

（7）维持库存费与库存量成正比。

（8）不允许缺货。

（9）采用定量控制法管理库存。

在这些前提下，可根据已知的年需要量、订货提前期、物资入库的速率和使用的速率、物资的单价、每次采购费用、年保管费用率等求得经济订货批量、订货点和最小库存费用。

3. 允许缺货的经济批量

确定性需求的假设条件较多，与实际生产的情况有较大出入，随机需求由于无法准确预测系统的需求变化，无法完全消除缺货现象，所以如何确定有缺货情况发生时的经济订货批量，是随机需求下库存控制的重点之一。

由于在随机需求的情况下经常面临缺货问题，因此库存费用不仅有订购费用、保管费用，还要考虑缺货费用。为简化问题，我们讨论在随机需求下每次订货量固定的情况。有缺货情况下的库存变化如图5-4所示。

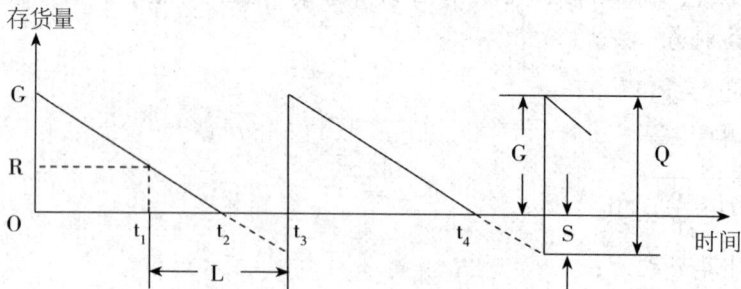

图5-4　有缺货情况下的库存变化图

在图5-4中：Q为一个订货时间间隔内的总需求量，G为最大库存量，S为最大缺货数量，显然有S=Q-G。

订购过程：假定最初库存量为G，随生产过程进行，物资耗用到R时，即时间为t_1时，提出订货。到时间为t_2时，物资用完。（t_2，t_3）时间里无库存。由于在库存降到R水平时，已提出订购，订购量为Q（Q>G），经过L天，直到t_3时，物资才进入企业。其中，有一部分物资S单位不需入库，而是直接进入车间，以满足上次未能满足的需求。

假设缺货费用与缺货数量、缺货时间成正比，设C_s为单件缺货成本，物资消耗的速率为ρ单位/天，则在订货时间间隔内，缺货费用C_q和保管费用C_h分别为：

$$C_q=\frac{1}{2}(Q-G)(t_3-t_2)C_s \qquad ⑥$$

$$C_h=\frac{1}{2}G\times\frac{t_2}{t_3}\times Pi \qquad ⑦$$

由于$t_3-t_2=\frac{Q-G}{\rho}$，$\frac{t_2}{t_3}=\frac{G}{Q}$，代入公式⑥、⑦得：

缺货费用：$C_q=\frac{1}{2}(Q-G)\times\frac{Q-G}{\rho}\times C_s=\frac{(Q-G)^2}{2\rho}C_s \qquad ⑧$

保管费用：$C_h=\frac{1}{2}G\times\frac{G}{Q}\times Pi=\frac{G^2Pi}{2Q} \qquad ⑨$

所以：

库存总成本：$C_i = \dfrac{D}{Q}A_0 + \dfrac{G^2 Pi}{2Q} + \dfrac{(Q-G)^2}{2\rho}C_s + PD$ ⑩

通过类似于确定性固定订货批量系统的经济订货批量的处理过程（对 Q、G 分别求偏导数并令其等于 0），可解得此时经济订货批量 Q^* 和最大库存量 G^* 分别为：

$$Q^* = \sqrt{\dfrac{2DA_0}{Pi}} \sqrt{\dfrac{C_s + Pi}{C_s}}$$

$$G^* = \sqrt{\dfrac{2DA_0}{Pi}} \sqrt{\dfrac{C_s}{C_s + Pi}}$$

注意：此处的经济订货批量，仅是在追求库存总成本最低的目标下产生的，仅解决了经常性库存的进货量问题，没有考虑服务水平。

案例 5-4

某企业每年对某物资需求量为 1 600 件，单价为 10 元，每次订购费为 5 元，单位物资年存贮费为 0.1 元，单位物资年均缺货费为 0.5 元。试求经济批量。

分析提示：由公式知：

$$Q^* = \sqrt{\dfrac{2 \times 1\,600 \times 5}{0.1}} \sqrt{\dfrac{0.5 + 0.1}{0.5}} \approx 438 \text{（件）}$$

事实上，允许缺货条件下的固定订货量系统的决策分析不仅要考虑经济订货批量问题，还要考虑通过建立安全储备量来控制缺货发生的频度，保证生产系统的服务水平。因此，订货点的库存储备量由经常性库存储备和安全储备共同组成。

尽管允许缺货情况下的固定订货量系统的需求以及物资供应均无法准确地提前预计，但通过对历史数据的统计，缺货发生的大致情况是可以描述的。

技能实训 //////.............

实训：库存管理和控制方法的运用

【实训目标】

让学生学会运用 ABC 分类管理法对物品分类，会选用合适的库存控制方法；掌握不同类型物资库存的合理控制方法；掌握多门相关学科知识的综合应用；掌握针对问题应用所学库存管理以及相关管理学科理论与方法进行分析，提出解决方案；提高学生解决库存实际问题的能力。

【相关知识】

常用的库存控制的方法有三种，即 ABC 分类管理法、定量控制法、定期控制法。

一、ABC 分类管理法

ABC 分类管理法又称物料重点管理法，是指对企业品种繁多的物料，按重要程度、消耗量、价值大小和资金占用多少等情况进行降序排队，分成 ABC 三类，做到按"抓住重点，照顾一般"的原则实施重点管理。将库存物品按品种和占用资金的多少分为特别重要的库存（A 类）、一般重要的库存（B 类）、不重要的库存（C 类）三个等级，然后针对

生产与运作管理实务

不同等级分别进行管理和控制。ABC分类的依据是库存中各物品每年消耗的金额（该品种的年消耗量乘以其平均单价）占年消耗的总金额的比例。对于怎样划分各物品在每年消耗的总金额的比例，ABC分类没有一个统一的标准，一般是遵循下面的规律，如图5-5所示。

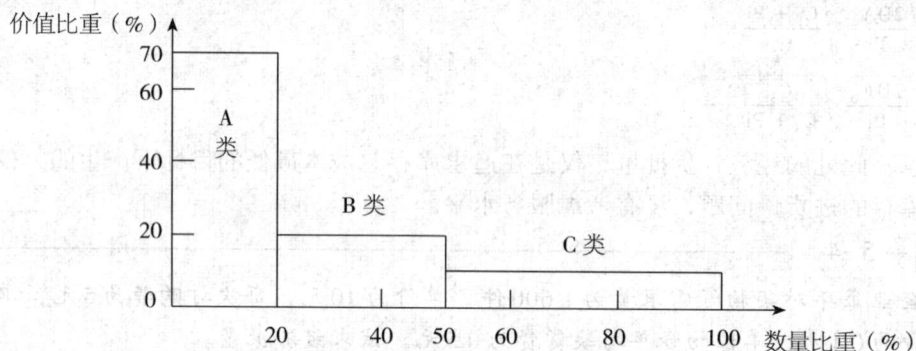

图5-5 ABC分类管理法示意图

下面通过一个例子来说明如何利用上述原理来划分企业的库存物资。

案例5-5

某厂一个仓库有库存物资11个品种，它们的年均资金占用量和占用资金比例见表5-2，现对其进行ABC分类。

表5-2 各库存物资年均资金占用量和占用资金比例

物资编号	年均资金占用量（元）	占用资金比例（%）
2	45 000	42.06
12	30 000	28.04
6	10 000	9.35
15	8 000	7.48
7	6 000	5.61
3	5 000	4.67
8	2 000	1.87
5	500	0.47
16	400	0.37
19	100	0.09
总计	107 000	100

根据资金占用比例，得到分类结果见表5-3。

116

表5-3 分类结果

物资类型	物资编号	年均资金占用量（元）	占用资金比例（%）
A	2，12	75 000	70.10
B	6，15，7	24 000	22.44
C	3，8，5，16，19	8 000	7.47
总计		10 700	100

A类物资是一些品种不多但耗用金额很大的物资，也可以包括一些虽然耗用金额不太大，但对企业来说是关键性的物资。A类物资主要是原材料，例如在纺织企业中就是原棉、化纤、原毛、丝麻等；在机械制造企业中就是金属材料与非金属材料；在电机制造企业中除金属材料外，还包括绝缘材料。这类物资的耗用与生产过程有直接的、密切的联系。

B类物资是品种较多但耗用金额不太大的一些物资。B类物资大多是一些主要材料，如建筑材料、大型的辅助材料、辅助器材与设备等。

C类物资是一些耗用量不大、耗用金额小，但品种很多的物资，这类物资性能复杂、规格繁多、用途不一，如工具、包装材料、备用材料、润滑剂、办公用具和零星辅助材料等。

ABC分类意味着A类物资库存需实行重点管理，花费在保管A类库存物资上的资金大大多于花费在C类的库存物资上，要严格控制A类物资库存储备量、订货量、订货时间，现场控制也应更严格，应该把它们存放在更安全的地方，并且为了保证它们的记录准确性，应对它们频繁地进行检查控制。对A类物资的预测应比其他类别的物资的预测更为仔细精心。B类物资可以适当控制，并可适度地减少B类物资库存。C类物资可以放宽控制，增加订货量，以加大两次订货的时间间隔，减少订货次数。

在控制方式的选择方面，A类物资适宜采用连续检查控制方式，B类、C类物资较多地应用周期检查控制方式。

A、B、C三类物资在管理上的区别见表5-4。

表5-4 A、B、C三类物资在管理上的区别

项目	A类物资	B类物资	C类物资
控制程度	严格	一般	简单
库存量计算	按模型计算	一般计算	简单或不计算
进出记录	详细	一般	简单
检查次数	多	一般	少
安全库存量	低	较大	大

需要注意的是，由于ABC分类管理法主要是以库存资金数量为基础进行分类的，没有反映库存品种对利润的贡献、供货的紧迫性等方面的指标。在某些情况下，因C类库存造成的缺货也可能是十分致命的。因此在应用ABC分类管理法时应对这类情况给予充分注意。

二、定量控制法

定量控制法也称为连续检查控制法或订货点法。它是连续不断地检查库存余量的变化，当库存余量下降到订货点R时，便提出订购，且订购量是固定的。经过一段订货时间L，货物到达后补充库存。定量控制法的库存变化如图5-6所示。

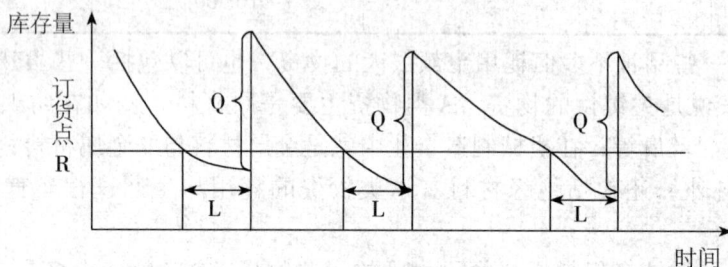

图5-6 定量控制法的库存变化图

在图5-6中，R点为补充库存的重新订货点，每次订货量为Q，订货提前期为L。

这种库存控制法的特点是：①每次的订货批量通常是固定的，批量大小的确定主要考虑库存总成本最低的原则；②每两次订货的时间间隔通常是变化的，其大小主要取决于需求的变化情况，需求大则时间间隔短，需求小则时间间隔长；③订货提前期基本不变，订货提前期是由供应商的生产与运输能力等外界因素决定的，与物资的需求没有直接的联系，故通常被认为是一个常数。

案例 5-6 —————————————————————

某超市销售白酒，每当白酒剩下50箱时就提出订货，每次订货量是1 000箱，订货12小时内能到店面。这里使用的控制库存方法就是定量控制法。每当白酒剩下50箱时就发出订货，所以订货点R为50箱。每次订货量Q为1 000箱，订货提前期L为12小时。

这种方法主要通过建立一些存储模型，以解决库存降到什么水平订购和订购量应该多大才能使总费用最低这两个问题。

三、定期控制法

定期控制法也称周期检查控制法或订货间隔期法。

1. 定期控制法的特点

作为一种定期盘点库存的控制方法，它的特点是：①每两次订货的时间间隔是固定的，以固定的间隔周期T提出订货。②每次订货批量是不确定的。管理人员按规定时间检查库存量，并对未来一段时间内的需求情况做出预测，若当前库存量较少，预计的需求量将增加时，则可以增加订货批量，反之则可以减少订货批量。并据此确定订货量、发出订单。③订货提前期基本不变。

定期控制法的库存变化如图5-7所示。

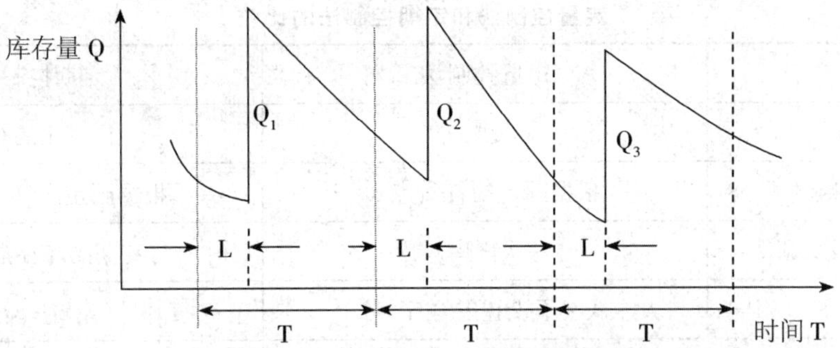

图5-7　定期控制法的库存变化图

在图5-7中，T为订货间隔周期，每次订货量分别为Q_1、Q_2、Q_3，订货提前期为L。

这种控制方式的优点是，当物资出库后不需要对库存品种数量进行实地清点，可以省去许多库存检查工作，在规定订货的时候检查库存，简化了工作；缺点是在两次订货之间没有库存记账，则有可能在此期间出现缺货的现象，比如某时期需求量突然增大，就可能发生缺货，所以一般适用于重要性较低的物资。

2.订货间隔周期和每次的订购量的确定

这种控制方式需要面对的关键问题是：确定订货间隔周期和每次的订购量。一般来说，订货间隔周期T由存储物资性质而定。对存储费用高、缺货损失大的物资，T可以定得短一点，反之则可定得长一点。每次订购量可由下式确定：

订购量=平均日需用量×订货间隔周期+保险储备量-现有库存量-已订货未交量

保险储备量=保险储备天数×平均日需用量

保险储备天数可由以往统计资料中平均误期天数来确定。

案例 5-7

某超市销售矿泉水，每星期（如每个星期日早上8点）检查1次矿泉水的剩余箱数，检查以后就发出订货请求。如果预计下周销售量较好，可能1次订货50箱；如果预计销售不好，可能订货10箱。每次的订货需1天才能到店面。

这里使用的是定期控制法。每星期订货1次，所以订货间隔周期T为1周，它是固定的。每次订货量Q是不固定的，订货提前期L为1天。

四、定量控制法和定期控制法的比较

运用定量控制法必须连续监控剩余库存量。它要求每次从仓库里取出货物或者往仓库里补充货物时，必须更新数据以确认是否已达到再订购点。而在定期控制法中，库存盘点只在规定的盘点期发生。

影响选择这两种系统的其他因素有：①定期控制法的平均库存较大，因为要预防在盘点期发生缺货情况；定量控制法没有盘点期。②因为平均库存量较低，所以定量控制法有利于贵重或重要物资的库存控制。该模型对库存的监控更加密切，这样可以对潜在的缺货更快地做出反应。③由于每一次补充库存或货物出库都要进行记录，维持定量控制法需要的时间更长。

定量控制法和定期控制法的比较见表5-5。

119

表5-5   定量控制法和定期控制法的比较

项目	定量控制法	定期控制法
订货量	固定的Q	变化的Q
何时订购	根据固定的订货点R	根据固定的订货周期T
库存记录及更新	与每次出库对应	与定期的库存盘点对应
库存水平	低（不设置安全库存）	高（设置安全库存）
适用产品	重要、价值高的A类	B类、C类

【实训材料及实训要求】

1.参观某小型超市（最好是教学用品商店），深入了解所有文具类（或其他感兴趣的类型）商品的价格、销售量等，用ABC分类管理法对其进行分类，对超市（商店）的经营提出自己看法。再选出几种常用物品，确定合适的库存控制方法。

要求：学生能深入调查，了解所调查的超市（商店）是如何控制库存的，依据所学提出自己的看法；ABC分类结果用表格的形式给出；能通过物品的价格、销售量等信息，选用合适的库存控制方法。

2.参观2家不同类型的企业，比如1家制造企业和1家牛奶生产企业，了解不同类型企业原材料的库存控制方法，各选1~2种原材料，确定库存控制的各项参数。写1份实习报告。

要求：能根据产品的需求特性、到货情况、采购情况，确定合理的库存控制方法，并确定订货点、每次订货量、订货提前期等参数。

3.某工厂生产200多种不同塑钢机械的固定部件，每种机械都需要不同的部件，而每个部件又需要不同的原材料。在厂房里有各种原材料——从铆钉到钢板，某些固定部件订购了足够生产一年的原材料，但其他部件却只订购了保证生产一周的原材料。每当客户的销售部接到某种塑钢机械的订单时，订单就传到他们当地的装配厂。接着，装配厂就向该工厂发一份订单，订购装配这种机械所需的固定部件。不幸的是，由于工厂经常发生原材料短缺的状况，从收到订单到完成订单并发货到装配厂要一个月的时间，这导致工厂在存储没用的原材料上浪费了大量的钱，又因为处理到货迟了的订单而损失了大量的钱。现在需要解决的问题是：应当如何控制库存——对每一种部件应储备多少原材料，应该多长时间订购一次原材料，以及应该订购多少原材料。

该工厂3年前建立了数据库，这个库存系统非常复杂，对每一种固定部件独立地分析其库存控制。但是对于200多种部件，从何处着手合适呢？装配厂收到某种机械的订单时，它就会向工厂订购装配这种机械所需的固定部件。工厂也是在订单中的所有部件都完成后才向装配厂发货。一份订单的交货时间是由完成订单中所需时间最长的部件来决定的。进一步调查发现，在过去一年中，完成该部件从下订单算起平均需要一个月的时间。

要求：找出这家工厂的生产问题，是什么原因导致库存管理一团糟？公司工厂在某部件上应实行什么样的库存政策？你是否认为对每一固定部件单独分析会导致错误的库存政策？为什么？

[项目总结]

本项目涉及的知识点包括：企业库存管理的重要性；库存的类型、功能和成本；常用库存控制方法和经济订购批量的各种库存模型。通过项目任务实操，要求学生能把所学理论知识灵活地用于库存管理实践之中。

[项目测试]

□判断题

（1）只有制造企业存在库存，服务业没有库存。 （ ）

（2）安全库存是指为了防止由于不确定因素（如大量突发性订货、交货期突然延长等）准备的缓冲库存。 （ ）

（3）定量控制法必须连续监控剩余库存量，维持定量控制法需要的时间更长。 （ ）

（4）ABC分类管理法意味着A类物资库存需实行重点管理，A类物资是一些品种不多但耗用金额很大的物资。 （ ）

（5）允许缺货情况下的固定订货量系统的需求以及物资供应均可以准确地提前预计。 （ ）

□选择题

（1）库存的作用有（ ）。

A.防止供应中断、交货误期　　　　　　　B.批量采购、分摊订货费用

C.防止生产中断　　　　　　　　　　　　D.提高顾客服务水平

（2）过量的库存也会给企业带来很多不利的影响，主要有（ ）。

A.库存会占用相当的流动资金、场地

B.保管成本增加

C.库存会掩盖企业生产经营中存在的问题

D.库存总成本会增加

（3）按其功能分，库存可以分为（ ）。

A.经常性库存　　　　　　B.季节性库存　　　　　　C.投机性库存

D.安全库存　　　　　　　E.促销库存

（4）保管费用是物资入库储存后所发生的费用，包括（ ）。

A.保管设施和保管物资的管理费、搬运费、维修费

B.保管期间物资破损、变质等损失费

C.保管人员工资福利

D.库存物资占用资金的利息

□简答题

（1）库存在生产过程中起着怎样的作用？

（2）企业是否可以完全消灭库存？谈谈你对"库存是万恶之源"说法的看法。

（3）库存成本由哪几部分成本组成？

（4）定量控制法和定期控制法有何不同？

（5）简述ABC分类管理法的工作原理与分类的具体方法。为什么该法可用于库存的

重点控制工作?

□计算分析题

某企业年需要物资量为14 400件，该物资的单价为0.40元，存储费率为15%，每次的订货成本为20元，一年工作52周，订货提前期为一周。试求：

① 经济订货批量是多少?

② 一年应该订几次货?

③ 全年的库存总成本是多少?

④ 订货点的库存储备量为多少?

□案例分析题

案例1：供应链中的仓储管理

某光电科技有限公司是一家专业照明器材与电气装置产品制造商，作为行业龙头企业，它凭借优异的产品品质、卓越的服务精神，获得了客户的认可与赞誉。为了适应新形势下的战略发展需要，公司对现有的客户关系网络进行了整合，在全国各地成立了35个运营中心，完善了公司供应链系统、物流仓储与配送系统以及客户服务系统。该公司的产品销售情况很好，出入库频率高，货品流量也很大。以前，该公司的仓库空间布局是上货架存放货物，空间利用率不高，机械化作业水平也不是很高。仓库内配备了手动叉车和电动叉车，作业时很少使用人力搬运。对于货物的收发登记工作，用的是物资收发卡，每一次的收发货都会在物资收发卡上做记录，这样就便于查询、维护等一系列后续工作。

该公司仓库货位管理采用的是定位储存原则。在规划货位时，将理论与实际相结合，实行了定位、定点、定量管理。同时，该公司在货位分配方面遵循如下原则：先进先出原则，即先入库的货品先出库，该原则一般适用于寿命周期短的货品；面对通道原则，即将货品的标志、名称面对通道摆放，以便让作业人员容易辨识，确保存取作业流畅；重量特性原则，即按照货品重量的不同来确定其摆放位置，重物通常保管于地面上或货架的下层位置，轻物则保管于货架的上层位置。

另外，要想对库存进行有效的管理和控制，首先就要对存货进行分类。该公司在原仓储设施条件不变的情况下，采用ABC分类方法实施管理。

可见，空间、货位及科学合理的管理方法是仓储管理的一项重要内容，也是影响仓储成本、费用的重要因素。

问题：该公司采用了哪些库存管理方法?

案例2：美国某机械公司该如何决策?

美国某机械公司是一家以机械制造为主的企业，该企业长期以来一直以满足顾客需求为宗旨。为了保证供货，该公司在美国本土建立了500多个仓库。但是该公司的仓库管理成本一直居高不下，每年高达2 000万美元。该公司聘请一家调查公司做了一项细致调查，结论为：以目前情况，如果减少202个仓库，则会使总仓库管理成本下降200万~300万美元，但是由于可能会造成供货紧张，销售收入会下降18%。

问题：(1)如果你是企业总裁，你是否会依据调查公司的结果减少仓库? 为什么?

(2)如果不这样做，你又该如何决策?

[学思践悟]

海螺集团：创新引领 数字赋能 绿色转型

40多年砥砺前行，海螺集团从一个山区水泥工厂，成长为拥有410多家下属子公司，经营产业涉及水泥制造、绿色建材、新能源和新材料、节能环保、国际贸易等领域的跨国公司。2021年，海螺集团连续3年跻身世界500强，位居第315位。

"凡益之道，与时偕行"贯穿海螺集团从小到大、做优做强的全过程。成为行业龙头企业后，海螺集团深入践行新发展理念，坚持"创新引领、数字赋能、绿色转型"，拓展工业互联网、新能源新材料等新兴领域，强力攻坚碳中和，产业转型升级提速增效，高质量发展势头强劲。

作为基础建材行业领军企业，海螺集团正秉持"创新引领、数字赋能、绿色转型"的发展理念，逐梦而行、踏浪而上，拉高标杆、奋勇争先，推动企业加速向高新技术企业转变、业态加速向新兴产业转型、管理加速向世界一流转轨，努力创建具有核心竞争力的世界一流企业。

资料来源　海螺集团：创新引领 数字赋能 绿色转型 [N]. 人民日报，2022-03-07.

延伸阅读

海螺集团：创新引领 数字赋能 绿色转型

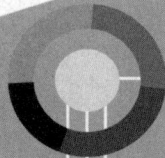

[学习目标]

通过本项目内容的学习,你应该达到以下目标:

知识目标:

◎了解企业为什么需要制订物料需求计划;

◎掌握MRP的基本思想和功能;

◎掌握物料需求计划的编制方法;

◎了解MRP、MRPⅡ、ERP的发展过程;

◎掌握MRPⅡ、ERP的功能、特点及实施过程。

技能目标:

◎把MRP、MRPⅡ、ERP的原理应用于实践。

素养目标:

◎培养数字素养,服务国家数字经济健康发展。

引例

实施ERP系统给某集团带来的变化

某集团是拥有总资产300亿元、造纸产能400万吨、化工产能200万吨、全国10多个产业、52个分(子)公司的全球最大的高档新闻纸生产基地和全国最大的盐化工基地。

为了更好地实现集团管控,该集团在2009年9月引进了用友NC-ERP系统,目前为止开发了100多个业务子模块、梳理了120多个业务流程、建立了260多个系统电子台账和300多张系统报表;建立了4个集中、5个统一、6个深化、7个体系的集团化管理信息和决策支持系统,真正实现了财务业务一体化、订单生产集成化、客户和供应商协同化、生产与管理对接数字化、高层战略决策智能化。

ERP系统给该集团各个业务环节带来的改变如下:

改变一:规范基础,实现精细化管理。基础物料从8万种规范到3.4万种;客户档案从7 994家规范到2 127家;供应商从6 000余家规范到3 000家;会计科目由11 863种规范至389种等。这些数据都是信息化在基础应用层面带来的最直观的改变——基础档案统一分类编码、命名、添加、使用。

改变二:加强协同,实现企业一体化供应链。通过条码与产品出入库集成,大大提高出入库效率和现存量的准确性,出入库时间由2~4小时/天减少到1分钟/天以内,即实现实时出入库,保管人员压缩30%~50%。另外,该系统还实现了产品发货与销售、物流、计量和财务的协同,整个一体化的集成应用堵住了多发货、发错货、运费多结算的漏洞。发货及结算准确率提高到100%,效率至少提高50%。

改变三：加强管控，降低经营风险。通过资金集中监控和收支两条线管理模式，年可节约或降低财务费用、成本达3 000万元以上。资金管控能力的加强，一方面使资金的安全性得到提高，另一方面就是资金利用效果有了显著的提升。

这一案例表明：先进的计算机管理系统有助于现代企业的管理。现代企业由于产品需求向多样化转变，使得生产需要的物料种类大大增加，少则几百种多则上万种。企业的物料采购、库存管理、企业生产经营计划以及财务管理等工作量都变得非常庞大，仅凭人工操作已无能为力，这就需要借助计算机管理。目前成熟的计算机信息管理系统如MRP、MRPⅡ、ERP等，它们的成功实施，有助于提高企业的管理水平和生产效率。

基础知识 //////。。。。。。。。。。

知识点1：MRP（物料需求计划）

一、MRP概述

在制造业或服务业的库存管理中，如果利用大量的库存来防止缺货，必然会导致库存成本增加。传统的做法是利用定量控制法或定期控制法等对库存量进行控制。由于这些方法假设条件较多，要确定每一种物料的订货点或订货时间间隔，具有较大的盲目性，所以不能适应市场的变化。一个企业所需要的零部件成千上万种，若每种零部件的库存量不能得到有效的控制，将会导致大量不必要的库存或者生产过程中的缺货，影响生产进度。

物料需求计划（material requirement planning，MRP）是一种物料需求的计算器。MRP于20世纪60年代提出，它是对传统库存控制方法的改进。它能根据最终产品的市场需求量和需求时间，计算出各种物料的投入产出时间和数量，来指导企业的运作。这里的"物料"，泛指原材料、在制品、外购件以及产品。MRP系统就是一个解决采购、库存、生产、销售的计算机信息管理系统，具有制订物料需求计划、车间作业计划以及采购作业计划等功能，使企业的采购、生产等运作有据可依，减少盲目性。

MRP的基本任务是从最终产品的生产计划（独立需求）导出相关物料（原材料、零部件等）的需求量和需求时间（相关需求）；根据物料的需求时间和生产（订货）周期来确定其开始生产（订货）的时间。

MRP的基本内容是编制零件的生产计划和采购计划。然而，要正确编制零件计划，首先必须落实产品的出产进度计划，就是主生产计划（master production schedule，MPS），这是MRP展开的依据。MRP还需要知道产品的零件结构，即物料清单（bill of material，BOM），才能把MPS展开成零件计划；同时，必须知道库存数量才能准确计算出零件的采购数量。

二、MRP系统的组成

MRP系统由输入和输出两大部分组成。

1. MRP系统的输入

MRP系统的输入主要有以下三项：

（1）MPS。在MRP系统中，企业的最终产品必须有对应的MPS，因为该产品生产所需的物料的需求时间和数量都需要由MPS推算。MPS针对的是最终产品，这个最终产品可以是一个完整的产品，也可以是一个完整的部件。

案例 6-1

某企业产品的主生产计划

表6-1为某企业产品的主生产计划表。

表6-1　　　　　　　　某企业产品的主生产计划表

周次	1	2	3	4	5	6	7	8	9	10
产品A（台）					20					20
产品B（台）				40				40		
配件C（台）		10	10	10	10	10	10	10	10	10

表6-1中数据表示产品A的计划产量为第5周20台，第10周20台；产品B的计划产量为第4周40台，第8周40台；配件C则在第2至10周每周生产10台。

（2）BOM。BOM是用来说明一个最终产品是由哪些零部件、原材料所构成的，这些零部件之间的时间、数量上的相互关系是什么。举例来说，图6-1是一个简化的自行车的产品结构图，它大致反映了自行车的构成。

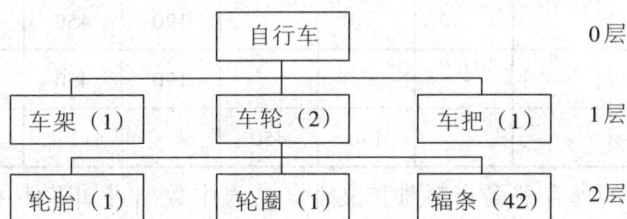

图6-1　自行车产品结构简化图

当然，产品结构图并不是我们最终所要的BOM。为了便于计算机识别，必须把产品结构图转换成规范的数据格式，这种用规范的数据格式来描述产品结构的文件就是BOM。它必须说明组件（部件）中各种物料需求的数量和相互之间的组成结构关系。表6-2就是一张简单的与自行车产品结构相对应的BOM。

表6-2　　　　　　　　与自行车产品结构相对应的BOM

层次	物料号	物料名称	单位	数量	类型	成品率	ABC码	生效日期	失效日期	提前期
0	GB950	自行车	辆	1	M	1.0	A	20090101	20111231	2
1	GB120	车架	件	1	M	1.0	A	20090101	20111231	3
1	CL120	车轮	个	2	M	1.0	A	20140000	20151231	2
2	LG300	轮圈	件	1	M	1.0	A	20090101	20111231	5
2	GB890	轮胎	套	1	B	1.0	B	20140000	20151231	7
2	GBA30	辐条	根	42	B	1.0	B	20090101	20111231	4
1	113000	车把	套	1	B	1.0	B	20140000	20151231	4

注：类型中"M"代表自制件，"B"代表外购件。

BOM不是简单地表示产品所需要的物料种类和数量，而是按产品制造的各个层次来

127

说明产品结构的。它要准确地表示产品的构成情况以及制造过程中经历的各个加工阶段。

（3）库存记录。库存记录是要告诉计划人员，现在库存中有哪些物料，有多少，以后准备再进多少，从而在制订新的加工、采购计划时减掉相应的数量。

库存记录需要及时登记所有物料的库存事务，包括入库、出库、残废料损失、报废零部件和取消订单等，并不断进行数据更新。MRP系统中的库存记录文件应该包含每一项物料的详细资料，MRP系统的程序根据特定时间段来存取库存记录文件，并在每次运行MRP系统程序时将访问这些文件。因此，MRP系统要求库存管理的数据非常精确。

库存账务资料维护表可用来详细记录每种物料的需求量、库存量等，见表6-3。

表6-3　　　　　　　　　　　　　　　库存账务资料维护表　　　　　　　　　　　　　单位：件

	周次	1	2	3	4	5	6	7	8	9
零件A	总需求量					300	450			500
	预计到货量			100						
	库存量	10	10	110	110	0	0	0	0	0
	净需要量					190	450			500
	计划收货量					190	450			500
	计划订货量			190	450			500		

表6-3是零件A的库存账务资料维护文件，从表中数据可知零件A第5、6、9周各有需求300件、450件、500件。第3周预计到货100件，现有库存量10件。第3周的库存量将会达到110件，因第5周有需求量300件，库存不够，故第5周净需求为：300-110=190（件）。第6周、第9周库存为0，故净需求量分别为450、500件。第5、6、9周计划收货量与净需求量相等。已知零件A的提前期 $L_A=2$ 周，则其计划订货量在第3、4、7周分别为190、450、500件。

MRP基本构成要素间相互关系如图6-2所示。

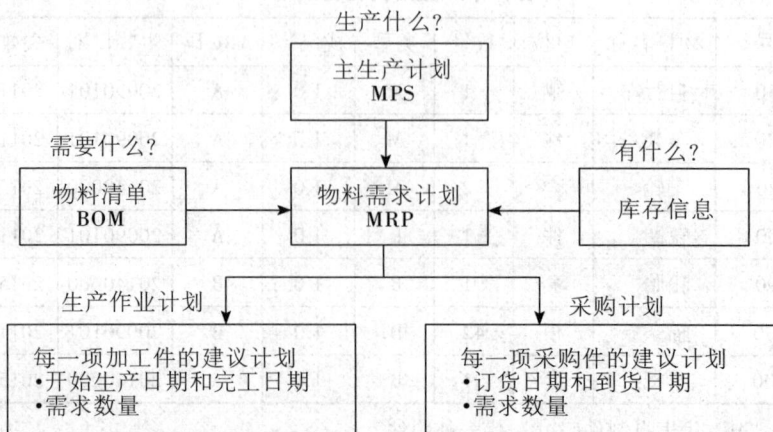

图6-2　MRP基本构成要素间相互关系

2. MRP系统的输出

MRP系统的输出主要是各种生产和库存控制的计划和报告，主要有以下几项：

（1）零部件投入产出计划。零部件投入产出计划规定了每个零部件投入的数量和时间、产出的数量和时间。如果一个零部件要经过几个车间加工，则要分解成"分车间零部件投入产出计划"，显示每个车间一定时间内投入产出的零部件的种类、数量及时间。

（2）原材料需求计划。规定每种原材料的种类、需求数量、需求时间，并按原材料品种、型号、规格汇总，以便采购部门组织供料。

（3）库存状态记录。提供各种原材料、零部件、外购件的库存记录数据，随时供查询。

（4）工艺装备机器设备需求计划。提供每种零部件不同工艺所需的工艺装备和机器设备的编号、种类、数量及需要时间。

（5）计划将要发出的订货。

（6）已发出订货的调整。

（7）外购件、原材料到货统计表、零部件完工统计表。

（8）生产和库存费用的预算报告。

综上所述，MRP可以回答四个问题：①要生产什么（根据MPS）？②要用到什么（根据BOM）？③已经有了什么（根据库存记录）？④还缺什么？何时生产或订购（运算后得出的结果）？

这四个问题是任何制造企业甚至很多服务企业，不论其产品类型、生产规模、工艺过程如何，都必须回答的带普遍性的基本问题。因此，MRP产生以后，很快就受到了广大企业的欢迎。

知识点2：MRPⅡ（制造资源计划）

一、从MRP到MRPⅡ

制造资源计划（manufacturing resources planning，以下简称MRPⅡ）是在MRP的基础上发展起来的一种新的生产管理方式。MRP还不够完善，主要是没有考虑到生产企业现有的生产能力和采购等有关条件约束，因此计算出来的物料需求有可能企业没有足够的生产能力进行生产，或者因原料不足而无法生产。同时，它也缺乏根据计划实施情况的反馈信息对计划进行调整的功能。为了解决这个问题，MRP系统在20世纪70年代发展为闭环MRP系统。

闭环MRP系统除了物料需求计划以外，还将生产能力需求计划、车间作业计划、采购计划全部纳入进来，形成一个闭环的系统。这就克服了MRP系统没有考虑到企业现有生产能力和采购等条件约束的障碍。

但是闭环MRP系统对企业的重要任务——资金管理也无能为力。在20世纪80年代，一些企业提出，希望MRP系统能同时反映财务信息，如产品销售计划用金额来表示，说明销售收入；对物料以货币计价，以计算成本，方便定价；采购计划以金额来表示，用以预算；库存以金额表示，以反映库存资金占用情况。此外，货币信息还必须符合企业长期经营目标，满足销售和利润要求。这样，闭环MRP系统进一步得到发展，将采购、生产、销售、财务、工程技术等子系统相结合，形成了MRPⅡ系统。

在 MRP Ⅱ 中，制造资源是指企业的物料、人员、设备、资金、信息、技术、能源、市场、空间、时间等用于生产的资源的统称。其中，物料是指为了产品出厂需要列入计划的一切不可缺少的物资的统称，不仅包括通常理解的原材料或零部件，还包括配套件、毛坯、在制品、半成品、成品、包装材料、工具等一切物料。

MRP Ⅱ 的总体结构如图 6-3 所示。

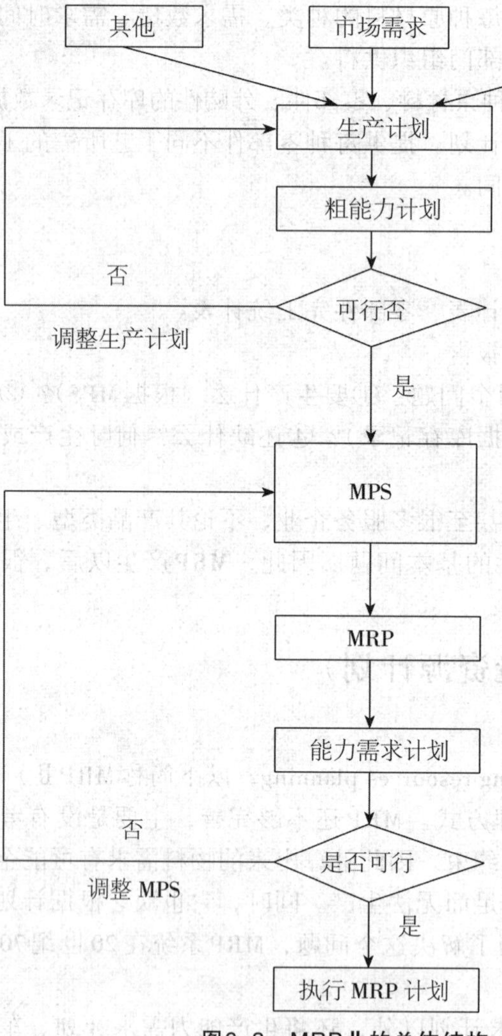

图6-3 MRP Ⅱ 的总体结构

MRP Ⅱ 的基本思想就是把企业作为一个有机整体，通过运用科学方法对企业各种制造资源和产、供、销、财各个环节有效地进行计划、组织和控制，使它们得以协调发挥作用。

MRP 和 MRP Ⅱ 的涵盖范围。MRP 是以物料计划人员或存货管理人员为核心的物料需求计划体系，它的涵盖范围仅仅为物料管理部分。MRP Ⅱ 将公司高层管理与中层管理结合在一起，以 MRP Ⅱ 为活动核心，促使企业管理循环的运作，达到最有效的企业经营。其范围包含了企业的整个生产经营体系，包括经营目标、销售计划、财务计划、生产计划、物料需求计划、采购管理、现场管理、运输管理、绩效评价等方面。

小 思 考 6-1

为什么说 MRP Ⅱ 不只是一个计算机信息管理系统，还是一种新型的集成管理模式？

答：MRP Ⅱ 需要处理大量的数据。一个企业所需要的各种物料的数量是非常庞大的，如果手工制订各种物料的生产、采购计划，要耗费相当多的人力和时间，而且非常容易出错。但是如果将这项工作交给计算机去做，则是一件比较容易、花费时间也很少的工作了。MRP Ⅱ 能够提供一个完整而详细的计划，使企业内部各个子系统协调一致，形成一个整体，这就使得 MRP Ⅱ 不仅是生产和库存的控制系统，而且成为企业的整体管理系统，使得各部门的关系更加密切，消除了重复工作和不一致性，提高了整体的效率。

二、MRP Ⅱ 系统的组成

1. MRP Ⅱ 系统的三大组成部分

现代的 MRP Ⅱ 系统完善于 20 世纪 80 年代，一般分为生产控制（计划、制造）、物流管理（分销、采购、库存管理）、财务管理（账务、成本、资金）三大系统。

生产控制系统先编制生产大纲，再按主生产计划的排程编制各种原材料和零部件的需求计划。然后根据原材料和零部件需求计划进行采购并安排生产，使在制品、原材料及成品控制在最优水平上。生产线（车间管理或重复生产）的信息反馈也可以与财务系统、物流管理系统集成。

物流管理系统将向供销部门和库存管理部门提供灵活的日常业务处理功能，并能自动将信息传递到财务部门和其他有关部门。

财务管理系统除对各往来账目和日常发生的货币支付账目进行处理外，还可根据销售部门的销售单、发票、采购单计算库存资金，向管理人员报告目前库存资金占用情况和企业运营情况。

2. MRP Ⅱ 系统的详细划分

MRP Ⅱ 系统主要包括如下几个子系统：

（1）主生产计划子系统。该子系统的主要功能是根据预测的销售前景和销售单的实际情况来编制主生产计划。主生产计划不同于年度综合计划，也不同于季度生产计划。它既有生产的产品及零部件是什么，又有何时出产的准确规定。一般主生产计划的时间单位为周。此外，根据物料需求计划的结果对生产能力进行核算，调整主生产计划，尽量维持生产平衡。

（2）车间作业计划与控制子系统。该子系统的主要功能是按主生产计划的排程，安排各车间、各零部件生产，使在制品、原材料及成品控制在最优水平上。企业掌握生产进度情况，以及 MRP 系统计划的下达和执行情况，都是通过车间作业计划与控制子系统完成的。车间作业计划与控制子系统的功能有两个：一是根据 MRP 系统的输出制订车间内部作业计划，生成工票并派工；二是根据生产现场信息编制完工报告。

（3）物资采购供应子系统。该子系统是根据市场合同订单与传统的订货方法结合而设计的。其主要解决两个问题：一是产品合同确定后，马上能汇总出对标准件与材料的需求

131

量；二是当产品投产时，及时掌握其标准件与材料的需求量及库存情况。

（4）物料计划子系统。物料计划是 MRP Ⅱ 系统的核心部分，它体现了系统逻辑的主要部分。这部分有三个子系统：物料需求计划子系统、细能力平衡子系统及车间任务下达子系统。三个子系统密切相关，将主计划以零件计划的形式下达到车间及所属的加工中心。

（5）库存管理子系统。库存管理是指对生产过程中涉及的材料库、标准件库、电机库、毛坯库、半成品库等的管理。MRP Ⅱ 系统在减少库存占用中具有明显的经济效益，这已通过国内外的实践得到充分证明。

（6）成本核算与财务管理子系统。产品成本核算统计是企业较为核心且工作量很大的工作。从 MRP Ⅱ 系统一体化来考虑，成本核算与财务管理子系统这两部分都是与前面的子系统相联系的。MRP Ⅱ 系统是一个整体资源共享、优化的系统，只有前面的那些子系统得到实施并有了较好的数据基础时，才能实施这两个模块。

（7）基础数据管理子系统。基础数据是指 MRP Ⅱ 系统中所涉及的有关产品结构、零件明细、材料消耗、工艺路线、工时定额等生产技术数据。它的主要功能包括物料清单管理、工艺路线管理、资源数据管理。

此外，MRP Ⅱ 系统还有设备管理等子系统。

三、MRP Ⅱ 系统的实施过程

MRP Ⅱ 系统的项目实施是一个复杂的系统工程，一般需要 2～3 年的时间，实施过程大致可以划分为五个阶段，即前期工作、实施准备、模拟运行及用户化、切换运行和正式实施阶段。

1. 前期工作阶段

项目的前期工作是指软件安装之前的阶段，这个阶段的工作主要包括利用 MRP Ⅱ 系统管理思想对企业现行管理的业务流程和存在问题进行评议及诊断，寻求解决方案，完成需求分析和投资效益分析，选择适用的软件。

2. 实施准备阶段

此阶段包括数据和各种参数的准备及设置，软件功能的原型测试，在原型测试的基础上提出解决企业管理问题的方案。

案例 6-2

MRP Ⅱ 系统实施准备工作

某企业事先对建立 MRP Ⅱ 系统的风险和难度缺乏足够的认识和了解，前期准备工作既不全面也不深入，特别是对整个项目的可行性缺乏系统和科学的分析研究。他们认为只要参照国外同行业 MRP Ⅱ 系统应用模式，投入足够的资金，购买计算机系统、应用软件和相应的技术服务，就能确保系统正常运行，获得相应的效益。但事实恰恰相反，实施过程中暴露出来的一系列问题，诸如项目规划、项目决策、管理体制、管理模式、管理基础、领导重视、软件选型和项目管理，以及售后技术服务等一系列问题，都错综复杂、环环相扣，且非短时间内所能解决。整个项目历时 9 年仅实施应用了 30% 的系统功能，无奈项目最终半途而废。前后花费 300 多万美元购买的计算机系统、MRP Ⅱ 系统应用软件和相关配套设备也只好忍痛放弃，以避免更大的损失。

前期准备工作是任何一个拟建项目所不可缺少的重要组成部分。前期准备工作的好坏，直接关系到项目的成败。事实上，不管企业是否建立MRPⅡ系统，只要认真做好前期准备工作，其本身对分析企业现状、加强管理基础、提高管理水平、制定系统目标等方面也都会产生积极的作用和明显的效果。

3.模拟运行及用户化阶段

这个阶段是在基本掌握软件功能的基础上，选择代表产品，将各种必要的数据录入系统，组织项目小组进行实战性模拟，提出解决方案。工作准则与工作规程要在这个阶段初步制定出来，并在以后的实践中不断完善。

4.切换运行阶段

此阶段可以分MRP系统、闭环MRP系统和MRPⅡ系统三个阶段实施，也可以各子系统平行依次实施或一步到位，或先实施财务系统。

5.正式实施阶段

最后一个阶段是项目正式实施，在系统进入正常状态后，要进行业绩评价。在整个实施进程中，培训工作是贯彻始终的。

四、MRPⅡ系统的实施条件

实施MRPⅡ系统除需要计算机硬件、软件支持外，还需要具备以下几方面基本条件：

1.客观需要是企业实施MRPⅡ系统的第一推动力

企业要实施MRPⅡ系统必须有明确的目的，必须对MRPⅡ系统的功能、特点有足够的了解。一般当企业产品品种增加、批量减少、信息量增大，原信息系统满足不了变化的需求、提供不了或不能及时提供管理所需信息，或企业的管理系统不能适应市场竞争，以销定产的机制不能满足用户需求时，才产生开发MRPⅡ系统的需求。企业为在国内外市场竞争中取胜，有提高生产管理水平、提高生产率、降低库存、缩短提前期、改善用户服务水平的强烈愿望，才能认真开发MRPⅡ系统并坚持实施。

2.组成以企业主管领导为首的决策机构是实施MRPⅡ系统的重要条件

MRPⅡ系统成功实施的关键在"人"。高层管理人员的参与程度、中层管理人员的积极性以及基层员工对MRPⅡ系统实施工作的态度，是MRPⅡ系统实施成功的重要条件。

实施MRPⅡ系统会在企业各层面遇到与传统管理模式相抵触的情况。实施MRPⅡ系统需要在整个企业内组织和调配人力、物力和财力，必须按照系统工程方法进行协调开发，这就决定了厂长（经理）在开发MRPⅡ系统中的重要地位。由于涉及部门多、关系复杂、习惯势力大，需要主要领导积极参与和推动。主要领导的直接参与，不仅增加了MRPⅡ系统开发过程中每一个行动步骤的权威性，而且对培养全体员工的参与意识，提高员工对计算机应用重要性的认识，都将起到巨大作用。

3.完整和准确的数据是实施的基础

MRPⅡ系统实施需要大量的数据，这些数据可分为两类：①相对稳定的固定数据，包括项目（产品、零部件、毛坯、原材料）定义、产品结构、工艺路线、工作中心数据等；②动态数据，如库存文件、生产统计等，这些数据有一定的时效性。

固定数据的整理与录入涉及设计、工艺、设备、人力资源等部门，这些部门都有自己一套惯用数据，对同一数据，不同部门经常互相矛盾，如定额数据互不相同、同一项目采用不同的计量单位等。在数据整理过程中，要进行大量的协调工作，固定数据要求成套，即输入一个产品，则与此产品对应的产品结构、子项数据、加工工艺、工作中心等都要成套输入，若数据残缺不全就没有使用价值，且所有信息都应力求准确。

同时，建立并严格执行数据整理与录入规章制度和处理规程，加强数据整理与录入人员的责任感，减少工作中的失误是十分重要的。

4.提高员工队伍素质是实施的重要保证

MRP Ⅱ 系统的实施，要取得企业全体员工的支持。工程师应提供准确的物料清单和工艺路线；仓库管理人员要保证库存准确率在95%以上；生产操作者应及时反馈生产信息等。因此，实施 MRP Ⅱ 系统前应对全体管理人员及生产操作者进行教育，使他们了解 MRP Ⅱ 系统管理思想和方法与传统管理思想和方法的区别，了解实施 MRP Ⅱ 系统的意义与作用。应对不同人员进行专门培训，如对开发人员进行生产管理知识培训，对工程技术人员进行 MRP Ⅱ 系统知识培训，对管理人员和操作人员进行现代管理理论、手段以及 MRP Ⅱ 系统知识培训，吸收他们参与系统分析、系统设计和 MRP Ⅱ 系统的实施工作，让他们积极参与和支持 MRP Ⅱ 系统工作，对具体操作工人如数据整理、录入人员等也要进行专门培训。通过教育与培训，可以使企业从领导到基层管理人员、从开发人员到用户都齐心协力、互相配合，保证系统的顺利实施。

五、MRP Ⅱ 系统应用的误区

MRP Ⅱ 系统在实际应用中常进入以下几个误区：①前期准备工作既不全面也不深入，特别是对整个项目的可行性缺乏系统和科学的分析研究；②事先既没有全面接受 MRP Ⅱ 系统原理等现代企业管理思想和方法的培训，也没有全面、深入了解企业自身的真正需求和系统目标；③没有科学、严格和规范的企业管理；④在建立 MRP Ⅱ 系统过程中没有积极开展管理咨询。

知识点3：ERP（企业资源计划）

一、ERP概述

1. ERP的含义

企业资源计划（enterprise resource planning，ERP），是指建立在信息技术基础上，以系统化的管理思想，为企业决策层及员工提供决策运行手段的管理平台。它是从 MRP（物料需求计划）发展而来的新一代集成化管理信息系统，它扩展了 MRP 的功能，其核心思想是供应链管理。ERP 是一个由美国著名管理咨询公司高德纳（Gartner）于1990年提出的企业管理概念。企业资源计划最初被定义为应用软件，但迅速为全世界商业企业所接受。现在它已经发展成为一个重要的现代企业管理理论，也是一个实施企业流程再造的重要工具。它把企业的物流、人流、资金流、信息流统一起来进行管理，以求最大限度地利用企业现有资源，实现企业经济效益的最大化。

ERP 是一种集销售、采购、制造、成本、财务、服务和质量等管理功能于一体，以市场需求为导向，以实现企业内外资源优化配置、消除生产经营中一切无效的劳动和资源，实现信息流、物流、人流、资金流的集成与提高企业竞争力为目标，以计划与控制为主线，以网络和信息技术为平台，面向供应链管理的现代企业管理思想、方法和工具。

下面，我们从管理思想、管理信息系统、软件产品三个层次解读 ERP 的含义。

（1）从管理思想角度，ERP 是 Gartner 提出的一整套企业管理系统体系标准，实质是在制造资源计划（MRPⅡ）基础上进一步发展而成的面向供应链（supply chain）的管理思想。

（2）从管理信息系统角度，ERP 是整合了企业管理理念、业务流程、基础数据、人力、物力以及计算机软硬件等于一体的企业资源管理信息系统（information management system，MIS）。

（3）从软件产品角度，ERP 是综合应用了 C/S 或 B/S 体系结构、大型数据库、面向对象技术（OOP）、图形用户界面（GCI）、第四代语言（4GL）、网络通信等信息技术成果，面向企业信息化管理的软件产品。

2. ERP 的产生和发展

（1）ERP 的产生。企业资源计划（ERP）的产生可追溯到物料需求计划（MRP）和准时化运作（JIT）。1970 年在美国生产与库存管理协会（APICS）的学术年会上，与会者首先提出了物料需求计划的概念和基本框架，并得到该协会的大力支持和推广。物料需求计划是根据市场需求预测和顾客订单制订产品的生产计划，然后基于产品出产进度计划，组成产品的材料结构表和库存状况，通过计算机计算所需材料的需求量和需求时间，从而确定材料的加工进度和订货日程的一种实用技术。

在实施 MRP 时，与市场需求相适应的销售计划是 MRP 成功的最基本的要素。如果销售领域能准确、及时提供每个时间段的最终产品需求的数量和时间，则企业就能充分发挥 MRP 的功能，有效地实现 MRP 的目标。从这一思路出发，人们把 MRP 的原理应用到流通领域，发展出营销渠道需求计划（DRP），即（配送）分销需求计划。

在 MRP 的基础上，MRP 的领域由生产、材料和库存管理扩大到营销、财务和人事管理等方面，诞生了制造资源计划（MRPⅡ）。

随着经济全球化步伐的加快，社会消费水平和消费结构发生了深刻变革，产品呈多样性、个性化、系统化和国际化的特征，以面向企业内部信息集成为主，单纯强调离散制造环境和流程环境的 MRPⅡ 系统已不能满足全球化经营管理的要求。随着网络通信技术的迅速发展和广泛应用，为了实现柔性制造，迅速占领市场，取得高回报率，生产企业必须转换经营管理模式，改变传统的"面向生产经营"的管理模式，转向"面向市场和顾客生产"的管理模式，注重产品的研究开发、质量控制、市场营销和售后服务等环节，把经营过程的所有参与者（如供应商、客户、制造工厂、分销商网络等）纳入一个紧密的供应链中。

ERP 通过前馈的物流和反馈的物流和资金流，把客户需求和企业内部的生产活动以及供应商的制造资源结合在一起，体现完全按用户需求制造的一种供应链管理思想的功能网链结构模式。

作为一项重要的供应链管理的运作技术，ERP 在整个供应链的管理过程中更注重对信息流和资金流的控制；同时，通过企业员工的工作和业务流程，促进资金、物料的流动和价值的增值，并决定了各种"流"的流量和流速。ERP 已打破了 MRPⅡ 只局限在传统制造业的格局，它的触角伸向了各行各业，如金融业、高科技产业、通信业、零售业等，其应用范围大大扩展。

（2）ERP的发展。ERP的发展大体经历了从传统库存控制法到MRP，到作为一种生产与控制系统的闭环MRP，再到作为一种生产管理信息系统的MRPⅡ，进而到企业资源计划（ERP）的历程。

从MRP到ERP的主要发展历程如图6-4所示。

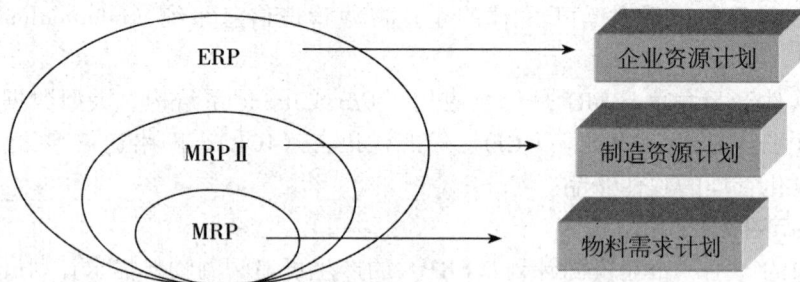

图6-4　从MRP到ERP的主要发展历程

从企业信息化的角度来看，从MRP到MRPⅡ再到ERP，是制造业企业信息化的不断扩展和深化。现在绝大多数的MRP系统已经升级到MRPⅡ或ERP系统，MRP系统已经很少使用。

3. ERP系统与MRPⅡ系统的关系

ERP系统是在MRPⅡ系统基础上发展起来的，在结构和功能上比MRPⅡ系统又前进了一步。ERP系统同MRPⅡ系统的主要区别有以下几方面：

（1）在资源管理范围方面的差别。MRPⅡ系统主要侧重对企业内部人、财、物等资源的管理，ERP系统在MRPⅡ系统的基础上扩展了管理范围，它把客户需求和企业内部的生产活动以及供应商的制造资源整合在一起，形成企业一个完整的供应链，并对供应链上所有环节如订单、采购、库存、计划、生产制造、质量控制、运输、分销、服务与维护、财务管理、人事管理、实验室管理、项目管理等进行有效管理。

（2）在生产方式管理方面的差别。MRPⅡ系统把企业归类为几种典型的生产方式进行管理，如重复制造、批量生产、按订单生产、按订单装配、按库存生产等，对每一种类型都有一套管理标准。而在20世纪80年代末90年代初，为了紧跟市场的变化，多品种、小批量生产以及看板式生产等成为企业主要采用的生产方式，由单一的生产方式向混合型生产方式发展，ERP能很好地支持和管理混合型制造环境，满足了企业的这种多元化经营需求。

（3）在管理功能方面的差别。ERP系统除了有MRPⅡ系统的制造、分销、财务管理功能外，还增加了支持整个供应链上物料流通体系中供、产、需各个环节之间的运输管理和仓库管理；支持生产保障体系的质量管理、实验室管理、设备维修和备品备件管理；支持对工作流（业务处理流程）的管理等。

（4）在事务处理控制方面的差别。MRPⅡ系统通过计划的及时滚动来控制整个生产过程，它的实时性较差，一般只能实现事中控制。而ERP系统支持在线分析处理（online analytical processing，OLAP）和售后服务质量反馈，强调企业的事前控制能力，它可以将设计、制造、销售、运输等通过集成来并行地进行各种相关的作业，为企业提供了对质量、适应变化、客户满意、绩效等关键问题的实时分析能力。

此外，在 MRPⅡ系统中，财务系统只是一个信息的归结者，它的功能是将供、产、销中的数量信息转变为价值信息，是物流的价值反映。而 ERP 系统则将财务计划和价值控制功能集成到了整个供应链上。

（5）在跨国（或地区）经营事务处理方面的差别。现代企业的发展使得企业内部各个组织单元之间、企业与外部的业务单元之间的协调变得越来越多和越来越重要。ERP 系统应用完整的组织架构，从而可以支持跨国经营的多国家地区、多工厂、多语种、多币制等应用需求。

（6）在计算机信息处理技术方面的差别。随着 IT 技术的飞速发展，网络通信技术的应用，ERP 系统得以对整个供应链信息进行集成管理。ERP 系统采用客户/服务器（C/S）体系结构和分布式数据处理技术，支持 Internet/Intranet/Extranet、电子商务（E-business、E-commerce）、电子数据交换（EDI）。此外，它还能实现在不同平台上的交互操作。

二、ERP 系统的管理思想

ERP 系统的核心思想是实现整个供应链和企业内部业务流程的有效管理，具体如下：

（1）体现了对整个供应链资料进行有效管理的思想，实现了对整个企业供应链上的人、财、物等所有资源及其流程的管理。

（2）体现了精益生产、同步工程和敏捷制造的思想。面对激烈的竞争，企业需要运用同步工程组织生产和敏捷制造，保持产品高质量、多样化、灵活性，实现精益生产。

（3）体现事先计划与事中控制的思想，ERP 系统中的计划体系主要包括主生产计划、物料需求计划、能力需求计划等。

（4）体现业务流程管理的思想。为提高企业供应链的竞争优势，必然带来企业业务流程的改革，而系统应用程序的使用也必须随业务流程的变化而相应调整。

ERP 系统的总流程如图6-5所示。

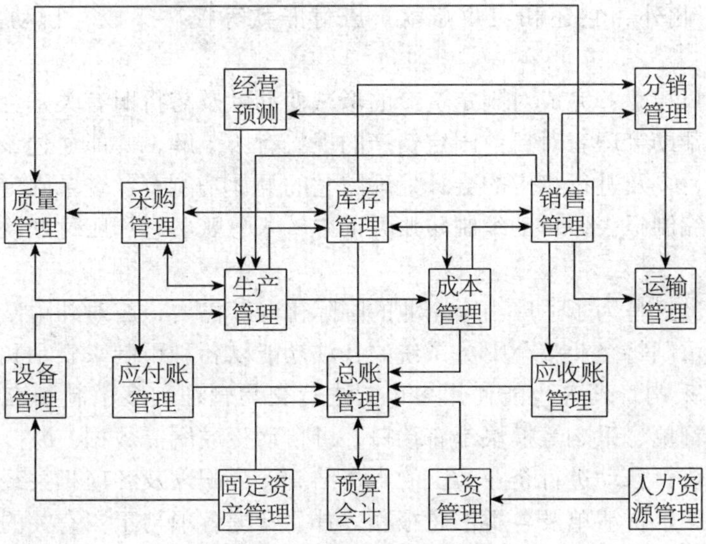

图6-5 ERP系统的总流程图

137

三、ERP系统的核心内容

在ERP系统中，一般包括三个模块的内容：生产控制管理（主生产计划、物料需求计划、能力需求计划、车间控制、制造标准）、物流管理（分销管理、采购管理、库存控制）和财务管理（会计核算、财务管理）。这三大模块本身就是集成体，相互之间有相应的接口，能够很好地整合在一起来对企业进行管理。另外，随着企业对人力资源管理工作的重视，已经有越来越多的ERP厂商将人力资源管理纳入了ERP系统。

1.财务管理模块

一般的ERP系统下的财务管理模块分为会计核算与财务管理两大模块。

（1）会计核算。

会计核算主要是记录、核算、反映和分析资金在企业经营活动中的变动过程及其结果。会计核算模块由总账、应收账款、应付账款、现金管理、固定资产核算、多币制、工资核算、成本等模块构成。

总账模块：它的功能是处理记账凭证输入、登记，输出日记账、一般明细账及总分类账，编制主要会计报表。它是整个会计核算的核心，应收账款、应付账款、固定资产核算、现金管理、工资核算、多币制等模块都以其为中心来互相传递信息。

应收账款模块：指企业应收的由于商品赊欠而产生的正常客户欠款账。它包括发票管理、客户管理、付款管理、账龄分析等功能。它和客户订单、发票处理业务相联系，同时将各项事件自动生成记账凭证，导入总账。

应付账款模块：会计里的应付账是企业应付购货款等账，它包括了发票管理、供应商管理、支票管理、账龄分析等。它能够和采购模块、库存模块完全集成以替代过去烦琐的手工操作。

现金管理模块：主要是对现金流入流出的控制以及零用现金及银行存款的核算。它包括了对硬币、纸币、支票、汇票和银行存款等的管理。在ERP系统中提供了票据维护、票据打印、付款维护、银行清单打印、付款查询、银行存款查询和支票查询等和现金有关的功能。此外，它还和应收账款、应付账款等模块集成，自动生成凭证，登记总账。

固定资产核算模块：完成对固定资产的增减变动以及与折旧有关基金计提和分配的核算工作。它能够帮助管理者对目前固定资产的现状有所了解，并能通过该模块提供的各种方法来管理资产，以及进行相应的会计处理。它的具体功能有：登录固定资产卡片和明细账，计算折旧，编制报表，自动编制转账凭证并转入总账。它和应付账款、成本、总账模块集成。

多币制模块：这是为了适应当今企业的国际化经营需要，应对外币结算业务的要求增多而产生的。多币制将企业整个财务系统的各项功能以各种币制来表示和结算，且客户订单、库存管理及采购管理等也能使用多币制进行交易管理。多币制和应收账款、应付账款、总账、客户订单、采购等模块都有接口，可自动生成所需数据。

工资核算模块：自动进行企业员工的工资结算、分配以及各项相关经费的计提。它能够登录工资、打印工资清单及各类汇总报表，计算计提各项与工资有关的费用，自动做出凭证，导入总账。这一模块和总账、成本模块集成。

成本模块：依据产品结构、工作中心、工序、采购等信息进行产品的各种成本的计算，以便进行成本分析和规划。这一模块允许使用标准成本或平均成本法按地点进行维护。

（2）财务管理。

财务管理的功能主要是基于会计核算的数据，再加以分析，从而进行相应的预测、管理和控制活动。它侧重于财务计划、分析和决策等。

财务计划：根据前期财务分析做出下期的财务计划、预算等。

财务分析：提供查询功能，通过用户定义的差异数据的图形显示进行财务绩效评估、账户分析等。

财务决策：财务管理的核心部分，中心内容是做出有关资金的决策，包括资金筹集、投放及资金管理。

2. 生产控制管理模块

生产控制管理模块是ERP系统的核心所在，是一个以计划为导向的先进的生产、管理模块。企业确定一个总生产计划，再经过系统层层细分后，下达到各部门去执行，如生产部门按此生产、采购部门按此采购等。

（1）主生产计划。

它是根据生产计划、预测和客户订单的输入来安排将来各周期中提供的产品种类和数量，它将生产计划转为产品计划：是在平衡了物料和能力的需要后，精确到时间、数量的详细的进度计划；是企业在一段时期内的总活动的安排；是一个稳定的计划；是以生产计划、实际订单和对历史销售数据分析得出的。

（2）物料需求计划。

在主生产计划决定生产多少最终产品后，再根据物料清单，把整个企业要生产的产品的数量转变为所需生产零部件的数量，并对照现有的库存量，可得到还需采购多少、生产多少、加工多少的最终数量。这才是整个部门真正依照的计划。

（3）能力需求计划。

它是在得出初步的物料需求计划之后，将所有工作中心的总工作负荷在与工作中心的能力平衡后产生的详细工作计划，用以确定生成的物料需求计划在企业生产能力上是否可行。能力需求计划是一种短期的、当前实际应用的计划。

（4）车间控制。

这是随时间变化的动态作业计划，先将作业排序，再进行作业分配，最后具体到各个车间、作业管理、作业监控。

（5）制造标准。

在编制计划过程中需要许多生产基本信息，这些基本信息就是制造标准，包括零部件、产品结构、工序和工作中心等，使用唯一的代码在计算机中识别。

3. 物流管理模块

（1）分销管理。

销售的管理从产品的销售计划开始，可对产品、市场、客户等信息进行管理和统计，并可对销售数量、单价、金额、利润、绩效、客户服务等做出全面的分析。分销管理模块大致有以下三方面的功能：

① 对于客户信息的管理和服务。它能建立一个客户信息档案，通过分类管理，进而提供有针对性的客户服务，以达到高效率地保留老客户、争取新客户的目的。在这里，要特别提到的就是CRM软件，即客户关系管理软件，ERP系统与它的结合必将大大提高企业的效益。

② 对于销售订单的管理。销售订单是ERP系统的入口，所有的生产计划都是根据它下达并进行排产的。销售订单的管理贯穿了产品生产的整个流程。

③ 对于销售的统计与分析。系统根据销售订单的完成情况，依据各种指标做出统计，比如客户分类统计、销售代理分类统计等，再根据这些统计结果来对企业实际销售效果进行评价。

（2）库存控制。

库存控制用来控制存储物料的数量，通过稳定的物流支持正常的生产，但又最小限度地占用资本。它是一种相关的、动态的及真实的库存控制系统。它能够结合、满足相关部门的需求，随时间变化动态地调整库存，精确地反映库存现状。

（3）采购管理。

采购管理确定合理的订货量、优秀的供应商和保持最佳的安全储备；能够随时提供订购、验收的信息，跟踪和催促外购或委外加工的物料，保证货物及时到达；建立供应商的档案，用最新的成本信息来调整库存的成本。

4. 人力资源管理模块

（1）人力资源规划辅助决策。

该模块对于企业人员、组织结构编制的多种方案，进行模拟比较和运行分析，并辅之以图形的直观评估，辅助管理者做出最终决策。

创建职务模型，包括职位要求、升迁路径和培训计划，根据担任该职位员工的资格和条件，系统会提出针对该员工的一系列培训建议，一旦机构改组或职位变动，系统会提出一系列的职位变动或升迁建议。

进行人员成本分析，可以对过去、现在、将来的人员成本做出分析及预测，并通过ERP集成环境，为企业成本分析提供依据。

（2）招聘管理。

该模块进行招聘过程的管理，优化招聘流程，减少业务工作量；对招聘的成本进行科学管理，从而降低招聘成本；为选择聘用人员的岗位提供辅助信息，并有效地帮助企业进行人力资源的挖掘。

（3）工资核算。

该模块能根据公司跨地区、跨部门、跨工种的不同薪资结构及处理流程制定与之相适应的薪资核算方法；与时间管理直接集成，能够及时更新，实现员工薪资核算的动态化；通过和其他模块的集成，自动根据要求调整薪资结构及数据。

（4）工时管理。

该模块根据本国或当地的日历，安排企业的运营时间以及劳动力的作息时间表；运用终端考勤系统，可以将员工的实际出勤状况记录到主系统中，并把与员工薪资、奖金有关的时间数据导入薪资系统和成本核算中。

（5）差旅核算。

系统能够自动控制从差旅申请、差旅批准到差旅报销整个流程，并且通过集成环境将核算数据导进财务成本核算模块中去。

四、ERP 的计划层次

ERP 是由计划驱动的，它的计划层次如图 6-6 所示。

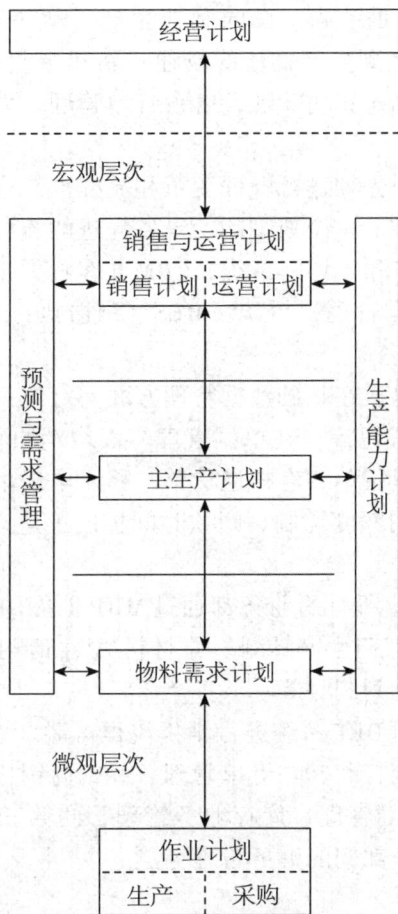

图 6-6　ERP 的计划层次

（1）经营计划（宏观层次）：它是企业的战略规划，是企业经营总目标的具体体现。

（2）销售与运营计划（S&OP，宏观层次）：根据经营计划目标，确定企业 A 类产品在 1～3 年内，每年每月生产多少及需要哪些资源。

（3）主生产计划（MPS，宏观向微观过渡层次）：以生产计划大纲为依据，按时间段计划企业应生产的最终产品的数量和交货期，并在生产需求与可用资源之间做出平衡。

（4）物料需求计划（MRP，微观层次开始）：根据主生产计划对最终产品的需求数量和交货期，推导出构成产品的零部件及材料的需求量和需求日期，直至导出自制零部件的制造订单下达日期和采购件的采购订单发放日期，并进行需求资源和可用能力资源之间的进一步平衡。

（5）生产作业计划和采购作业计划（微观层次）：生产作业计划也叫生产作业控制，其任务就是根据 MRP 生成的零部件生产计划编制出工序排产计划；对于采购件，则编制

141

出物料采购计划，但采购作业计划不涉及企业本身的能力资源。

五、基于信息系统的业务流程再造

企业应从物流、生产、营销、财务、新产品开发等一体化经营角度进行企业发展战略定位。经过战略的调整，突出信息系统管理再造的重要性。企业的信息系统就像一个人的神经系统，信息系统通畅了，企业运作才能良好。信息系统的建设主要应做好两方面的工作：优化、升级原有的 MRP Ⅱ 系统，面向制造生产，解决物料相关需求的问题，通过 MPS、MRP 等系统的优化来达到生产物流的畅通；新建企业分销资源计划（DRP）系统，实现动态、多级库存管理，动态销售管理，客户订单管理，动态信用控制，物商分流及动态财务管理等。

为此，应从以下几个方面先期进行管理变革和流程再造：

（1）建立全新的信息系统。一个典型的、设备先进的流程型制造企业的信息系统模型包括六个部分：ERP（企业资源计划）系统、CRM（客户关系管理）系统、SCM（供应链管理）系统、PDM（产品数据管理）系统、MES（制造执行）系统、T&L（运输与后勤）系统。

（2）实现数据的统一编码。在基础数据管理方面实行统一编码，如物品代码、客户代码、仓库代码、业务作业员代码等；在单据管理方面取消原物品借用单、原送货计划单、手工发货计划单，新建客户提货单、客户退货单、移库申请单、直发客户送货清单、其他出库单共五种单据；通过信用额度控制、回款时间控制等建立客户提/发货信用管理机制，并且统一客户销售类型等。

（3）生产流程再造。企业所有的业务都通过 MRP Ⅱ 及 DRP 系统进行管理，包括销售公司生产订单的下达，生产部门生产计划、原材料/配件请购单的制订，采购部门采购订单的生成和物流部门收发货计划制订等。

（4）销售流程再造。针对 DRP 系统进行销售流程再造，包括销售公司各机构和 VIP 客户销售预测、月销售计划的制订、客户订单管理、经销商销售终端记录管理，物流部客户提货管理、发货计划/送货计划管理、库存业务管理、向第三方物流公司或企业自营库发出的物流作业指令管理及财务部门的财务管理等。

技能实训

实训：MRP、MRP Ⅱ、ERP 的运用

【实训目标】

了解 ERP 系统中的组织结构管理特征；掌握管理数据维护的主要目的；掌握基本信息设置的基本方法；了解 ERP 系统的主要功能模块；理解基本信息设置的主要目的和控制作用；掌握基本信息设置的基本方法，包括采购、销售、存货、生产、自动分录、应收账款、应付账款、总账等管理系统。

【相关知识】

一、MRP的编制及应用举例

1. MRP的编制

MRP的计算是根据反生产流程的原理，按照主生产计划需求的产品生产数量及期限要求，利用产品结构、零部件和在制品库存情况、各生产（或订购）的提前期、安全库存等信息，推算出各个零部件的产出数量与期限。MRP系统的基础数据达到高可靠性和及时性后，可以进行MRP的编制。

编制MRP的一般过程为：准备MRP的输入→把生产计划、预测等作为确认计划订单传给MRP→确定毛需求→确定净需求→编制计划订单→计划订单下达，计算下一层次的毛需求。

编制MRP时，首先依据项目的层次码选择处理的先后顺序，最上层项目首先处理，以后逐层向下分解，逐层计算毛需求和净需求。

2. MRP系统的应用举例

MRP系统不仅可以用在制造业中，也可以用在服务业中。许多服务业中的物料需求也是相关需求。

案例 6-3

MRP系统在鸡肉汉堡原材料及配料进行有效控制中的应用

快餐中的鸡肉汉堡，所用原料有生菜、鸡肉、面包等，这些原料的需求就是相关需求，可以利用MRP系统来处理饭店用料（如生菜、鸡肉、面包等）的需求量问题。在这里，各种主食可以看成最终产品，生菜、鸡肉、面包则看成是零部件。图6-7给出了产品（鸡肉汉堡）结构图。

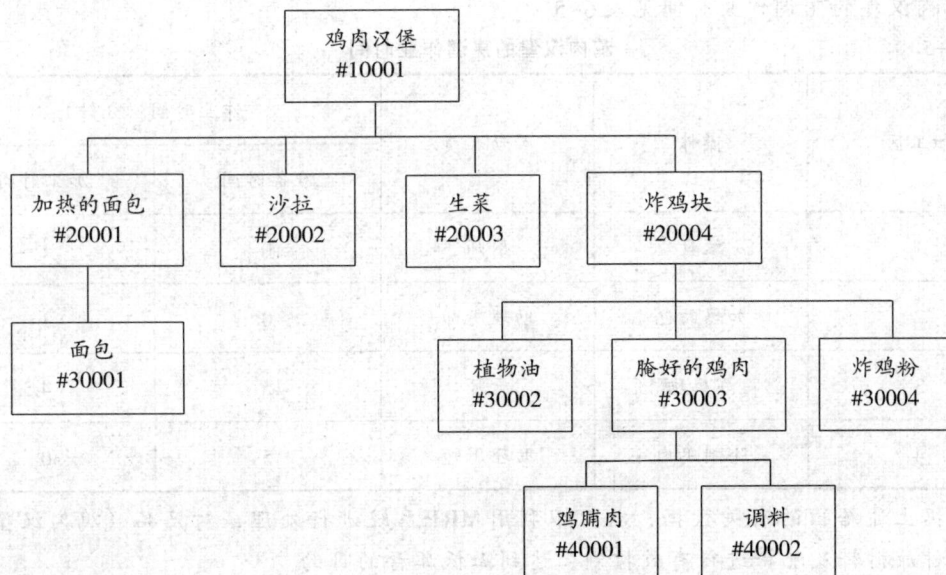

图6-7　产品（鸡肉汉堡）结构图

鸡肉汉堡的物料清单见表6-4。

表6-4 　　　　　　　　　　　　　鸡肉汉堡的物料清单

代码	项目	数量	单位	单价（元）
10001	鸡肉汉堡	1	服务	—
20001	加热的面包	1	服务	—
20002	沙拉	50	克	0.5
20003	生菜	0.2	捆	0.2
20004	炸鸡块	1	服务	—
30001	面包	1	个	0.5
30002	植物油	100	克	1.5
30003	腌好的鸡肉	1	服务	—
30004	炸鸡粉	50	克	0.5
40001	鸡脯肉	250	克	5
40002	调料	20	克	0.5

鸡肉汉堡的烹调作业时间见表6-5。

表6-5 　　　　　　　　　　　　　鸡肉汉堡的烹调作业时间

加工区	操作	劳动人员	作业时间（分钟）	
			准备时间	加工时间
1	装盘	厨师	0	1
2	加热面包	助理厨师	0	1
3	炸鸡块	厨师	5	4.5
4	腌制鸡肉	助理厨师	5	30

　　根据上述给出的有关数据，就可以利用MRP系统进行处理，对产品（鸡肉汉堡）所需的各种原材料及配料进行有效控制，达到降低库存的目的。

　　MRP系统也可用于医院管理，特别是处理外科手术所需器具、材料及其他物品时非常有效。例如，美国休斯敦的一家医院利用MRP系统改善了昂贵的外科用料库存的管理。

二、MRPⅡ系统下的企业运行机制

1. 营销部门

通过主生产计划，营销部门和生产与运作部门可以建立密切的联系。一方面，营销部门要承担起及时提供市场信息的责任，为制订和维护科学的主生产计划服务；另一方面，MRPⅡ系统也可被营销部门作为行之有效的工具。根据MRPⅡ系统提供的信息，掌握生产与运作系统的生产与运作安排，知道能生产与运作什么、正在生产与运作什么、什么时候完成等有价值的信息，从而在签订销售合同时更有把握，大大提高按期交货率和服务水平，有力地维护和开拓市场。

2. 生产与运作部门

过去，由于缺乏应对环境变化的科学管理方法和工具，生产与运作难以按预定的作业计划进行，导致生产与运作部门经常受到其他部门的批评和指责，连第一线的生产与运作管理人员也不再相信作业计划，认为它是脱离实际的"理想化"东西。现在，MRPⅡ系统大大增强了计划的完整性、周密性和应变性，在简化工作的同时提高了质量，促使生产与运作管理工作从经验走向科学，从随机走向规范。

3. 采购部门

以往，采购人员往往通过早订货和多订货的方式来被动地应对所面临的问题，工作带有很大的盲目性。如今，MRPⅡ系统使得采购部门可以根据其提供的信息，提前相当长时间明确未来的采购要求，做到及早安排，从而正确采购和供应各种物料，提高采购经济效益。

4. 财务部门

实行MRPⅡ系统，不同部门数据共享。财务部门可以在生产与运作报告的基础上直接生成财务报告，并且在生产与运作计划变更时，可以把对财务和企业经营计划与目标的影响立即反映出来。

5. 技术部门

技术部门主要是提供MRPⅡ系统赖以运行的基本数据，如物料清单文件、工艺路线文件、加工中心文件等。由于这些数据不仅作为参考，而且真正用来计划和控制，所以要求必须科学、正确，绝不能含糊。据实际调查，MRPⅡ系统要很好地运行，物料清单文件的准确度必须达到98%以上，工艺路线文件的准确度必须达到95%以上，库存状况文件的准确度必须达到95%以上。

三、ERP的实施过程

在引入ERP的过程中，实施是一个极其关键也是最容易被忽视的环节，实施的成败最终决定着ERP效益的充分发挥。目前，ERP的实施情况已经成为制约其效益发挥的一大瓶颈。ERP的实施犹如实施一项大型的工程，需要得到足够的重视。一个典型的ERP实施过程主要包括以下几个阶段（如图6-8所示）：

1. 项目的前期工作

（1）领导层培训及ERP原理的培训。培训对象是企业高层领导和以后ERP项目组的组成人员，使他们掌握ERP的基本原理和管理思想。

领导层培训	ERP原理培训	软件产品培训硬件及系统员培训	程序员培训	持续扩大培训

企业诊断	需求分析目标	软件选型

	项目组织	数据准备

系统安装调试	软件原型测试

模拟运行及用户化

制定工作准则与工作规程	验收	分步切换运行

业绩评价改进方案

前期工作	实施准备	模拟运行及用户化	切换运行	新系统运行

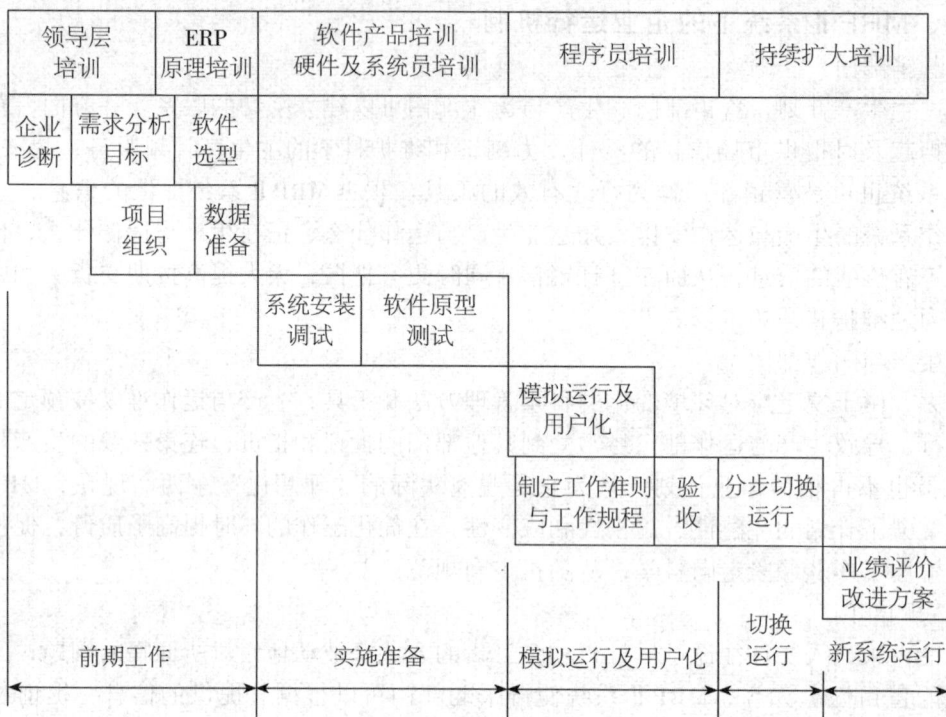

图6-8　ERP实施进程图

（2）企业诊断。对企业进行系统的分析，比如，企业是不是到了该应用ERP的阶段？企业当前最迫切需要解决的问题是什么？ERP能否真正解决问题？ERP的投资回报率或投资效益分析，在财力上企业能不能支持ERP的实施？上马ERP到底为什么？ERP到底能够解决哪些问题和达成哪些目标？基础管理工作有没有理顺？人员的素质够不够高？然后将分析结果写成需求和投资效益分析正式书面报告，从而做出是否实施ERP项目的正确决策。

（3）软件选型。ERP软件的开发商很多，有国内的也有国外的，企业要根据国情（如财务会计准则等）、行业、企业等实际情况选择。

（4）项目组织。ERP系统是一个大型的系统工程，需要组织上的保证，组织应该由三层组成。①领导小组，由企业的一把手牵头，并与系统相关的副总一起组成领导小组，注意人力资源的合理调配。②项目实施小组，由项目经理来领导，其他成员应当由企业主要业务部门的领导或业务骨干组成。③业务组，每个业务组必须有固定的人员，针对业务上的问题寻求解决方案，并用新的业务流程来验证，最后同实施小组一起制定新的工作规程和准则。

（5）数据准备。在运行ERP系统之前，需要录入大量的基础数据，包括产品、工艺、各种原材料的基本信息、库存信息等，还包括一些参数的设置，如财务信息、需求信息。

2. 实施准备阶段

（1）系统安装调试。

（2）软件原型测试。全系统的测试需要各部门的人员同时参与，才能理解各个数据、功能和流程之间的相互关系。找出不足，提出方案，以便二次开发。

3.模拟运行及用户化

这一阶段的目标和任务是模拟运行及用户化、制定工作准则与工作规程、验收。

4.切换运行和新系统运行阶段

需要注意的是，在整个实施过程中，培训工作是贯彻始终的。每个阶段的培训，如软件产品培训、程序员培训等都是至关重要的。员工才是最终操作者，他们对ERP系统及所要求的硬件有一定的了解，才能保证系统的最终顺利实施和应用。

小思考6-2

为了更好地实现业务管控，某集团引进了用友NC-ERP系统，目前为止有52个子公司上线。该系统拥有110多个业务子模块，设置了150多个业务流程，建立了270多个系统电子台账、300多张系统报表。该系统真正实现了财务业务一体化、订单生产集成化、客户和供应商协同化、生产与管理对接数字化、高层战略决策智能化。

请思考，用友NC-ERP系统的引进会给该集团的业务开展带来哪些改变？

答：第一，规范基础，实现精细化管理。第二，加强协同，实现企业一体化供应链。第三，加强管控，降低经营风险。

【实训材料及实训要求】

1.学习MRPⅡ、ERP系统在物流部门是怎样运用的，根据自己体会写一份实习报告。

2.结合A产品的结构图（如图6-9所示），说明MRP系统的运算逻辑步骤。

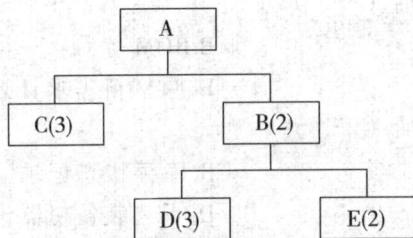

```
            ┌─────┐
            │  A  │
            └──┬──┘
         ┌─────┴─────┐
     ┌───┴──┐    ┌───┴──┐
     │ C(3) │    │ B(2) │
     └──────┘    └───┬──┘
              ┌──────┴──────┐
          ┌───┴──┐      ┌───┴──┐
          │ D(3) │      │ E(2) │
          └──────┘      └──────┘
```

图6-9　A产品结构图

3.某书城成立于2003年10月8日，是一座大型的综合图书卖场。书城全面实行智能化管理，现有员工128名，经营面积4 000平方米，经营图书及音像制品10万余种，流动图书品种20万种，年销售额2 500万元，同全国500多家出版社建立了良好的合作关系。图书物流进、销、运、转实行计算机管理，图书到货及时，准确快捷。书城的图书货源由市新华书店物流中心统一采购、配送，物流中心业务部和全国各出版社直接联系，没有其他渠道货源。强大的资金支持、货源保障和信誉保证，严谨规范的管理体系和技术支持是与客户合作的基础，书城的品牌形象和品牌信誉是客户选择的最好理由。

老师讲解企业运营模式以及运营规则。将学生划分为4人小组，4个人分别担任不同的职务，完成下列任务：书城基本信息的录入（包括各种基本参数设置与期初开账）；根据当前的销售预测及销售订单，制订主生产计划，并且将维护后的主生产计划信息发放生成工单；根据已生成的工单进行物料需求计划计算，并且通过计算库存不足的数量，生成采购计划；再将维护后的采购计划信息发放生成采购单。

［项目总结］

本项目涉及的知识点包括：企业为什么需要实施 MRP，MRP 的基本思想和功能；MRP 的编制方法；MRP、MRP Ⅱ、ERP 的发展过程；MRP Ⅱ、ERP 的功能、特点及实施过程。通过实训练习，增强学生对 MRP、MRP Ⅱ、ERP 的理解和认识，并指导如何在企业中运用和实施。

［项目测试］

□判断题

（1）市场上对企业产品的需求确定后，原材料、零部件的需求可以通过 MRP 计算得到。   （ ）

（2）BOM 就是简单地表示产品所需要的物料种类和数量的一个图或列表。 （ ）

（3）主生产计划针对的是最终产品，具有相关需求特性。   （ ）

（4）制造资源计划（MRP Ⅱ），是由闭环 MRP 进一步发展，将采购、生产、销售、财务、工程技术等子系统相结合而形成的。   （ ）

（5）ERP 系统把客户需求和企业内部的制造活动以及供应商的制造资源整合在一起，形成一个完整的供应链，并对供应链上的所有环节进行有效的管理。（ ）

□选择题

（1）MRP 系统的输入包括（   ）。

A.MPS   B.BOM

C.库存记录   D.原材料需求计划

（2）MRP 系统的输出包括（   ）。

A.零部件投入出产计划   B.库存状态记录

C.原材料需求计划   D.工艺装备机器设备需求计划

（3）制造资源计划（MRP Ⅱ）中制造资源包括（   ）。

A.企业的物料   B.企业的人员

C.企业的资金   D.生产的设备

（4）MRP Ⅱ 的实施条件有（   ）。

A.客观需要

B.组成以企业主管领导为首的决策机构

C.完整和准确的数据

D.提高员工队伍素质

（5）ERP 系统的功能模块一般有（   ）。

A.系统管理模块、财务管理模块   B.生产与运作管理模块

C.生产资源管理模块   D.销售与分销管理模块

E.人力资源管理模块   F.质量管理模块

□ **简答题**

（1）为什么一般制造企业的大多数物料（零部件）应当用MRP系统来控制？

（2）MRP系统的三项主要输入是什么？

（3）如何确定零部件及最终产品的总需求量？

（4）预计到达量和计划订货到达量两者含义有何不同？

（5）MRPⅡ和ERP有何异同？

□ **案例分析题**

案例1：A公司计算机管理系统的应用

A公司是一家生产电子产品的公司，产品特点是品种多、批量大。在没有应用计算机管理系统之前，管理工作十分繁杂，管理人员经常加班，仍不能满足企业的要求；生产及物料控制部（product material control，PMC）每次制订生产计划都需要人工计算生产用料单，花费大量的时间清查现有库存，计算缺料等；材料品种多，进库、出库、调拨的频繁操作也使得仓库的管理工作量十分大；人工误差导致库存数量的不准也影响到生产发料；停工待料现象经常发生，因而也影响到生产交货的及时性。供应商的交货信息、客户的发货情况不能及时反馈到财务部门。各个部门各自为政，信息交流滞后，严重影响经营决策，整个企业的管理比较杂乱。

公司使用软智ERP/MRP管理系统后，PMC人员制订一个生产计划的时间由原来的2天变为十几秒钟，自动生成的生产发料单又快又准，材料仓库的进货可在第一时间自动补充生产缺料，使生产得以顺利进行，管理人员再不用为下达生产计划而忙得团团转，生产状况得到极大的改善。企业的销售、采购、客户、供应商以及应收、应付信息联系得更加紧密；通过基础工程数据的实施，使整个公司原来各部门分别组织数据、部门各自为政、相互独立的情况得到了全面的改善，企业的数据统一组织和管理，不再受部门分工界限的限制，达到了企业信息管理的规范化和标准化，信息的高度集成使企业的管理面目焕然一新。企业的销售、供应、生产计划、库存各个系统协同运行，有效地缩短了计划的编制周期，提高了物资采购的计划性和准确性，彻底解决了生产缺料和库存物料积压过多两个方面的矛盾，也消除了生产线停工待料的现象。

总之，在A公司使用计算机管理系统后，管理人员的工作效率得到了极大提升，产品质量稳步提高，这些都得到了客户的好评，大大提升了公司产品的市场占有率，公司的经营状况越来越好。

问题：A公司计算机管理系统使用前后有变化吗？如有变化，为什么会产生这样的变化？

案例2：哈药集团成功将ERP应用于企业管理与控制

为了应对市场竞争提出的挑战，哈药集团决心强化内部管理与控制，进而提升企业的综合竞争实力。为此，哈药集团决定实施完整、集成的ERP，并于2002年10月开始，在哈药集团制药总厂正式实施电子商务套件。ERP使哈药集团制药总厂实现了真正的信息共享，过去管理者只能被动地看到业务结束后的统计结果，而现在能够全程监控业务处理过程，从而使销售趋势分析、市场战略制定和生产计划编排更加准确和有实效性。ERP帮助哈药集团制药总厂实现了系统采购订单的自动限价管理，对于管理采购价格、降低采购成本，起到了至关重要的作用。同时，ERP的实施有利于压缩采购提前期，有利于查询各种原材料在各时期价格，快速出具各种报表，有利于领导的查询分析。

在此之前，材料采购的财务处理方法是在材料到达工厂后，经化验合格再记账。这样既不能真实反映企业的负债情况，也不能通过财务账来管理材料入库情况。实施ERP系统后，对于每发生一项采购业务，系统内会形成一个相对应的会计分录，在发票报账时，通过财务人员对发票的匹配自动核销应计负债，这种方式可以真实地反映企业的负债情况。

过去哈药集团制药总厂出报表的模式为：先由各个部门分头收集、整理数据，收集完毕后再由主管部门手工制表。一方面不适时，另一方面各阶段的人为因素造成报表的准确性差。而现在通过ERP，月末最后一天17时以后相关领导和各相应部门即可查看、打印经营周报，报表数据都是由系统自动处理，其准确性与手工报表不可同日而语。

目前哈药集团已经完成了制药总厂全部21个生产部门的ERP上线工作，使生产信息能及时地、自动地、有效地存储和输出，物流按实际的流动在系统内得到真实的体现。通过系统可以随时了解生产部门的生产进度、库存情况，查看生产部门过去的生产数据，提取生产部门的各项数据进行财务结算，监控部门的生产任务消耗，控制生产配方的执行，查看车间当月的成品完成情况和领料情况等，从而使企业各级管理人员能够快速科学地管理和指导生产部门的生产。

资料来源 徐效鹏. 哈药运营的实时配方：提前12天看到经营月报 [EB/OL]. [2022-11-29]. http：//www.rs66.com/a/11/36/hayaoyunyingdeshishipeifang_tiqian12tiankandaojingyingyuebao_41913.html.引文有删减。

问题：（1）哈药集团制药总厂实施ERP后获得了哪些成效？
（2）结合案例和本项目内容，谈谈ERP系统能给企业的管理带来哪些好处。

[学思践悟]

美的：数字化转型"三级跳"

美的是一个容易让人误读的公司。

你可能认为美的是家电企业，因为美的空调、冰箱、洗衣机和小家电在你身边无处不在。的确，美的是中国最大的家电企业之一，但在美的集团内部，以家电为主要业务的智能家居板块只是其五大事业群之一。除了智能家居之外，美的集团还有机电、暖通与楼宇、机器人与自动化、数字化创新业务四大板块，比如全球知名的工业机器人库卡（KUKA）就是美的集团的子公司。你也可能认为美的是传统的制造型企业，因为大多数制造企业都很传统。但如果你去美的工厂转转，肯定会对美的智能工厂的数字化程度感到震撼。如今，美的已经是一家数字化、智能化驱动的科技集团，拥有数字驱动的全价值链及柔性化智能制造能力。美的不仅自己在数字化转型，还创立了一家名为美云智数的公司，对外输出数字化转型解决方案。

为了方便理解，我把美的数字化转型的5个阶段合并为3个阶段，分别称为数字化转型1.0、2.0和3.0。其中，第2阶段的"+互联网"和第3阶段的"C2M"（消费者到生产者）统称为数字化2.0，第4阶段的"工业互联网"和第5阶段的"数智驱动"统称为数字化3.0。

资料来源　陈雪频.9年投入超过120亿，美的数字化转型"三级跳"[J].上海国资，2021（9）.

延伸阅读

9年投入超过
120亿美的
数字化转型
三级跳

质量管理与控制

[学习目标]

通过本项目内容的学习，你应该达到以下目标：

知识目标：

◎ 了解质量管理的发展历程、要求及内容；

◎ 掌握全面质量管理的内涵及PDCA循环工作法；

◎ 掌握质量成本与控制的要求和方法；

◎ 了解ISO 9000族标准的内涵及质量认证的状况、程序、方法；

◎ 掌握质量分析与控制常用的一些方法。

技能目标：

◎ 能使用质量管理的工具对企业进行质量管理；

◎ 能组织质量认证审核。

素养目标：

◎ 培育"工匠精神"和时代责任感。

引例

海尔严格的质量管理

　　海尔之所以能成为行业领军企业，除了得益于雄厚的技术实力和以高科技新产品创造市场的经营理念作为坚实的基础外，还得益于其严格的质量管理。这是因为，产品质量和经济效益是辩证统一的，没有好的质量就没有好的经济效益。倘若一个企业在质量上不追求完美，那么它所做的一切工作就不能令顾客满意。而追求完美的质量又是一种管理的艺术，如果企业能建立正确的观念并且执行有效的质量管理计划，就能预防不良产品的出现，使工作充满乐趣，就不会让管理者为整天层出不穷的质量问题而头痛。在这一点上，海尔砸冰箱的做法就令世人折服。同时，海尔为了抓好冰箱质量管理，制定了一套易操作的以"价值券"为中心的量化质量考核体系，行使"质量否决权"。简单来说，如果干一件得一分钱的活，干坏了一件则罚一元钱，即干坏一件等于白干了100件，并即时兑现。"质量否决权"的管理方式在每一位员工心里深植了"质量第一"的观念。生产中，职工把每一道工序都想象成用户，产品依次流转，质量层层把关，环环扣紧，保证了出厂的都是全优的产品。海尔人本身就愿意把产品的高质量作为其为用户提供优质服务的前提。他们认为，高质量的产品为企业赢得了更大的市场份额，企业才会在实力不断壮大的基础上投入更多的人力、物力、财力去建设完善的服务网络，以不断创新的服务形式直接与消费者进行面对面的交流与沟通。通过定期与不定期上门回访，将用户的最新需求及在使用过程中发现的质量问题以最直接的渠道反馈给企业，如此一来，产品与服务质量的不断提高形成了一种良性的循环发展态势。一时的好质量，不是永久的好质量。只有质量管理理念不断提高，不断深化，才可以获得质量提升而成本降低的效果，也才能够为顾客创造更大的利润空间。

这一案例表明：质量是企业的生命。一个企业要想在激烈的市场竞争中取胜，必须树立"质量第一"的观念，以质量为核心，同时实行顾客需求管理，积极贯彻 ISO 9000 标准，采用切实可行的管理方法进行质量管理与控制。

当前，在世界范围内，不论是发达国家还是发展中国家，都深刻地感受到提高质量的紧迫性，人们把质量视为参与国际市场竞争的通行证。随着制造全球化和信息网络化的发展，以及国际经济贸易多元化、多层次和多形式的激烈竞争，如何保证并不断地提高产品的质量已成为关系到企业能否在激烈的竞争中生存并得以发展的关键。质量问题因而成为生产与运作管理中的突出问题。

基础知识 //////////。。。。。。。。

知识点 1：质量管理概述

一、质量的含义

在生产发展的不同历史时期，人们对质量的理解随着科学技术的发展和社会经济的变化而有所变化。自从美国贝尔电话研究所的统计学家休哈特（W.A.Shewhart）博士于 1924 年首次提出将统计学应用于质量控制以来，质量管理的思想和方法得到丰富和发展。一种新的质量管理思想和质量管理方式的提出，通常伴随的是对质量概念的重新理解和定义，美国质量管理专家朱兰（Joseph H.Juran）博士把新产品质量定义为"质量就是使用性"；克劳斯比（Philip Crosby）则把产品质量定义为"产品符合规定要求的程度"；现代管理科学对于质量的定义涵盖了产品的"适应性"和符合"规定性"两方面的内容。ISO 9000 系列国际标准（2000 版）中关于质量的定义是："质量（quality）是一组固有特性满足要求的程度"，"要求"是指"明示的、通常隐含的或必须履行的需求或期望"。

1. 质量的特性

随着 ISO 9000 标准在企业中的广泛应用，ISO 9000 标准关于质量的定义逐渐为越来越多的人所接受。上述定义可以从以下几方面来理解：

质量不仅是指产品质量，也可以是某项活动或过程的工作质量，还可以是质量管理体系运行的质量。质量是由一组固有特性组成，这些固有特性是指满足顾客和其他相关方的要求的特性，并由其满足要求的程度加以表征。

特性是指区分的特征。特性可以是固有的或赋予的，可以是定性的或定量的。质量特性是固有的特性，并且是通过产品、过程或体系设计和开发及其后之实现过程形成的属性。

满足要求就是应满足明示的（如合同、规范、标准、技术、文件、图纸中明确规定的）、通常隐含的（如组织的惯例、一般习惯）或必须履行的（如法律、法规、行业规则）需求和期望。顾客和其他相关方对产品、过程或体系的质量要求是动态的、发展的和相对的。

在这个定义中，所指的"固有的"（其反义是"赋予的"）特性是指在某事或某物中本来就有的尤其是那种永久的特性，包括产品的适用性、可信性、经济性、美观性和安全性等。

（1）适用性。适用性是指产品适合使用的特性，包括使用性能、辅助性能和适应性。注意产品的使用性能与产品的功能的区别，即产品的功能反映产品可以做什么，产品的使用性能是指产品做得怎么样；辅助性能是指保障使用性能发挥作用的性能；适应性是指产品在不同的环境下依然保持其使用性能的能力。如一辆轿车，其有无天窗属于汽车的功能范畴，不属于质量范畴，天窗是否好用是否漏水则属于使用性能问题，属于质量范畴；一块手表计时是否准确属于使用性能范畴，是否带有夜光功能则属于辅助性能范畴，是否提供水下 30 米防水功能则是适应性范畴。

（2）可信性。产品的可信性包括可靠性和可维修性。可靠性是指产品在规定的时间内在规定的使用条件下完成规定功能的能力，它是从时间的角度对产品质量的衡量。可维修性是指产品出现故障时维修的便利程度。对于耐用品来说，可靠性和可维修性是非常重要的，如汽车的首次故障里程、平均故障里程间隔、车体结构是否易于维修等都是顾客十分重视的质量指标。

（3）经济性。产品的经济性是指产品在使用过程中所需投入费用的大小。经济性尽管与使用性能无关，但是消费者所关心的。如空调是一种需要消耗电能的产品，在达到同样的制冷效果下能耗越低给顾客带来的节约就越大；洗衣机则是一种需要大量消耗水的产品，在达到同样洗净比的前提下，用水越少则其经济性越好。

（4）美观性。产品的美观性是指产品的审美特性与目标顾客期望的符合程度。顾客通常不会对一种产品的审美特性提出具体要求，但当产品的外观、款式、颜色不符合顾客的审美要求时，顾客就会排斥这种产品；当产品的外观、款式、颜色符合顾客的审美要求时，顾客就会被这种产品所吸引。如瑞士斯沃琪手表的成功更多地应归功于其对顾客审美需求的准确把握。

（5）安全性。产品的安全性指产品在存放和使用过程中对使用者的财产和人身不会构成损害的特性。不管产品的使用性能、经济性等如何，如果产品存在安全隐患，那不仅是消费者所不能接受的，政府有关部门也会出面干涉或处罚生产企业。对于家用电器、汽车、工程机械、机床设备、食品、医药等，安全性是一个特别重要的质量指标。

因此，对产品质量的评价判断可以从以上五个方面来综合考虑。当然，对于不同的产品来说，质量的内涵可能有所偏重，有的产品如易耗品不需要考虑可维修性的问题，有的产品如复印纸不需要考虑安全性的问题，有的产品如地下供热管道则无须过多考虑美观性的问题。从企业的角度来看，必须深入识别顾客对产品质量特性的关注重点，避免闭门造车，防止在顾客关心的质量特性方面投入不足、在顾客不重视的质量特性方面投入过多的情况发生。

案 例 7-1

理所当然的质量特性与富有魅力的质量特性

企业应注意理所当然的质量特性与富有魅力的质量特性的区别。如果企业的产品仅仅具有理所当然的质量特性，只能保证顾客不会不满意，但无法保证顾客满意；只有具有富有魅力的质量特性，产品才会有吸引力，企业才会赢得忠诚顾客。如果企业满足于理所当然的质量特性表现，那么企业的质量管理工作就可能出现事倍功半甚至适得其反的效果。有家钟表制造企业在深陷亏损困境之时，其质量部门负责人还坚持认为企业亏损的原因在于产品质量太好、产品太耐用导致的顾客需求不旺，殊不知这位质量负责人所指的质量仅仅是理所当然质量的一个方面，难怪企业无法吸引更多的顾客。

理所当然的质量特性和富有魅力的质量特性不是一成不变的，随着时间的推移和社会的进步，原来富有魅力的质量特性会逐渐变为理所当然的质量特性而不再具有吸引力。例如，早在1908年，通用汽车公司的工程师们在皇家汽车俱乐部会员们的面前拆解了3辆凯迪拉克轿车，并把这些零件混在一起，而后从中选择零件重新组装成车，然后驾车绝尘而去。这令在场的会员极为震惊，认为凯迪拉克轿车质量之高令人惊叹。显然在当时，汽车零件具有互换性是一种了不起的质量特性，是一种富有魅力的质量特性，这也是福特公司的N型车和T型车取得辉煌成功的重要原因。然而时至今日，即使农用三轮车的零部件也具有极高的互换性，零部件的标准化和互换性已经是理所当然的事情，不再是吸引顾客的富有魅力的质量特性。因此，任何企业都不能一味抱着过去的成功模式不放，需要积极寻求并打造富有魅力的质量特性。

2. 工作质量和工程质量

在质量管理过程中，"质量"的含义是广义的，除了产品质量之外，还包括工作质量和工程质量等。质量管理不仅要管好产品本身的质量，还要管好质量赖以产生和形成的工作质量，并以工作质量为重点。工作质量一般指与质量有关的各项工作对产品质量、服务质量的保证程度。工作质量涉及各个部门、各个岗位工作的有效性，同时决定着产品质量和服务质量。然而它又取决于人的素质，包括人员的质量意识、责任心、业务水平。其中，最高管理者的工作质量起主导作用，一般管理层和执行层的工作质量起保证和落实作用。

工程质量是指服务于特定目标的各项工作的综合质量。工程质量是产品质量的保证，产品质量是工程质量的体现，因此质量管理工作应着眼于对工程质量进行管理。对质量定义的认识将决定管理质量的工作内容和工作质量。一些企业内部对质量理解不正确、不全面或者不统一，在一定程度上影响了质量工作的效果。

案 例 7-2

某集团的全员工作质量原则

提高工作质量是某集团实现腾飞的迫切要求。集团实践告诉我们，强调执行质量职能是全体人员的责任，全体人员都必须具有质量意识和承担质量责任。该集团制定了以下提高全员工作质量的八项原则：

（1）准确性——符合有关标准、规范、程序等的程度。准确性是工作质量的基本特征。

（2）时间性——工作要及时、准时和省时。及时是遇事不拖延，马上就办；准时是按时完成任务，保证总体节奏的平稳；省时是效率要高，以较少的时间完成较多的工作量。

（3）经济性——在人力、财力、物力诸方面，投入要少，产出要多。每做一项工作，不仅要达到预期效果，而且应设法减少消耗，降低成本，做到少花钱，多办事。

（4）有效性——满足预期功能，实现经济效益和社会效益的程度。例如设计某种工具，不仅要看能否用于生产，而且要看有无经济效益和社会效益。

（5）主动性——发挥人的主观能动性，必须调动全体人员的积极性，使之做到"我要干"，而不是"要我干"。对于管理、辅助系统及其成员来说，工作内容不像生产系统那样明确直观，强调主动性就更有必要。

（6）服务性——提供优质服务。企业是一个整体，企业与下属各部门、部门与部门之间，员工与员工之间都处在相互关联之中。每个部门或每个人的工作都需要相互支持、协作和服务，这样才能促进全员工作质量的提高。

（7）文明性——符合政策、法规和职业道德的要求。

（8）安全性——工作不能危及人身和财产的安全。

工作质量不仅涉及各个方面的工作，而且涉及工作内在的诸多属性。为此，必须实行科学的管理，才能取得良好的工作质量。

二、质量管理概述

1.质量管理的含义

质量管理（quality management）是指导和控制组织的与质量有关的相互协调的活动。指导和控制组织的与质量有关的活动，通常包括质量方针和质量目标的建立、质量策划、质量控制、质量保证、质量改进。质量管理是以质量管理体系为载体，通过建立质量方针和质量目标，并为实施规定的质量目标进行质量策划、实施质量控制和质量保证、开展质量改进等活动予以实现的。质量管理涉及组织的各个方面，能否有效地实施质量管理关系到组织的兴衰。

2.质量管理的发展

20世纪，人类跨入了以"加工机械化、经营规模化、资本垄断化"为特征的工业化时代。在过去的整整一个世纪中，质量管理的发展大致经历了三个阶段：

（1）质量检验阶段（20世纪20—30年代）。

20世纪初，人们对质量管理的理解还只限于质量检验。质量检验所使用的手段是各种检测设备和仪表，方式是严格把关，进行百分之百的检验。质量检验是在成品中挑出废品，以保证出厂产品的质量。但这种事后检验把关，无法在生产过程中起到预防、控制的作用。废品已成事实，很难补救。而且，百分之百的检验毫无疑问会增加检验费用。当生产规模进一步扩大，达到大批量生产的情况下，其弊端就凸显出来。一些著名统计学家和质量管理专家注意到质量检验的问题，尝试运用数理统计学的原理来解决，使质量检验既经济又准确。1924年，美国的休哈特博士提出了控制和预防缺陷的概念，并成功地创造了"控制图"，把数理统计方法引入质量管理中，将质量管理推进到新阶段。

（2）统计质量控制阶段（20世纪40—50年代）。

157

统计质量控制形成于20世纪40—50年代，主要代表人物是美国贝尔公司的工程师休哈特、道奇和罗米格等。第二次世界大战开始以后，统计质量管理得到了广泛应用。由于战争的需要，美国军工生产快速发展，尽管增加了大量检验人员，产品积压待检的情况还是日趋严重，又不得不进行无科学根据的检查，结果不仅废品损失惊人，而且在战场上经常发生武器弹药的质量事故，对士气产生极坏的影响。在这种情况下，美国军政部门组织一批专家和工程技术人员，于1941—1942年间先后制定并公布了Z1.1《质量管理指南》、Z1.2《数据分析用控制图》和Z1.3《生产过程中质量管理控制图法》，在生产武器弹药的工厂强制推行，并收到了显著效果。第二次世界大战结束后，美国许多企业扩大了生产规模，除原来生产军火的工厂继续推行质量管理的统计方法以外，许多民用工业企业也纷纷采用这一方法，美国以外的许多国家，如加拿大、法国、德国、意大利、墨西哥、日本也都陆续推行了统计质量管理，并取得了成效。

统计质量管理也存在缺陷，它过分强调质量控制的统计方法，使人们误认为"质量管理就是统计方法"，"质量管理是统计专家的事"，使多数人感到高不可攀、望而生畏。同时，它对质量的控制和管理只局限于制造和检验部门，忽视了其他部门的工作对质量的影响。这样就不能充分发挥各个部门和广大员工的积极性，制约了它的推广和运用。随着这些问题的逐步解决，质量管理又被推进到一个新的阶段。

（3）全面质量管理阶段（20世纪60年代至今）。

科学技术和工业生产不断发展，促使对质量的要求越来越高。20世纪50年代以来，火箭、宇宙飞船、人造卫星等大型、精密、复杂的产品出现，对产品的安全性、可靠性、经济性等提出越来越高的要求，质量问题就更为突出。人们运用"系统工程"的概念，把质量问题作为一个有机整体加以综合分析研究，实施全员、全过程、全企业的管理。最早提出全面质量管理概念的是美国通用电气公司的质量经理菲根鲍姆。1961年，他出版了《全面质量管理》一书，该书强调执行质量职能是公司全体人员的责任。他提出："全面质量管理是为了能够在最经济的水平上和充分满足用户要求的条件下进行市场研究、设计、生产和服务，把企业各部门的研制质量、维持质量和提高质量活动构成一体的有效体系。"

3. 质量管理的基本过程

质量管理的基本过程大体上包括生产前——产品设计开发过程的质量管理、生产中——生产过程的质量管理、生产后——服务过程的质量管理。

（1）产品设计开发过程的质量管理。

产品的设计开发是一个复杂的过程，要同时满足来自用户和制造两方面的要求，所以对其质量进行管理和控制特别重要。在进行产品的设计开发时，应清楚顾客需要什么样的产品和服务。正确识别用户的明确要求和潜在要求是产品的设计开发阶段进行质量管理的首要任务，也是确定新产品开发和设计的依据。识别的整个过程就是大量收集情报并进行系统分析。

案例 7-3

ZZ公司如何控制设计质量？

产品的技术水平、档次、适用性主要取决于开发设计。在市场经济条件下，为适应电子产品技术更新与市场需求变化的快节奏，ZZ公司在开发新产品抢占市场上投入了很大的人力、物力、财力，通过增加新产品的投入，保证研制经费，引进技术人才，配备研制、实验的技术装备，使新产品产值率达 80% 以上，为公司赢得了显著的经济效益。

在新产品开发中，严格控制设计质量，实施设计验证和设计评审，对评审、验证中发现的问题认真组织质量改进，没有解决不转入下一工序，保证产品上线不带遗留问题。在新产品投入批量生产前，组织"投产前准备状态检查"，通过对产品的技术状态和质量水平，生产线的保证能力和质量控制、质量责任分配等内容审定，并经公司开发部、生产部和质量部的领导审批方可投入批量生产。

ZZ 公司在新产品开发中积极采用国际先进标准，根据市场需求和质量竞争的需要制定企业的内控标准，保证了新产品开发的高起点。1994 年、1995 年开发的 29″ 和 34″ 屏幕彩电图像清晰、艳丽、稳定，音质优美、临场感强，并具有多制式、多功能等特点，得到了广大消费者的青睐。

ZZ 公司从新产品设计开始，就重视产品的安全、电磁兼容以及可靠性的设计，重视评审、验证流程，公司开发的各种型号电视产品在投放市场前全部通过安全认证。

产品的设计开发是一个复杂的过程，同时要满足来自用户和制造两方面的要求，所以其质量控制特别重要。设计开发过程要投入很大的人力、物力、财力，增加新产品的投入，保证研制经费。在进行产品的设计开发质量控制时，考虑市场需求、正确识别用户的要求是首要任务，是确定新产品开发和设计的依据。

（2）生产过程的质量管理。

生产过程的质量管理就是建立一个控制状态下的系统。所谓控制状态，就是生产与运作的正常状态，即生产过程能稳定地、持续地生产符合设计质量的产品。生产系统处于控制状态下才能保证合格产品的连续性和再现性。生产制造过程的质量控制包括工艺准备的质量控制、基本制造过程的质量控制、辅助服务过程的质量控制。进行工艺准备的质量控制时，首先要制订制造过程质量控制计划，其次要进行工艺的分析与验证，最后要进行工艺文件的质量控制。基本制造过程的质量管理是指从材料的进厂到最终产品入库的整个过程对产品的质量管理。其基本任务是：严格贯彻设计意图和执行技术标准，使产品达到质量标准；实施制造过程中各个环节的质量保证，以确保工序质量水平；建立能够稳定地生产符合质量水平要求的产品生产制造系统。辅助服务过程的质量管理包括物料供应的质量控制、工具供应的质量控制和设备维修的控制等内容。

（3）服务过程的质量管理。

在服务过程中应提供咨询介绍服务，技术培训服务，包退、包换和包修服务，维修服务，访问服务等以达到质量控制的目的。售后服务的任务就是以上提到的各种服务让顾客满意。售后服务直接面对顾客，服务的质量可以得到直接的反馈，服务质量的好坏往往可以通过顾客的满意度体现出来，而顾客对企业提供的服务是否满意，将会给企业带来极大的影响，这种影响往往是超乎想象的。

售后服务的内容包括：为消费者安装、调试产品；根据消费者要求，进行有关使用等方面的技术指导；保证维修零配件的供应；负责维修服务；对产品实行"三包"，即包修、包换、包退（现在许多人认为产品售后服务就是"三包"，这是一种狭义的理解）；处理消费者来信来访，解答消费者的问题。同时用各种方式征集消费者对产品质量的意见，并根据情况及时改进。客观地讲，优质的售后服务是品牌服务经济的产物，

159

名牌产品的售后服务往往优于杂牌产品。名牌产品的价格普遍高于杂牌产品，一方面是基于产品成本和质量，另一方面是因为名牌产品的销售策略中已经考虑到了售后服务成本。从服务体系而言，产品的售后服务既有生产厂商直接提供的，也有经销商提供的，但更多的是以厂家、商家合作的方式展现给消费者的。无论是消费者还是商家，都应该遵守诚信的原则。

知识点 2：全面质量管理

全面质量管理是组织全体员工和相关部门参加，综合运用现代科学管理技术成果，控制影响质量形成全过程的各因素，以经济的研制、生产和提供顾客满意的产品与服务为目的的系统管理活动。全面质量管理被提出后，相继为各工业发达国家乃至发展中国家所重视和运用，并在日本取得巨大的成功。多年来，随着世界经济的发展，全面质量管理在理论和实践上都得到了很大的发展，成为现代企业提高竞争力和获得更大利益的经营管理体系的核心。

一、全面质量管理的特点

1. 全面的质量管理

全面的质量管理，即管理的对象——"质量"的含义是全面的，不仅要管产品质量，还要管产品质量赖以形成的工作质量和工程质量。实行全面质量管理，就是为达到预期的产品目标和不断提高产品质量水平，经济而有效地搞好产品质量的保证条件，使工程质量和工作质量处于最佳状态，最终达到预防和减少不合格品、提高产品质量的目的，并要做到成本降低、价格便宜、供货及时、服务周到，以全面质量的提高来满足用户各方面的使用要求。

2. 全过程的质量管理

全过程的质量管理，即全面质量管理范围是全过程的。产品的质量有一个逐步产生和形成的过程，它是经过企业生产经营的全过程一步一步形成的，好的产品质量是设计和生产出来的，而不是仅靠检验得到的。根据这一规律，全面质量管理要求从产品设计、制造到使用的各个环节致力于质量的提高，做到防检结合，以防为主。质量管理向全过程管理的发展，就有效地控制了各项质量影响因素，它不仅充分体现了以预防为主的思想，保证质量标准的实现，而且着眼于工作质量和产品质量的提高，争取实现新的质量突破。根据用户要求，每一个环节都致力于产品质量的提高，从而形成一种更加积极的管理。

3. 全员性的质量管理

全员性的质量管理，即全面质量管理要求参加质量管理的人员是全面的。全面质量管理是依靠全体员工参加的质量管理，质量管理的全员性、群众性是科学质量管理的客观要求。产品质量的好坏，是许多工作和生产活动环节的综合反映，因此它涉及企业所有部门和所有人员。这就是说，一方面，产品质量与每个人的工作有关，提高产品质量需要依靠所有人员的共同努力；另一方面，在这个基础上产生的质量管理和其他各项管理（如技术管理、生产管理、资源管理、财务管理）之间关系密切，它们以质量管理为中心环节相互联系，又相互促进。因此，实行全面质量管理要求企业在集中统一领导下，把各部门的工作有机地组织起来，人人都必须为提高产品质量尽自己的职责。只有人人关心产品质量，都对质量高度负责，企业的质量管理才能搞好，生产优质产品才有坚实的基础和可靠的保证。

4.多方法的质量管理

多方法的质量管理，即全面质量管理的方法是全面的、多种多样的，它是由多种管理技术与科学方法组成的综合性的方法体系。全面、综合地运用多种方法进行质量管理，是科学质量管理的客观要求。现代化大生产和科学技术的发展以及生产规模的扩大和生产效率的提高，对产品质量提出了越来越高的要求。影响产品质量的因素也越来越复杂，既有物质因素，又有人为因素；既有生产技术的因素，又有管理因素；既有企业内部的因素，又有企业外部的因素。要把如此众多的影响因素系统地控制起来，统筹管理，单靠一两种质量管理方法是不可能实现的，必须根据不同情况，灵活运用各种现代化管理方法和措施加以综合治理。

上述"三全一多样"，都是围绕着"有效地利用人力、物力、财力、信息等资源，以最经济的手段生产出顾客满意的产品"这一企业目标的，这是推行全面质量管理的出发点和落脚点，也是全面质量管理的基本要求。坚持质量第一，把顾客的需要放在第一位，树立为顾客服务、对顾客负责的思想，是推行全面质量管理贯彻始终的指导思想。

案例 7-4 ————————————————————————————————

AA塑料彩印有限公司的质量管理

AA塑料彩印有限公司是国内第一家全套引进国外先进凹印技术装备的企业。公司主要经营指标曾连续多年位居全国同行业第一名，并成为中国最大的软包装企业之一，其主导产品有糖果和食品包材、宠物食品包材、药品包材、洗发水包材、洗衣粉包材等。然而，在企业不断发展壮大的过程中，质量问题的短板效应开始逐渐显现。公司产品合格率一直维持在较低的水平，而同期的产品退货率也出现攀升的趋势，不合格和退货的产品逐渐增多，给公司带来了非常大的损失。质量问题日益严峻，引起了公司管理层的高度重视。从2005年开始，公司对质量管理工作进行了大刀阔斧的调整，选拔精干的技术力量充实到公司的质量管理部门，把末端的质量检测工作转变为全过程的质量系统监督，覆盖了原材料审核、设备运行监控、生产过程管理、出厂产品检测等环节，并且建立和落实了系统的质量管理制度。通过这些措施的开展，公司的质量管理工作面貌焕然一新。

现代企业需要满足顾客、员工、所有者、分供方、社会、自然等方面的期望和要求。质量不仅指最终产品的性能指标要求，还包括设计质量、制造质量、使用质量和废弃质量等。同时涉及的人员也不再局限于加工人员、检验人员，而是扩展到整个企业乃至整个社会。一个企业要想在激烈竞争中取胜，必须树立"质量是企业的生命"的观念，强化企业全面质量管理，采用切实可行的管理方法进行质量管理与控制。

二、全面质量管理的基础工作

搞好全面质量管理必须做好一系列的基础工作，这是质量管理工作取得成效、质量体系有效运转的前提和保证。质量管理基础工作的好坏，决定了全面质量管理工作的水平，也决定了企业能否面向市场长期地提供满足顾客要求的产品。全面质量管理的基础工作包括以下几个方面：

1. 质量教育培训工作

质量教育是质量管理重要的一项基础工作。通过质量教育不断增强职工的质量意识，并使之掌握和运用质量管理的方法和技术；使员工牢固地树立"质量第一"的思想，明确提高质量对于整个国家、企业的重要作用，认识到自己在提高质量中的责任，自觉地提高管理水平和技术水平，不断地提高自身的工作质量。在教育和培训过程中，要分析不同层次员工的需求，有针对性地开展教育和培训。

案例 7-5

海尔砸冰箱

事件经过：1985年，海尔从德国引进了世界一流的冰箱生产线。一年后，有用户反映海尔冰箱存在质量问题。海尔公司在给用户换货后，对全厂冰箱进行了检查，发现库存的76台冰箱虽然不影响冰箱的制冷功能，但外观有划痕。时任厂长张瑞敏决定将这些冰箱当众砸毁，并提出"有缺陷的产品就是不合格产品"的观点。为了让员工重视产品质量，张瑞敏带领员工砸掉了自己厂里生产的76台不合格冰箱。张瑞敏抢起大锤这一砸，也让海尔的质量开始出现大的飞跃，一个小小的集体企业，如今发展成了营业额超千亿元的世界排名靠前的白色家电制造商。

可以说，没有张瑞敏当年那一砸，就没有今天的海尔，不过几十年后，当记者来到海尔时，却再次看到了砸冰箱的场景，这究竟是怎么回事呢？

多年前张瑞敏砸冰箱的行为，在当时来看是一个非常不平凡的举动，他不仅砸出了员工的质量意识，也让市场认识了海尔的产品。几十年后，记者再来到海尔的厂房时，却听见这种砸击声和撞击声依然不绝于耳，所不同的是，它已经成为企业的一种日常行为，成为每一个产品在出厂前必须要面临的一次"毕业考试"。

在海尔的质量控制中心，记者看到，海尔产品的各种样品都在这里经受着"酷刑"，有人在用130多千克的铁锤重压洗衣机，有人把冰箱从斜坡扔下，还有机械手在模拟人手上万次地敲击电脑键盘和开关冰箱门，甚至还有人给冰箱盖上了棉被、给洗衣机淋起了雨。工作人员告诉记者，所有的这些破坏性的实验都是为了最大限度地提高产品质量。

海尔砸冰箱事件不仅改变了海尔员工的质量观念，为企业赢得了美誉，而且反映出中国企业质量意识的觉醒，对中国企业及全社会质量意识的提高产生了深远的影响。

2. 标准化工作

标准化工作主要是指制定标准、组织实施标准和对标准的实施进行监督检查。对于企业来说，从原材料进厂到产品生产、销售等环节都要有标准，不仅有技术标准，而且要有管理标准、工作标准等，要建立一个完整的标准化体系。

3. 计量工作

计量工作是保证产品质量的重要手段。做好计量工作，保证计量的量值准确和统一，确保技术标准的贯彻执行，保证零部件互换，是质量管理的一项重要基础工作。计量工作所必需的量具和化验、分析仪器仪表等要配备齐全，根据不同情况选择正确的测定计量方法。因此，企业应设立计量机构和配备计量人员，建立必要的计量管理制度，以充分发挥其在质量管理中的作用。

4. 质量信息工作

质量信息是质量管理的耳目，也是一种重要的资源。它是改进产品质量、改善各环节工作质量最直接的原始资源和信息来源。要组织好企业内外信息反馈，正确认识影响质量各因素变化和质量波动的内在联系，掌握和提高产品质量的规律。要使质量信息工作在质量管理中发挥其应有的作用，应做到以下几点：首先，应建立企业的信息中心和信息反馈系统；其次，质量信息要实行分级管理，而且要有专人负责，特别要抓好基层的信息管理，认真做好原始记录并及时上报；最后，要有一定的考核制度，才能保证信息系统的正常运行。

5. 企业内部的质量责任制

企业内部的质量责任制是企业经济责任制的重要组成部分，要求把与质量有关的各项工作和广大员工的积极性结合起来，形成一个严密的质量体系。要有明确的职责和权限，要建立一套相适应的质量责任制度，并与经济责任制紧密结合起来，使每个员工都明确自己该做什么、怎么做、负什么责任、做好的标准是什么，做到人人心中有数，为保证和提高产品质量（或服务质量）提供基本的保证。

6. 文明生产

若没有起码的文明生产条件，企业的质量管理就无法进行。要充分发挥广大员工的聪明才智和当家做主的进取精神。群众性质量管理活动是文明生产的一个重要方面，其重要形式之一是质量管理小组。除了质量管理小组之外，还有很多群众性质量管理活动，如合理化建议制度、与质量相关的劳动竞赛等。总之，企业应该发挥员工的创造性，采取多种形式激发全员参与全面质量管理的积极性。

三、全面质量管理的工作方法——PDCA循环

PDCA循环也称戴明环，是美国质量管理专家戴明博士首先提出的，它是全面质量管理所应遵循的科学程序。全面质量管理活动的全部过程，就是质量计划的制订和组织实现的过程，这个过程就是按照PDCA循环。PDCA是英语单词plan（计划）、do（执行）、check（检查）和action（处理）的第一个字母，PDCA循环就是按照这样的顺序进行质量管理，并且循环不止地进行下去的科学程序。在质量管理中，PDCA循环得到了广泛的应用，并取得了很好的效果，因此有人称PDCA循环是质量管理的基本方法。

1. PDCA循环的四个阶段

P——代表计划阶段。这个阶段是决定质量管理的目标和怎样实现目标。

D——代表执行阶段。这个阶段是要严格按照计划规定的目标和具体方法去做实实在在的质量管理工作。

C——代表检查阶段。这个阶段就是检查D阶段是否完成了P阶段的目标，是否达到了预期效果。

A——代表处理阶段。这个阶段也可以叫"总结"阶段。对于从D阶段中得出的成功的经验或失败的教训，是经验就纳入标准化，是教训就作为遗留的问题，转入下一个循环去解决。

PDCA循环作为科学的管理程序，四个阶段是相辅相成、缺一不可的，而且先后顺序不得颠倒。PDCA循环法充分体现了全面质量管理方法与传统的质量管理方法的差异性，

是把质量管理工作推向标准化、规范化工作轨道的金钥匙，是把各种质量管理方法融为一体的枢纽。PDCA 循环的具体步骤如图 7-1 所示。

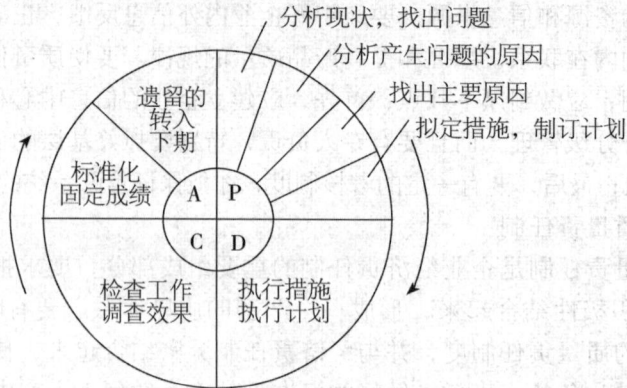

图7-1　PDCA循环的具体步骤示意图

2. PDCA 循环特点

（1）大环带小环。如果把整个企业的工作作为一个大的 PDCA 循环，那么各个部门、小组还有各自小的 PDCA 循环，就像一个行星轮系一样，大环带动小环，一级带一级，有机地构成一个运转的体系，如图 7-2 所示。

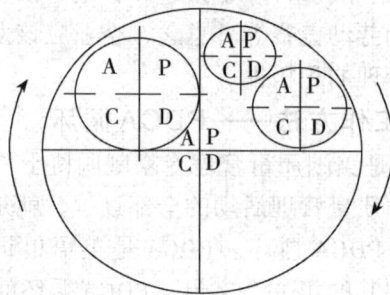

图7-2　大环带小环

（2）阶梯式上升。PDCA 循环不是在同一水平上循环，每循环一次，就解决一部分问题，取得一部分成果，工作就前进一步，水平就提高一步。到了下一次循环，又有了新的目标和内容，更上一层楼。图 7-3 表示了这个阶梯式上升的过程。

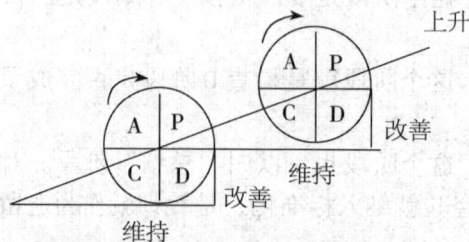

图7-3　PDCA循环阶梯式上升

（3）科学管理方法的综合应用。PDCA 循环应用以质量统计控制工具为主的统计处理方法以及工业工程中工作研究的方法，作为进行工作和发现、解决问题的工具。

PDCA循环是有效进行任何一项工作合乎逻辑的工作程序。在质量管理中得到了广泛的应用，并取得了很好的效果。之所以将其称为PDCA循环，是因为四个运行过程不是运行一次就完结，而是周而复始，直到彻底解决质量问题。

技能实训

实训1：质量统计工具的运用

【实训目标】

提高学生解决质量管理实际问题的能力；针对问题应用所学质量管理统计工具进行分析，提出解决方案；进一步加强对本项目所学习的质量分析工具的理解和应用；尽可能多地使用本项目所学的质量分析工具，设计出的方案思路清晰、内容可行，语言文字表述简洁准确。

【相关知识】

在一些企业中总有一部分人，当工作中出了问题时，不是想办法解决问题，而是找借口推卸责任。我们经常听到这样的话："我这道工序难度大，而且老出问题，不是产量低就是废品多，这对我太不公平了。""我已经尽力了，质量仍不过关，我有什么办法？""我们以前都这么做了，出了问题与我无关。"

企业要提高产品质量，就要清楚出现这些问题的原因是什么。有些问题不是一下子就能看出来，往往要根据生产数据、应用统计方法进行分析与控制。质量管理中应用的数理统计方法很多，有的涉及较深的数学理论和较难的运算方法，需要有经过专门训练的人才能熟练掌握。但对常用的方法，如果能熟练地加以运用，质量管理中的大部分问题都可以得到解决。在质量管理中，这些常用的数据统计工具有统计调查分析表法、分层法、排列图法、因果图法、直方图法、散点图法和控制图法等。

一、常用的质量统计工具

1.统计调查分析表法

统计调查分析表法是利用统计图表进行数据整理和原因分析的一种工具。其常用类型有缺陷位置检查表、不合格品分项检查表、频数分布表。

（1）缺陷位置检查表。缺陷位置检查表将所发生的缺陷标记在产品或零件图的相应位置上，并附以缺陷的种类和数据记录。

（2）不合格品分项检查表。不合格品分项检查表将不合格品按其种类、原因、工序、部位或内容等情况进行分类记录，能简便、直观地反映出不合格品的分布情况。

案例 7-6

某企业对原料仓库物品管理进行大检查

鉴于近期产品质量问题的频繁发生，某企业对原料仓库物品管理进行了一次大检查。结果发现，在原料管理上存在包装破损、受潮变质、油污染、不同批号混放、过期没隔离、无标识或标识不清等影响产品质量的现象。为进一步掌握情况，检查人员对以

165

上问题进行了进一步的调查统计，统计结果见表7-1。

表7-1　　　　　　　　　　　　　仓库原料质量问题调查统计表

序号	现象	包数（个）	重量（千克）
1	包装破损	18	450
2	受潮变质	10	250
3	油污染	4	100
4	不同批号混放	100	2 500
5	过期没隔离	26	650
6	无标识或标识不清	80	2 000
7	合计	238	5 950

由表7-1可知，该企业在原料管理上存在较严重的问题，特别是不同批号原料混放和产品无标识或标识不清的问题非常突出。在明确问题后，该企业立即着手制定相关管理制度，加强原料管理，禁止以上不良现象的发生，从原料管理方面减少以至避免了产品质量问题的发生。

（3）频数分布表：频数分布表主要应用于绘制直方图。

2.分层法

分层法（也叫分类法）是一种把记录的原始质量数据按照一定的目的、性质、来源、影响因素等加以分类整理，以便分析质量问题及其影响因素的方法。分层的目的是把性质不同的数据和错综复杂的影响因素分析清楚，找到问题的症结所在，以便对症下药，解决问题。一般情况下，把在同一条件下收集的、性质相同的数据归在一起。当数据分散程度较大时，也可以通过分层，将这些数据按某种特征分成两个以上的组。分层时，要注意使同一层内的数据波动幅度尽可能小，而层间的差别尽可能大，这是分层的关键。

常用的分层方法有：①按不同的时间分，如不同的班次、不同的日期；②按操作人员分，如新老工人、男工、女工、不同工龄、不同技术等级；③按使用设备分，如设备型号、设备新旧；④按操作方法分，如切削用量、温度、压力等；⑤按原材料分，如供料单位、进料、批次等；⑥按不同检验手段、测量者、测量位置、仪器、取样方式等分类；⑦按不同的工艺、使用条件、气候条件等其他条件进行分类。

3.排列图法

排列图的全称是"主次因素排列图"，也称为帕累托图，是针对各种问题按原因或状况分类，把数据从大到小排列而做出的累计柱状图。它是用来寻找影响产品质量的各种因素中的主要因素的一种方法，可以以此确定质量改进的方向。运用"关键的少数"和"次要的多数"的原理，从而抓住关键因素，解决主要问题。

（1）排列图的制作。在坐标纸上取两个上纵轴、一个横轴，左边纵轴表示差错原因发生的频数，标明数值的标度；右边纵轴表示累计百分比，标度取0～100；横轴表示各种差错原因，按频数大小从左至右依次绘出柱状条。柱状条下面是原因名称，在每个柱状条横线中点的上方标出累计值的点，连接各点即成由左向右的曲线，曲线表示各影响因素大小的累计百分数，这条曲线称为帕累托曲线或者排列线。

（2）排列图的观察分析。一般来讲，取图中前面的 1～3 项作为改善的重点就行了。若再精确些，可采用 ABC 分类法确定重点项目。ABC 分类法是把问题项目按其重要的程度分为三级。具体做法是把构成排列曲线的累计百分数分为三个等级：0～80% 为 A 类，是累计 80% 以上的因素，它是影响质量的主要因素，是要解决的重要问题；80%～90% 的为 B 类，是次要因素；累计百分数在 90%～100% 的为 C 类，是一般因素。

案例 7-7

某企业新产品研发部门想了解采用新工艺后的产品质量状况，他们派人来到质检部门，查看了采用新工艺后的产品质量台账，并对采用新工艺后的不合格产品进行了初步统计整理，见表 7-2。

表 7-2　　　　　　　　　　　　　不同缺陷产品重量分布顺序表

不合格原因	重量（kg）	比重（%）	累计重量（kg）	累计比重（%）
端部不齐	1 015	35.24	1 015	35.24
松紧不一	930	32.29	1 945	67.53
接头	410	14.24	2 355	81.77
划痕	315	10.94	2 670	92.71
油污	210	7.29	2 880	100

运用表 7-2 的资料绘制出不合格原因排列图，如图 7-4 所示。由图 7-4 可知，端部不齐和松紧不一是目前的主要不合格原因。在下一步的工作中应重点针对这两项因素制定改进措施，以降低不合格品率。

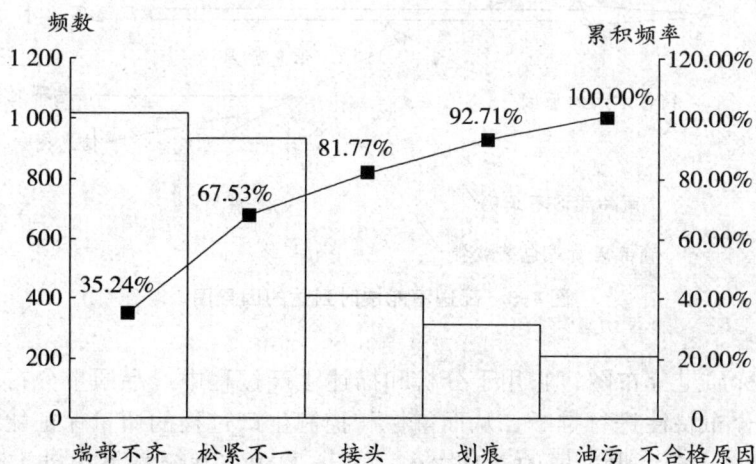

图7-4　不合格原因排列图

4. 因果图法

（1）因果图的概念和结构。因果图也叫特性要因图或特性因素图。因其形状像鱼刺和树枝，又称鱼刺图或树枝图。因果图由日本质量管理专家石川馨最早提出，是一种充分发动员工智慧、集思广益的好方法，特别适合质量民主管理的实行。当出现了某种质量问

167

题，但未搞清楚原因时，可针对问题发动大家寻找可能的原因，使每个人都畅所欲言，把所有可能的原因都列出来。因果图就是以结果作为特性，以原因作为因素，在它们之间用箭头联系表示因果关系的一种图形。

（2）因果图的类型。因果图通常有三种类型，即问题分解型、原因罗列型和工序分类型。这三种类型各有利弊，应根据实际情况适当选择利用。

① 问题分解型。这种图形对提出的问题沿着"为什么发生这个问题"的思路一直追到底。其想法是凡存在的质量问题就一定要得到改善。

② 原因罗列型。其做法是把所有的原因都罗列出来，先找大原因，再找中原因、小原因以及更细小原因。这种类型的思路是，尽可能把各种各样的原因都找出来，其中必定存在真正的原因或者改善的关键。

③ 工序分类型。其做法是按工序流程画大枝，然后把对质量有影响的原因填写在相应的工序（大枝）上。

案例 7-8

某物流企业配送不能按时到达的因果图

某物流企业负责为某连锁经营企业每天配送日常生活用品，经统计，一段时间内配送不能按时到达各连锁经营店。配送不能按时到达可能有三个主要原因，即顾客方面的原因、物流方面的原因和销售方面的原因。销售方面的原因可归结为信息原因和商品原因，而商品原因有可能是商品库区不正确，或者商品无货或包装破损，信息方面的原因有可能是信息不完整或者信息错误造成。配送不能按时到达的因果图如图7-5所示。

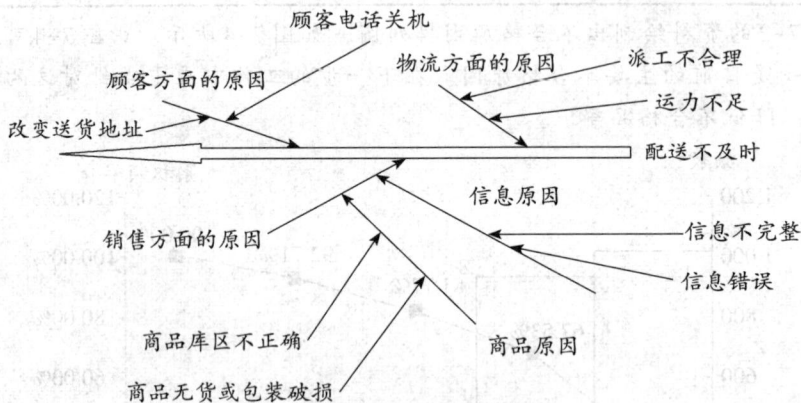

图7-5 配送不能按时到达的因果图

5. 直方图法

直方图又称质量分布图，它用于分析和描述生产过程中产品质量分布的状况，以便对总体的质量分布特性进行推断，从而掌握和控制生产过程的质量保证能力。直方图是工序质量控制统计方法中主要的工具之一。直方图由直角坐标系中若干个顺序排列的长方形组成，横坐标为观测值，各长方形在横坐标上的底边相等，底边表示观测值区间，长方形的高度表示观测值落入各相应区间的频数。整个直方图高度的变化呈现出一定的规律，一般的规律是中间高、两边低，从中间向两边呈逐渐下降式分布，如图7-6所示。

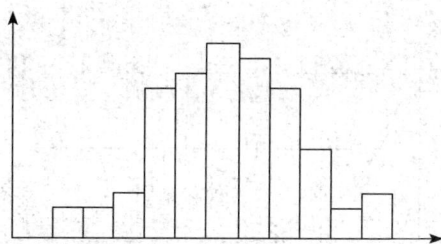

图7-6 直方图

从直方图可以直观地看出产品质量特性的分布形态，便于判断生产过程是否处于控制状态，以决定是否采取相应对策措施。从分布类型上来说，直方图可以分为正常型和异常型。正常型是指整体形状左右对称的图形，此时过程处于稳定（统计控制）状态。如果是异常型，就要分析原因，加以处理。

6. 散点图法

散点图法（scatter diagram）也称相关图法，它是将两个可能相关的变量数据用点画在坐标图上，用来表示一组成对的数据之间是否有相关性。通过对其观察分析，来判断两个变量之间的相关关系。这类问题在实际生产中也是常见的，例如热处理时淬火温度与工件硬度之间的关系，某种元素在材料中的含量与材料强度的关系等。这种关系虽然存在，但又难以用精确的公式或函数关系表示，在这种情况下用散点图法来分析就是很方便的。假定有一对变量x和y，x表示某一种影响因素，y表示某一质量特征值，通过实验或收集到的x和y的数据，可以在坐标图上用点表示出来，根据点的分布特点，就可以判断x和y的相关情况。

7. 控制图法

前面所讲的质量控制方法，所控制的都是质量在某一段时间内的静止状态，但是在生产或工作过程中，用静态的方法不能随时发现质量问题以调整生产或工作，因此还需要了解质量特性数据随时间变化的动态情况，并以此为依据来判断生产或工序是否处于正常状态。控制图法（又称管理图法）就是一种对生产过程进行动态控制的质量管理工具，它用来区分产品质量波动究竟是由于偶然性因素引起还是非偶然性因素引起，从而判断生产是否处于控制状态。其主要作用是对工序质量过程进行控制，即起到监控、报警和预防作用。

控制图的横坐标是样本序号，纵坐标是产品的质量特性。图上通常画有3条平行于横坐标的平行线，自上而下分别是：上控制界限线UCL、中心线CL和下控制界限线LCL，上控制界限和下控制界限统称控制界限。控制图应用中，一般把表示质量特性值的点描在图上。当点在上下控制界限线内部时，认为运营正常；当点越出上下控制界限线时，认为运营异常。

对于预备数据全部落入控制界限内的，则延长控制界限，进入过程的日常控制阶段；对于预备数据落入控制界限外的，则要针对这个数据的产品执行"查出异因、采取措施、保证消除、纳入标准、不再出现"，然后重新收集数据进行分析。

案例 7-9

控制图在物流企业准时送货中的应用

某物流企业在一段时间内准时送货情况如图7-7所示。图中横坐标表示某一时点，纵坐标表示准时送货率，中心线表示准时送货率90%，上控制界限为95%，下控制界限为85%。

169

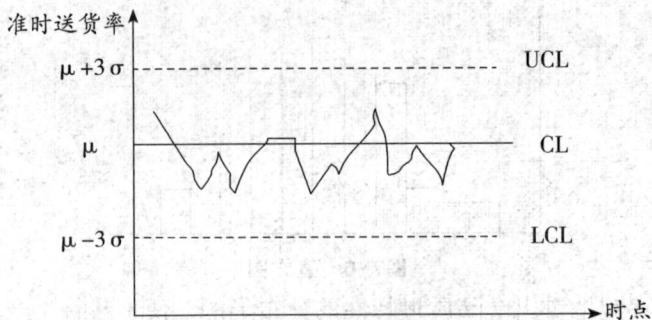

图7-7 某物流企业准时送货控制图

二、质量管理"新七种工具"介绍

关联图法、KJ法、系统图法、矩阵图法、矩阵数据分析法、PDPC法以及箭条图法统称为"新七种工具"。"新七种工具"的提出不是对"老七种工具"的替代，而是对它的补充和丰富。一般来说，"老七种工具"的特点是强调用数据说话，重视对制造过程的质量控制；而"新七种工具"则基本是整理、分析语言文字资料（非数据）的方法，着重用来解决全面质量管理中PDCA循环的计划阶段的有关问题。因此，"新七种工具"有助于管理人员整理问题、展开方针目标和安排时间进度。

1. 关联图法

质量管理中的问题同样也多是由各种各样的因素组成。解决如此复杂的问题，不能以一个管理者为中心一个一个因素地予以解决，必须由多方管理者和多方有关人员密切配合，在较大范围内开展卓有成效的工作。关联图如图7-8所示，是把若干个存在的问题及其因素间的因果关系用箭条连接起来的一种图示工具，是一种关联分析说明图。通过关联图可以找出因素之间的因果关系，便于统观全局、分析以及拟定解决问题的措施和计划。

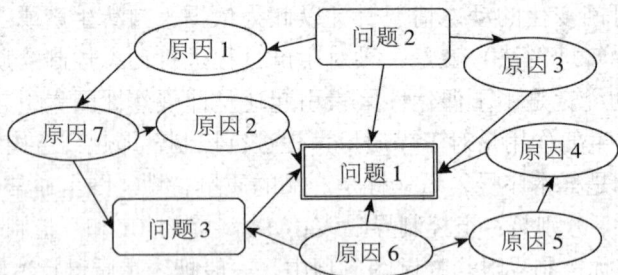

图7-8 关联图

2. KJ法

所谓KJ法，就是针对某一问题，充分收集各种经验、知识、想法和意见等语言、文字资料，通过A形图解进行汇总，并按其相互亲和性归纳整理这些资料，使问题明确起来，求得统一认识和协调工作，以利于问题解决的一种方法。A形图可以帮助人们进行讨论，集思广益，从而将方针自然地贯彻下去。

3. 系统图法

系统图所使用的图（系统图），能将事物或现象分解成树枝状，故也称树形图。系统图法就是把要实现的目的与需要采取的措施或手段系统地展开，并绘制成图，以明确问题的重点，寻找最佳手段或措施的方法。在计划与决策过程中，为了达到某种目的，就需要选择和考虑某一种手段；而为了采取这一手段，又需要考虑它下一级的相应手段，如图7-9所示。

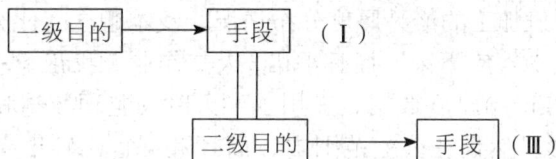

图7-9 系统图

4. 矩阵图法

矩阵图法是指借助数学上矩阵的形式，把与问题有对应关系的各个因素列成一个矩阵图，然后根据矩阵图的特点进行分析，从中确定关键点（或着眼点）的方法。这种方法先把要分析问题的因素分为两大群（如R群和L群），把属于因素群R的因素（R1，R2，…，Rm）和属于因素群L的因素（L1，L2，…，Ln）分别排列成行和列。在行和列的交点上表示着R和L的各因素之间的关系，这种关系可用不同的记号予以表示（如用"○"表示有关系等）。用于多因素分析时，可做到条理清楚、重点突出。它在质量管理中可用于寻找新产品研制和老产品改进的着眼点，寻找产品质量问题产生的原因等方面。

5. 矩阵数据分析法

矩阵数据分析法与矩阵图法类似。区别于矩阵图法，它不是在矩阵图上填符号，而是填数据，形成一个分析数据的矩阵。它是一种定量分析问题的方法。目前，它只是作为一种"储备工具"被提出来的，应用这种方法，往往需借助计算机来求解。

6. PDPC法

PDPC（process decision program chart）法也称为过程决策程序图法，其工具就是PDPC图。PDPC法是为了完成某个任务或达到某个目标，在制订行动计划或进行方案设计时，预测可能出现的障碍和结果，并相应地提出多种应变计划的一种方法。这样，在计划执行过程中遇到不利情况时，仍能按第二、第三或其他计划或方案继续进行生产，以便达到预定的计划目标。利用PDPC法可从全局和整体角度掌握系统状态以做出全局性判断，可按时间顺序掌握系统的进展情况。

7. 箭条图法

箭条图法又称为网络计划技术法，我国称为统筹法，它是安排和编制最佳日程计划，有效地实施管理进度的一种科学管理方法。箭条图是把推进计划所必需的各项工作，按其时间顺序和从属关系，把各项作业之间的这种依赖和制约关系清晰地表示出来的图形。通过箭条图，能找出影响工程进度的关键和非关键因素，因而能进行统筹协调，合理地利用资源，提高效率与效益。

上面介绍了质量管理常用的一些方法，这些方法集中体现了质量管理"以事实和数据为基础进行分析和判断"的特点。最后需要指出的是，这些方法看起来比较简单，但在实际工作中正确、灵活地应用并不是一件容易的事。

【实训材料及实训要求】

1. 质管员小张这两天总是闷闷不乐，显得心事重重。细心的王统计员注意到了这个小兄弟的变化。这天下午，小张又来找王统计员拿数据，王统计员看看周围没人，就凑上去小声问："这两天怎么了？样子这么难看。"听王统计员这么一问，小张满腹的疑问和委屈终于有了倾诉的机会，于是激动地说："王哥，你说，这直方图法怎么了？上周末，杨主管让我试着分析一下甲班加工的产品厚度分布情况，我本想这有什么，运用直方图法很容易搞定的，于是就痛快地答应下来，而且承诺3天交作业。我花了一天的时间好不容易收集到了甲班加工的50件产品厚度数据，又用了半天时间整理数据和作图分析。结果你说怎么了？我绘出的图形虽然都在公差范围内，而且数据也比较集中，但是却呈平顶形分布。我不知道问题出在哪儿了？导致我现在还没向杨主管交作业……"

小张遇到的问题可能出在什么地方？请给他提出改进的建议。

2.某服装公司生产的男上衣出现了严重的质量问题，该公司准备寻找质量原因，对反映上衣质量的特性值进行收集和分析。

找一家服装企业近距离接触和亲自动手测试数据，利用缺陷表、频数表、排列图、直方图对统计的数据进行分析；找出主要原因后，用因果图列出可采取的措施。

3.某客运车站某月晚点班次数为98班，经分析晚点原因主要是：①驾驶员责任；②发车员责任；③车况不良；④道路阻塞；⑤天气不好；⑥其他原因。

资料统计见表7-3。试做出排列图，以小组为单位进行讨论，得出解决问题的措施。

表7-3   **某客运车站某月晚点班次表**

序号	原因	频数（班次）	频率（%）	累计频率（%）
1	驾驶员责任	46	47	47
2	车况不良	30	31	78
3	发车员责任	11	11	89
4	道路阻塞	4	4	93
5	天气不好	3	3	96
6	其他原因	4	4	100
合计		98	100	

4.某厂生产某零件，技术标准要求其外径的公差范围是220±20毫米，现经随机抽样得到100个该零件外径数据，见表7-4。

表7-4   **某零件外径数据表**   单位：毫米

202	203	204	205	205	207	208	208	209	209
209	210	210	211	211	211	211	211	211	211
212	212	213	213	213	214	214	215	215	215
215	216	216	216	217	217	217	217	217	217
218	218	218	218	218	218	218	218	218	218
218	219	219	219	219	220	220	220	220	220
220	220	221	221	221	221	221	221	221	221
222	222	222	222	223	223	223	223	223	224
224	225	225	226	226	227	227	227	228	228
229	229	230	231	232	232	233	234	235	236

要求：①对现有数据进行统计整理并做出直方图。

②对直方图进行观察和分析。

5.请设计一份学生家庭状况调查表或学生专业选择调查表，并开展相关的调查分析。

6.假设你是一名老师，你需要对学生期末考试成绩及其形成的原因进行分析。请你设计一份可靠的分析方案（思路）。

实训2：质量审核模拟

【实训目标】

提高学生对质量及质量管理的认识；熟悉ISO 9000族标准及质量认证；掌握针对问题应用所学质量管理以及相关管理学科理论与方法进行分析，提出解决方案的能力；提高学生解决企业质量问题的能力。

【相关知识】

ISO（国际标准化组织）是由各国标准化团体组成的世界性的联合会。ISO 9000是国际标准化组织质量管理和质量保证技术委员会（ISO/TC176）颁布的所有标准，也称"ISO 9000族"，其质量认证原理被世界贸易组织普遍接受。1994年我国宣布等同采用。质量认证是独立于买卖双方的第三方机构以ISO 9000族标准为依据对企业进行审核及注册认证的制度，由于其具有公正、客观的特点，而受到企业的普遍欢迎。由于目前国际贸易发展迅速，在签订国际贸易合同时，采购方都事先评审生产企业的质量体系，并将其中有关内容纳入订货合同。

一、质量管理体系

ISO 9000族标准可帮助组织实施并有效运行质量管理体系，是质量管理体系通用的要求或指南。它不受具体行业或经济部门的限制，可广泛适用于各种类型和各种规模的组织。自1987年ISO 9000族标准正式诞生以来，已历经了四次正式的改版，分别是1994年、2000年、2008年和2015年。2015年9月23日，ISO 9001：2015新标准正式发布。

1.ISO 9000族标准质量管理的八项原则

（1）以顾客为关注焦点。企业依存于顾客，因此企业应理解顾客当前和未来的需求，满足顾客需求并超越顾客期望。

（2）领导作用。领导者确立企业统一的宗旨及方向。他们应当创造并保持使员工能充分参与实现企业目标的内部环境。

（3）全员参与。各级人员都是企业之本，只有调动他们充分参与，才能使他们的才干为组织带来收益。

（4）过程方法。将活动和相关的资源作为过程进行管理，可以更高效地得到期望的结果。

（5）管理的系统方法。将相互关联的过程作为系统加以识别、理解和管理，有助于企业实现目标有效性和提高效率。

（6）持续改进。持续改进总体业绩应当是企业的一个永恒目标。

（7）基于事实的决策方法。有效决策建立在数据和信息分析的基础上。

（8）与供应商互利的关系。企业与供应商是相互依存的、互利的关系，这种关系可增强双方创造价值的能力。

这八项质量管理原则构成了 ISO 9000 族标准质量管理体系的基础。

案例 7-10

割草的男孩

一个替人割草打工的男孩打电话给一位陈太太说："您需不需要割草？"

陈太太回答说："不需要了，我已有了割草工。"

男孩又说："我会帮您拔掉花丛中的杂草。"

陈太太回答："我的割草工也做了。"

男孩又说："我会帮您把草与走道的四周割齐。"

陈太太说："我请的那人也已做了，谢谢你，我不需要新的割草工。"

男孩便挂了电话。此时男孩的室友问他说："你不是就在陈太太那割草打工吗？为什么还要打这个电话？"

男孩说："我只是想知道我做得有多好！"

这个故事反映了 ISO 9000 的第一个思想，即以顾客为关注焦点，不断地探询顾客的评价，我们才有可能知道自己的长处与不足，然后扬长避短，改进自己的工作质量，牢牢地抓住顾客。这也是 ISO 9000 八项原则中第六条——"持续改进"思想实际运用的一个例子。我们每个员工是否也可结合自己的岗位工作，做一些持续改进呢？不光是营销人员，所有的员工都可以做到让顾客满意。对于营销人员来说，这样可以得到忠诚度极高的顾客。对于我们每个职能部门员工来说，只有时刻关注我们的顾客（服务对象），工作质量才可以不断改进。

2. ISO 9001：2015 质量管理体系

2014 年 5 月，ISO 9001：2015 DIS 版发布；2015 年 1 月，正式发布《ISO 9001：2015 版转换实施指南》；2015 年 5 月，ISO 9001 最终国际标准草案出台；2015 年 7 月，ISO 9001 最终国际标准草案发布；2015 年 9 月，新版 ISO9001：2015 正式发布，至 2018 年 9 月三年体系转换周期，所有的 ISO 9001：2008 证书都将作废且失效。

此次修订的目标主要集中在以下几个方面：

（1）为今后 10 年的质量管理体系标准建立一个稳定的框架，并引入八项重要的质量管理原则作为理论基础：加强可追溯性方面的一致性；突出"客户中心"理念；注重领导力；强调人的参与；系统管理方法；持续改进；基于事实的决策方法；互惠互利的供方关系。

（2）具有足够的通用性，能适用于各个行业或领域的所有类型和规模的组织。

（3）继续对当前为获得满意结果进行有效流程管理保持关注。

（4）将 2000 年重大修订以来的质量管理实践和技术方面的变化纳入考虑范围，例如：用于控制客户资产的条形码系统；更为全面、高度整合的质量管理体系（QMS）软件；电子版本的质量手册、流程和表格；在作为企业必备的认证标准之外，客户对审计价值的期望；流程方法中日渐突出的持续改进衡量指标。

（5）反映组织运营所面临的日益复杂而又瞬息万变的工作环境变化，如：员工的文化背景日趋多元化；客户对速度、价格和质量提出更高的要求；出于对事故和成本的考虑而日益关注企业内部的环境和安全问题；有助于多功能岗位发展的精益管理环境。

（6）采用 ISO 导则-附件 SL（高层结构）规定的通用结构、核心文本及定义，确保与其他 ISO 管理体系（如 ISO 14001）的兼容性。

（7）简化组织对标准的有效执行及合规性审查。

（8）采用简洁的表述方式，确保新版标准的通俗易懂及对质量管理要求的一致解读。

3. ISO 9001：2015 质量管理体系新版标准重点变化

强调建立适合各组织具体要求的管理体系；要求组织高层能参与其中并承担责任，使质量与更广泛的业务策略相适应；风险防范意识贯穿整个标准，使整个管理体系适用于风险预防，并鼓励持续改进；对文件的规定性要求更少，如今组织机构可以自行决定需要记录什么信息，应该采用什么文件格式；通过使用通用的新高层结构与其他主要管理体系标准保持一致。

小思考 7-1

党的二十大报告提出，坚持把发展经济的着力点放在实体经济上，推进新型工业化，加快建设制造强国、质量强国。那么，企业贯彻 ISO 9000 可以带来哪些好处？

答：推行 ISO 9000 有助于企业提高经济效益，所提供的产品或服务的品质更有保证。可以提高员工的品质意识，更加明确自己的工作范围和职责，工作更有条理性，更有责任感，更好地提高工作效率，减少了因高次品率、高退货索赔、延期交货等而导致的损失，从而降低整体成本，便于与客户建立长期相互信赖的伙伴关系。在推行 ISO 9000 的过程中，质量体系的建立将会对企业普遍存在的问题加以制约，提高企业产品的安全性、可靠性和经济性。

4. 推行 ISO 9000 的途径

（1）企业通过 ISO 9000 认证要做好的工作：初步收集 ISO 9000 需求，对企业现状进行粗略分析，找出企业经营和质量管理中的弱点；针对已找出的弱点，确定所需工作及其成本；明确工作的主要程序及信息的流通渠道；制订企业特定的项目计划及时间进度。

（2）质量体系的确定：针对企业特点，诠释所要达到的质量标准提出的要求；仔细分析达到标准所要经历的流程；明确想要达到的目标状况；明确所要采取的改进措施由谁负责；准备质量管理文件（手册、程序、工作指引）。

（3）编写质量体系文件：质量体系的文件主要包括质量手册、质量体系程序以及其他质量文件。

（4）质量体系的初步运行：把质量体系文件中的规定内容和设计的企业工作流程及措施办法分配到部门、专业和岗位进行实际运作，发现问题应及时纠正、修改、完善体系文件。

（5）质量体系的注册认证和贯彻执行。

二、质量管理体系认证

很多国家为了保护自己的消费品市场，鼓励消费者优先采购获 ISO 9000 认证的企业产品。可以说，ISO 9000 认证已经成为企业证明自己产品质量、工作质量的一种护照。ISO

175

9000 质量管理体系认证与贯彻标准密切相关，质量认证是贯彻标准的必然结果。这是当代全面质量管理的重大拓展。

1. 质量认证的概念

质量认证也称合格认证（conformity certification）。关于合格认证，国际标准化组织在《ISO/IEC 指南 2》（1992）中对"认证"一词做了以下定义："第三方依据程序对产品、过程或服务符合规定的要求给予书面保证。"《中华人民共和国认证认可条例》第二条规定："本条例所称认证，是指由认证机构证明产品、服务、管理体系符合相关技术规范、相关技术规范的强制性要求或者标准的合格评定活动。"所谓第三方，指独立于第一方（制造厂、卖方、供方）和第二方（用户、买方、需方）之外的一方，即公正的第三方，因为它与第一方和第二方没有行政上的隶属关系和经济利益关系，在我国，国家技术监督机构就是公认的第三方公正部门。在世界各国，国家技术监督机构也是公认的第三方，此外还有质量管理协会、独立的检验机构等。

质量体系认证是指对供方的质量体系进行的第三方评定和注册的活动，目的在于通过评定和事后监督来证明供方质量体系符合并满足需方对该体系规定的要求，对供方的质量管理能力予以独立的证实。

习惯上，把产品质量认证和质量体系认证通称为"质量认证"。

2. 质量认证的一般程序

企业要实施 ISO 9000 质量体系，首先要建立相应的组织机构——领导工作小组；然后指定管理者代表，并聘请认证咨询小组；最后还要成立内部审核小组。质量体系文件要符合国际标准或国家标准。质量体系认证过程总体上可分为四个阶段：认证申请，体系审核、审批，注册发证和监督执行。

（1）向认证机构递交认证申请书。向认证机构递交质量体系文件，认证机构对质量体系文件进行审核，若符合标准即可受理申请。

（2）实施审核，认证机构受理企业申请后，应成立审核组，制订审核计划，分配审核任务并按计划对企业实施审核。审核组出示审核报告，宣布审核结果，做出是否认证合格的结论。若审核不能通过时，审核组应提出要求，受审企业应据此制定纠正措施并实施。

（3）审核组跟踪验证，并给出结论，之后颁发证书并监督执行。

【实训材料及实训要求】

某化妆品公司位于高新技术产业开发区内，是一家集科研、开发、生产于一体的高档化妆品生产企业，注册资金为 800 万元，下设 7 个部门，现有员工 60 多名，其中专业技术人员和高级技术人员仅 20 多人。该公司于 2001 年获取护肤类、发用类、美容修饰类、香水类化妆品的生产许可证及卫生许可证。目前，主要生产法国某化妆品集团（香港）有限公司开发的系列化妆品。

ISO 9000 是目前世界上使用最广的质量管理标准，企业一旦取得这种认证证书，就可以证明自身质量管理体系达到了国际标准，并能够提高消费者对其产品和服务的信任度。"质量是企业生命，创新是企业灵魂"，质量和创新永远是该公司追求的两大目标。为此，进行 ISO 9000 质量管理体系认证是提高该公司现代化管理水平的有力保证。

要求：学生根据该公司管理与运作现状及行业特点，结合 ISO 9000 要求进行质量管理体系策划，制订计划，练习体系文件编写和考察管理体系运行的质量和效率，并跟踪考察一个当地的已通过质量认证的企业效果和实施程序。

［项目总结］

本项目涉及的知识点包括：质量管理的发展历程、要求及内容，以及 ISO 9000 族的内涵及质量认证的状况、程序及方法；全面质量管理的内涵及 PDCA 循环工作法；质量成本与控制的要求和方法；质量分析与控制常用的一些方法；质量管理的新七种方法。通过两大任务的操作训练，掌握质量管理工具的运用，熟悉企业质量认证和质量管理体系认证的实施。

［项目测试］

□判断题

（1）与传统的质量管理相比，全面质量管理由以前的单纯符合标准要求转变为满足顾客需要。　　　　　　　　　　　　　　　　　　　　　　　　　　　　（　　）

（2）优良的产品质量是检验出来的。　　　　　　　　　　　　　　　　（　　）

（3）排列图上有两条纵坐标，一条横坐标。　　　　　　　　　　　　　（　　）

（4）采用统计方法控制产品质量最初来自于战争的需要。　　　　　　　（　　）

（5）质量体系审核报告可以是书面的，也可以是口头的。　　　　　　　（　　）

□选择题

（1）主要通过严格检验来控制和保证出厂或转入下道工序的产品质量的质量管理阶段是（　　）。

A.质量控制　　　　　B.质量检验　　　　　C.统计质量控制　　　　　D.全面质量管理

（2）全面质量管理起源于（　　）。

A.日本　　　　　　　B.中国　　　　　　　C.苏联　　　　　　　　　D.美国

（3）当工序处于统计控制状态时，所得到的直方图的形状属于（　　）。

A.正常型　　　　　　B.偏向型　　　　　　C.平顶型　　　　　　　　D.孤岛型

（4）建立排列图的理论依据是（　　）。

A.大数定理　　　　　B.正态分布原理　　　C.帕累托原理　　　　　　D.频数分布原理

（5）ISO 指的是（　　）。

A.国际标准化组织　　　　　　　　　　　　B.国际电工委员会

C.欧洲电工标准委员会　　　　　　　　　　D.合格评定委员会

□简答题

（1）怎样理解质量管理的含义？质量管理的发展经历了哪几个阶段？

（2）全面质量管理的特点是什么？

（3）什么是 ISO 9000 族质量管理标准？其按怎样的程序进行质量认证？

（4）简述因果图和排列图的作用。

（5）有哪些新的质量管理工具？简述其特点和使用场合。

□案例分析题

案例 1：品质没有折扣

不知道哪位大师曾经说过这样的话："品质没有折扣。"品质就是按照客户的要求执行！

这是一个发生在第二次世界大战中期，美国空军和降落伞制造商之间的真实故事。开始时，降落伞制造商生产的降落伞的良品率已经达到了99.9%，应该说这个良品率就是现在许多企业也很难达到，但是却遭到美国空军的拒绝，美国空军要求所交降落伞的良品率必须达到100%。于是，降落伞制造商的总经理便专程去飞行大队商讨此事，看是否能够降低这个水准。因为制造商认为，能够达到这个程度已接近完美了，没有什么必要再改。当然，美国空军一口回绝，因为品质没有折扣。

后来，降落伞制造商按军方要求改变了检查品质的方法。那就是从制造商前一周交货的降落伞中，随机挑出一个，让制造商负责人装备上身后，亲自从空中试跳。这个方法实施后，不良率立刻变成零。

问题：这个案例说明了什么问题？看后结合当前实际谈谈你的感想。

案例2：东风康明斯：以全面质量管理打造全程客户满意

在人们的传统思维中，质量通常是指产品质量。而随着体验经济的到来，企业对"质量"的看法发生了重大变化：质量不再仅仅指产品质量，也开始涵盖更加抽象的"工作质量"。它不再是一个产品概念，而是围绕用户，涵盖生产、交付、用户使用和售后的全业务流程的新概念，谁能最先转变思想，以用户为中心定义和检讨质量，持续改进，谁就能获得更高的用户满意度和用户忠诚度，屹立于市场。在柴油发动机这个看似离最终用户比较遥远的领域，也有一家公司正在践行"全面质量"的理念：从寂静的实验室到繁忙的生产线，再到遍布全国各地的服务站，东风康明斯发动机公司以客户为中心，持续改进，让全面质量管理"落地生根"。

在东风康明斯的"全面质量管理"中，产品质量是第一环节，也是保障用户利益最大化的核心环节。东风康明斯的产品在技术水平、排放水平等方面始终位列行业领先地位。而现代化的生产设备、先进的管理方法、科学的管理流程和工具，为制造出优秀的产品提供了坚实的基础。在东风康明斯有两个委员会——产品改进执行委员会（PIC）和产品质量决策委员会（PQC），它们的职责是规范和管理公司的质量改进活动，运用流程的力量快速清除改进中的障碍。这不仅为东风康明斯的质量管理提供了组织保障，也便于质量管理项目获得自上而下的资源支持。此外，东风康明斯还引进了康明斯七步工作法，即根据问题解决的逻辑，总结出解决问题的七个步骤——确定问题、找出可能的原因、采取临时保护用户的措施、收集数据做实验、通过实验寻找最佳解决方案、落实执行、对改进的效果进行评估。

出色的产品质量，需要企业管理体系、制度、文化等多方面的配合和支持，其中执行力至关重要。这正是东风康明斯"百日质量"活动的目标。据悉，该活动一年举办一次，今年征集评选出的活动口号"好质量、好动力、好生活"更是准确传达了东风康明斯的质量文化内涵，以及创造美好生活的企业理念。活动包含很多内容，通过各种形式把员工的各种日常工作与质量改进紧密联系在一起。由质量部、产品部、采购部、制造工程部和生产部共同完成的《质量知识手册》，内容涉及质量管理、质量体系管理、质量控制基础、质量改进四个方面，成为东风康明斯员工日常工作的一个基本指导工具。

发动机作为车辆部件的一部分，其质量不仅体现在从生产线下线的评测，还体现在与整车匹配后的运行状况。在这个环节上，东风康明斯全面质量管理也得到了很好的体现。东风康明斯拥有股份的康明斯东亚研发中心为本土市场客户的整车匹配提供了有力的保障，其先进的先导实验室可以通过实验模拟不同工况下的发动机和整机表现，提前发现匹配过程中可能出现的问题，并持续改进。比如，主机厂商需要开发用于华南地区的城市公交，就可以在先导试验室进行模拟高温、频繁起步状况下的发动机实验，把可能出现的质量问题在开发阶段就排除掉，而不必专门等到样车完成后到华南地区测试乃至实际运行中发现大量问题。在整车行业产品日新月异的今天，这些举措可以更有效地改进产品质量，缩短开发周期、减少研发成本，也使整车厂商更具有竞争力。

用户在关注产品质量的同时，对服务质量的关注度也达到空前的高度。尤其在柴油发动机行业，维修服务的质量及便利性直接影响着用户的收益。东风康明斯提出的"专家服务、畅行天下"的战略规划，正是对用户服务需求变化的准确把握和及时反馈。正如东风康明斯营销公司副总经理李磊所说，"在电控发动机时代，我们希望为客户提供'专家级服务'。力求通过高品质服务为客户带来更多的附加价值"。

服务如果流于口号便失去了它的意义。东风康明斯充分地认识到了这一点，在保证提供优质产品的同时，还将全面质量管理的理念贯穿于服务品质的提升过程。一方面，开展定期培训，将培训作为一种长效机制使服务工程师服务技能水平得到持续的提升，并辅以"服务大比武"，通过技能比拼，在短时间内快速提高服务人员的技能水平。另一方面，在康明斯全球维修数据库的保障下，东风康明斯的各服务站得到了强大的故障诊断支持：该联网数据库存储了多年来康明斯发动机在全球各种工况条件下的故障数据，能够迅速判断故障原因并给出建议解决方案。与此同时，东风康明斯还大力推进备件前置工作，加快维修速度，减少最终用户等待时间。

质量是提高顾客忠诚度的最好保证。东风康明斯正是以"全面质量管理"带来了全程客户满意。

问题：东风康明斯是如何进行全面质量管理的？其质量管理有何特点？

[学思践悟]

挺起中国制造的"钢铁脊梁"

阳春三月，大连船舶重工集团船厂内，阵阵海风扑面而来。

"瞧！这些'下饺子'的新船，要是用上'高锰钢'，每艘成本就降低近300万美元。"巨大的龙骨下，船厂工程师们围成一圈。

"告诉你们个好消息，自主研发的国产'高锰钢'已经问世了，正在国际船级社认证阶段。现在我们不仅要给你们'产'好钢，而且要帮你们'用'好钢。"鞍钢集团钢铁研究院海工用钢研究所船用钢研究室主任严玲一边介绍科研情况，一边询问、收集着现场数据，为"高锰钢"的便捷应用寻找最优方案。

延伸阅读

挺起中国制造的钢铁脊梁——记鞍钢集团钢铁研究院海工用钢研究所船用钢研究室主任严玲

从"高锰钢"到"船用耐蚀钢"再到"'蓝鲸一号'钻井平台用超高强钢"……每一次新钢种的成功研发，都意味着一批"大国重器"从此脱胎换骨，拥有了自立自强的底气和力量。在严玲的心中，面向国家重大需求，就要以服务国家战略为己任，用当代中国科研人员的底气、志气和骨气，挺起中国制造的"钢铁脊梁"。

资料来源　刘勇，李青坡. 挺起中国制造的"钢铁脊梁"——记鞍钢集团钢铁研究院海工用钢研究所船用钢研究室主任严玲［N］. 光明日报，2023-03-09.

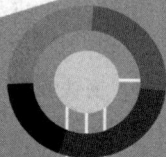

生产现场管理与作业排序

[学习目标]

通过本项目内容的学习，你应该达到以下目标：

知识目标：

◎ 了解生产现场管理的概念、任务和方法；

◎ 掌握定置管理的原理与方法；

◎ 掌握目视管理的主要内容；

◎ 掌握5S活动的内容及推行程序；

◎ 掌握简单的作业排序方法。

技能目标：

◎ 学会把现场管理的方法应用于实践；

◎ 学会对一具体作业进行排序。

素养目标：

◎ 培养现场管理、自我管理的能力。

引例

混乱的现场导致客户流失

有一家日本汽车制造企业准备在某地投资建厂。在装配生产之前，他们派出由采购经理及相关人员组成的采购团，去拜访周边的零配件制造商，这些零配件制造商将来可能成为他们的供应商。这是一个巨大的商机，当地的供应商自然不会放过。有一家供应商准备了一份详细的行程计划，来接待这家可能给他们带来订单的日本公司。

首先是一个长达1小时的附图简报，报告他们在产品开发、售后服务、改进质量方面所做的努力。可是，日资公司的采购经理好像对这些不感兴趣，提议到生产现场参观。到达后，采购经理等人员被带到会议室里。然而，他们坚持跳过在会议室的议程，要求马上到现场去。一到现场，停留了仅仅几分钟，他们便决定离去。很明显，获得订单的希望变得非常渺茫。在送走采购团之前，工厂的负责人恳求道："请告诉我们，问题究竟出在哪里？"

采购团负责人回答："我们看到了一个低水准的厂房环境，而且杂乱无章。更糟的是，我们看到有些工人在流水线上工作时吸烟。假如管理部门容许这种事在现场发生，便是在处理汽车安全零件上不够慎重，我们不愿跟不够慎重的管理层交易。"

这一案例表明：生产企业的管理者通常对产品开发、市场营销以及售后服务等方面给予了足够的重视，却忽略了产品的生产环节。这些管理者通常认为，只要能够按时按质生产出产品即可，而没有必要关心产品是在什么样的环境下生产出来的。他们认为，整洁、清爽是卫生问题，与生产是两回事，既然是两回事，生产工作繁忙时自然就会把对于生产现场的管理放在一边，或者只有当上级领导检查时，才临时进行一次全面的大扫除。优秀的企业却不这么认为，这些企业认为，只有建立在良好的生产现场管理的基础之上，才有可能提供品质得到保证的产品。如何完善生产现场管理，是每一位生产企业管理者必须考虑的问题。

基础知识 //////////

知识点 1：生产现场管理概述

一、生产现场管理的概念

生产现场就是从事产品生产、制造或提供生产服务的场所。

现场管理就是指用科学的管理制度、标准和方法对生产现场各生产要素，包括人（工人和管理人员）、机（设备、工具、工位器具）、料（原材料）、法（加工、检测方法）、环（环境）、信（信息）等进行合理有效的计划、组织、协调、控制和检测，使其处于良好的结合状态，达到优质、高效、低耗、均衡、安全、文明生产的目的。现场管理是生产第一线的综合管理，是生产管理的重要内容，也是生产系统合理布置的补充和深入。

现场管理可分为广义现场管理和狭义现场管理。广义现场管理是指对企业所有现场作业活动的管理，包括生产现场管理、经营现场管理、办公现场管理、生活现场管理等。狭义现场管理是指对企业生产现场的管理。我们研究的主要对象是狭义的现场管理，即生产现场管理，它包含以下几层意思：

现场管理是运用管理制度、标准、方法和手段来管理。管理制度是指现场的设备、工具、在制品、产成品等的管理制度，交接班制度，设备维修制度，现场质量事故的处理制度等。管理标准是指现场岗位管理标准、设备管理标准、操作管理标准、工艺管理标准等。管理方法包括现场的定置管理、5S活动、规范化管理等。管理手段是指管理者采用计算机信息管理系统、文件图纸、信息流传递等手段，提高现场管理效能。

现场管理的对象是各种生产要素，包括现场的人员、机器设备、工具、原材料、在制品、燃料动力、场地环境、信息等。

现场管理的职能是计划、组织、协调、控制。这与企业管理的职能是一致的。但是，这里的计划主要是现场生产作业计划；组织主要是现场合理组织作业班组等；协调主要是班组之间、操作者之间生产进度的相互协调；控制主要通过信息流反馈对生产过程的控制。

二、生产现场管理的基本内容

（1）现场实行"定置管理"，使人流、物流、信息流畅通有序，现场环境整洁，文明生产。

（2）加强工艺管理，优化工艺路线和工艺布局，提高工艺水平，严格按工艺要求组织生产，使生产处于受控状态，保证产品质量。

（3）以生产现场组织体系的合理化、高效化为目的，不断优化生产劳动组织，提高劳动效率。

（4）健全各项规章制度、技术标准、管理标准、工作标准、劳动及消耗定额、统计台账等。

（5）建立和完善管理保障体系，有效控制投入产出，提高现场管理的运行效能。

（6）搞好班组建设和民主管理，充分调动员工的积极性和创造性。

三、生产现场管理的要求

现场管理的要求是：环境整洁、设备完好、物流有序、爱岗敬业、文明生产、产品优质。

（1）环境整洁：现场通道畅通；场地整齐、清洁；物料分类清楚，有醒目标志；工具箱色彩统一，摆放有序。

（2）设备完好：各种设备标志醒目，完好率符合规定指标，设备达到清洁、整齐、润滑、安全。

（3）物流有序：对物流进行控制，在制品的流动状态严格按照投入产出要求进行，减少或避免不必要的停顿和等待时间，提高作业面积利用率。要克服在制品传递过程中的磕碰划伤及丢失，用必要的工位器具存放、传递。在现场存放的产品、物料按定置管理的办法整齐码放，便于使用。

（4）爱岗敬业：人是生产力要素中最活跃的因素，要充分发挥员工的能动作用，这是现场管理的中心环节。爱岗敬业一方面要求员工以主人翁的姿态立足本职岗位，积极参与单位的各项管理，充分发挥聪明才智；另一方面要求员工技术业务素质不断提高。

（5）文明生产：建立、健全规章制度，严格执行规章制度，这是实现文明生产的前提。工作现场的规章制度有出勤制度、病事假管理、使用文明用语、礼貌待人等，也有岗位责任、工作标准、工艺纪律、安全守则等。

（6）产品优质：这是现场管理的最终目的。产品优质可以用产品质量等级品率、质量损失率、零件关键项次合格率和商品返修率等来衡量。

四、生产现场中的班组管理

班组的现场管理水平是企业形象、管理水平和精神面貌的综合体现，是衡量企业素质及企业管理水平的重要标志。搞好班组生产现场管理，有利于企业增强竞争力，改善生产现场环境，提高产品质量，保证安全生产，加强员工素质，这对于提高企业管理水平、促进企业效益具有十分重要的意义。搞好班组建设、提高班组现场管理水平，主要应做好以下几项工作：

（1）提高认识。通过现场管理，即可判断出企业的广大员工素质、管理水平、团队协作程度，以及产品质量的可信赖程度。班组又是企业生产现场管理的前沿阵地，所以提高企业的班组生产现场管理水平，是企业自身发展的必然趋势。

（2）营造氛围。良好的工作氛围包括整洁的作业现场、安全的工作环境、融洽的人际关系、密切的协作精神等。一个良好的工作环境能有效保证员工的思想稳定，激发员工的工作热情，更加有利于班组凝聚力、战斗力的生成。为此，应做好以下工作：①关心员

183

工，领导应与员工融洽相处，关心员工生活和工作，为员工办实事，改善员工生活水平，增强企业凝聚力。②加强绩效管理，采取低工资高绩效，做到有奖有罚；发挥班组长的作用，做好班组长的选拔、培训、考核、激励等工作，要求班组长起到表率作用；加强教育培训，主要是指对班组进行技能、安全生产、岗位职责和工作标准等方面的教育培训，同时将培训成绩记入个人档案，与个人的工资、奖金、晋级挂钩。

（3）加强考核。企业应制定操作性强的考核标准，标准内容力求系统考虑、整体推进、分步实施。同时，企业还应把班组达标工作的总目标分解到每个员工。企业还应建立有效的激励机制鼓励先进班组和个人，设立监督部门行使检查督促和考核奖惩的职能，建立一套现场管理制度（标准）和检查考评制度。

（4）强化管理。制定相应的管理标准，其中包括：生产现场管理标准化，从制定工作标准、完善工作标准和贯彻执行及考核工作标准着手，可以将生产现场的工作标准分解成三个部分：一是管理工作标准；二是工作程序标准；三是工作人员工作标准。另外，企业还应加强班组内部基础管理，建立各类基础管理台账、报表制度及工序奖惩考核办法，注重半成品库的基础管理工作，起到细节控制、过程监督的作用，严格做到不制造缺陷、不传递缺陷、不接受缺陷；建立、健全班组生产现场管理规章制度，包括对生产、安全、技术和员工思想行为所制定的各种规章制度，如巡检、集检制度，交接班制度，岗位责任制度，安全责任制度，技术培训制度等，并且要规范统一，落到实处。

知识点2：定置管理

一、定置管理概述

定置管理起源于日本，由日本青木能率（工业工程）研究所的艾明生产创导者青木龟男先生始创。他从20世纪50年代开始，根据日本企业生产现场管理实践，经过潜心钻研，提出了定置管理这一概念。1982年，日本企业管理专家清水千里先生出版了《定置管理入门》一书，把定置管理总结和提炼成为一种科学的管理方法。以后，这一科学方法在日本许多公司得到推广和应用，都取得了明显的效果。

定置管理是对生产现场中的人、物、场所三者之间的关系进行科学的分析和研究，使之达到最佳结合状态的一门科学管理方法。它以物在场所的科学定置为前提，以完整的信息系统为媒介，以实现人和物的有效结合为目的，通过对生产现场的整理、整顿，把生产中不需要的物品清除掉，把需要的物品放在规定位置上，使其随手可得，促进生产现场管理文明化、科学化，达到高效生产、优质生产、安全生产。

物品的定置与一般的"放置"不同，一般的放置有很大的随意性，而定置则具有很强的目的性，两者的区别如图8-1所示。

二、定置管理的理论依据

（1）环境对人具有约束力的理论。人可以改变环境，环境也可以改变人。一个整洁、明快、舒适的生产现场会约束每个操作者增强责任感，自觉维护大家通过辛勤劳动创造的良好环境。

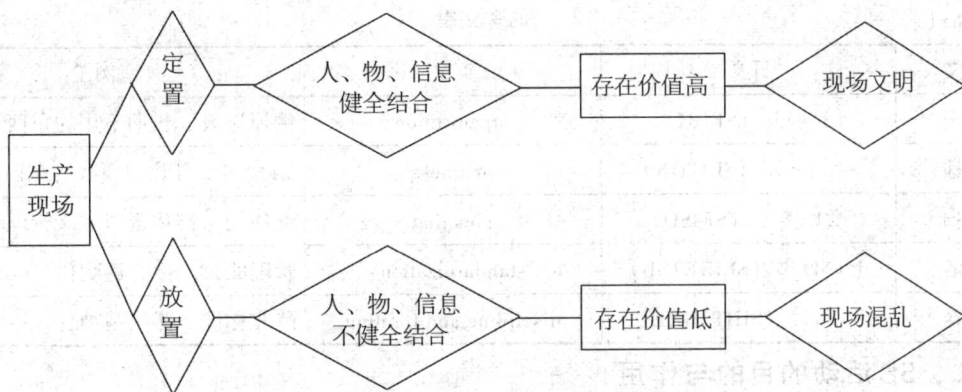

图8-1   定置与放置的区别

（2）满足人们生理和心理需求的理论。现场定置管理扎实深入地开展下去，舒适的环境可以满足人们一定的生理和心理需求，人们能愉快地从事生产活动，从而有利于优质、高效、安全地完成各项任务。

（3）系统工程的理论。定置管理是将生产现场作为一个系统来处理的，它是一项群众性、长期性、综合性的基础管理工作，其目的在于谋求现场系统功能的不断改善和提高。

三、定置管理实现的四个最佳状态

（1）人的最佳状态。使人的素质达到最佳，提升质量意识，从而达到人的素质、技术、情绪等方面的最佳状态。

（2）工艺管理的最佳状态。使工艺路线趋于合理，根据多品种、小批量混流生产的特点，发挥典型工艺、成组工艺的技术优势。

（3）生产与运作管理的最佳状态。坚持生产管理，必须以计划管理为主，严格按期按量投入及产出，使生产基本达到均衡生产管理的最佳状态。

（4）环境最佳状态。车间环境干净清爽，物品摆放井井有条，能够保证生产活动顺利进行。

知识点3：5S管理

一、5S活动的概念

5S管理起源于日本，是日本企业创造出的一种独特的管理办法。它是指企业在生产现场中，对材料、人员、机器、方法等生产要素进行有效的管理，包括整理、整顿、清扫、清洁、素养五个方面。由于这五个方面的主题词翻译为英语的首字母都是S，这种管理方法便被称为"5S管理法"。1955年，日本5S管理活动的宣传口号是"安全始于整理整顿，终于整理整顿"，当时只推行了前2S，其目的仅是确保作业空间和安全，后因生产控制和品质控制的需要，而逐步提出后续3S，即"清扫、清洁、素养"，从而使其应用空间及适用范围得到进一步拓展。1986年，首本5S管理方面的著作问世，进而在日本国内掀起了5S管理推广热潮。在以丰田公司为代表的知名日本企业的倡导下，5S管理对于提升企业形象、推进安全生产、标准化等方面发挥的巨大作用逐渐被各国管理者所认识。我国企业在5S管理的基础上，结合国家如火如荼的安全生产活动，在原来5S基础上增加了安全（Safety）要素，形成了"6S"。5S的含义见表8-1。

表8-1 　　　　　　　　　　　　　　　　5S含义表

中文	日文	英文	典型例子
整理	せいり（SEIRI）	organization	倒掉垃圾、长期不用的东西
整顿	せいとん（SEITON）	neatness	30秒内就可找到要找的东西
清扫	せいそう（SEISO）	cleaning	谁使用，谁负责清洁（管理）
清洁	せいけつ（SEIKETSU）	standardization	管理的公开化、透明化
素养	しつけ（SHITSUKE）	discipline and training	严守标准、团队精神

二、5S活动的目的与作用

1. 推行5S活动的目的

推行5S活动的目的，归根结底就是培养员工的主动性和积极性；创造人和设备皆宜的环境；培养团队及合作精神。推行5S活动的目的，具体如图8-2所示。

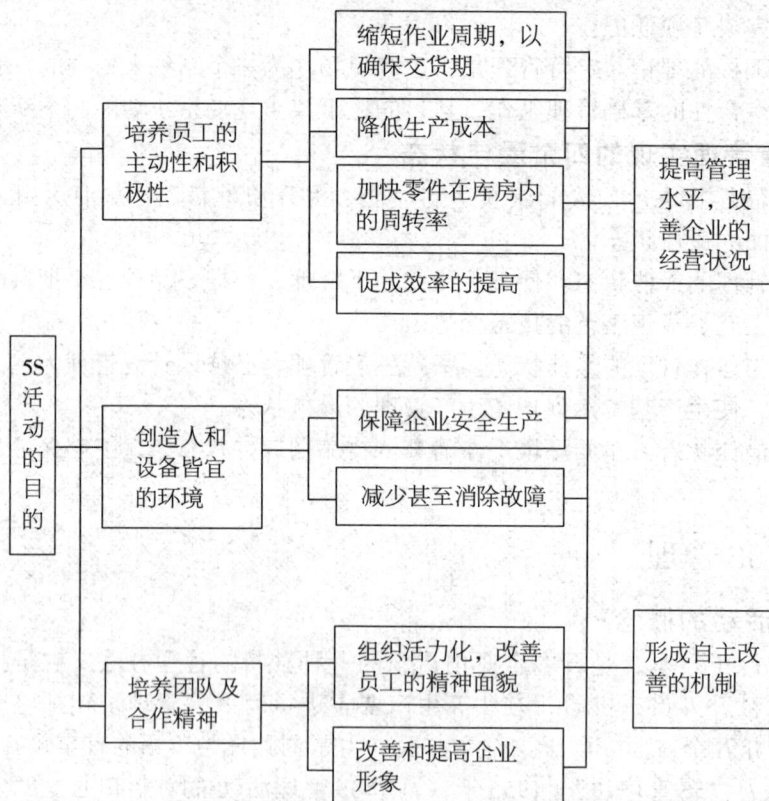

图8-2　5S活动目的示意图

2.5S活动的作用

5S活动有八大作用，即亏损为零、不良为零、浪费为零、故障为零、切换产品时间为零、事故为零、投诉为零、缺勤率为零。因此，这样的工厂我们也称之为"八零工厂"。

（1）亏损为零——5S是最佳的推销员。没有缺陷，没有所谓的不良，良好声誉在客户之间口口相传，知名度得到提高，忠实的客户就会越来越多。

（2）不良为零——5S是品质零缺陷的护航者。产品严格地按标准进行生产，机械设备的正常使用和保养可以大大减少次品的产生，同时干净整洁的生产场所可以有效提高员工的品质意识。

（3）浪费为零——5S是节约能手。5S的推动能减少库存量，排除过剩的生产，避免零件及半成品、成品的库存过多。

（4）故障为零——5S是交货期的保证。无碎屑、油漆等，经常擦拭和进行维护保养，机械使用率得以提高。模具、工装夹具管理良好，调试、寻找故障的时间减少，设备状况才能稳定，综合效能才可以大幅度提高，而且每日的检查可以防患于未然。

（5）切换产品时间为零——5S是高效率的前提。模具、夹具、工具经过整顿随时都可以拿到，不需费时寻找，节省了大量的时间。整洁规范的工厂里，机器正常运作，作业效率可以大幅度提升。

（6）事故为零——5S是安全的软件设备。整理、整顿后，工作场所、通道和休息场所宽敞明亮，使物流一目了然，人车分流，道路通畅，事故减少。危险操作警示明确，消防设施的齐备，灭火器放置于指定位置，逃生路线明确，员工的生命安全保障必然会有所加强。

（7）投诉为零——5S是标准化的推动者。人们能正确地执行各种规章制度，去任何岗位都能规范地作业，明白工作该怎么做。

（8）缺勤率为零——5S可以创造出快乐的工作环境。一目了然的工作场所，没有灰尘、垃圾；岗位明确，工作已成为一种乐趣，员工不会无缘无故地旷工。

5S推行不当，会产生下列不良后果：①影响人们的工作情绪；②造成职业伤害，发生各种安全事故；③降低设备的精度及使用寿命；④由于标志不清而造成误用；⑤影响工作和产品质量。

3. 推动5S活动，要达到四个相关方满意

通过推行5S，企业能够健康稳定快速成长，逐渐发展成世界优秀的企业，达到投资者、客户、雇员和社会四个相关方的满意：

（1）投资者满意（investor satisfaction，IS）：通过5S，使企业达到更高的生产及管理境界，投资者可以获得更高的利润和回报。

（2）客户满意（customer satisfaction，CS）：表现为高质量、低成本、交货期准、技术水平高、生产弹性高等特点。

（3）雇员满意（employee satisfaction，ES）：效益好，员工生活富裕，人性化管理使每一个员工都可获得安全、尊重和成就感。

（4）社会满意（society satisfaction，SS）：企业对社会有杰出的贡献，热心于公益事业，支持环境保护，这样的企业有良好的社会形象。

三、5S活动的内容

如前所述，5S包括整理、整顿、清扫、清洁、素养。

1. 整理

整理就是将工作场所内的任何东西分为有必要的与不必要的，把必要的东西与不必要的东西明确地、严格地区分开来，不必要的东西要尽快处理掉。整理的目的是要腾出空间，充分利用空间，防止误用、误送，从而创建和维护清爽的工作场所。

生产过程中经常有一些残余物料、待修品、报废品等滞留在现场，还有一些已无法使

用的工具、夹具、量具、机器设备等，如果不及时清除，会使现场变得凌乱，既占地方，又妨碍了生产。

小思考8-1

为什么说生产现场摆放不必要的物品是一种浪费？

答：因为如果在生产现场摆放不必要的物品，即使是宽敞的工作场所，也将变得狭小；棚架、橱柜等因被杂物占据而降低了使用价值；同时，摆放不必要的物品还将增加寻找工具、零件等物品的难度，浪费时间；物品杂乱无章地摆放，将造成盘点的困难，导致成本核算失准。

要进行整理，需掌握以下实施要领：

（1）对工作场所（范围）进行全面检查，包括看得到的和看不到的。

（2）制定"要"和"不要"的物品判别基准（见表8-2）。

表8-2　　　　　　　　　　　　要和不要的物品判别基准表

要的物品	不要的物品	
1.正在使用的机器设备、装置 2.作业台、材料架、板凳 3.使用的工装夹具 4.原材料、半成品、成品 5.卡板、纸皮、胶箱 6.办公用品、文具 7.使用中的白板、海报 8.各种清洁工具、用品 9.文件资料、图表档案 10.作业指导书、检验用样品等	地板上	1.杂物、灰尘、纸屑、破旧的纸箱、使用过的无用砂纸 2.不再使用的工装夹具 3.不再使用的办公用品 4.破烂的胶盆、卡板 5.呆料、废料
	工作台 橱柜	1.过时的报表、资料 2.损坏的工具、样品 3.多余的材料 4.私人用品
	墙上	1.蜘蛛网、老旧的海报和标语 2.无用的通知、标准书 3.灰尘、破旧窗户
	天花板上	1.无用的各种管线 2.无效的标牌、指示标志

（3）将不要的物品清除出工作场所（处理办法如图8-3所示）。

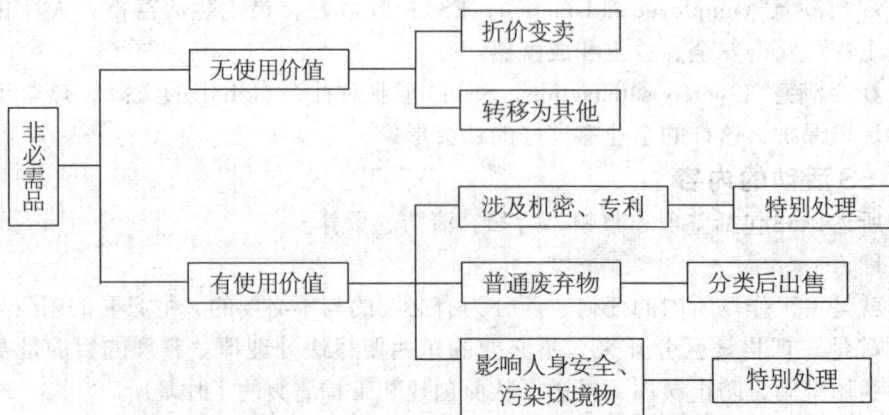

图8-3　非必需品的分类处理

（4）对需要的物品调查使用频度，决定日常用量及放置位置。

（5）制定废弃物处理方法。

（6）每日自我检查。

常用的整理方法有使用频率法、价值分析法、定点拍照法、红牌作战法、看板管理法等。

2. 整顿

整顿就是对整理之后留在现场的必要的物品分门别类放置，整齐排列；明确数量，并进行有效标记。整顿的目的是使工作场所一目了然，工作环境中的各种物品整整齐齐，从而减少寻找物品所花费的时间，消除过多的积压物品。

要进行整顿，需掌握以下实施要领：

（1）前一步骤整理的工作要落实。

（2）流程布置，确定放置场所。

（3）规定放置方法。

（4）画线定位。

（5）场所、物品标识。

整顿的三要素：放置场所、放置原则、标识（见表8-3）。

表8-3　　　　　　　　　　　　　　　　　　整顿的三要素

三要素	内容
放置场所	1.物品的放置场所原则上要100%设定 2.物品的保管要定点、定容、定量 3.生产线附近只能放真正需要的物品
放置原则	1.易取 2.不超出所规定的范围 3.在放置方法上多下功夫
标识	1.放置场所和物品原则上一对一标识 2.现物的标识和放置场所的标识 3.某些标识方法全公司要统一 4.在标识方法上多下功夫（易更换、活用颜色等）

整顿的三定原则：定点、定容、定量（见表8-4）。

表8-4　　　　　　　　　　　　　　　　　　整顿的三定原则

三定原则	含义
定点	放在哪里合适（具备必要的存放条件，方便取用、还原放置的一个或若干个固定的区域）
定容	用什么容器、颜色（可以是不同意义上的容器、器皿类的物件，如筐、桶、箱、篓等，也可以是车、特殊存放平台甚至是一个固定的存储空间等均可当成容器看待）
定量	规定合适的数量（对存储的物件在量上规定上下限，或直接定量，方便将其推广为容器类的看板使用，一举两得）

189

常用的方法有引线法、形迹法、标识法、固定容器法、红牌作战法、定置管理法、颜色管理法、看板管理法等。

案例 8-1 ─────────────────────────────

办公室的5S活动

办公室也是5S活动的重点场所，良好的工作环境会使工作有条不紊，员工心情舒畅，效率自然得到提高。办公室的整理、整顿要注意以下八个要点（如图8-4所示）。

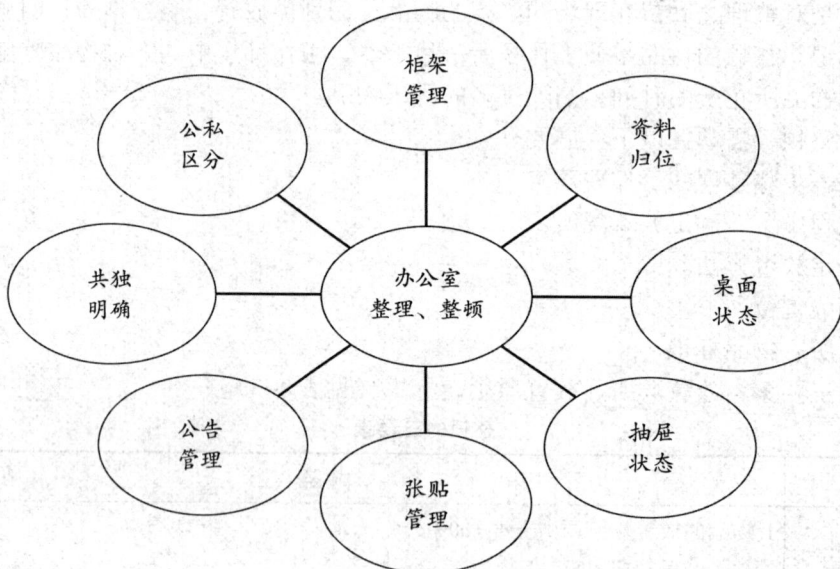

图8-4　办公室的整理、整顿

3.清扫

清扫就是指扫除、清理污垢的动作，这项工作不但要求把工作场所打扫得整齐清洁，而且要求同时检查各项设施、工具、机器是否处在正常状态。它包括：

（1）规定每位员工应负责清扫的范围。

（2）确保员工明白怎样清扫其责任区域、设施。

（3）训练员工在清扫时懂得怎样检查各项设施及工具是否处在正常状态。

（4）制定一套清洁准则和程序。

要进行清扫，需掌握以下实施要领：

（1）建立清扫责任区（室内、室外）。

（2）执行例行扫除，清理脏污。

（3）调查污染源，予以杜绝或隔离。

（4）制定清扫基准，作为规范。

案例 8-2 ─────────────────────────────

5S的日常确认工作

按照表8-5进行5S的日常确认工作，促使5S活动落实到位。

表 8-5　　　　　　　　　　　　　　　　5S 日常确认例表

序号	日常确认项目	日常确认记录					
		周一	周二	周三	周四	周五	周六
1	提前十分钟到岗，开车间门；换工作服、鞋，佩戴胸卡						
2	开晨会五分钟						
3	全线 5S 十分钟						
4	安排当日的生产计划						
5	做好生产看板，更换工艺图、工艺卡片						
6	检查各工作区域，认真按"5S 日常清扫点检项目要求"对生产线进行现场管理，对不达标的给予提出，直到达到点检要求为止						
7	认真执行"员工个人 5S 考核"，并做好记录，上交车间主任						
8	保障生产作业时物流有序，堆放整齐，场地整洁，文明生产						
9	对每个工位进行 5S 日常点检，并填写"5S 清扫区域责任表"						
10	及时处理生产中出现的质量问题，做好质量记录，要求生产线人员按图纸、工艺、标准进行生产						
11	检查当天生产任务完成情况，及时更新生产看板上的产品型号、数量，无过期数据						
12	对生产线投入零件要建账，账本要清楚易懂，所有零件要与有关人员当日核对，积极配合车间统计及其他人员工作						
13	对工位牌、物品的摆放是否压线，状态标志是否明确做不定时检查						
14	确保平行光管清洁、完好，零件辅料满足"三定""三要素"原则，良品与不良品分开摆放并有明确标志						
15	镜筒按良品与不良品区分摆放于指定区域，不与地面直接接触						
16	工具箱的存放应设置定位标志，运用形迹管理，满足"三定""三要素"原则，各类工具杂物归类摆放						
17	工作凳椅应保持整洁，工作、非工作状态都应按规定位置摆放						
18	无呆坐、打瞌睡、串岗离岗，无闲谈、吃零食、大声喧哗，不看与工作无关的书籍杂志，保持良好的工作面貌						
19	热水器、水杯摆放整齐，保持干净，水杯不得放在工作台上						
20	私人物品不得在线上摆放						
21	公告栏经常更换，无过期公告						
22	流水线上暂放的成品应有明确标志，状态、数量清楚明了						
23	清楚填写产品入库单，当日产品当日入库						
24	若有异常情况发生，应及时向车间主任汇报，以便及时处理问题						
25	做好当日考勤						
26	检查当日值日情况						
27	每天下班前检查门窗、电、水是否关好，个人物品是否归位						
班长签字确认							
车间主任审核							

191

4. 清洁

清洁就是在整理、整顿、清扫的基础上，生产单位还应该对生产场所、器物加以认真维护，保持最佳状态，并将上面提到的3S做法制度化、规范化。标准的建立，不但是为整理、整顿和清扫提供依据，亦是最终建立良好的安全文化（素养）的先决条件，所以订立标准是成功推行5S的重要环节，具体包括：

（1）为"整理"订立准则。什么物品是需要的，什么是暂时不需要的，什么是不需要的。对此应建立如何处理物品的规则。

（2）为"整顿"订立识别系统，包括标签、颜色区别、目视管理以及存放的方式。

（3）为"清扫"订立准则，将工作场所和物件的清洁、整齐规范化，清扫及清理行动制度化。

要进行清洁，需掌握以下实施要领：

（1）落实前面3S工作。

（2）制定目视管理实施办法。

（3）制定考评方法。

（4）制定奖惩制度，加强执行。

（5）高层主管经常带头巡视检查，以示重视。

5. 素养

每位成员都应该养成良好的习惯，并遵守规则做事，培养积极主动的精神（也称习惯性）。这样做的目的是：培养有好习惯、遵守规则的员工，培养团队精神。坚持不懈地教育、考评，才能养成良好的习惯。

提升素养，需掌握以下要领：

（1）制定服装、仪容、识别证标准。

（2）制定共同遵守的有关规则、规定。

（3）制定礼仪守则。

（4）教育训练（对新入职员工强化5S教育、实践）。

（5）推动各种精神提升活动（晨会、礼貌运动等）。

知识点4：目视管理

一、目视管理的概念

目视管理是一种利用各种形象直观、色彩适宜的视觉感知信息来组织现场生产活动，达到提高劳动生产效率的管理方法。据统计，人的行动60%是从"视觉"的感知开始的，比如在日常生活中，我们在开车时看到红灯就会有意识地停车，绿灯就会通行；在排气扇上绑一根小布条，看见布条飘起即可知道运行状况。在生产与运作管理活动中，也可以运用目视管理的方法，如包装箱的箭头管理，有零件的箱表面箭头朝上（以"↑"表示），无零件的箱倒置箭头朝下（以"↓"表示），这样就不容易丢弃尚未使用的零件。

在企业管理中，强调各种管理状态、管理方法清楚明了，达到"一目了然"，从而容易明白、易于遵守，让员工自主地完全理解、接受、执行各项工作，这将会给管理带来极大的好处。

通过实施目视管理可以使现场管理水平得到很大提升：管理状态形象直观、管理方法简单方便，提高了工作效率；透明度高，便于现场人员互相配合、监督和促进，发挥激励与协调作用；能够科学地改善生产条件和环境，为现场人员带来良好的生理感受和心理感受。

案例 8-3

目视管理的运用

举几个简单的事例：（1）交通用的红绿灯；（2）饮水机；（3）排气扇上绑一根小布条。在产品上也可以实施目视管理，为客户带来方便。例如，电脑上有许多形状各异的接口，有圆的、扁的、长的、方的等，其目的就是防止插错。而现在购买的电脑上，其接口不仅形状各异，而且各接口颜色各异，各连接线的插头也是相应的颜色。这样只要看颜色插线，又快又准。

这里采用的方法即目视管理。目视管理是一种管理手段，尽量让各种管理状况"一目了然""一看便知"，员工容易明白，易于遵守，减少差错。它是一种简单又很有效的管理方法。

二、目视管理的类别

目视管理需要借助一定的工具，按照这些工具的不同，目视管理可划分为：

（1）红牌。红牌适宜于5S中的整理阶段，是改善的基础和起点，用来区分日常生产活动中非必需品，挂红牌的活动又称为"红牌作战"。在工厂内，找到问题点，并悬挂红牌，让大家都明白并积极地去改善，从而达到整理、整顿的目的。

（2）看板。用在5S的看板作战中，以告示板的形式来表明使用物品、放置场所等基本状况。记录它们的具体位置在哪里、做什么、数量多少、谁来管理等重要事项，让人一看即知，强调的是透明化、公开化。

（3）信号灯或者异常信号灯。在生产现场，信号灯可以帮助第一线的管理人员随时掌握作业员或机器是否在正常作业。工序某个环节发生异常时，信号灯能够即刻通知管理人员。信号灯的种类有：

① 发音信号灯。适用于物料请求通知，当工序内物料用完时，或者该工序的信号灯亮起时，扩音器马上会通知搬送人员及时保障供应。

② 异常信号灯。用于产品质量不良及作业异常等场合，通常安装在大型工厂的较长的生产、装配流水线上。一般设置红或黄两种信号灯，由员工来控制，当发生零部件用完、出现不良产品及机器的故障等异常时，员工马上按下红灯的按钮，等红灯一亮，生产管理人员要停下手中的工作，马上前往现场，予以调查处理。异常情况被排除以后，管理人员就可以把这个信号灯关掉，然后继续开展作业和生产。

③ 运转指示灯。工作人员应检查显示设备的状态，包括机器开动、转换或停止的状况显示。机器停止时，运转指示灯还应显示出停止原因。

④ 进度灯。进度灯是比较常见的，安装在组装生产线上。在手动或半自动生产线上，进度灯的每一道工序间隔是1~2分钟，用于组装节拍的控制，以保证产量。

（4）操作流程图。操作流程图是描述重点工序和作业顺序的简明指示书，也称为步骤图，用于指导生产作业。一般在工序比较复杂的车间，在看板上一定要有操作流程图。比如原材料进来后，第一个工序可能是签收，第二个工序可能是点料，第三个工序可能是转换或者转制。

（5）反面教材。反面教材，一般用帕累托图结合实物来展示，让现场的作业人员明白不良的现象及后果。一般是放在显著位置，让人一眼就能看到，一看就明白。

案例 8-4

目视管理的对象

工厂里的全部构成要素都是目视管理的对象，如制造过程、物料、设备夹具、文件、场所、人员等。

生产现场的目视管理：产品、品质、成本、交期、安全、士气、作业管理、排期管理、质量管理、模治具管理等。

间接部门的目视管理：为支持生产也应导入目视管理，如文件管理、行动管理、业务管理、办公设备管理等。

（6）提醒板。提醒板用于防止遗漏。健忘是人的本性，不可能杜绝，只有通过一些自主管理的方法来最大限度地减少遗漏或遗忘。比如在有的车间的进出口处放置一块告示牌，上面显示今天有多少产品要在何时送到何处，或者什么产品一定要在何时完工，或者14时有一个什么内容的检查等，这些都统称为提醒板。一般来说，用纵轴表示时间，横轴表示日期，纵轴的时间间隔通常为1个小时，一天的工作时间是8个小时。

（7）区域线。区域线就是对原材料、半成品、成品放置的场所或通道等区域，用线条把区域线画出，主要用于整理与整顿，以此来保持生产现场具有良好的生产秩序。

（8）警示线。警示线就是在仓库或其他物品放置处用来表示最大或最小库存量的，涂在地面上的彩色漆线。

（9）生产管理板。生产管理板就是揭示生产线的生产状况、进度的告示牌，记录生产实绩、设备开动率、异常原因（停线、故障）等。

（10）告示板。告示板是一种即时管理的道具，也就是公告，或是为了让大家都知道某一信息，比方说今天15：00开会，告示板就是用于书写这些内容的。

技能实训 //////////

实训1：生产现场管理

【实训目标】

培养学生的组织能力、沟通能力；掌握生产现场管理的相关知识，并能综合应用；针对企业实际问题，应用本项目以及相关项目理论与方法进行分析，提出解决方案的能力；提高学生解决企业工作现场实际问题的能力。

【相关知识】

一、定置管理的程序

定置是对物品进行有目的、有计划的科学放置，开展定置管理应按照以下六个步骤进行：

1.进行工艺研究

工艺研究是开展定置管理的程序起点，它是对生产现场现有的加工方法、机器设备、工艺流程进行详细研究，确定工艺在技术水平上的先进性和经济上的合理性，分析是否需要和有可能用更先进的工艺手段及加工方法，从而确定生产现场产品制造的工艺路线和搬运路线。工艺研究是一个提出问题、分析问题和解决问题的过程，包括以下三个步骤：

（1）对现场进行调查，详细记录现行方法。通过查阅资料、现场观察，对现行方法进行详细记录，要求记录详尽、准确，以便为工艺研究提供基础资料。由于现代工业生产工序繁多，操作复杂，如用文字记录现行方法和工艺流程，势必显得冗长烦琐。在调查过程中运用工业工程中的一些标准符号和图表来记录，则可一目了然。

（2）对记录进行分析，并寻找存在的问题。对调查记录下来的现有工艺流程及搬运路线等进行分析，找出存在的问题及其影响因素，提出改进方向。

（3）拟订改进方案。提出改进方向后，实施定置管理的人员要对新的改进方案做出具体的技术经济分析，并和旧的工作方法、工艺流程、搬运线路进行对比，将较理想的方案作为标准化的方法实施。

2.对人和物结合的状态分析

人和物结合状态分析，是开展定置管理中关键的一环。在生产过程中必不可少的是人与物，只有人与物相结合才能进行工作。而工作效果如何，则需要根据人与物的结合状态来定。定置管理要在生产现场实现人、物、场所三者的最佳结合，首先应解决人与物的有效结合问题，这就必须对人和物结合状态进行分析。

在生产现场，人和物的结合有两种形式，即直接结合和间接结合。直接结合是指需要的东西能立即拿到手，不存在由于寻找物品而发生时间的耗费。如加工的原材料、半成品就在自己岗位周围，工具、贮存容器就在自己的工作台上或工作地周围，随手即得。间接结合是指人与物呈分离状态，为使其结合则需要信息媒介的指引。信息媒介的准确可靠程度影响着人和物结合的效果。

按照人和物有效结合的程度，可将人与物的结合归纳为 A、B、C 三种基本状态：

A 状态，表现为人与物处于能够立即结合并发挥效能的状态。例如，操作者使用的各种工具，由于摆放地点合理而且固定，当操作者需要时能立即拿到或做到得心应手。

B 状态，表现为人与物处于寻找状态或尚不能很好发挥效能的状态。例如，一个操作者加工一个零件，需要使用某种工具，但由于现场杂乱或忘记了这一工具放在何处，导致因寻找而浪费了时间；又如，由于半成品堆放不合理，散放在地上，加工时每次都要弯腰，一个个地捡起来，既拖延了工期，又增加了劳动强度。

C 状态，是指人与物没有联系的状态。在这种状态下，物品与生产无关，不需要人去同该物结合。例如，生产现场中存在的已报废的设备、工具、模具，生产中产生的垃圾、废品、切屑等。这些物品放在现场，必将占用作业面积，而且影响操作者的工作效率和安全。

因此，定置管理就是要通过相应的设计、改进和控制，消除 C 状态，改进 B 状态，使之都成为 A 状态，并长期保持下去。关于人与物的结合状态的具体内容见表 8-6。

195

表8-6 人与物的结合状态表

要素	A状态	B状态	C状态
场所	指良好的作业环境。如场所中工作面积、通道、加工方法、通风设施、安全设施、环境保护（包括温度、光照、噪声、粉尘、人的密度等）都应符合规定	指需不断改进的作业环境。如场所环境只能满足生产需要而不能满足人的生理需要（或相反），故应改进，从而既满足生产需要，又满足人的生理需要	指应消除或彻底改进的环境。如场所环境既不能满足生产需要，又不能满足人的生理需要
人	指劳动者本身的生理、心理均处在高昂、充沛、旺盛的状态；操作熟练，技术水平高，能高质量地连续作业	指需要改进的状态。人的生理、心理、技术水平出现了波动和低潮状态	指不允许出现的状态。人的某些要素如生理、技术水平处于极低潮状态等
物	指正在被使用的状态。如正在使用的设备、工具、加工工件，以及这些物品被妥善、规范放置，处于随时和随手可取、可用的状态	指寻找状态。如现场混乱，库房不整，需用的东西要浪费时间去逐一寻找的状态	指与生产和工作无关，但处于生产现场的物品状态。需要清理，即应放弃的状态
人、物、场所的结合	三要素均处于和谐的、紧密结合的、有利于连续作业的状态，即良好状态	三要素在配置上、结合程度上还有待进一步改进，还未能充分发挥各要素的潜力	指要取消或彻底改造的状态。如严重影响、妨碍作业，不利于现场生产与管理的状态

3. 对信息流的分析

信息媒介就是在人与物、物与场所合理结合过程中起指导、控制和确认等作用的信息载体。由于生产中使用的物品品种多、规格杂，它们不可能都放置在操作者的手边，如何找到各种物品，需要有一定的信息来指引；许多物品在流动中是单向的，它们的流向和数量也要有信息来指导和控制；为了便于寻找物品和避免混放物品，也需要有信息来确认。因此，在定置管理中，完善而准确的信息媒介是很重要的，它影响到人、物、场所的有效结合程度。

人与物的结合，通常需要有四个信息媒介物：

第一个信息媒介物是位置台账，它表明"该物在何处"，通过查看位置台账，可以了解所需物品的存放场所。

第二个信息媒介物是平面布置图，它表明"该处在哪里"。在平面布置图上可以看到物品存放场所的具体位置。

第三个信息媒介物是场所标志，它表明"这儿就是该处"。它是指物品存放场所的标志，通常用名称、图示、编号等表示。

第四个信息媒介物是现货标示，它表明"此物即该物"。它是物品的自我标示，一般用各种标牌表示，标牌上明确了货物本身的名称及有关事项。

在寻找物品的过程中，人们通过第一个、第二个媒介物，被引导到目的场所，因此称第一个、第二个媒介物为引导媒介物。再通过第三个、第四个媒介物来确认需要结合的物品，因此称第三个、第四个媒介物为确认媒介物。人与物结合的这四个信息媒介物缺一不可。按照定置管理的要求，认真地建立、健全连接信息系统，并形成通畅的信息流，有效地引导和控制物流，是成功推行定置管理的关键。

4.定置管理设计

定置管理设计就是如何对各种场地（厂区、车间、仓库）及物品（机台、货架、箱柜、工位器具等）进行科学、合理定置的统筹安排。定置管理设计主要包括定置图设计和信息媒介物设计。

（1）定置图设计。定置图是对生产现场所在物进行定置，并通过调整物品来改善场所中人与物、人与场所、物与场所相互关系的综合反映图。其种类有室外区域定置图，车间定置图，各作业区定置图，仓库、资料室、工具室、计量室、办公室等定置图和特殊要求定置图（如工作台面、工具箱内，以及对安全、质量有特殊要求的物品定置图）。

定置图绘制的原则有：①现场中的所有物均应绘制在图上；②以简明、扼要、完整为原则，物品形状依大概轮廓、尺寸按比例，相对位置要准确，区域划分清晰鲜明；③生产现场暂时没有，但已定置并决定制作的物品，也应在图上标注出来，准备清理的无用之物不得在图上出现；④定置物可用标准信息符号或自定信息符号进行标注，并在图上加以说明；⑤定置图应按定置管理标准的要求绘制，但应随着定置关系的变化而进行修改。

案例 8-5

某公司定置图绘制规范见表8-7。

表8-7　　　　　　　　　**某公司定置图绘制规范**

序号	内容	图例
1	房屋墙壁用粗实线绘制	
2	设备用虚线绘制	．．．．．．．．．．．．
3	定置物用实线绘制	
4	定置区用点划线绘制	．–．–．–．–．
5	安全通道用虚线绘制，转弯处用同心圆弧连接	–－－－－－－
6	单位分界线绘制	⊢ ⊢ ⊢
7	图中要标明定置区内物品A、B、C、D	

资料来源　根据铁煤集团网（http://www.tmjxzz.com）资料整理.

（2）信息媒介物设计。信息媒介物设计包括信息符号设计和示板图、标牌设计。在推行定置管理，进行工艺研究、各类物品停放布置、场所区域划分等过程中，都需要运用各种信息符号表示，以便人们形象地、直观地分析问题和实现目视管理，各个企业应根据实际情况设计和应用有关信息符号，并纳入定置管理标准。在设计信息符号时，如有国家规定的（如安全、环保、搬运、消防、交通等）应直接采用国家标准；对于其他符号，企业应根据行业特点、产品特点、生产特点进行设计。设计符号应简明、形象、美观。

定置示板图是现场定置情况的综合信息标志，它是定置图的艺术表现和反映。标牌是指示定置物所处状态、区域、定置类型的标志，包括建筑物标牌，货架、货柜标牌，原材料、在制品、成品标牌等。它们都是实现目视管理的手段。各生产现场、库房、办公室及其他场所都应悬挂示板图和标牌，示板图中内容应与蓝图一致。示板图和标牌的底色宜选用淡色调，图面应清洁、醒目且不易脱落。各类定置物、区（点）应分类规定颜色标准。

5. 定置实施

定置实施是理论付诸实践的阶段，也是定置管理工作的重点。其主要包括以下三个步骤：

（1）清除与生产无关之物。生产现场中凡与生产无关的物品，都要清除干净。与生产无关的物品，能转变利用便转变利用，不能转变利用时，可以变卖，转化为资金。

（2）按定置图实施定置。各车间、部门都应按照定置图的要求，将生产现场、器具等物品进行分类、搬、转、调整并予定位。定置的物要与图相符，位置要正确，摆放要整齐，贮存要有器具。可移动物，如推车、电动车等也要定置到适当位置。

（3）放置标准信息标牌。放置标准信息标牌要做到牌、物、图相符，设专人管理，不得随意挪动。

总之，定置实施必须做到：有图必有物，有物必有区，有区必挂牌，有牌必分类；按图定置，按类存放，账（图）物一致。

6. 定置检查与考核

定置的考核是定置管理的最后一个阶段。为了巩固已取得的成果，发现存在的问题，不断完善定置管理，必须坚持定期检查和考核工作。考核的基本指标就是定置率。它的计算公式是：

$$定置率=\frac{实际定置的物品数（种类）}{定置图规定的定置物品数（种类）}×100\%$$

现举一例说明，如图8-5所示，计算定置率。

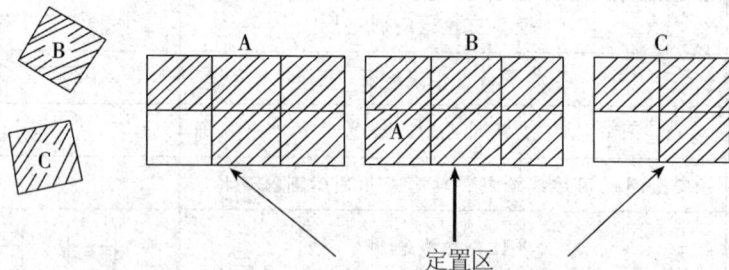

图8-5　某场所的定置图

图8-5中，A、B定置区中应存放6箱A、B物品；C定置区应放4箱C物品，但实际上A区旁边乱摆B、C各1箱；B区内误摆A物品1箱；C区内还少放了1箱C物品。则：

定置率=13÷16×100%=81.25%

案例 8-6

某电力公司定置管理办法

为进一步规范办公场所的物品管理，营造舒适的工作环境，塑造分公司良好的企业形象，根据一流供电企业标准要求，结合分公司的实际，特制定本办法。

一、定置图的绘制

（一）定置图一律用计算机制图，A4打印纸，按照分公司统一制作的模板制作，在框内绘图，方向可根据实际情况设置为横向或纵向，但样式不能改变。

（二）标题使用华文中宋字体22号加重，标题为×××办公室定置图。

（三）要标明绘图人、责任人及日期，字体、字号为楷体18号加重，具体内容的字体、字号为行楷18号。

二、具体要求

（一）定置图绘制后，必须保证物品的摆放与定置图相符。

（二）当办公生产场所、各变电站（有人值班站）、各供电所（站）的定置物品，因工作需要发生变动时，必须及时更改定置图。

（三）汽车队负责对分公司所有车辆的停放实行定置管理，禁止乱停乱放。

（四）实业公司物资组要对室外堆放的物资（如新旧变压器、电线电缆、管材、开关、开关柜、计量箱等）进行归类，实行定点码放，严禁随意乱堆、乱放。

（五）各供电所（站）要对院内进行规划，包括车辆、新旧材料在内的物资都要定置存放。

三、定置图的存放

除供电所外，各单位应将定置图统一存放于文件柜的总目录文件夹内，位置在总目录的后边；供电所应将定置图放在文明生产资料盒内。

四、责任划分

定置管理按照"谁主管、谁负责"的原则，依照分公司各职能科室管理权限进行管理。

五、检查与奖惩

定置管理是创一流工作的重要组成部分，分公司在检查创一流工作时，将依据本办法检查定置管理，并同时兑现奖惩。

六、附则

本办法适用于局直属办公生产场所、各变电站（有人值班站）、各供电所（站）。

二、5S管理活动的工作程序

掌握了5S现场管理法的基础知识，尚不具备推行5S活动的能力。因推行步骤、方法不当导致事倍功半，甚至中途夭折的事例并不鲜见。因此，掌握正确的步骤、方法是非常重要的。推行5S管理活动的步骤如下：

1. 成立推行组织

要推行5S活动，首先应成立推行委员会及推行办公室，进行岗位责任的确定，再明确分组及责任者。建议由企业主要领导出任5S活动推行委员会主任职务，以表示对此活动的支持，具体安排可由副职领导负责活动的全面推行。

2. 明确推行方针及目标

推动5S管理时，应将明确的推行方针作为指导原则。比较常见的方针如："推行5S管理，塑公司一流形象""告别昨日，挑战自我，塑造公司新形象""于细微之处着手，塑造公司新形象""规范现场、现物，提升人的品质"等。

同时，要引进目标管理，设定期望的目标，作为活动努力的方向及执行过程的成果检验。比如："增加可使用面积20%""走道被占用次数降到每月3次以下""有来宾到厂参观，不必事先做整理、整顿""第4个月各科室评分90分以上"等。

3. 拟订工作计划

工作一定要有计划，以便大家对过程有一个整体的了解。项目责任者清楚自己及其他人员的工作是什么，要何时完成，从而良好地相互配合，造就一种团队作战精神。其具体包括：

（1）拟订5S管理工作计划作为推行及控制的依据。

（2）收集资料与观摩他厂成功案例。

（3）制定5S管理实施办法（奖惩办法）。

（4）制定要与不要的区分标准。

（5）制定不要物处理标准。

（6）制定5S管理考评办法。

（7）其他相关规定（如5S实施时间等）。

4. 教育

教育是非常重要的，让员工了解5S活动能给工作和自己带来好处从而主动地去做，其结果与被别人强迫着去做是完全不同的。教育形式要多样化，讲课、放录像、观摩他厂案例或样板区域、学习推行手册等方式均可视情况加以使用。要对各个部门的员工进行教育，内容包括5S的定义及目的、5S管理实施方法、5S管理考评办法等。另外，新员工报到后，要进行5S强化训练。

5. 前期的宣导造势

5S管理要全员重视、参与。如最高主管的宣言，举办各种活动及比赛，海报、推行手册的印制与分发等，都是全员重视、参与的良好形式。其具体可采取以下方法：

（1）先期各项宣传活动的推行，如板报比赛、标语比赛、征文比赛。

（2）观摩标杆厂。由5S推行组长带领推行成员及部分员工到5S标杆厂观摩，并和本厂的现状进行比较，共同讨论差距及其产生原因，引导大家达成共识。

（3）制作推行手册，设计海报和标语。为了让全体员工了解并实行5S管理，最好能制作推行手册，并且保证人手一册，通过学习，确切掌握5S的定义、目的、推行要领、实施办法、评鉴办法等。另外，有条件的话可以配合各项倡导活动，设计精美的海报、标语，营造良好氛围以增强宣传效果。

（4）主管宣言。利用全员集合的机会，由主管强调和说明推动5S活动的决心和重要性。

6. 5S活动试行

5S活动试行前期的作业准备，如明确责任区域，建立地、物标准，用具和方法准备；全体上下进行彻底大扫除；采用样板区来推行5S；区域划分、画线、标志；定点摄影等。

7. 确定考评办法

考评办法的确定主要是制定评分标准表，确定评分时间和方法，提出整改措施。

8. 评比考核试行

实行现场检查考核，对5S问题点提出质疑和进行解答。

9. 公布评鉴结果及奖惩

依5S管理实施办法，用看板公布成绩，每月实施奖惩。

10. 检讨修正

推行5S活动和进行其他管理活动一样，必须导入PDCA管理循环方能成功。

plan——拟定活动目标，进行活动计划及准备；

do——执行阶段，如文字宣传、训练、执行等工作；

check——过程中进行查核，检讨；

action——采取改善修正措施。

检讨和改善活动需要持之以恒地进行。不能坚持的话，则5S活动难以成功，若能脚踏实地地加以执行，则5S活动将逐见成效。要注意下面几点：

（1）问题点的检讨和整理。执行组长每周将各组的问题加以集中和整理，记录在5S整改措施表中，并发至各小组负责人。

（2）定期检讨。5S推行初期，一定要实行每日检讨，时间过长容易导致积累问题太多，难有成效。相对稳定后，可延长检讨周期，逐渐使5S活动融入日常管理活动当中。

（3）各责任部门依缺点项目改善修正。5S推行组长可在5S例行检讨会中提报各部门重点改善项目，作为各部门改善时的参考。

11. 纳入定期管理活动中

5S活动的实施要不断进行检讨、改善以及效果确认，当确认改善对策有效时，要将其标准化、制度化，纳入日常管理活动架构中，将5S活动的绩效和出勤率、工伤率等一并融入日常管理中。

三、目视管理的内容及方法

目视管理作为一种管理手段和方法，可以在各项管理（如物品管理、作业管理、设备管理、品质管理、安全管理）中发挥作用。

1. 物品管理中的目视管理

在日常工作中，需要对工夹具、计量仪器、设备的备用零件、消耗品、材料、在制品、完成品等物品进行管理。通常对这些物品的管理有四种基本形式：随身携带；伸手可及之处；较近的架子、抽屉内；放于储物室、货架中。此时，"什么物品、在哪里、有多少"及"必要的时候、必要的物品、无论何时都能快速地取出放入"成为物品管理的目标。目视管理可以提供一些解决方法。

物品管理的要点及相应的目视管理方法见表8-8。

表8-8　　　　　　　　　　**物品管理的要点及相应的目视管理方法**

要点	方法
明确物品的名称及用途	分类标志及用颜色区分
决定物品的放置场所，容易判断	采用有颜色的区域线及标志加以区分
决定物品的放置地点，容易取出	以标志保证顺利地实现先入先出
决定合理的数量，尽量只保管必要的数量，且要防止断货	标示出最大数量、安全量、订货量

2. 作业管理中的目视管理

生产作业是通过各种各样的工序与人组合而成的。各工序的作业是否按计划进行？是否按计划正确地实施呢？在作业管理中，清楚作业及各工序的进行状况及是否有异常发生等是非常重要的。

作业管理的要点及相应的目视管理方法见表8-9。

表8-9 作业管理的要点及相应的目视管理方法

要点	方法
明确作业计划及事前需准备的内容，并核查实际进度与计划是否一致	设置保养用日历、生产管理板、各类看板
作业能按要求实施，并能够清楚地判定是否在正确地实施	物品误用警报灯
在能早期发现异常上下功夫	异常警报灯

目视管理的作业管理就是要简单明了地表示出以下四个方面：是否按要求的那样正确地实施；是否按计划在进行；是否有异常发生；如果有异常发生该如何应对。

案例—8-7

目视管理在液体储量管理中的应用

为了对容器内液体储量进行管理，最容易想到的方法就是安装透明管，这样液体储量便一目了然，如图8-6所示。

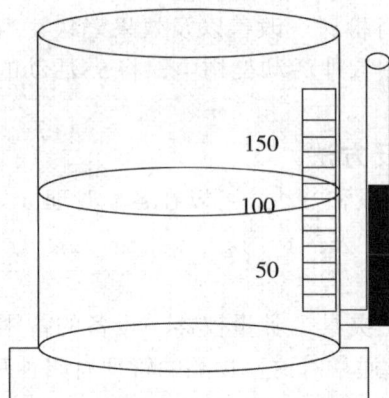

图8-6 初级水准的液体储量管理

为了明确液体存量的上限和下限，以及投入范围、管理范围，应设置更多项目的标记，使得液体储量正常与否更加容易辨识，如图8-7所示。

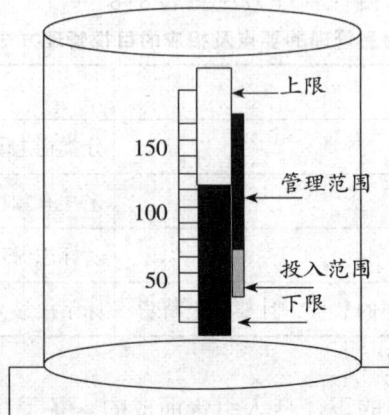

图8-7 中级水准的液体储量管理

为进一步改进液体储量管理，管理人员增加了方法指引，使得异常处置方法、点检方法、清扫方法明确，异常管理装置化，如加装了上下限报警器等，如图8-8所示。

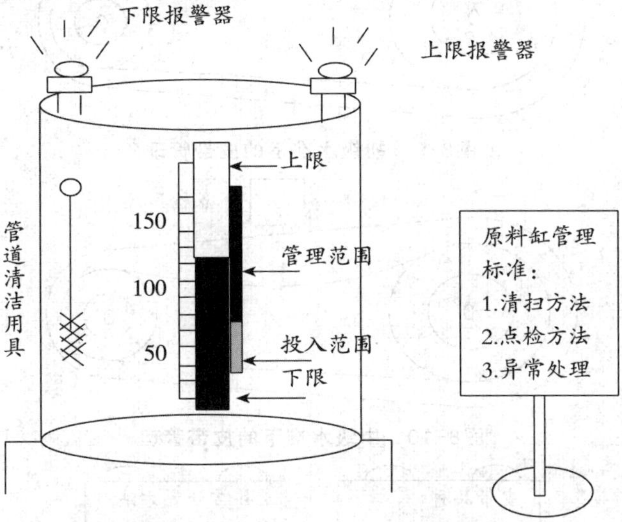

图8-8 高级水准的液体储量管理

3. 设备管理中的目视管理

在设备管理中应用目视管理能够正确地、高效率地实施清扫、点检、加油、紧固等日常保养工作。

设备管理的要点及相应的目视管理方法见表8-10。

表8-10   设备管理的要点及相应的目视管理方法

要点	方法
清楚明了地表示出应该进行维护保养的部位	颜色标贴
能迅速发现发热异常	在马达、泵上使用温度感应标贴或温度感应油漆
清楚是否正常供给、运转	旁置玻璃管、小飘带；在各类盖板的极小化、透明化上下功夫，特别是驱动部分，着力使其容易"看见"
标识出计量仪器类的正常/异常范围、管理界限	用颜色表示出范围（如绿色表示正常范围，红色表示异常范围）
设备是否按要求的性能、速度在运转	揭示出应有周期、速度

案例 8-8

目视管理在设备管理（皮带管理）中的应用

为了弄清设备现在的运转状态，即皮带有无脱落、松弛等情况发生，可以将皮带外的盖板透明化，这样就能方便看清皮带的运行状态，如图8-9所示。

有时皮带运转得正常与否，单凭肉眼无法确认，这时需要明确设备的管理范围及点检方法，如图8-10所示。

做更进一步的改进，设置标志，从而明确日常管理、交换方法、交换计划及异常处置方法等，如图8-11所示。

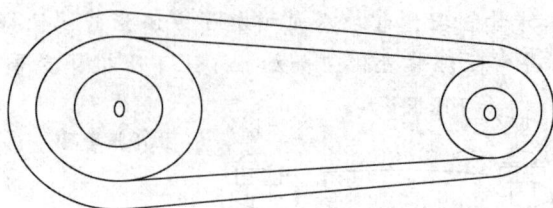

图8-9　初级水准下的皮带管理

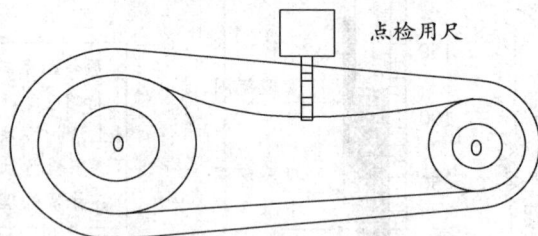

图8-10　中级水准下的皮带管理

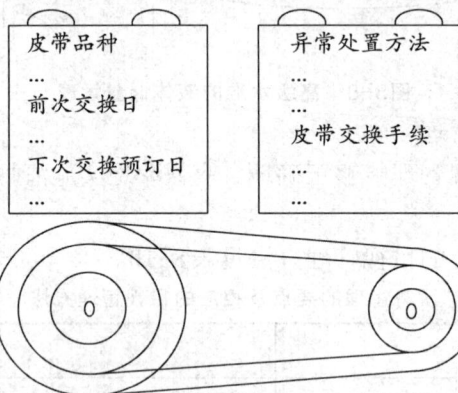

图8-11　高级水准下的皮带管理

4.品质管理中的目视管理

目视管理能有效防止许多"人的失误"的产生,从而减少品质问题发生。

品质管理的要点及相应的目视管理方法见表8-11。

表8-11　　　　　　　　　　　品质管理的要点及相应的目视管理方法

要点	方法
防止因"人的失误"导致的品质问题	合格品与不合格品分开放置,用颜色加以区分
设备异常的"显露化"	重要部位贴"品质要点"标识,明确点检线路,防止点检遗漏
能正确地实施点检	计量仪器按点检表逐项实施定期点检

5.安全管理中的目视管理

目视管理的安全管理是要将危险的事或物予以"显露化",刺激人的"视觉",唤醒人们的安全意识,防止事故、灾难的发生。

安全管理的要点及相应的目视管理方法见表8-12。

通常把目标管理所达到的水准分为三个级别,即:

表8-12　　　　　　　　　　　　　**安全管理的要点及相应的目视管理方法**

要点	方法
注意有高度差、突起之处	使用油漆或荧光色，刺激视觉
注意车间、仓库内的交叉之处	设置凸面镜或"临时停止脚印"图案
危险物的保管、使用	将有关规定醒目地揭示出来
设备的紧急停止按钮设置	设置在容易触及的地方，且有醒目标志

初级水准：有简单的表示，能明白现在的状况，但更多的信息需要操作者自己获取，如物品数量需通过点数获知。

中级水准：谁都能判断状况好坏；更多的信息被直接展示出来，如物品按固定数量分组堆放，加上简单标志，使数量多少一目了然。

高级水准：相关管理方法（异常处置等）都列明。

表8-13是一个物品存放的例子，不同水准的目视管理所带来的工作效率大不相同。无水准下物品堆放混乱，要一一点数，数量大的话将非常困难；初级水准下物品排列整齐，便于清点数目；中级水准下物品按照每六个一组排列，并且给出数量标识，使人对物品数量尽在掌握中；高级水准下还增加了该物品的安全库存量，且标记在分组排列的物品旁，让人一眼就能辨别物品是否处于安全库存状态，并且标明了在多少库存量时应该进行补充。

表8-13　　　　　　　　　　　　　　**目视管理三级水准例表**

无水准	初级水准	中级水准	高级水准（理想状态）
物品数量不明确，要点数	整齐排列，便于确认管理	通过简单标志使数目一目了然	通过标志和提示，使数目充足和数目不足时该怎么做一目了然

【实训材料及实训要求】

走访一家民营制造业企业，深入生产现场、仓库和办公场所（可分组去不同的场所），观察各个场所的现场状况，找出定置管理、5S活动、目视管理方面存在的问题和需要改进的地方。

其具体内容及程序见表8-14。

表8-14 **综合实训具体内容**

序号	内容	实训内容
1	现场情况介绍（PPT）	学生分组，每组对所调查的现场情况做一个整体的介绍
2	实施定置管理	对现场进行调查，详细记录现状，查阅资料，对记录进行分析，并寻找存在的问题，拟订改进方案，并尝试实施
3	推行5S活动	每组在所调查走访的部门试进行5S的推行工作。先拟订推行方针和目标，拟订具体的工作计划和措施，对员工进行教育，按计划实施，与员工一起制定考评办法，试行一段时间后进行考核评比，公布评鉴结果，对前期成果进行检讨修正
4	实施目视管理	每组选定一个部门或场所，调查其物品、作业、设备、品质和安全管理现状，小组讨论找出存在的问题，拟订改进的方案和措施，根据需要制作目视管理所需的工具，如看板、操作流程图、提醒板等，小组间互相参观和交流，总结出其他组的经验和需改进完善的地方

实训2：作业排序

【实训目标】

能给具体的作业进行排序。

【相关知识】

一、作业排序概述

在生产作业中，同一个零件要分别由不同的设备来加工，而在不同设备上的加工次序又是由一定的工艺规程所确定。由于不同的零件在各种设备上加工的时间长短不一，从上道工序转到下道工序时，如果设备没有空闲，就会出现零件等候设备的现象；如果下道工序的设备完工后，上道工序还未完成，就会出现设备等候零件的现象。零件的加工顺序受工艺过程的限制，要完全消除设备等候零件或零件等候设备的现象虽然不太可能，但在安排作业计划时尽量减少上述现象的发生还是有可能的。考虑如何安排使总的加工时间最短和设备空闲的时间最少，是生产作业计划进度安排的重要内容。

二、作业排序的方法

1.n个零部件在1台设备上加工作业的排序

假设有1台设备同时接到8个零件的加工任务，每个零件需要加工的时间不同，交货期限也不同，具体情况见表8-15。

表8-15 **零件加工时间要求** 单位：天

零件	1	2	3	4	5	6	7	8
加工时间	11	6	4	2	4	8	8	6
交货期限	35	20	11	8	6	25	28	9

如果这 8 个零件都由 1 台设备来加工，共需 49 天。而最长的交货期限是 35 天，所以使每个加工零件都按要求期限完成是不可能的。但是，我们可以考虑如何安排加工顺序使拖期的零件最少，或总的拖期天数最少。

（1）按先到先做原则安排，计算完成时间和拖期时间，见表 8-16。

表 8-16　　　　　　　　　　先到先做原则作业排序表　　　　　　　　　　单位：天

零件	加工时间	完成时间	交货期限	拖期时间
1	11	11	35	0
2	6	17	20	0
3	4	21	11	10
4	2	23	8	15
5	4	27	6	21
6	8	35	25	10
7	8	43	28	15
8	6	49	9	40
合计	49			111

表 8-16 安排结果共有 6 个零件拖期，最多的为 40 天，总共要拖期 111 天。

（2）按最小加工时间顺序原则安排，计算完成时间和拖期天数，见表 8-17。

表 8-17　　　　　　　　　　最小加工时间作业排序表　　　　　　　　　　单位：天

零件	工时	完成时间	交货期限	拖期时间
4	2	2	8	0
3	4	6	11	0
5	4	10	6	4
2	6	16	20	0
8	6	22	9	13
6	8	30	25	5
7	8	38	28	10
1	11	49	35	14
合计	49			46

与先到先做原则比较，拖期的零件减少为5个，最长的拖期天数少了，总的拖期天数也减少为46天。可见，在有交货期限的条件下，用最少加工时间顺序原则，比用先到先做原则可减少拖期的零件的个数并缩短总的拖期时间。

以上两个原则都没有考虑交货期限的要求，显然考虑得不太周全，若把交货期限的要求考虑进去，则又有两个常用的原则可以应用。

（3）按交货期限优先原则安排。加工顺序按交货期限的顺序来安排，要求交货早的任务先做。下面计算这样安排的完成时间和拖期天数，见表8-18。

表8-18安排结果共有6个零件拖期，最长的是14天，但总拖期天数是39天。

按交货期限优先原则安排加工顺序，能把拖期最长的天数降低到最少。上例中，总的工时要49天，最长的交货期限是35天，因此任何安排都不可能把最长的拖期天数降到14天以下。

表8-18　　　　　　　　　　　交货期优先作业排序表　　　　　　　　　　　单位：天

零件	加工时间	完成时间	交货期限	拖期时间
5	4	4	6	0
4	2	6	8	0
8	6	12	9	3
3	4	16	11	5
2	6	22	20	2
6	8	30	25	5
7	8	38	28	10
1	11	49	35	14
合计	49			39

（4）按紧迫性优先原则安排。每个零件的交货期限与加工时间之差，表示这个零件在安排加工时具有的松动程度，称为该零件的紧迫性。如上例中，第1个零件要做11天，交货期限为35天，有24天可以松动，而第2个零件要做6天，交货期限为20天，有14天可以松动。所以在安排加工任务时，第2个零件就比第1个零件更为紧迫。

先计算前列各项工作的紧迫性，见表8-19。

表8-19　　　　　　　　　　　　　工作紧迫性表　　　　　　　　　　　　　单位：天

零件	1	2	3	4	5	6	7	8
紧迫性	24	14	7	6	2	17	20	3

按紧迫性排序的计算见表8-20。

表8-20　　　　　　　　　　　　　　　**紧迫性优先作业排序表**　　　　　　　　　　　　单位：天

紧迫性	零件	加工时间	完成时间	交货期限	拖期时间
2	5	4	4	6	0
3	8	6	10	9	1
6	4	2	12	8	4
7	3	4	16	11	5
14	2	6	22	20	2
17	6	8	30	25	5
20	7	8	38	28	10
24	1	11	49	35	14
	合计	49			41

（5）Moore法则。由于有时无法满足所有的交货期限要求，而又不希望因为拖期造成损失，管理人员往往会考虑把某些任务移交给别的单位承做。当然，管理人员这样做是寄希望于移交出去的任务最少，而留下的任务都能如期完成，即考虑如何安排使拖期的任务数最少。

Moore法则是使拖期任务最少的法则。其方法是：按交货期优先原则逐项安排，先安排交货期限最早的工作，计算一下这项工作是否拖期，如果不拖期，则继续安排，如果碰到一项任务经计算是拖期的，就把这项任务放到最后，再继续安排下一项，该项任务计算下来要拖期时也同样处理。这样安排出的作业顺序必然是拖期项目最少的。

照这个方法安排，上面的例子先做工作5，再做工作4，安排到工作8时，有拖期，把工作8放到最后，继续按交货期优先原则安排，结果见表8-21。

表8-21　　　　　　　　　　　　　　　**Moore法则作业顺序表**　　　　　　　　　　　　单位：天

零件	加工时间	完成时间	交货期限	拖期时间
5	4	4	6	0
4	2	6	8	0
(8)	(6)	(12)	(9)	(3)
3	4	10	11	0
2	6	16	20	0
6	8	24	25	0
(7)	(8)	(32)	(28)	(4)
1	11	35	35	0
8	6	41	9	32
7	8	49	28	21

因此，只要推掉8、7两项工作，其他任务都可以在期限内完成。

2. n个零部件在两台设备上加工作业排序

两台不同设备加工多种零件，它们的工艺顺序相同。用约翰逊-贝尔曼方法求解排序，可使总加工时间最短。安排加工顺序的步骤如下：

（1）找出表中工序工时定额最小值所对应的零件（若两个最小值相等，任取一个）。

（2）工时定额最小值凡属前道工序的排在最前加工，属后道工序的则排在最后加工。

（3）将已安排加工顺序的零件剔除，再依次排序，直到排出全部零件的加工顺序。

现假设有5种零件均要经过先车后铣两道工序，这些零件的工时定额见表8-22，如何安排才能使零件加工顺序所需的加工时间最短？

表8-22　　　　　　　　　　　　　　　　工时定额表

零件名称	加工工序				
	A	B	C	D	E
车床（小时）	5	8	10	4	7
铣床（小时）	11	9	3	2	6

步骤如下：

（1）从表8-22中可以看出，工时定额2小时最小，对应的是D零件，且属后道工序，则D零件最后加工。

（2）排除D零件，接着再找，工时定额3小时最小，对应的是C零件，属后道工序，则C零件最后加工，且须排在D零件之前加工。

（3）接着在剩下的A、B、E中找最小的工时定额，5小时最小，属前道工序，则A零件排在最前加工。

（4）依此类推，便可找出全部零件的最优加工顺序：

A→B→E→C→D

采用这种加工顺序，上述5种零件的全部加工所需时间最短，即总的加工周期为36小时，其加工周期可用条形图表示（如图8-12所示）。

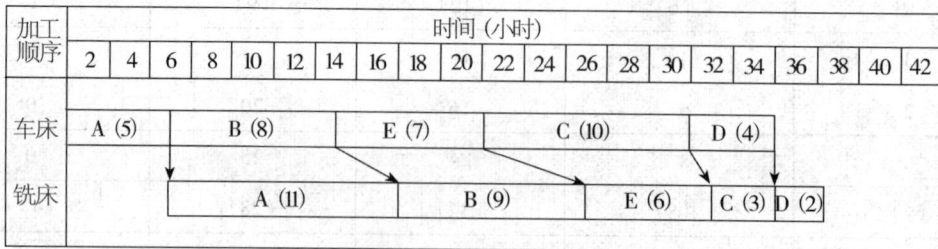

加工顺序	时间（小时）																				
	2	4	6	8	10	12	14	16	18	20	22	24	26	28	30	32	34	36	38	40	42
车床	A (5)		B (8)			E (7)			C (10)					D (4)							
铣床			A (11)					B (9)				E (6)			C (3)	D (2)					

图8-12　加工周期图

三、生产作业排序方案的评价

不同方案可产生不同的结果，在选择方案之前，首先需要确定选择、评价的标准。下面是一些最常用的生产作业排序方案标准：

（1）延迟时间。延迟时间可以用比预定完工时间延迟的时间长短来表示，也可以用未按预定时间完工的工件数占总工件数的百分比来表示。

（2）在制品库存量。在生产过程中，工件从一个工作地移向另一个工作地，由于一些原因被拖延，在加工线上或放置于零件库内，都可认为是在制品库存。在制品库存的度量标准可以是在制品货币价值，也可以是在制品的数量。

（3）工件流程时间。工件流程时间是从工件可以开始加工（不一定是实际的开始时间）至完工的时间。它包括在各个机器之间的等待时间、移动时间、加工时间以及由于机器故障、部件没有到位等问题引起的延迟时间等。

（4）全部完工时间。全部完工时间是完成一组工作所需的全部时间。它是从第一个工件在第一台机器开始加工时算起，到最后一个工件在最后一台机器上完成加工时为止所经过的全部时间。

总之，进行生产作业排序可以针对具体设备分配工作任务和人员，不断监督任务的完成情况，将工作任务进行最有效的排序，使其如期完成。

【实训材料及实训要求】

1.某一台机床同时接到 6 项加工任务，每项任务的序号、加工时间和交货期限见表8-23。

表8-23　　　　　　　　　　　　　　一台机床的加工任务表　　　　　　　　　　　　　单位：天

任务序号	1	2	3	4	5	6
加工时间	15	8	4	3	7	8
交货期限	40	22	11	9	18	25

要求：（1）按先到先做原则安排，计算哪些任务拖期及总的拖期时间。

（2）按最小加工时间顺序原则安排，计算哪些任务拖期及总的拖期时间。

（3）按交货期限优先原则安排，计算哪些任务拖期及总的拖期时间。

（4）按紧迫性优先原则安排，计算哪些任务拖期及总的拖期时间。

（5）按 Moore 法则安排，计算哪些任务应该移交出去。

2.下面 5 个工件需要在两台机床上按顺序加工（见表8-24），用约翰逊-贝尔曼方法对其排序，使加工时间最少。

表8-24　　　　　　　　　　　　　两台机床的加工任务表　　　　　　　　　　　　单位：小时

工件	机床 1	机床 2
A	3	4
B	7	6
C	10	13
D	15	2
E	8	18

211

[项目总结]

本项目涉及的知识点包括：生产现场管理的概念、任务和方法，定置管理的原理与方法，目视管理的主要内容，5S活动的内容及推行程序；掌握简单的作业排序方法。通过两个项目任务的训练，学生掌握现场管理的方法，学会对一具体作业进行排序。

[项目测试]

□判断题

（1）产品优质是现场管理的最终目的。　　　　　　　　　　　　　　　　（　　）

（2）信息媒介的准确可靠程度对人和物结合的效果没什么影响。　　　　（　　）

（3）生产场所的整洁、清爽是卫生问题，与生产无关。　　　　　　　　（　　）

（4）订立标准是成功推行"5S"的重要环节。　　　　　　　　　　　　　（　　）

（5）长时间维持"5S"活动，必须依靠素养的提升。　　　　　　　　　　（　　）

□选择题

（1）定置管理中，人与物的结合，需要的信息媒介物有（　　　）。

A.位置台账　　　　　　　　B.看板　　　　　　　　　　C.场所标志

D.现货标示　　　　　　　　E.平面布置图

（2）广义现场管理包括（　　　）。

A.生产现场管理　　　　　　　　　　B.经营现场管理

C.办公现场管理　　　　　　　　　　D.生活现场管理

（3）5S活动包括（　　　）。

A.整理　　　　　　　　　　B.整顿　　　　　　　　　　C.清扫

D.清洁　　　　　　　　　　E.素养

（4）整顿的实施要领有（　　　）。

A.整理的工作要落实　　　　B.流程布置，确定放置场所

C.规定放置方法　　　　　　D.画线定位

E.场所、物品标志

（5）以下属于目视管理的类别的是（　　　）。

A.红牌　　　　　　　　　　B.看板　　　　　　　　　　C.信号灯

D.提醒板　　　　　　　　　E.警示线

□简答题

（1）什么是生产现场？什么是现场管理？

（2）生产现场管理包括哪些内容？

（3）简述定置管理的程序。

（4）什么是5S活动？5S活动的基本内容是什么？

（5）简述5S活动的工作程序。

（6）什么是目视管理？目视管理的类别有哪些？

（7）如何安排多个零部件在两台设备上的加工作业排序？

□案例分析题

AA公司推行现场管理

AA公司成立于1994年，主要生产销售家电产业马达及其零部件。公司本着"为人类改善提高而创造，为世界文明进步发展而追求"的经营理念和提高家电产业马达质量、服务社会的信念在中国开创事业，不断开发高质量、高技术、高效率、低噪声、长寿命的新产品。1995年，公司正式投入生产，并采取少品种、小批量的生产模式。1999年，AR直流无刷马达投入生产。2001—2003年AR、室内马达在市场上需求量上升。2003年，Φ58真空泵、Φ114洗碗机正式投产。2004年1月公司的销售额突破亿元大关。由于生产方式主要是流水线式的，所以公司招募了大量的操作工，操作工是非专业人员，导致在安全、品质上出现了问题。

由于公司的发展速度远远超过了基础管理的改善和人员素质的提高速度，所以出现了管理严重滞后于公司发展的弊端，各方面的管理都比较混乱，尤其是生产现场的管理。生产现场堆满了原材辅料、半成品、成品和包装材料，连走廊里两个人面对面通行都要侧身，根本分不清哪里是仓库，哪里是生产现场。经常有客户到公司考察访问，刚开始客户对公司现场状况不大满意，他们看到的是脏、乱、差的现场，以至于怀疑到公司生产出来的产品，对公司的产品抱着试试看的心态；虽然公司的产品在市场上有很大的价格优势，但因为客户的订单少，公司1994—1998年的生产及销售额在同行中均处于劣势。从1998年开始，公司调整了发展战略，引进了松下公司先进的管理模式，结合中国国内的实际情况，从抓产值、抓订单数量，转变为抓管理、抓质量、抓效率、抓对客户的服务。由于公司绝大多数管理人员都是技术出身，对工厂的管理都是出于一些本能的感悟，对现代化的管理方法和手段更是知之甚少，因此大都觉得无从下手，怎么样做才能做好，心里都没有底，只好摸着石头过河，自己慢慢探索。

2003年，日本松下株式会社解体，其属下的员工被分配到其分社公司，总部分配了10余名支援者到AA公司支援。公司领导从总部重新引进5S现场管理模式，由日方支援者牵头，对公司现场的状况进行了深层而又规范的改革；公司领导讨论决定成立现场5S小组，专门从事5S的现场管理活动。2004年4月，公司领导及日方支援者一起参观了上海美培亚精密机电有限公司，学习了现场关于5S的管理方法，对其生产现场的现状惊讶不已，十分佩服其管理水平，也十分欣赏现场的干净、整洁。5S绝非"大扫除"，要通过相应的管理和考核制度去规范5S活动。刚开始推行时，很多员工，包括一部分管理干部，都认为这又是一次大规模的群众性大扫除运动，只不过大扫除的时间变成4个月了。但随着5S活动的逐步推行，每个员工都感觉到这次活动和普通的大扫除有本质的不同。5S活动要求每个生产现场的员工明确：在整理阶段，如何制定必要物和不必要物的标准，如何将不必要物清理出生产现场并进行相应的处置；在整顿阶段，如何根据三定量和三要素（场所、方法、标示）原则对生产现场的必要物进行规范有效的管理，如何整理工作台面和办公桌面，如何对工作场所和必要物进行科学而规范的标志，如何根据直线运动、最短距离、避免交叉的原则重新规划生产流程；在清扫阶段，如何制定每个区域、每个员工的清扫责任和清扫方法；在清洁阶段，如何科学严谨地制订每一个员工的5S职责，保证整理、整顿、清扫的成果与每个现场员工的考核挂钩，以有效确保整理、整顿、清扫的成果；在素养阶段，如何通过一系列的活动，将以上4S的规范变成员工的生产习惯，提高

213

普通员工和管理者的综合素质。通过近半年的5S活动，员工彻底体会到了5S和传统意义上的大扫除的不同，彻底改变了公司生产现场的面貌和员工的精神面貌，使工厂有了较大的变化。

通过5S活动的开展，公司全体员工的现场规范化管理意识得到了提高。从前，所有管理人员和工人都觉得自己在工厂的现场管理中是一个被管理者；现在，大家都认为自己是现场的管理者，现场的好坏是自己工作的一部分，并且能做到相互提醒、相互配合、相互促进，因为现场管理的评比结果关系到每个人、每个班组、每个车间的荣誉。高层管理人员完全从现场管理的一些琐事中解放出来。过去，高级管理人员一到生产现场看到混乱现象要花很多时间和精力去纠正，因为没有一个统一和规范的管理办法，下次还要纠正其他人的同样的问题；现在，所有的做法都在制度中有规定，并且这些规定根据生产实践也在不断改进、丰富和发展，我们到了生产现场根本用不着去规范现场的管理工作，基层的管理人员会按照有关的责任制度去自己把现场管理好。所有来公司参观访问的客人，都夸奖公司的现场状况；特别是以前来过公司访问的，对公司现在的变化更是大加赞赏，这又增强了全体员工的荣誉感和自豪感，有力地促进了现场保持和现场改进工作，形成一个良性互动。这样，高层的管理人员可以腾出很多时间和精力来思考更多和更高层次的管理问题。开展5S活动，企业必须要有很强的学习能力和对外部知识的整合能力。对于一个企业来说，不一定能够在每个职位上都能找到最好的管理人才，但可以找到有学习能力和开放心态的管理人才，然后找到一家好的咨询机构，将其先进的管理思想整合到自己的企业中来。5S活动的开展必须强调全员参与的意识。我们在开展5S活动中，有很多这样的案例。比如，工人喝水杯的摆放位置，我们先让工人自己讨论是统一位置摆放方便，还是单独定点摆放方便，然后将达成共识的方案变成制度，大家遵照执行。这样的制度实际上是工人自己制定的，更有利于长期保持和遵守。

2003年8月，AA（家电）有限公司成立，这标志着公司在生产及销售上又上了一个新台阶。中日双方制订了中期计划，即"2003年1 000万台、销售额59 000万元，2004年2 000万台、销售额130 000万元，2006年3 000万台、销售额180 000万元"的目标，产品100%用于出口，成为当时世界上最大的空调家电马达制造基地。AA公司要在企业中通过开展5S等活动，来强化公司的现场管理及质量管理，全面提高公司内部的各项管理水平和产品质量，提高用户和社会对企业的满意度，从而在竞争激烈的马达市场稳居同行之首。AA公司的目标是与时俱进、永续经营。

资料来源　上海创卓商务咨询有限公司．松下马达公司推行5S现场管理项目咨询案例［EB/OL］．[2021-05-06]．http://wenku.baidu.com/view/4b6eaa19ff00bed5b9f31dbd.html.经删减处理．

问题：（1）推行5S之前AA公司的现场存在哪些问题？

（2）AA公司在推行5S过程中采取了哪些措施？收效如何？

[学思践悟]

挖掘生产现场的智慧，从"不起眼"的小事开始

在生产现场不断地发现问题、解决问题，所以不断有改进，不断有创新。记者走进一汽-大众长春生产整车制造一部焊装一车间奥迪Q5L区域侧围外板班组，了解这个有着"全国工人先锋号"荣誉的班组如何立足岗位自主创新，集思广益提质增效。

34岁的操作工闫大波手持一块小面板，放到悬置的胶枪喷嘴下方，左脚踩动地上的踏板，喷胶轻松搞定。

"胶枪5千克，零件20克，原来得举着胶枪往零件上喷胶，时间长了手腕受不了，涂胶质量也不稳定。后来我们改为手持零件固定胶枪，并用脚踏开关代替手动，轻松多了，还提高了涂胶质量！"闫大波对这个小创新带来的好处深有体会。

一旁的班长宋景波补充道："在生产现场发现问题，你一言我一语地献计献策，班组里的一个个小创新小改进就是这样做成的。"

挖掘生产现场的智慧，就从这样一件件"不起眼"的小事开始。2月23日，《工人日报》记者走进一汽-大众长春生产整车制造一部焊装一车间奥迪Q5L区域侧围外板班组，了解这个有着"全国工人先锋号"荣誉的班组如何立足岗位自主创新，集思广益提质增效。

资料来源　蒋菡. 挖掘生产现场的智慧，从"不起眼"的小事开始［N］. 工人日报，2023-03-14.

延伸阅读

挖掘生产现场的智慧，从"不起眼"的小事开始

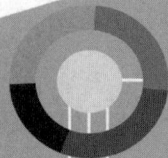

[学习目标]

通过本项目内容的学习，你应该达到以下目标：

知识目标：

◎ 了解项目及项目管理的概念和特点，网络计划技术的特点，了解网络图的优化；

◎ 明确项目管理的主要内容；

◎ 熟知项目管理的常用方法，常用的项目管理组织结构及优缺点；

◎ 掌握简单网络图的绘制，计算时间参数，确定关键路线。

技能目标：

◎ 对设定的小项目能进行管理；

◎ 用网络计划技术对项目进行优化管理。

素养目标：

◎ 强化责任意识和科学精神，把个人的理想追求融入国家和民族振兴事业。

引例

工程拖了怎么办

某公司准备开发一款软件产品。在项目开始的第一个月，项目团队给出了一个非正式的、粗略的进度计划，估计产品开发周期为12～18个月。一个月以后，产品需求已经写完并得到了批准，项目经理制定了一个12个月期限的进度表。因为这个项目与以前的一个项目类似，项目经理为了让技术人员去做一些"真正的"工作（设计、开发等），在制订计划时就没让技术人员参加，自己编写了详细进度表并交付审核。每个人都相当乐观，都知道这是公司很重要的一个项目，然而没有一个人重视这个进度表。公司要求尽早交付客户产品的两个理由是：一是为下一个财年获得收入；二是有利于确保让主要客户选择这个产品而不是竞争对手的产品。团队中没有人对尽快交付产品产生怀疑。

在项目开发阶段，许多技术人员认为计划安排得太紧，没考虑节假日，新员工需要熟悉和学习的时间也没有考虑进去，计划是按最高水平的人员的进度安排的。除此之外，项目成员也提出了其他一些问题，但基本都没有得到相应的重视。

为了回应技术人员的抱怨，计划者将进度表中的计划工期延长了两周。虽然这不能完全满足技术人员的需求，但这种做法还是必要的，在一定程度上减轻了技术人员的工作压力。技术主管经常说："产品总是到非做不可时才做，所以才会有现在这样一大堆要做的事情。"

计划编制者抱怨说："项目中出现的问题都是由于技术主管人员没有更多的商业头脑造成的，没有意识到为了把业务做大，需要承担比较大的风险。技术人员不懂得做生意，我们不得不促使整个组织去完成这个进度。"

在项目实施过程中，类似的争论一直存在，几乎没有一次能达成一致意见。也就是说，商业目标与技术目标总是不能达成一致。在提交评审时，因为项目的规格说明书很不完善，所以反馈意见有很多，但为了赶进度，也只好接受。

在原来的进度表中有对设计进行修改的时间，但因前期分析阶段拖延了进度，即使是加班加点工作，进度也很缓慢。这之后的编码、测试计划和交付工作也因为不断修改规格说明书而不断返工。

12个月过去了，测试工作的实际进度比计划进度落后了6周，为了赶进度，人们将单元测试与集成测试同步进行。但麻烦接踵而来，由于开发小组与测试小组同时对代码进行测试，所以两个组都会发现错误，但是对测试人员发现的错误响应很迟缓，因为开发人员正忙于完成自己的工作。为了解决这个问题，项目经理命令开发人员优先解决测试组提出的问题，尽管项目经理十分强调测试的重要性，但最终的代码中还是留下了很多问题。

现在进度已经拖后10周，开发人员加班过度。经过如此长的加班时间，大家都很疲惫，也很灰心和急躁，工作还没有结束。如果按照目前的进度方式继续的话，整个项目将比原计划拖延4个月的时间。

资料来源　项目管理者联盟. 项目管理案例库：工程拖了怎么办［EB/OL］.［2022-07-05］. http://www.233.com/pm/Case/20110715/111235113.html.

这一案例表明：在进行项目管理时，首先要认识到项目管理的重要性，明确该如何做好项目管理；其次要有项目管理的计划；最后要熟知项目管理的内容以及使用正确的项目管理的方法。项目启动时要就项目的范围、技术可行性、资源可利用性等进行充分论证和评估，计划制订时要做好评审，还应注重风险控制。做项目计划时，商务、客户代表、项目管理人员、QA、项目技术骨干，甚至公司的技术委员会成员等都要参与，至少在评审时一定要参与，让大家都了解项目的背景、意义和要求。这样，可以统一思想，减少沟通风险和技术风险，对进度计划的评估则更贴近实际。

基础知识 ////////········

知识点1：项目管理概述

项目管理普遍存在于社会经济生活中，北京2022年冬奥会就是一项宏伟的项目，为了保证冬奥会的成功举办，就要在场馆、交通设施、通信等一系列方面进行周密的规划和建设。从企业开发一个新产品、实施一个管理信息系统，到我国发射载人宇宙飞船、长江三峡工程的建造，项目管理涉及方方面面。

一、项目概述

1.项目的概念

项目（project）是指一系列独特的、复杂的并相互关联的活动，这些活动有着一个明确的目标或目的，必须在特定的时间、预算、资源等限定条件下，依据规范完成。项目参数包括项目范围、质量、成本、时间、资源。我国的鲁布革水电工程、长江三峡工程、美国的曼哈顿计划、阿波罗登月计划都是项目的例子。从生产类型上划分，项目也是一种单件生产，但它与一般单件生产有不同之处。其特点是规模大、耗资多，参加的单位多，没有或很少有经验可借鉴，管理十分复杂。如举世闻名的长江三峡工程，是一个为实现防洪、发电、航运、调水等多功能、多目标协调运行的巨型复杂工程。它的主体工程的工程量为：土石方开挖1.02亿立方米，填筑2 933万立方米，混凝土2 715万立方米，钢材28.08万吨，钢筋35.43万吨。按1993年5月末价格计算，枢纽工程静态投资为500.9亿元。工程分3期施工，持续17年。施工准备和第一期工期5年，第二期6年，第三期6年。

2.项目的类型

在社会经济生活中，项目普遍存在，依据不同的标准，可将项目划分为以下几种类型：

（1）按项目所涉及的行业，可将项目分为科研项目、教育项目、农业项目、工业项目、社会福利项目等。科研项目包括基础研究、应用研究和开发研究项目。教育项目包括人才培育、教育基地的建设、教材的编写等。农业项目包括粮种的改良和培育、农业机械化的开展、水利设施的建造等。工业项目可以是工厂的改扩建、设备的生产或改造、新产品的开发。社会福利项目可以是建造一所医院、开办一所福利院等。

（2）按项目涉及的各种资源的规模，又可将项目划分为大型项目、中型项目和小型项目。大型项目一般涉及的人、财、物巨大，所需投入的资源多，花费的时间长，有时甚至要动员整个社会的资源项目才能完成，例如"两弹一星"工程、南水北调工程等。小型项目所需的人、财、物相对要少很多，完成的时间短，在一个企业内部就可完成。

（3）按项目的复杂程度，可将项目划分为复杂项目和简单项目。简单项目涉及的部门少、所需的各种资源有限，技术简单、水平低，项目的组织和管理较为容易。复杂项目中涉及的部门多、所需的资源巨大，技术复杂、水平高，项目的组织和管理较为复杂。

3.项目的特征

（1）一次性。一次性是项目与其他重复性运行或操作工作最大的区别。项目有明确的起点和终点，没有可以完全照搬的先例，也不会有完全相同的复制品。项目的其他属性也是从这一主要的特征衍生出来的。

（2）独特性。每个项目都是独特的。或者其提供的产品或服务有自身的特点，或者其提供的产品或服务与其他项目类似，然而其时间和地点，内部和外部的环境，自然和社会条件有别于其他项目，因此项目的过程总是独一无二的。

（3）目标的确定性。项目必须有确定的目标：①时间性目标，如在规定的时段内或规定的时点之前完成；②成果性目标，如提供某种规定的产品或服务；③约束性目标，如不超过规定的资源限制；④其他需满足的要求，包括必须满足的要求和尽量满足的要求。

目标的确定性允许有一个变动的幅度，也就是可以修改。不过，一旦项目目标发生实质性变化，它就不再是原来的项目了，而将产生一个新的项目。

（4）活动的整体性。项目中的一切活动都是相关联的，构成一个整体。多余的活动是不必要的，缺少某些活动必将损害项目目标的实现。

（5）组织的临时性和开放性。在项目进行的过程中，项目班子人数、成员、职责是在不断变化的。某些项目班子的成员是借调来的，项目终结时班子要解散，人员要转移。参与项目的组织往往有多个，多数为矩阵组织，数目达到几十个甚至更多。他们通过协议或合同以及其他的社会关系组织到一起，在项目的不同时段，不同程度地介入项目活动。可以说，项目组织没有严格的边界，是临时性的、开放性的。这一点与一般企事业单位和政府机构很不一样。

（6）成果的不可挽回性。项目的一次性属性决定了项目不同于其他事情可以试做，做坏了可以重来；也不同于生产批量产品，合格率达99.99%就已经是很好的了。项目在一定条件下启动，一旦失败就永远失去了重新进行原项目的机会。项目的运作有较大的不确定性和风险。

二、项目管理概述

1. 项目管理的含义

项目管理（project management，PM），就是项目的管理者在有限的资源约束下，运用系统的观点、方法和理论，对项目涉及的全部工作进行有效的管理，即从项目的投资决策开始到项目结束的全过程进行计划、组织、指挥、协调、控制和评价，以实现项目的目标。

2. 项目管理的重要性

项目管理是一项十分复杂的系统工程，不论是项目的立项、论证、咨询、设计，还是项目的批准、施工、投产、运营，以及以后的改造、更新、报废，都是一个不断发展、变化的系统工程，需要多学科、多部门、多地区、多技术相互协调。

一个项目管理得好，可以带来显著的经济效益和社会效益；反之，项目管理得不好，就会带来社会财富的巨大浪费，甚至带来灾难性的后果。

3. 项目管理的目标

项目管理一般涉及三个主要目标：质量、费用和进度，即以较低的费用、较短的时间完成高质量的项目。

（1）质量。"百年大计，质量第一"，质量是项目的生命。如果一项大型工程项目的质量好，就可以福泽子孙，功在千秋；如果质量差，不仅会造成经济上的重大损失，而且会贻害无穷，祸及后世。项目的质量管理必须贯穿于全方位、全过程和全体人员中。

（2）费用。项目的费用包括直接费用和间接费用。项目管理者的工作就是通过合理组织项目的施工，控制各项费用支出，使之不要超出项目的预算。需要指出的是，要注意控制项目的生命周期费用，它包括研制费、建设费和运行（使用）费三部分。对一般项目而言，这三部分的费用的比例大致为1：3：6。从总体考虑，大部分在运行费上。因此，不能单纯追求研制费和建设费最低而忽视运行费。

（3）进度。项目的进度控制是项目管理的核心内容。项目的完工期限一旦确定下来，项目经理的任务就是要以此为目标，通过控制各项活动的进度，确保整个项目按期完成。在进行项目的进度控制时，项目经理需要采用网络计划技术进行科学管理。

不同的项目有着各种具体的目标，但质量、费用和进度对所有项目都是很重要的。在不同的情况下和不同的项目阶段及子系统中，目标会有所侧重，项目的质量、进度和费用常常会发生冲突。在处理这三者的关系时，要以质量为中心，通过科学的计划和统筹，实现三大目标之间的优化组合。

4. 项目管理中的控制

项目管理试图获得对时间、成本、质量、范围和风险5个变量的控制，其中有3个变量可以由内部或者外部的客户提供，另外2个变量则由项目经理基于一些可靠的估计技术来设定。这些变量的最终值还需要在项目管理人员与客户的协商过程中确定。通常，时间、成本、质量和范围将以合同的方式固定下来。

为了从项目开始到自然结束的整个过程中保持控制，项目经理需要使用各种不同的技术，如项目策划、净值管理、风险管理、进度计划和过程改进等。

项目控制概念的进一步发展是在融合了基于过程的管理的基础上实现的。这个领域由成熟度模型的使用而得以发展，如CMMI（能力成熟度集成模型）和ISO/IEC15504（SPICE，软件过程改进和能力决断）。为了提高估计的精确度，降低成本和预防缺陷，CMMI被广泛用于美国和澳大利亚的国防工业及其分包商，SPICE在欧洲的私人部门的使用正在增长。

小思考9-1

张宏是A企业资源优化项目的项目经理，王伟是该项目的技术负责人。目前该项目的客户需求框架已经完成，张宏打算和客户签订合同，他想让王伟先估算一下该项目开发所需要的时间。客户要求在本年年末交付使用该项目的成果。

但王伟说，他无法知道该项目开发所需要的具体时间，即使现在定了时间，年末也不可能按时完成。他的理由是：首先，客户的需求不够明确；其次，项目的变更无法预见；最后，项目的技术风险不能估算。他说必须要等做完技术试验才可以确定工期。

问题：你认为该项目的项目经理张宏是一个合格的项目经理吗？如果你是项目经理，你认为该项目的问题出在哪里？下一步应该如何改进？你认为该项目的技术负责人王伟处理问题的方式正确吗？为什么？应如何改进？

答：张宏不是一个合格的项目经理。项目的客户需求不明确、内容不明，下一步要和客户落实项目跟进的细节问题，项目变更的相关处理办法也要与客户协商。王伟处理问题的方式也不太对，因为太过直接否定项目。由于企业的根本目的就是创造价值，所以王伟直接的拒绝不利于问题的处理，他应该协助张宏完成项目的细节跟进。

5. 项目管理的流程

通常情况下，项目管理分为五个阶段进行，具体如下：

（1）项目启动：包括发起项目、授权启动项目、任命项目经理、组建项目团队、确定项目利益相关者。

（2）项目策划：包括制订项目计划、确定项目范围、配置项目人力资源、制订项目风险管理计划、编制项目预算表、确定项目预算表、制订项目质量保证计划、确定项目沟通计划、制订采购计划。

221

（3）项目执行：当项目启动和策划中要求的前期条件具备时，项目即开始执行。

（4）项目监测：实施、跟踪与控制项目，包括实施项目、跟踪项目、控制项目。

（5）项目完成：也叫项目收尾，包括项目移交评审、项目合同收尾、项目行政收尾。

不是每个项目都必须经过以上每一个阶段，因为有些项目可能会在达到完成阶段之前被停止。有些项目不需要策划或者监测。

案例 9-1

制定项目管理流程面临困惑

王强所在的公司属于跨地域办公，有包括洛杉矶、北京等多个办公地点，公司没有专门的项目管理部，没有任何项目管理制度基础，没有推行CMM（能力成熟度模型）、ISO标准，各地方主要通过电话会议、E-mail进行沟通。王强新来公司不久，隶属于软件部门的PM组。和王强共同工作的组员还有两位应届毕业生，经理是一位有8年技术经验的老员工。经理要求王强制定一套项目管理流程，列出研发部门需要和应有的文档。在关于管理流程的制定上，王强和另外几位同事始终不能达成共识。王强认为主要应从项目启动到项目结束中间的若干阶段来分析，其他人则认为应该把现有项目分成大项目、小项目、研发项目等几类，然后再分别制定流程。当然，王强等人也和经理进行过沟通，但仍无法在流程问题上达成一致。经理并没有授权谁来负责哪部分工作。项目管理的流程该从哪里入手？

无论从哪里入手，都应当先从分析项目管理现状入手，找到当前项目管理中需要解决的问题，然后才是规划项目管理体系，包括流程的框架、思路和基本内容。从文中可以看出，该公司承担制定项目管理流程任务的PM组，人员构成有很大的问题，有新员工、有刚毕业的学生，他们对公司的业务特点不一定充分了解，毕业生更是连工作经验都缺乏，这样的一个团队，尚无扎实的基础，就想制定项目管理流程，怎么可能不面临困惑呢？

资料来源　项目管理者联盟．案例库：制定项目管理流程面临困惑［EB/OL］．［2022-09-24］．http：//www.233.com/pm/Case/20110924/115402805.html.有改动。

6. 项目管理组织

项目管理组织是为了完成特定项目任务而由不同部门、不同专业人员所组成的一个特别工作组织。它的机构可以很小，也可以很庞大。对一般的中小型项目来说，团队应是首选的工作方式，而对较大或很复杂的项目，则需要采取矩阵结构的组织形式。

团队工作（team work）方式的基本思想是全员参与，调动每个人的积极性和创造性，取得尽可能好的工作效果。它通常是为了完成某项特定任务，由来自不同部门或班组的人员组成一个小组。在小组内部，每个成员的工作任务、方法和进度等都可以自行决定。一般来说，小组成员的素质、技能都较高，工作内容智能性也较强。由于摆脱了传统管理模式中的众多从属关系，管理层次大大减少，小组的自主性得到增强，所以团队的工作效率一般都很高。矩阵组织是一种项目-职能混合结构，相当于一个具有水平关系、垂直关系和对角线关系的网络。典型的矩阵组织结构如图9-1所示。

在矩阵组织中，每个项目经理要直接向最高管理层负责，并由最高管理层授权。而职能部门则对各种资源做出合理分配和有效的控制调度。项目经理在项目活动的内容和时间方面对职能部门行使权力，而各职能部门负责人则需决定如何"支持"项目工作，他们既要对其直线上司负责，也要对项目经理负责。由于矩阵组织中的职权以纵向、横向和斜向在一个公司里流动，所以在任何一个项目的管理中，都需要有项目经理与职能部门负责人的共同协作。这是决定项目管理效率高低的关键。

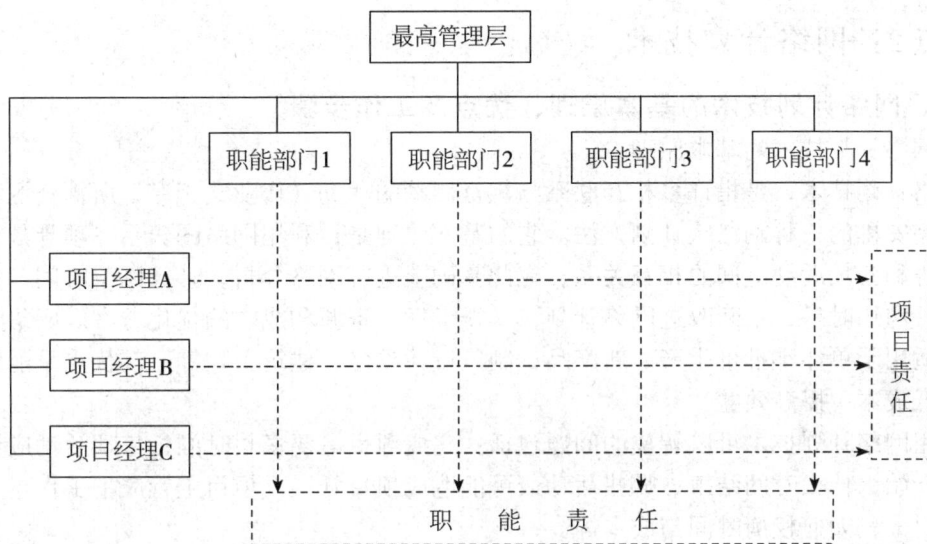

图9-1 矩阵组织结构

虽然团队和矩阵方式有很多优点，但在实际工作中也不能一概套用。除了项目本身以外，对参与员工的素质和组织者要求较高是它的实施要点，而建立起健康有效的企业文化则是其深层次的主要问题。

7. 项目计划管理

小思考9-2

如何制订切实可行的项目计划

下面是一个管理人员的困惑，你能解答吗？

"我在一家通信公司从事的是研发项目管理工作，主要是对公司所有项目进行管理，当然不是像项目经理那样管理到位。我想知道，项目经理在制订项目计划的时候，应该怎样做？因为我感觉目前手中的项目计划很难做到过程控制，在进度跟踪中没有明确的考核标准，项目计划有点形同虚设，希望各位大师不吝指教！"

答：制订项目计划要运用一些成熟的计划技术，比如网络计划技术，对关键路线实施控制。另外，切实可行的项目计划可不是一天两天就能做到的，它是由公司组织的管理成熟度决定的。所以制订项目计划的水平要跟公司的现状结合起来。另外，如果项目周期较长，客户无法明确需求或者组织无法确认资源投入的时候，建议只详细策划最近的里程碑工作。

一般来说，项目的生产与运作计划包括进度计划与控制、成本测算与控制和资源安排与优化三部分工作。由于组成项目的各工作（或活动、任务等）之间往往具有逻辑关系，所以某些工作的完成可能是另一些工作开始的前提，或某些工作可以被安排在同一个时间

223

范围内各自独立地去完成。作为项目计划，需要指出项目中每一件工作可以或必须在何时开始，可以或必须在何时结束，有时甚至还要指出每件工作在时间安排上究竟有多大的机动余地。所以，进度计划是项目型生产计划的基础和中心。网络计划技术是编制项目计划和进行项目控制的最主要工具。

知识点 2：网络计划技术

一、网络计划技术的基本原理、优点及工作步骤

1. 网络计划技术的基本原理

网络计划技术，是指许多相互联系与相互制约的活动（作业或工序）所需资源和时间及其顺序安排的一种网络状计划方法。它的基本原理是：利用网络图表示一项计划任务的进度安排和各项活动之间的相互关系；在此基础上进行网络分析，计算网络时间，确定关键路线；利用时差，不断改进网络计划，求得工期、资源和成本的优化方案。网络计划技术主要适用于单件小批量生产、新产品试制、设备维修、建筑工程等。其优点是能缩短工期、降低成本、提高效益。

应用网络计划技术可以解决的问题包括：完成项目需要多长时间；每项活动应该在什么时间开始，什么时间结束；哪些活动最可能造成项目延误；项目主管应把工作重点放在哪些项目上；如何权衡时间与成本等。

2. 网络计划技术的优点

网络计划技术具有如下优点：

（1）网络计划技术把数学方法和图示法结合起来，简单明了、直观性强，可以形象地反映工程全貌。

（2）利用网络计划技术能把各项工序之间的逻辑关系表达清楚，有利于项目管理者分清主次、缓急，抓住主要矛盾。

（3）可利用非关键路线上的工作潜力，加速关键作业进程，因而可缩短工期，降低工程成本。

（4）可估算各项作业所需时间和资源。

3. 网络计划技术的工作步骤

网络计划技术实际工作步骤可以归纳如下：

（1）确定目标，进行计划的准备工作。在确定计划对象（如某项工程或任务）后，应提出具体目标，如工期、费用以及其他资源，并考虑结合其他管理制度，如组织流水生产、全面质量管理、设备管理、岗位责任制、奖励制度等。

（2）分解计划任务、列出全部工作或工序明细表。计划任务的分解应随对象而异。对厂部领导来说，重要的是纵观全局、掌握关键、分析矛盾、做出决策，因而可以分解得粗一些；对于业务部门和基层生产单位来说，需组织和指挥生产，解决具体问题，因而应该分得细一些。

（3）确定各项作业的定额时间、先后顺序和相互关系。对每一项作业应做必要的分析，主要是：该项作业开始前，有哪些作业必须先期完成；该项作业是否可以或哪些作业可以平行交叉；该项作业完成之后，有哪些后续作业应接着开始。

（4）绘制网络图。绘制方法有两种：顺推法，即从网络图的始点事项开始为每一项作业确定其直接的后续作业，直到网络图终点事项为止；逆推法，即从网络图的终点事项开始，直到网络图的始点事项为止。

（5）计算网络时间。一般先计算事项时间，有了事项时间，也就易于计算作业时间了。

（6）确定关键路线。计算完成任务的最短期限，即总工期。

（7）进行综合平衡，选择最优方案，编制计划文件。在进行综合平衡时，注意三点：要保证在规定期限内完成任务；保证生产的连续性、协调性与均衡性，尽快形成新的生产能力，迅速发挥投资效果，坚持质量第一，确保安全生产；讲求经济效益，降低生产成本。综合平衡后，即可绘制正式网络图、编制工程计划和工程预算等。

（8）网络计划的贯彻执行。总结评估，调整、改进和提高。

二、网络图的绘制

网络图有节点型和箭线型两种绘制方法。

1. 节点型网络图的绘制

在节点型网络图中，节点表示作业。相对箭线型网络图而言，节点型网络图更容易构建和修改，因而得到了更广泛的应用。下面以图9-2来说明计划制订的程序。

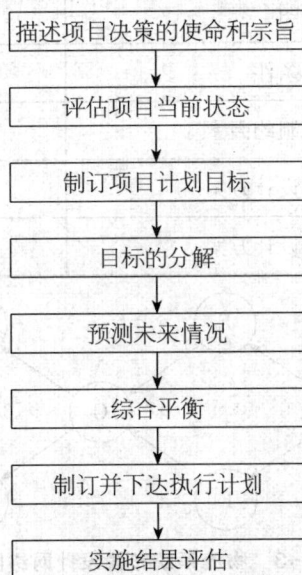

图9-2　计划制订的程序

根据表9-1活动清单中规定的物流活动之间的关系，将活动代号栏中所有的活动逐项画在网络图上，绘制网络图时应该从左至右进行。首先，从活动代号栏中找出没有紧前作业的活动，它（们）是要进行的第一项物流活动，用起始节点表示第一项活动，画在最左边。然后找出紧后活动，用箭头将起始活动和其紧后活动连起来。接着，再找出当前活动的紧后活动，并用箭头将它与紧前活动连起来。依此类推，直到所有活动都在网络图上表示出来，如图9-3所示。

值得注意的是，在节点型网络图中，只有唯一的起始节点和唯一的终止节点。如果有多个起始节点，必须增加一个"虚"的起始活动，所有的起始活动是该虚活动的紧后活动。同样地，如果有多个终止活动，则必然要增加一个"虚"的结束活动，所有结束活动都是该虚活动的紧前活动。

2. 箭线型网络图的绘制

（1）箭线型网络图的构成。

表9-1　　　　　某物流企业物流系统布置设计的活动清单

活动代号	活动描述	紧前作业	作业所需时间
A	物流系统总体分析	—	1
B	当量物流量的计算与物料分类	A	3
C	物流各部门之间的相互关系分析	A	2
D	绘制物流—作业相互关系图	B，C	1
E	必要面积的计算	D	1
F	可用面积的计算	D	0.5
G	绘制面积相互关系图	E，F	1
H	确定物流系统修正条件	G	0.5
I	确定物流系统实际制约因素	G	0.5
J	确定物流系统布置设计方案	H，I	3
K	评价物流系统布置设计方案	J	3

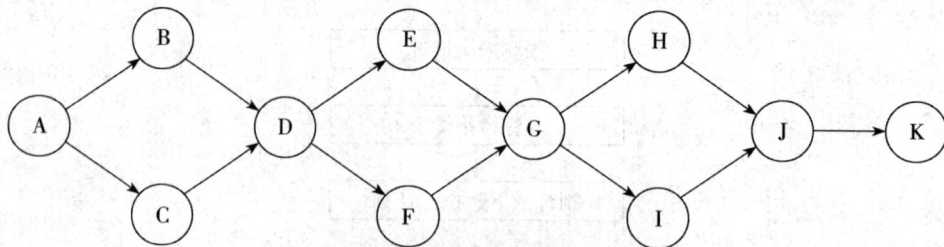

图9-3　物流系统布置设计网络图

箭线型网络图是由若干节点和箭线组成的网络图，用于表示工程项目的作业构成及其相互关系，是由活动、事项和路线三部分组成的。

① 活动（作业、工序）是指一项作业或一道工序。活动通常是用一条箭线"→"表示，箭杆上方标明活动名称，下方标明该项活动所需时间，箭尾表示该项活动的开始，箭头表示该项活动的结束，从箭尾到箭头则表示该项活动的作业时间。有些作业或工序不消耗资源也不占用时间，称为虚作业，用虚箭线表示。

② 事项（节点、网点、时点）是指某项作业的开始或结束，它不消耗任何资源和时间，在网络图中用"○"表示，○是两条或两条以上箭线的交结点，又称为节点。网络图中第一个事件（即○）称为网络的起始事件，表示一项计划或工程的开始；网络图中最后

一个事件称为网络的终点事件，表示一项计划或工程的完成；介于始点事件与终点事件之间的事件称为中间事件，它既表示前一项作业的完成，又表示后一项作业的开始。为了便于识别、检查和计算，在网络图中往往对事件进行编号，编号应标在〇内，由小到大，可连续或间断数字编号。编号原则是：每一项事件都有固定编号，号码不能重复，箭尾的号码 i 小于箭头号码 j（即 $i<j$，编号从左到右，从上到下进行）。在网络图中有始点事项、中间事项和终点事项之分。

③ 路线是指从网络图的始点事项开始，顺着箭线方向连续不断地到达网络图的终点事项为止的一条通道。在一个网络图中会有多条路线，其中作业时间之和最长的那一条路线称为关键路线，关键路线可能有两条以上，但至少有一条。关键路线可用粗实线或双线表示。

例如，在图 9-4 的网络图中，活动和事项可以很明显地看出来。要注意的是，把活动名称和时间标在一起，这是一种简化的方法。路线有两条 ①→②→⑤ 和 ①→③→④→⑤，其中 ①→③→④→⑤ 的总时间为 13，是最长的，为关键路线。

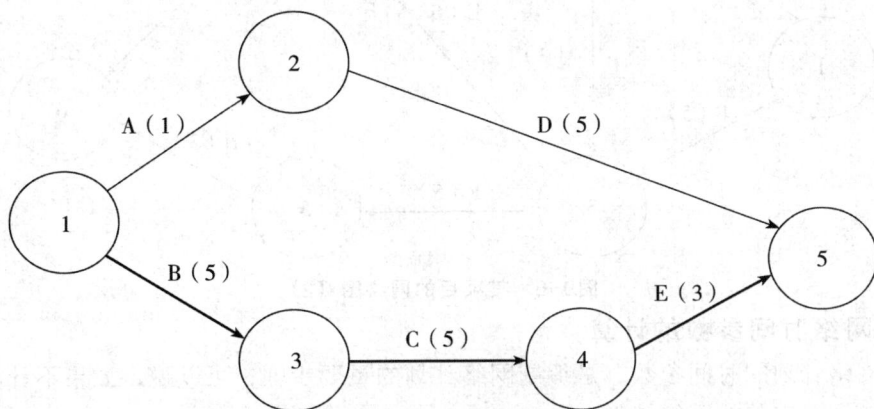

图9-4　某项目的网络图（1）

（2）箭线型网络图的绘制一般应遵循的规则：

① 有向性。按活动顺序排列，从左到右，不能反向。

② 无回路。箭线不能从一个事项出发，又回到原来的事项上。

③ 箭线首尾都必须有节点。不允许从一条箭线中间引出另一条箭线。

④ 两点一线，指两个节点之间只允许出现一条箭线，若出现几项活动平行或交叉作业时，应引进虚箭线 "…→" 表示。

⑤ 汇源合一。每个网络图中，只能有一个始点事项和一个终点事项。如果出现几道工序同时开始或结束，可用虚箭线同网络图的始点事项或终点事项连接起来。

（3）箭线型网络图的画法。

① 分解任务。要注意分解的详细程度，确定作业之间的关系——先行作业、后续作业、并行作业、中途作业。

② 编制作业清单。

③ 绘制网络图。画法要正确、简单。

④ 节点编号。不能同号，开始节点号必须小于结束节点号，编号要有规律。

227

案 例 9-2

办公室的5S活动

某项目的有关资料和数据见表9-2。

表9-2 项目工序的紧前工序和工作安排表

工序名称	A	B	C	D	E	F	G	H
紧前工序	—	—	A	A	C、B	C、B	D、E	F
所需时间	1	5	3	2	6	5	5	3

结合表9-2提供的资料和上述箭线型网络图的画法,其网络图如图9-5所示。

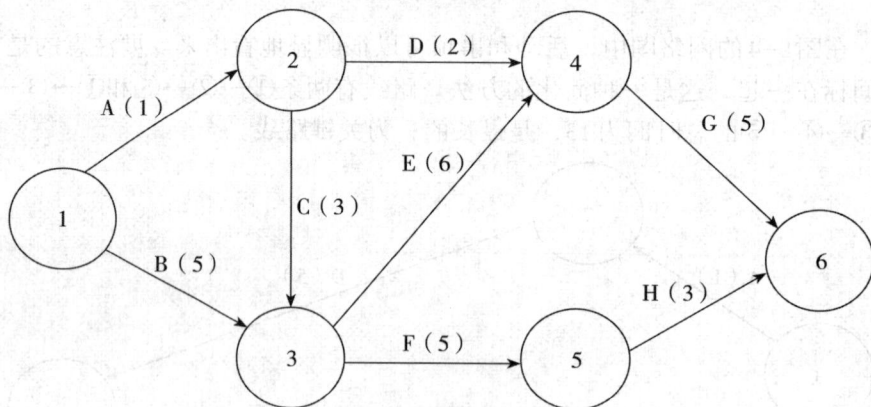

图9-5 某项目的网络图 (2)

三、网络时间参数的计算

计算网络计划的时间参数,是编制网络计划的重要步骤,可以说,如果不计算时间参数,就不是一个完整的网络计划。

1. 工序时间的计算

工序时间是指完成某一项工作或一道工序所需要的时间。工序时间的估计可采用单一时间估计法和三种时间估计法。

单一时间估计法:每项作业仅确定一个具体的时间值,以完成作业可能性最大的时间为准,不考虑偶然性因素的影响。它适用于有同类作业的时间作为参考资料、不可控因素较少的情况。

三种时间估计法:最乐观时间 (a),最有利的条件下顺利完成一项作业所需的时间;最可能时间 (m),正常情况下完成一项作业所需的时间;最悲观时间 (b),最不利的条件下完成一项作业所需的时间。

工序所需时间的期望值(平均时间)和方差的公式如下:

平均时间 $t_{ij}=\dfrac{a+4m+b}{6}$

方差 $\delta^2=\left(\dfrac{b-a}{6}\right)^2$

单一时间估计法,适用于不确定因素较少、有较完整的统计资料或有先例可循的工作;三种时间估计法,适用于不确定因素多且无先例可循的工作,例如对研制项目、新开发项目等的估计等。

2. 节点时间的计算

节点本身不占用时间，它只表示某项活动应在某一时刻开始或结束。因此，节点时间有最早开始时间和最迟结束时间。节点时间是一个瞬时的概念。

（1）节点最早开始时间，是指从始点事项到该节点的最长路程的时间，用 ES_j 表示，其数值记入"□"内，并标在网络图上。网络始点事项的最早开始时间为零，终点事项因无后续作业，它的最早开始时间也是它的结束时间。网络中间事项的最早开始时间的计算可归纳为前进法、加法、挑最大法。其计算公式为：

$ES_j=\max\{ES_i+T_{ij}\}$

（2）节点最迟结束时间，是指以本节点为结束的各项活动最迟必须完成的时间，用 LF_j 表示，其数值记入"△"内，并标在网络图上。网络终点事项的最迟结束时间等于它的最早开始时间。其他事项的最迟结束时间的计算可归纳为后退法、减法、挑最小法。其计算公式为：

$LF_j=\min\{ES_i-T_{ij}\}$

3. 工序时间的计算

工序时间包括：工序最早开始时间（ES_{ij}）、工序最早结束时间（EF_{ij}）、工序最迟开始时间（LS_{ij}）、工序最迟结束时间（LF_{ij}）。有了节点的时间参数，工序时间参数的计算就很简单了。工序时间的计算步骤如下：

（1）工序最早开始时间等于代表该工序的箭尾所触节点的最早开始时间。

（2）工序最早结束时间等于该工序最早开始时间加上该工序的作业时间之和。

（3）工序最迟结束时间等于该工序箭头节点最迟结束时间。

（4）工序最迟开始时间等于该工序最迟结束时间减去该工序的作业时间之差。

4. 时差的计算

（1）总时差，指在不影响整个项目总工期的条件下，某工序的最迟开工时间与最早开工时间的差，它表明该工序开工时间允许推迟的最大限度，也称"宽裕时间"。

（2）单时差，指在不影响下一道工序最早开工时间的前提下，该工序的完工期可能的机动时间，又称"自由时差"。

（3）干预时差，指某一工序拖延后，可以占用其后续工序的自由时差多少而不影响总工期完成，又称"干涉时差"。其计算公式为：

$IF_{ij}=LF_{ij}-ES_{ij}$

总时差等于单时差加上干预时差，即：

$TF_{ij}=FF_{ij}+IF_{ij}$

5. 确定关键路线

在一个网络图中，总时差为零的工序称为关键工序；由关键工序组成的路线，称为关键路线，它是从网络图始点事项到达网络图终点事项时间最长的路线；关键路线上的关键工序时间之和称为总工期（T），它是完成该项目所必需的最少时间。关键路线可以不止一条。图 9-5 中①→③→④→⑥的时间最长，为关键路线。

小思考9-3

考虑下列某服务运作流程。已知每天要处理100个客户，每个客户都是依次通过A、B、C三个工序中的每一个。每小时每个工序中接受服务的客户人数如图9-6所示。

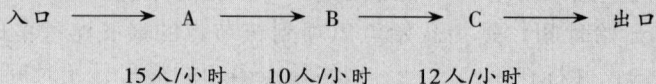

入口 ⟶ A ⟶ B ⟶ C ⟶ 出口

15人/小时　10人/小时　12人/小时

图9-6　某服务运作流程图

问题：（1）每天工作8小时，确认服务过程中的瓶颈工序环节。

（2）瓶颈问题在整个产出和其他的工序中会有怎样的影响？

（3）假设所有的工序都是按每天10小时来运作的，还存在瓶颈问题吗？

（4）如果客户是随机到达的，将会如何影响这个服务过程的产出和效率？

答：根据关键路线的相关定义来确定瓶颈环节，利用相关公式和知识进行计算。瓶颈工序环节为B，每小时处理人数最少，仅为10人/小时。一天工作8小时，B环节每天才能处理80人，处理不完100个客户。如果所有的工序是按每天10小时来运作的，就不存在瓶颈问题了。

技能实训

实训：利用网络计划技术进行项目管理

【实训目标】

学生会用掌握的项目管理的基本方法进行项目管理；学生会用网络计划技术制订计划；学生能够运用网络计划技术进行项目管理，并对企业项目管理现状提出优化建议。

【相关知识】

网络计划的优化方法有：工期优化、时间-成本优化、时间-资源优化。

一、工期优化

1. 工期优化的含义

工期优化就是不考虑人力、物力、财力资源的限制，寻求最短工期。这种情况通常在任务紧急、资源有保障的情况下发生。由于工期由关键路线上活动的时间所决定，压缩工期的关键就在于如何压缩关键路线上活动的时间。缩短关键路线上活动时间的途径有：一是利用平行、交叉作业缩短关键活动的时间；二是在关键路线上赶工。

由于压缩了关键路线上活动的时间，会导致原来不是关键路线的路线成为关键路线。若要继续缩短工期，就要在所有关键路线上赶工或进行平行交叉作业。随着关键路线的增多，压缩工期所付出的代价会不断加大。因此，单纯地追求工期最短而不顾资源的消耗是不可取的。

制订一份计划，总希望资源的耗用能够尽量保持均衡，使计划期内每天的资源消费量不出现过大的波动。例如，一项计划的人力资源消费量，若能每天基本保持均衡，则可避

230

免工人的大量窝工或忙闲不均等现象，这在经济上是有利的。又如，对于某些非库存性材料，例如建筑使用的混凝土及砂浆等，只能随拌随用，不能库存，若每天的消费量大致均衡，则搅拌设备及运输设备等的利用率就会提高，否则，各种设备的能力将会不必要扩大，导致利用率降低，造成浪费。

评价一项计划的均衡性，常使用方差和标准差指标。方差（标准差）越大，说明计划的均衡性越差；方差（标准差）越小，表示均衡性越好。

2. 工期优化的方案

（1）缩短作业时间，主要是缩短关键路线上的时间。

（2）调整网络，利用非关键路线上的资源或采取其他措施，充实关键路线，以缩短关键路线上的时间。

（3）调整网络结构，尽量采用平行作业或交叉作业，制订多种方案，调整网络结构并计算总工期，通过对比，选工期最短者为优。

工期优化举例：

图9-7为某项任务的计划网络图，图中箭杆上数字为作业时间，箭杆上数字后括号内为某种资源的每日需要量。

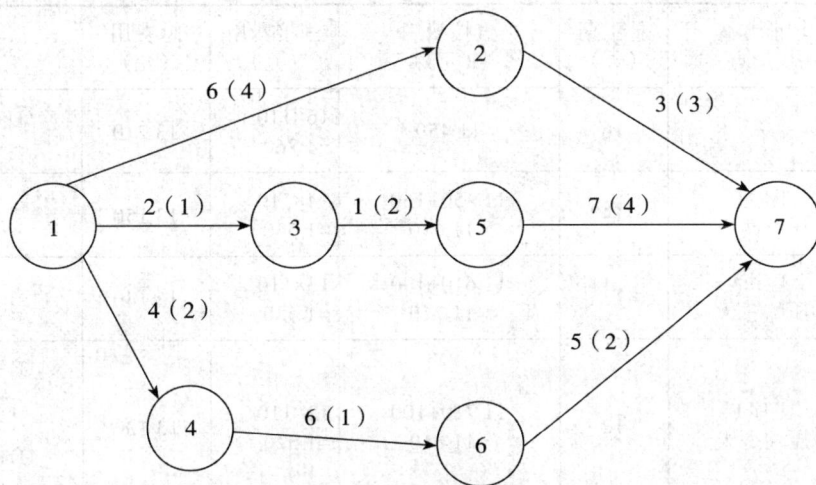

图9-7　计划网络图

此项计划网络属于固定工期情况下资源最优利用的问题，可按下述步骤进行：

（1）计算各项作业的时间参数。

（2）按作业最早开工与最早完工时间，将网络图画在时间坐标上，计算资源逐日消费量，并绘出相应的资源消费曲线。

（3）由终端开始，逆箭杆方向，顺序逐个调整非关键作业的开工与完工时间。

（4）按步骤（3）将所有非关键工序全部调整（优化）一遍后，还需进行第二次、第三次……调整（优化），直至 σ 不再减少为止。

此时，才算得到最优计划方案。

二、时间-成本优化

时间-成本优化就是在使工期尽可能短的同时，也使费用尽可能少。能够实现时间-成本优化的原因是，工程总费用可以分为直接费用和间接费用两部分，这两部分费用随工

231

期变化而变化的趋势是相反的。

产品（或工程项目）的成本是由直接费用与间接费用两部分组成的。缩短工期会引起直接费用的增加和间接费用的减少；延长工期会引起直接费用的减少和间接费用的增加。时间-成本优化要使总费用支出最小，而工期最短。

间接费用是指不能或不宜直接计入而必须按一定标准分配于成本计算对象的费用，如企业管理费。工期越长，间接费用总额就越大，从而按一定标准分摊到单位产品中的间接费用也相应地增加。直接费用是指能够并宜于直接计入成本计算对象的费用，如用于直接生产的工人工资、原材料费用以及机具费用等。

除了以正常工期方案为基础进行压缩，求得方案优化外，还可以采取另一方法，即先制订极限工期方案，再以此为基础逐次延长非关键工序的延续时间，最后延长关键工序的延续时间（以不超过正常工期为限），并使直接费用的降低额为最大。用这两种方法求得的结果是一样的。

表9-3为某项目用时间-成本优化得到的方案表。方案Ⅳ总费用最少，为最优方案。

表9-3　　　　　　　　　　　　各个方案费用表

计划方案	较前方案变动点	总工期（天）	直接费用（元）	间接费用（元）	总费用（元）	关键线路
Ⅰ	—	16	11 450	16×110=1 760	13 210	①→②→④→⑤→⑧
Ⅱ	工序D压缩两天	14	11 450+160=11 610	14×110=1 540	13 150	同上
Ⅲ	工序A压缩一天	13	11 610+100=11 710	13×110=1 430	13 140	同上
Ⅳ	工序F压缩一天	12	11 710+100=11 810	12×110=1 320	13 130	①→②→④→⑤→⑧ 或 ①→②→③→⑥→⑧
Ⅴ	工序B压缩一天 工序F压缩一天	11	11 810+200=12 010	11×110=1 210	13 220	①→②→④→⑤→⑧ 或 ①→②→③→⑥→⑧ 或 ①→②→⑤→⑧
Ⅵ	工序H压缩一天 工序I压缩一天	10	12 010+300=12 310	10×110=1 100	13 410	同上
Ⅶ	工序E和I各压缩一天	9	12 310+350=12 660	9×110=990	13 650	同上

三、时间–资源优化

1. 时间–资源优化的概念

时间–资源优化是指在资源有限的情况下，寻找最短工期，或者在工期有限的情况下，通过利用时差，寻找资源平衡。

2. 时间–资源优化的步骤

（1）根据作业清单绘制网络图，通过计算，各作业均按最早开始时间绘制资源需求动态表，从中找出关键路线、关键作业和非关键作业的总时差。

（2）利用时差，按时间顺序在资源需要不超过规定限度的时间内，在非关键作业中选择需要后移的作业逐项进行后移。

（3）非关键作业逐项后移后，绘制新的资源需求量动态表，检查其满足资源平衡的条件。

例如，针对某项目，根据网络图，调整前各工序对资源的需求情况是不平衡的，具体见表9-4。

表9-4　　　　　　　　　　　**调整前资源需求情况（△表示时差）**

（表头：需求量 \ 日期 \ 工序）

工序 \ 日期	1	2	3	4	5	6	7	8	9	10	11	12	13	14	15	16
A	6	△														
B	14	14	14	14	14											
C		8	8	8	△											
D		9	9	△	△	△	△	△	△	△						
E						7	7	7	7	7	7					
F						12	12	12	12	12	△	△	△			
G												8	8	8	8	8
H												16	16	16	△	△
调整前资源量合计	20	31	31	22	14	19	19	19	19	19	7	24	24	24	8	8

该种资源现有数量为20单位，但需求最高时达到了31个单位，最低时只有7个单位。针对这种不平衡状况，通过利用网络图的非关键工序的时差做出适当的调整与安排后，该种资源的需求状况得到了平衡。调整后资源需求情况见表9-5。

233

【实训材料及实训要求】

2017年春节刚刚过去，某电子玩具厂研究所的小王突然来了灵感，准备开发一种新的电动玩具娃娃。刘厂长看过他的设计之后，认为创意不错，估计市场前景非常乐观，并当即拍板决定投产，但对能否赶在儿童节之前推出，心里没有十分的把握。因此，刘厂长决定召集有关人员研究一下，看看是否可行。

在会议上，大家看了小王的样图后，也都觉得设计非常新颖，但对其复杂性提出异议，认为可以再设计得简单一些，并且这种新产品对生产工艺的要求较高，如果要投产的话，还需新购进一台检测设备。

表9-5 　　　　　　　　　　　　　　　　调整后资源需求情况

需求量＼日期　工序	1	2	3	4	5	6	7	8	9	10	11	12	13	14	15	16
A	6															
B	14	14	14	14	14											
C		6	6	6	6											
D						9	9									
E						7	7	7	7	7	7					
F								12	12	12	12	12				
G												8	8	8	8	8
H												12	12	12	12	
调整前资源量合计	20	20	20	20	20	16	16	19	19	19	19	20	20	20	20	20

生产副厂长张工计算了一下，估计生产周期至少需要120天。表9-6是他的计算依据。

张工进一步解释说："明天是2月1日，离儿童节正好有4个月，如果一天也不休息的话，一共有120天。要是再减去39天休息日，那么实际工作日才只有81天。缺口这么大，靠一般的加班是难以解决的。"

经张工这么一说，原本热闹的会场一下冷清下来。因为以前工厂的新产品开发一般都在半年左右，这回要想提前两个月完成，困难实在是大了些。

经营副厂长老陈一见这种情况，心里的气儿就不打一处来，接着说："现在顾客的要求越来越高，玩具市场的竞争也越来越激烈。按照我们的推测，今年北方儿童节期间玩具市场的火药味肯定要比去年浓得多。年前我曾去南方考察了一圈，他们的新产品生产周期已经缩短到了3个月。如果我们的生产周期还是比他们长一倍的话，那咱们大家迟早都得下岗。"

刘厂长一听老陈的话音，知道他心里还在为未能完成去年的销售任务而有怨气，赶紧接过话题，说道："老陈的话有道理，我们去年没有完成销售计划目标的主要原因是新产品开发周期太长。如果电动狗熊能够提前1个月上市的话，就不会让别人占了先机。大家去年的年终奖也就至少可以增加一成。今天会议的主题是看大家有没有什么办法，缩短我们的生产周期。"

刘厂长的这一番话，又勾起了大家的回忆，大家七嘴八舌，热议起来……

表9-6　　　　　　　　　　　　新产品开发活动时间表

序号	活动名称	估计需要时间（天）
1	产品开发决策	2
2	市场调查	10
3	筹资	8
4	确定规模	3
5	修改设计	15
6	设备调查	4
7	物资采购	3
8	工艺准备	20
9	设备采购	10
10	设备安装	8
11	试生产	5
12	生产	20
13	销售准备工作	10
14	投入市场	2
合计		120

过了一会儿，只见企管科新分配来的大学生小吴站起来，怯生生地说："关于如何缩短生产周期的事情，我们老师专门讲过。一个方法是将平行作业改为交叉作业。用网络图的形式做计划。另外一个方法是采用并行工程的方法，就是将原来首尾相接顺序进行的活动变成并列进行，不必等前一个完成，再进行下一个。我们的新产品开发可以考虑采用这种办法。"

小吴的话又一次引发了大家的议论，只不过这次怀疑的成分更多了些。

刘厂长没想到是这么个结局，但他也意识到小吴的话不是一点道理都没有。看着满脸涨得通红的小吴，刘厂长心里不觉闪现出一丝欣慰之情。他清了清嗓子，宣布今天的会议先开到这里，大家回去想想小吴的话有没有道理，自己的工作能不能改进，应该怎样改进，明天大家再来继续讨论。最后，他又一次强调："这次的新产品开发工作一定要在儿童节前完成！谁要是砸了工厂的饭碗，我就先砸他的饭碗！"

　　会后，他将小吴、小王、老陈和张工留下，专门讨论了如何缩短生产周期的各种可能。小吴自告奋勇，要在明天拿出旨在按时完成项目的网络图。

　　教学建议：教师可根据学生情况适当调整难度系数；为突出教学重点，教师可事先布置一定的相关作业等；为突出网络计划技术特点，教师可事先固定一些次要参数，以便于学生掌握。

［项目总结］

　　本项目涉及的知识点包括：项目及项目管理的概念和特点，网络计划技术的特点，网络图的优化；项目管理的主要内容；项目计划管理的常用方法，常用的项目管理组织结构及优缺点；简单网络图的绘制，计算时间参数，确定关键路线。要求学生在技能训练以后能对设定的小项目进行管理；利用网络计划技术对项目进行优化管理。

［项目测试］

□判断题

（1）项目可用的资源是无限的。　　　　　　　　　　　　　　　　　　　　（　　）

（2）网络图中关键路线有且只有一条。　　　　　　　　　　　　　　　　　（　　）

（3）关键路线是网络图中历时最长的路线。　　　　　　　　　　　　　　　（　　）

（4）节点最迟结束时间是指以本节点为结束的各项活动最迟必须完成的时间。（　　）

（5）总时差表明该工序开工时间允许推迟的最大限度，也称"宽裕时间"。　（　　）

□选择题

（1）完成某一项工作或一道工序所需要的时间是（　　　）。

A.工序时间　　　　　　　　　　　　　　B.节点时间

C.总时差　　　　　　　　　　　　　　　D.开工时间

（2）关于项目的特征，下列叙述错误的是（　　　）。

A.通常是为了一项新的任务才组织项目

B.项目可利用资源预先要有明确的预算

C.项目有严格、公开的时间界限

D.项目组大都以垂直方式来组织

（3）在资源有一定限度的情况下，寻找最短工期是（　　　）。

A.时间–资源优化　　　　　　　　　　　B.时间–成本优化

C.工期优化　　　　　　　　　　　　　　D.成本优化

（4）网络图的构成要素是（　　　）。

A.活动　　　　　　　　　　　　　　　　B.事项

C.路线　　　　　　　　　　　　　　　　D.时间

（5）项目管理一般涉及的三个主要目标是（　　　）。

A.质量　　　　　　　　　　　　　　　　B.进度

C.费用　　　　　　　　　　　　　　　　D.效益

□简答题

（1）什么是项目？项目的主要类型有哪些？

（2）什么是项目管理？项目管理的目标和主要内容是什么？项目成功的关键因素有哪些？

（3）什么叫网络图？绘制网络图的基本规则是什么？

（4）时间资源优化的步骤是怎样的？

（5）什么叫工期优化？工期优化的方案是怎样的？

□计算作图题

（1）某设备维修需进行9项作业，作业之间的逻辑关系及作业时间见表9-7。

请完成：①画出网络图；②指出关键路线；③计算总工期。

表9-7 某设备维修的工作安排表

作业	A	B	C	D	E	F	G	H	I
紧后作业	C	D、E、F	E、F	G、H	G、H	I	I	—	—
作业时间	5	9	3	2	5	7	5	7	4

（2）在图9-8中进行节点编号，计算节点的时间参数，找出关键路线。

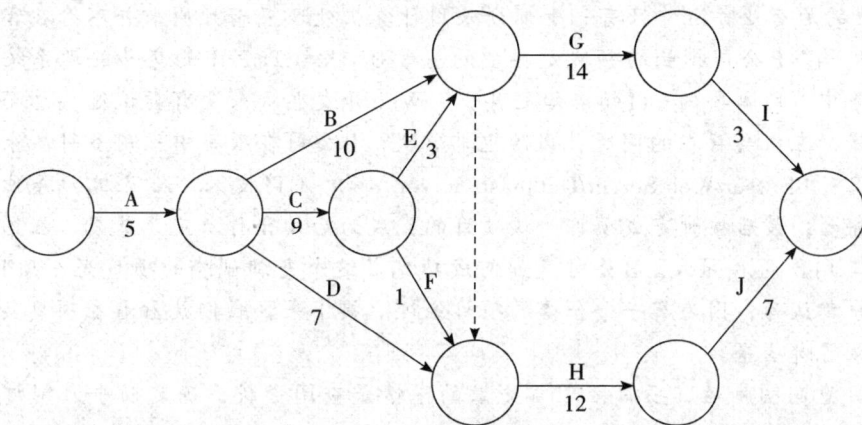

图9-8 网络图

□案例分析题

案例1：项目经理李明的困惑

李明在项目A筹备阶段就以项目经理助理身份参与进来，该项目正式实施后被任命为该项目的项目经理。但让李明感到不快的是，职能部门的经理虽然为该项目配备了时间和人员等资源，但这些人员更热衷于其他项目。同时，李明还被告知别干涉职能部门经理对资源的调度。

1个月之后，在向公司管理层汇报项目A进度时，李明借机向管理层说明了由于职能部门经理的不合作所造成的项目严重滞后等情况。这引起了公司管理层的高度关注，于是管理层投入了更多的资源试图使项目A回到正常轨道上来。

公司管理层还为李明指定了一个项目经理助理。该助理认为应该借助计算机程序把各种问题程序化，于是公司又安排了12个人来开发这个程序。在花费了巨额资金和大量时间之后，李明发现这个程序并不能实现其预期目标，于是他向一个软件供应商进行咨询，得知若要完成该程序，还需要多花费数倍的资金和两个月的时间。无奈之下，李明只好放弃了该程序的开发。

此时项目A进度已滞后了9个月，但还没有成型的单元完成，客户对项目拖期问题非常不满。李明不得不花费大量时间向客户解释目前存在的问题和补救计划。

3个月后，项目A仍然没有大的进展，客户开始不耐烦了。尽管李明进行了多次的解释和说明，但客户仍然不能接受严重拖期，于是指派了一个客户代表到现场监督工作。客户代表要求找出问题并持续改进，继而试图参与进来解决问题，李明和客户代表在一些问题上产生了激烈的冲突，导致两人关系恶化。公司管理层撤换了李明，最终项目A在超期1年之后，以预计费用的140%得以完成。

问题：李明在项目A中遇到了哪些困难？最关键的问题是什么？李明处理问题的方式正确吗？

案例2：成功的项目管理

某年，B计算机公司（以下简称B公司）了解到A企业要建立一个客户服务中心，向客户提供有关A企业产品的咨询、查询、委托、投诉等服务，并希望能够尽可能采用各种计算机和通信技术，为客户提供快速、准确和渠道多样（包括电话、传真、邮件等）的服务。

A企业的原有业务运作只有一小部分采用计算机处理，而且原来并不存在客户服务中心这样的机构。B公司擅长的领域是典型的基于UNIX与TCP/IP的交易处理系统，对于建立客户服务中心所需要的CTI知识知之甚少，Web开发也从来没有尝试过。总而言之，这是个新领域，在机会存在的同时，风险也非常大。B公司在项目中采用多种从未使用过的技术和产品：Browser/Web Server/Database Server结构、CTI技术、排队机，并独立开发语音传真服务器，最后按时完成项目。该项目的完成为后续合作奠定了基础，在第二年很快就签署了二期合同。那么，B公司是如何成功完成这个充满风险的项目呢？项目完成后，公司及客户都认为，因为有一个合格的项目经理。接下来，我们就看看在项目实施过程中项目经理做了哪些事。

在项目意向明晰后，项目经理首先做的事情是查阅资料，确定助手，制订下一步计划。查阅资料主要分两方面：一方面是客户服务中心的技术实现；另一方面是A企业的业务运作。助手的主要工作内容是在技术和业务方面与项目经理形成互补。下一步的计划是：和客户面对面沟通，了解客户的期望以及对项目的认知情况，了解客户的业务；进一步了解相关技术；编写方案建议书。

项目定义对任何一个项目来说都是第一位的，是否以书面形式呈现倒在其次，作为项目经理，一定要清楚客户认为的项目成功标志是什么，也要清楚项目团队到底能够为客户提供什么样的产品或服务。如果不能吻合，那么至少有一方在这个项目中要尝到失败的滋味。在和A企业沟通的过程中，项目成员本着"三人行，必有我师"的态度，向客户学习业务知识，掌握相应的业务术语，同时，也和A企业主要人员保持良好的关系。这些都为随后在项目实施中和客户的顺畅沟通奠定了基础。

在这个阶段，项目经理还有两件事做得非常好：一件是让公司高层领导重视这个项目，从而获得公司高层的支持，这对随后项目实施过程中得到其他部门的配合是非常重要的；另一件是和销售经理形成良好的分工合作关系，完成各自分内工作，并注意实时分享项目信息。

资料来源　佚名. 项目管理案例剖析［EB/OL］.［2022-10-11］. http://www.yesky.com/155/1735155.shtml.

问题：（1）已识别的需求是什么？项目目标是什么？项目涉及的风险是什么？

（2）项目经理应该如何进行项目管理？

［学思践悟］

扎根边疆　科教报国

2019年9月16日，江西南昌，东华理工大学。这座有"中国核地学人才摇篮"之称的我国第一所铀矿地质高校，举行了2019年秋季开学典礼。"2006年，因为国防科研的需要，我走进了新疆戈壁深处，从此每年野外工作时间在9个月以上，至今已有13年……"一位中年教师向台下的青年学子讲述了他在戈壁荒漠中的困难、执着与坚守，勉励学子们志存高远、科技报国。

这位中年教师，是东华理工大学铀矿冶与环境研究所所长，曾获"全国岗位学雷锋标兵"、江西省"最美科技工作者"等荣誉称号的周义朋博士。13年来，周义朋扎根边疆勘探一线，用他的默默奉献，谱写了一曲当代中青年知识分子为国为民的忠诚之歌。

资料来源　胡晓军．扎根边疆　科教报国——记东华理工大学铀矿冶与环境研究所所长周义朋［N］．光明日报，2019-10-23.

延伸阅读

扎根边疆 科教报国——记东华理工大学铀矿冶与环境研究所所长周义朋

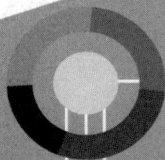

[学习目标]

通过本项目内容的学习，你应该达到以下目标：

知识目标：

◎了解供应链管理的思想；

◎明确企业组织高效物流活动的重要性；

◎熟知供应链管理环境下的采购管理和库存控制；

◎了解供应链管理环境下的生产计划与运作管理。

技能目标：

◎把供应链的思想和管理的方法用于解决企业的生产与运作问题。

素养目标：

◎追踪供应链方面的时事热点，增强学生的使命担当意识。

引例

欧冶云商：打造"欧冶式"供应链创新体系

随着钢铁行业逐步进入微利时代，以及都市型钢厂产业结构调整的诉求，宝武集团正积极推进"从制造到服务、从钢铁到材料、从中国到全球"的三大转型战略。2015年2月，宝武集团整合内部和社会资源成立了欧冶云商股份有限公司（以下简称：欧冶云商），构建集交易、仓储加工、运输、金融、数据、技术、资讯等服务为一体的第三方生态服务体系，力求实现从服务型制造向生产型服务转变。欧冶云商是产业供应链发展典型代表，也是宝武集团实现"互联网+"转型的必然选择。

1.智慧供应链战略布局

欧冶云商已形成多品种、跨区域的大宗商品市场服务架构，产业供应链已经覆盖原燃料、矿石、钢材、家电、汽车、造船等多个产业领域，贯穿采购、生产、销售、加工、物流等环节，实现了为产业链用户提供综合解决方案的能力，形成全产业链、四流合一的大宗商品市场服务基础。同时，专业化、多层次的风险控制手段，有效确保全流程交易和服务的真实、安全，并可以针对不同客户群体形成定制化的服务产品，满足多样化的客户需求。

面向未来，欧冶云商将继续努力构建多品种、跨地域、线上线下统一、境内境外联动、产品指数化、服务个性化、交易金融化、交割仓单化的国际大宗商品交易服务体系，支持上海市"四个中心"特别是国际金融中心和国际贸易中心的建设，支持国家流通体制改革，提升中国在国际大宗商品领域的话语权和定价权。

2.平台供应链体系构建

欧冶云商目前已经形成电商、物流、金融、材料、数据、东方钢铁、国际、采购、资讯、化工等子平台，基本形成全产业链服务能力。

欧冶云商构建了以交易平台为核心，支撑平台服务为手段的供应链体系，产品已经镶嵌到了供应链的各个环节中。

3.实现传统供应链向智慧供应链升级

智慧供应链的本质是依托"互联网+"实现产业链协同，包括两方面内容：制造端——通过钢厂和终端用户需求的数据对接，实现大规模柔性化定制；服务端——通过多样化的服务手段，建立数据化的服务模型。欧冶云商创新推出"定班轮"和"欧冶联邦"等产品，有效解决了钢厂当前的一些痛点。

针对钢厂规模化制造诉求和下游小微用户需求满足的矛盾，欧冶云商电商平台创新推出"定班轮"业务模式，在钢厂中间坯材和用户零散需求之间找到结合点，网聚海量的小微客户需求，每10天发出"一艘订购期货的班轮"，将用户起订量要求降到最低，同时结合了钢厂中间坯，可以实现快速交货，降低跌价风险，获得用户和钢厂的一致欢迎。

资料来源　丁俊发．2017中国供应链管理蓝皮书［M］．北京：中国财富出版社，2017.

这一案例表明：欧冶云商依托建材类的钢厂，为钢厂渠道下沉提供电商、金融、物流服务的同时，依托钢厂一手资源吸引用户，通过中心库的建立、业务系统铺设和合作加盟店的设立，服务于建材销售门店、工程、承包商等建材供应链的终端用户群体。欧冶云商将电子商务、物流仓储等现代流通方式相互融合，促进线上线下互动发展，提升物流专业化、信息化、标准化水平，提高了流通效率。

基础知识 ////////·········

知识点1：供应链管理的基本思想

一、供应链管理概述

1.供应链的含义

（1）供应链的定义。所谓供应链，是指产品在到达消费者手中之前所涉及的原材料供应商、生产商、批发商、零售商以及最终消费者组成的供需网络，即由物料获取、物料加工，并将成品送到用户手中这一过程所涉及的企业和部门组成的一个网络。供应链围绕核心企业，通过对信息流、物流、资金流的控制，从采购原材料开始，到中间产品以及最终产品，最后由分销网络把产品送到消费者手中。

供应链可以视为一个范围更广的企业组织结构模式，它不仅是一条连接供应商到用户的物流链、信息链、资金链，而且也是一条增值链，物料在供应链上因加工、包装、运输等过程而增加其价值，给相关企业和顾客都带来收益。供应链的概念是从扩大的生产概念出发的，它将企业的生产活动进行了前伸和后延。例如，日本丰田公司的精益协作方式中就将供应商的活动视为生产活动的有机组成部分加以控制和协调，这是向前延伸。后延是指将生产活动延至产品的销售和服务阶段。

（2）供应链的结构模式。供应链是由所有加盟的节点企业组成的，一般来说，其中有一个核心企业（一般为产品制造企业或大型零售企业），节点企业在需求信息的驱动下，通过供应链的职能分工与合作（生产、分销、零售等），以资金流、物流、信息流为媒介实现整个供应链的不断增值。

按照供应链的定义，供应链的网链结构模型如图10-1所示。

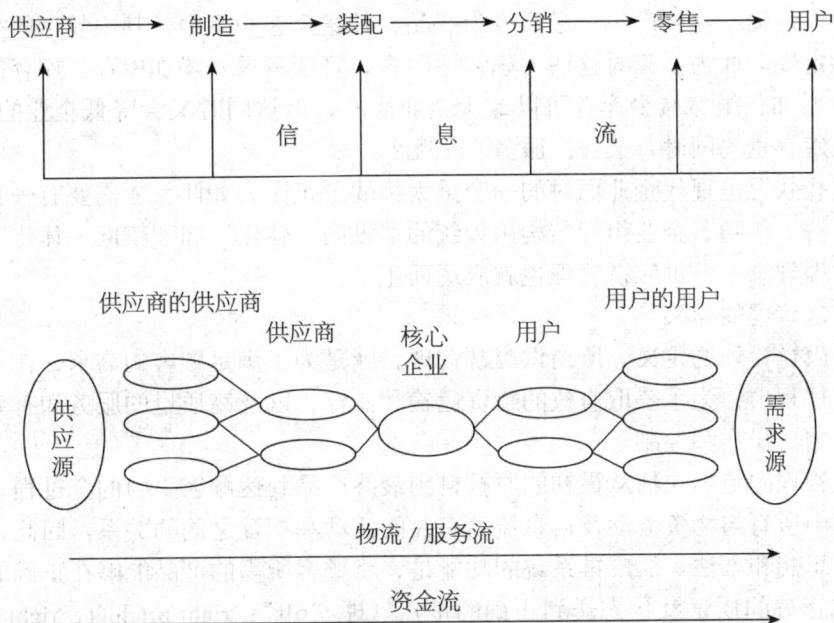

图10-1 供应链的网链结构模型

小思考 10-1

供应链上的商务活动

在大街上经常看见很多人背着各式各样的牛皮包，商场里也有琳琅满目的牛皮包出售。那么，从畜牧场的牛到消费者手中的皮包，这中间经历了哪些商务活动呢？

答：从上游提供牛皮的供应商到下游购买牛皮包的消费者，这是一条很典型的供应链。其中伴随了物资的流动、信息的流动和资金的流动等活动。同时，在由上游向下游传递过程中都伴随着运输、加工及其他的人类活动，而这一过程中每一项活动都要支付成本，并要求获得一定的利润。因此，购买牛皮等原材料的价格较低，而消费者最终购买的牛皮包价格则会偏高。

243

2. 供应链管理产生的原因

（1）20世纪90年代以来，由于科学技术和生产力的发展，市场由传统的卖方市场向买方市场转变。企业之间的竞争加剧，为了赢得消费者，企业不断地开发出符合用户需求的、定制的"个性化"产品。而传统的生产与经营模式对市场剧变的响应显得越来越迟缓和被动。如何快速地满足消费者需求，成了现代企业面临的一个挑战。

（2）在工业时代，各企业和企业部门之间强调的是效率与分工。过分强调工作切割及局部最佳化的结果，导致整体观念有所削弱。例如，工厂的生产部门为了追求大幅度、快速地提高生产效率，引进许多高度自动化的生产机械，这些快速生产出来的标准化产品，不是形成仓库中的库存，就是形成销售通路上的库存，进而就产生了我们经常所见的"买一送一""跳楼大甩卖"等销售手段。如何在生产与需求之间尽可能地达到平衡，成为现代企业面临的另一个难题。

（3）在进入知识经济时代的今天，国际化、动态化市场竞争日益激烈。原料经过了运输、生产、再运输、再生产……最后成为产品，并送至客户手中，其中复杂的生产过程多少带有不确定性。而为了应对这些不确定性因素，管理者只好增加库存。库存的增加导致企业成本的增加；虽然减少库存可以减少企业成本，但这同时又会降低企业的服务水平。如何在降低库存量的同时，又提高服务水平呢？

上述这些状况是现代企业面对的一个重大挑战。正因为如此，才需要有一套崭新的管理概念及方法。伴随着企业组织结构由传统的"纵向一体化"向"横向一体化"的方向发展，新的管理理念——供应链管理也就应运而生了。

3. 供应链管理的含义

（1）供应链管理的定义。所谓供应链管理，就是为了满足顾客的需求，在从原材料到最终产品的过程中，为了获取有效的物资运输和储存，以及高质量的服务和有效的相关信息所做的计划、操作和控制。

供应链管理的范围包括从最初的原材料到最终产品到达顾客手中的全过程，管理对象是在此过程中所有与物资流动及信息流动有关的活动和相互之间的关系。因此，它是一种集成的管理思想和方法。供应链系统的功能是，将顾客所需的产品能够在正确的时间按正确的数量和正确的质量及状态送到正确的地点（即"6R"：right product，right time，right quantity，right quality，right status，right place），并且使总成本最小。

（2）供应链管理的内容。供应链管理研究的内容主要涉及四个领域（如图10-2所示）：供应、生产作业、物流、需求，它以各种技术为支持，尤其以 Internet/Intranet 为依托，围绕供应、生产作业、物流（主要指制造过程）、满足顾客需求来实施。供应链管理主要包括计划和合作控制从供应商到用户的物料（零部件和成品等）和信息。供应链管理的目标在于提高用户服务水平和降低总的交易成本，并且寻求两个目标之间的平衡（这两个目标往往有冲突）。

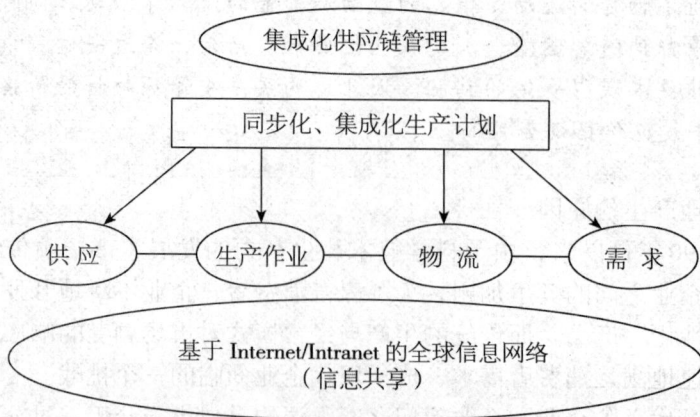

图10-2 供应链管理涉及的领域

（3）供应链管理的理念和目标。供应链管理的理念是指在供应链管理的过程中，网络构成的相关方应坚持：面向顾客理念，双赢和多赢理念，管理手段、技术现代化的理念。供应链管理的目标是：根据市场需求的扩大，提供完整的产品组合；根据市场需求的多样化，缩短从生产到消费的周期；根据市场需求的不确定性，缩短供给市场及需求市场的距离；降低整体供应链的物流成本和费用，提高整体供应链的运作效率，增强整体供应链的竞争力。

（4）供应链管理的本质——跨企业的集成管理。供应链管理是一种集成的管理思想和方法，它执行的是供应链中从供应商到最终用户的物流计划与控制等职能。集成化供应链管理（ISCM）是指购买者、供应商和用户的联盟以及他们共同努力达到一个更具有竞争力的先进组织的过程。它主张把不同企业集成起来以增加供应链的效率，注重企业之间的合作，它把供应链上的各个企业作为一个不可分割的整体，使供应链上各个企业分担的采购、分销和销售的职能，成为一个协调发展的有机体。集成化供应链如图 10-3 所示。

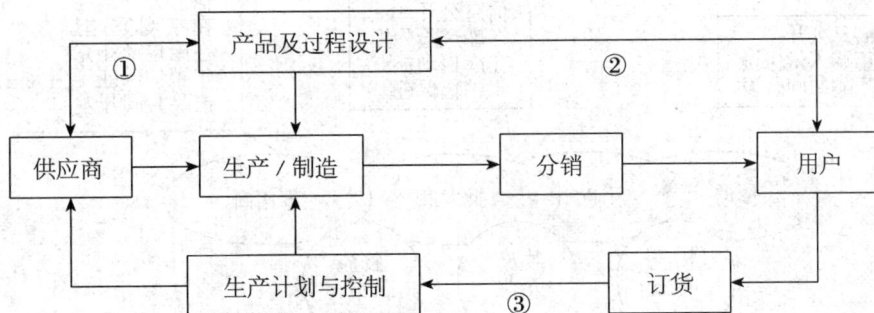

图10-3　集成化供应链示意图

在图 10-3 中，过程①是指合作设计，即供应商参与到设计过程中，这样可以避免由于设计不合理而造成供应商无法生产、供应商需改变生产线才能满足总装厂的要求或生产成本提高等不必要的浪费。过程②是指用户驱动设计，即根据用户的需要对产品进行设计，这样可以使产品尽可能满足用户的需求，从而增强产品的竞争力。过程③是指订单驱动生产，即工厂根据用户的需求量进行生产，而不是盲目生产，避免了库存积压或供不应求的现象。

案例—10-1

通用汽车公司的集成化供应链管理

通用汽车公司通过业务外包策略，把运输和物流业务外包给理斯维物流公司。理斯维物流公司负责把通用汽车公司的零部件运输到 31 个北美组装厂的工作，通用汽车公司则集中力量于其核心业务上——制造轿车和卡车。始于 1991 年的合作节约了大约 10% 的运输成本，缩短了 18% 运输时间，裁减了一些不必要的物流职能部门，减少了整条供应链上的库存，并且在供应链运作中保持了高效的反应能力。理斯维物流公司在克利夫兰设有一个分销中心处理交叉复杂的运输路线，通过信息技术排列它与各通用汽车公司的北美工厂的路线，这样可以动态地跟踪装运情况。理斯维物流公司的卫星系统可以保证运输路线组合的柔性化。如果一个供应商的装运落后于计划，理斯维物流公司可以迅速地调整运输路线的组合。理斯维物流公司采用的精细可视化技术保证了通用汽车公司生产线上的低库存水平。而通用汽车公司也具备了统一集成和协调的技术，它对各外包企业的管理控制就像管理自家内部的各部门一样熟练自如，表现出了高超的集成化管理水平。

二、供应链管理的战略选择

根据德勤（Deloitte）公司发布的一项研究报告，虽然已有90%以上的北美制造企业将供应链管理列入关键或重要管理活动，但是只有2%左右的企业达到了世界级水平，差不多有75%的企业在平均水平及以下。一个主要的原因就是50%左右的企业认为自己没有正规的供应链管理战略。其他原因还有：缺乏应用和集成技术的能力；协调企业资源更高的权重；改革关键流程的阻力；跨职能的障碍；缺乏有效测量供应链绩效的评价指标。

这些问题产生的原因在于企业没有把供应链看作企业战略的一个组成部分（如图10-4所示）。

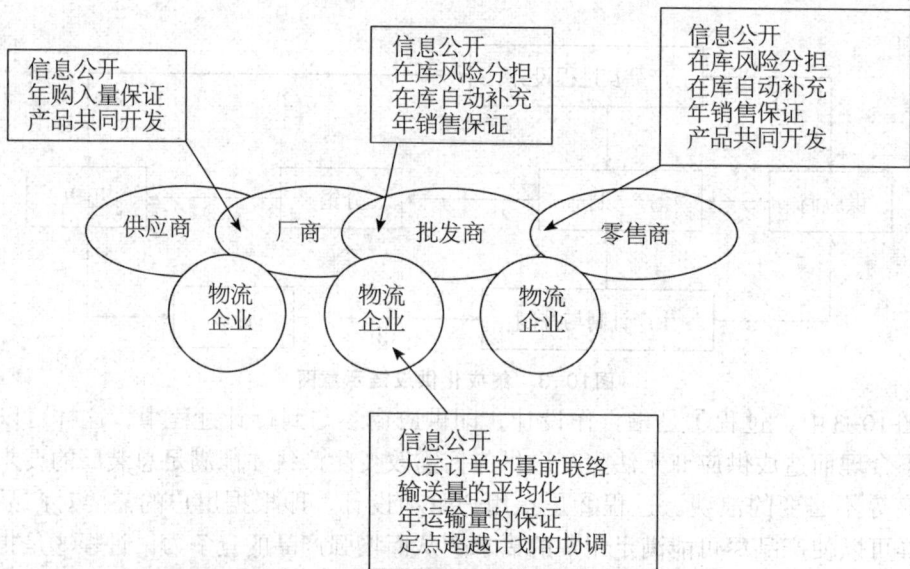

图10-4　合作协调供应链关系的重要性

1.如何选择合作伙伴

（1）合作关系中存在的问题。

① 缺乏主动出击市场的动力和积极性。调查表明，企业外部资源利用率低，企业与供应商的合作还没有形成战略伙伴关系。

② 许多企业虽然有一定的市场竞争能力，但是在与其他企业进行合作的方式上，"以我为主"的山头主义思想盛行，没有进行科学的协商决策和合作对策研究，缺乏市场竞争的科学意识。

③ 国有企业特殊的委托-代理模式。委托-代理的"激励成本"（incentive cost）远大于市场自由竞争的激励成本，代理问题中的"败德行为"相当严重。

④ 企业合作关系中短期行为普遍存在。

⑤ 由于"棘轮效应"的存在，企业在合作竞争中的积极性和主动性不高。

⑥ 企业与企业之间信息传递的工具落后。

（2）供应链企业间合作要达到的目标。

①对于制造商/买主：

A. 低成本（降低合同成本）；

B. 实现带有数量折扣的、稳定而有竞争力的价格；

C. 提高产品质量和降低库存水平；

D. 改善时间管理；

E. 交货提前期的缩短和可靠性的提高；

F. 提高面向工艺的企业规划；

G. 更好的产品设计和更快的对产品变化的反应速度；

H. 强化数据信息的获取和管理控制。

②对于供应商/卖主：

A. 保证有稳定的市场需求；

B. 对用户需求更好地了解/理解；

C. 提高运作质量；

D. 提高零部件生产质量；

E. 降低生产成本；

F. 提高对买主交货期改变的反应速度和柔性；

G. 获得更高的利润（比非战略合作关系的供应商）。

③对于双方：

A. 改善相互之间的交流；

B. 实现共同的期望和目标；

C. 共担风险和共享利益；

D. 共同参与产品和工艺的开发，实现相互之间的工艺集成、技术和物理集成；

E. 减少外在因素的影响及其造成的风险；

F. 降低投机的想法和参与投机的概率，增强矛盾冲突解决能力；

G. 规模效益，在订单、生产、运输上实现规模效益，以降低成本；

H. 降低管理成本；

I. 提高资产利用率。

（3）合作伙伴评价、选择的影响因素。

①优势能力：

A. 组织管理能力；

B. 设计能力；

C. 创新能力；

D. 生产能力；

E. 营销能力；

F. 服务能力；

G. 研究开发能力。

②信任度：

A. 合同履约；

247

B. 用户信誉度;

C. 信用度;

D. 价值观差异;

E. 上下游伙伴满意度。

③投入强度:

A. 技术设备投入强度;

B. 资金投入强度;

C. 知识资源投入强度;

D. 人力资源投入强度;

E. 参与合作动机。

④协作能力:

A. 支持环境有效性;

B. 资源动态调配和作业流程的重组能力;

C. 适应网上合作的管理协调机制。

2. 制定供应链管理的实施战略

供应链管理的实施战略就是要解决一个企业在具体实施供应链管理方式时所依据的方法论和策略,避免走弯路或出现失误。

(1) 在企业内外同时采取有力措施。从企业内部来说,主要是发扬团队的合作精神。从外部来说,合作的概念已经发展到了以前竞争对手之间的合作。在20世纪70年代,美国三大汽车巨头——通用、福特、克莱斯勒,都投资了几亿美元开发处理汽车尾气的装置。在那个时候,它们绝不愿意联合起来开发,而实际上各自得出了类似的结果,白花了很多钱。现在,他们都参加了一个多功能的集团"USCAR",共同开发各种技术、材料和部件,从结构塑料到电池,再到汽车电子控制系统等。

案例 10-2

某公司的智慧供应链运营管理

某公司是电子计算器和液晶显示器等电子产品的开创者,始终勇于开创新领域,运用领先世界的液晶、光学、半导体等技术,在家电、移动通信、办公自动化等领域实现了丰富多彩的"新信息社会"。

但是,面对着竞争日益复杂的电子消费品市场,该公司越来越感觉到电子消费品市场的快速变化,特别是电子消费品的生命周期越来越短,电子消费品的市场普及率越来越接近饱和状态,企业的经营风险加大。

该公司对整个传统供应链进行了全面诊断,提出了对包括订单管理、生产制造、仓库管理、运输和开票等全流程在内的整体无缝衔接设想。同时,结合信息系统的部署,建立了供应和需求一体化的业务流程,通过对系统数据进行分析,决策者能够比过去更加方便和有效地协调人员、设备资源,更有针对性地满足市场的需求。该公司通过对供应链的一体化管理,不仅降低了库存的水平,加快了库存的周转,降低了物料管理的成本,而且极大地提升了供应链上的价值。

(2) 充分发挥信息的作用。因为市场在急剧变化,所以最主要的是掌握用户需求的变化，从而在竞争中知己知彼。如果对本企业内部的信息不能彻底了解，那么如何能要求员工从全局出发做到集成呢？如果竞争对手采取了一些新的措施，采用了一些新技术，而本企业却迟迟不了解，又如何能及时采取改进竞争手段的对策呢？"敏捷"的基本思想是既快又灵活，所以一定要把信息的价值提到足够的高度来认识。

案例 10-3

纸尿裤和罐装啤酒的故事

曾经有一家超市利用信息技术进行商品信息的处理，在处理商品销售状况时，工作人员发现了一个有趣的现象：纸尿裤和啤酒的销售呈现同时增长或同时下降的状况。这是为什么呢？通过调查发现：原来，来买纸尿裤的人很多是年轻的爸爸，而刚做爸爸的男士因为要照顾刚出生的孩子，没时间去喝啤酒，所以只能买些罐装啤酒回家饮用。根据这个发现，该超市就将纸尿裤和罐装啤酒放在一起，以方便消费者购买。从这个故事中我们得到了哪些启示？

这个故事说明了信息技术的重要性。通过信息技术所给出的数据，我们可以很好地分析不同商品的销售情况，并从这种销售情况中掌握其规律性，为更好地规划超市里商品的布局提供帮助。

（3）供应链企业的组成和工作。从竞争走向合作，从互相保密走向信息交流，实际上会给企业带来更大利益。如果市场上出现一个新的机遇，例如看准了半年后推出某种新型计算机必能畅销，于是，几家本来是竞争对手的大型计算机制造公司可能立即建立起一种合作关系。A公司开发的主机性能好，B公司的软件开发能力强，C公司的外围设备有特色和很好的声誉，各家都发挥了自己的优势共同开发，就能迅速占领市场。完成这次合作以后，各家还是各自独立的公司。这种方式就是"敏捷制造"。

（4）方法论的指导。所谓"方法论"，就是在实现某一目标、完成某一项大工程时，所需要使用的一整套方法的集合。对每一时期每一项具体任务，都应该有明确的规定和指导方法，这些方法的集合就叫"集成方法论"。这样的方法论能帮助人们少走弯路，避免损失。这种效益，比一台新设备、一套新软件所能产生的有形的经济效益要大得多，重要得多。

（5）标准和法规的作用。目前，产品和生产过程的各种标准还不统一，而未来的制造业的产品变异又非常突出，如果没有标准，不论对国家、企业，还是对企业间的合作、用户都非常不利。因此，必须强化标准化组织的演进，使其工作能不断跟上环境和市场的改变。现行法规也应该随着国际市场和竞争环境的变化而演进，其中包括政府贷款、技术政策、反垄断法规、税法、进出口法、国际贸易协定等。

3.供应链管理的运作方式

供应链管理的运作方式有以下两种：

（1）推动（push）式供应链。推动式的供应链运作方式以制造商为核心，产品生产出来后从分销商逐级推向用户（如图10-5所示）。分销商和零售商处于被动接受的地位，各个企业之间的集成度较低，通常采取提高安全库存量的办法应对需求变动，因此整个供应链上的库存量较高，对需求变动的响应能力较差。

249

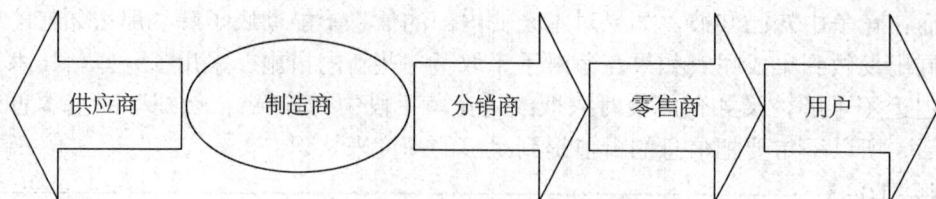

图10-5　推动式供应链

（2）拉动（pull）式供应链。拉动式供应链的驱动力产生于最终用户（如图10-6所示），整个供应链的集成度较高，信息交换迅速，可以根据用户的需求实现定制化服务。采取这种运作方式的供应链系统库存量较低。

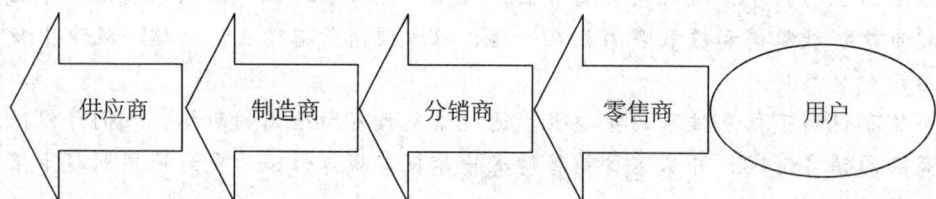

图10-6　拉动式供应链

拉动式供应链虽然整体绩效表现出色，但对于供应链上企业的要求较高，对供应链运作的技术基础要求也较高；而推动式供应链方式相对较为容易实施。企业采取什么样的供应链运作方式，与企业系统的基础管理水平有很大关系，切不可盲目模仿其他企业的成功做法，因为不同企业有不同的管理文化，盲从往往会得不偿失。

4.供应链管理战略的系统构成

供应链管理的战略系统涉及的范围较大，主要包括以下几个方面的内容：

（1）组织战略。供应链管理是一种不同于一般管理的模式，它是一种合作企业间的协调问题。供应链企业要认识到这一点，并在组织结构上进行重新设计，使之能够适应供应链管理的运行要求。

（2）经营思想战略。创立供应链优势、改变传统采购模式不仅是一种职能，而且是一种战略思想。传统企业管理模式和供应链企业管理模式的区别如下：

一是目标不同。传统企业的目标是制造为了销售；供应链企业的目标是按订单安排生产。

二是管理目标不同。传统企业的管理目标是减少与优化库存；供应链企业的管理目标是创新。

三是提高效率的方法不同。传统企业提高生产效率的方法是增加批量；供应链企业提高效率的方法是提高企业的柔性。

（3）共享信息战略。供应链的优势在于使企业能够共享信息，通过共享竞争信息，使供应链上的企业及时做出或调整它们的生产策略，以便在市场上占据主动。

（4）利用先进技术战略。为从供应链获得优势，企业要从一些基本技术，例如物流过程自动化、企业资源计划（ERP）系统等做起，把先进技术作为支持供应链协调运行的基础，并且要随着技术的发展，随时向新的、更先进的技术推进。

（5）供应商战略。通过供应链创造优势的企业清楚地懂得每个供应商在资源组合（sourcing portfolio）中的作用，因而把保持与供应商的关系看成高度战略化的工作。

（6）绩效度量问题。绩效度量是实施任何一种战略必不可少的内容之一。只有知道某一战略的实施效果，才能使管理者最后做出有效决策。绩效度量还被视为保持战略层和执行层迈向共同目标的黏合剂，因为系统运行绩效是执行层努力的结果。

5.智慧供应链

智慧供应链是结合物联网技术和现代供应链管理相关理论、方法和技术，在企业中和企业间构建的，实现供应链的智能化、网络化和自动化的技术与管理综合集成系统。

（1）智慧供应链的特点。与传统供应链相比，智慧供应链具备以下特点：

第一，技术的渗透性更强。在智慧供应链的场景下，供应链管理和运营者会系统地吸收包括物联网、互联网、人工智能等在内的各种现代化技术，让管理过程适应引入新技术带来的变化。

第二，可视化、移动化特征更加明显。智慧供应链更倾向于使用可视化的手段来表现数据，采用移动化的手段来访问数据。

第三，更人性化。智慧供应链主张更加系统地考虑问题，考虑人机系统的协调性。

（2）供应链智慧化升级的策略与路径。

第一，柔性供应链。它是指能够对客户个性化需求做出反应能力的供应链。伴随着零售领域新趋势的发展，企业开启柔性供应链变革，其核心是打破传统的批量化流水线生产方式，构建网络化生产方式，更灵活地应对市场需求。服装、鞋包、钢铁、电子、原材料等各行各业都在积极构建柔性供应链。打造柔性供应链需要企业关注以下几点：完善工厂系统，使用智能系统自动采集作业时间、传递工序工艺、协同安排订单生产，在生产端实现小批量、大单、单件个性化定制共线生产；使用大数据技术来预测趋势，对海量数据进行分析建模，调节生产规模，实现碎片化订单集中化生产；在企业外部，对供应区域进行划分，根据时限与区域选择供应商。

第二，敏捷供应链。围绕核心企业，控制资金流、物流、信息流，整合供应商、分销商、制造商、零售商和消费者，建立统一的、无缝化程度高的功能网络链条，打造动态战略联盟。敏捷供应链模式可以分为基于订单需求和基于流程优化两种。打造敏捷供应链，企业可采取以下措施：提高生产制造系统的敏捷性、提高市场响应的敏捷性、提高物流系统的敏捷性、提高产品供应的敏捷性、提高信息系统的敏捷性、建立供应链敏捷性评价体系。

第三，大数据供应链。信息技术为对海量数据的存储、分析与运用提供了可能性，在供应链管理过程中，借助先进的技术手段与管理工具对商品、信息、资金流动过程中产生的数据进行及时有效的处理和分析，能够促进企业之间的合作与配合。企业可以通过在供应链管理中引入大数据或使用大数据来升级现有的供应链管理模式两种方法来充分挖掘利用供应链中大数据的价值。

第四，物联网供应链。在供应链的生产、仓储、配送、分销、运输、零售等环节，物联网技术发挥着重要作用。使用物联网技术，物流企业实现对物品的实时追踪监控和管理，与商品有关联的主体能够即时地共享信息，极大地提高信息流动效率，避免了信息失真的问题。

知识点 2：供应链的组织与运行管理

一、供应链管理的组织结构

传统企业组织的管理模式主要以劳动分工和职能专业化为基础，组织内的各部门划分非常细，各部门的专业化程度较高。这种组织结构形式适合于稳定的环境、大规模的生产、以产品为导向的时代。在当今市场需求突变、经营模式发生变化的情况下，则显然不适应。在供应链管理的概念提出后，传统的组织结构形式和运行管理在实施供应链管理的过程中显现出一定的不适应性，因此我们有必要探讨在供应链管理环境下的供应链组织结构形式和运行的问题。

1.基于劳动职能分工的企业组织结构

传统企业的组织结构大都是基于职能部门的专业化模式，所实行的是按职能专业化处理企业业务流程的管理模式。专业化之所以能够提高工作效率，在于通过分工使劳动者成为某一方面的专家，使处理某一问题的单位效率提高，但系统总的效率并不等于单个人的效率的简单汇总。同时，为了便于控制，这种分工还具有权力平衡、制约作用，因而在管理系统内某一方面的任务需要由几个部门的人一起完成，在这个过程中相互制约，使失误率降低（如图10-7所示）。

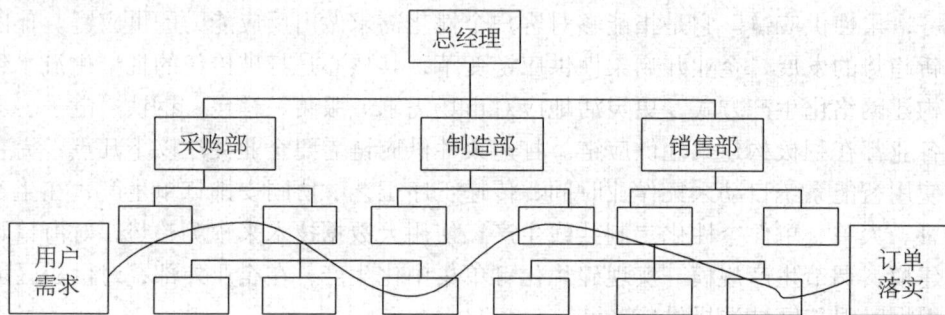

图10-7 传统企业典型的"金字塔"式组织结构

随着信息社会的到来，在市场环境日趋不确定，顾客的要求越来越多样化，企业员工强调自我实现，企业不仅追求规模经济效益、更强调时间经济的情况下，这种片段化的企业流程越来越难以使企业满足多方的要求，其组织结构显得越来越僵硬。因为一项任务要顺序地流经各职能部门，虽然各职能部门的专业化程度提高了，但由于要等上一个环节的工作完成后才能开始下一环节的工作，结果是一个完整的任务或项目所包含的各项作业在职能部门之间被分解得支离破碎，既造成部门之间在衔接中的长时间等待，又使各部门增加很多重复劳动，大大增加了完成任务所花费的时间。

2.基于BPR的企业组织结构

BPR的核心思想是要打破企业按职能设置部门的管理方式，代之以业务流程为中心，重新设计企业管理过程。BPR的实践对企业的管理效果产生了巨大影响。

案例 10-4

福特汽车公司北美财会部运用"Reengineering（再造）"

福特汽车公司北美财会部原有500多人负责账务与付款事项。改革之初，他们准备将人员减少20%。原有付款流程如图10-8所示。后来，当他们发现日本一家汽车公司的财务部只有5人时，就决定采取更大的改革动作。福特汽车公司北美财会部通过工作合理化和安装新的计算机系统，分析并重新设计了付款流程。原付款流程表明，当采购部的采购单、接收部的到货单和供应商的发票三张单据验明一致后，财会部才予以付款，财会部要花费大量时间查对采购单、接收单、发票上共14个数据项是否相符。重新设计付款流程后，采购部、接收部和财会部联网，采购部每发出一张采购单，就将其录入联网的实时数据库中，无须向财会部递送采购单复印件。当货物到达接收部后，由接收人员对照检查货单号和数据库中的采购单号，相符后也录入数据库。最后由计算机自动检查采购记录和接收记录，自动生成付款单据。新的付款流程如图10-9所示。实施新流程后，财会部的人员减少了75%，实现了无发票化，提高了准确性。

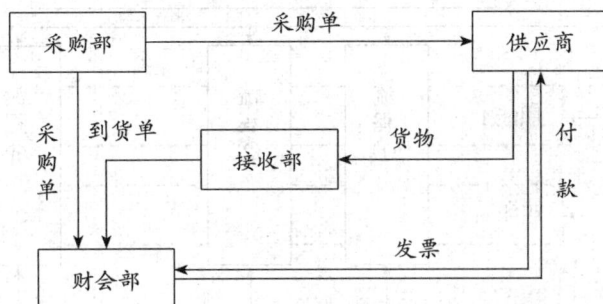

图10-8　福特汽车公司北美财会部原有付款流程

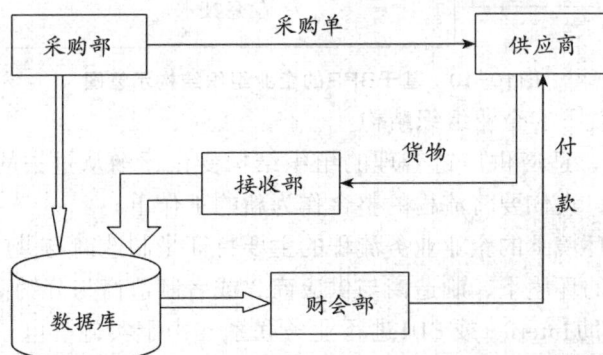

图10-9　福特汽车公司北美财会部新的付款流程

福特汽车公司北美财会部运用"Reengineering（再造）"的实践经验给我们很深刻的启示。实施新流程后，成本大大降低；财会部的人员减少了75%，实现了无发票化，而且提高了准确性。

基于BPR的企业组织结构内容包括以下几个方面：

（1）企业是流程型组织。将属于同一个企业流程内的工作合并为一个整体，使流程内的步骤按自然顺序进行，工作应是连续的而不是间断的。整个企业组织结构应以关键流程为主干，彻底打破旧的按职能分工的组织结构。

（2）发挥流程经理的作用。所谓流程经理，就是管理一个完整流程的最高负责人。对流程经理而言，其不仅要发挥激励、协调的作用，而且应有实际的工作安排、人员调动、奖惩的权力。

（3）职能部门也应存在。在新的组织结构中，职能部门的重要性已退居于流程之后，不再占有主导地位。它主要起到为同一职能、不同流程的人员提供交流机会的作用。

（4）突出人力资源部门的重要性。在基于BPR的企业组织结构中，在信息技术的支持下，执行人员被授予更多的决策权，并使多个工作整合为一个，以提高效率。

（5）发挥现代信息技术的支持作用。BPR本身就是"以信息技术使企业再生"，也正

253

是由于现代信息技术使得多种工作整合、迅速决策、信息快速传递、数据集成与共享成为可能，才彻底打破原有模式，推动组织创新。

基于BPR的企业组织结构如图10-10所示。

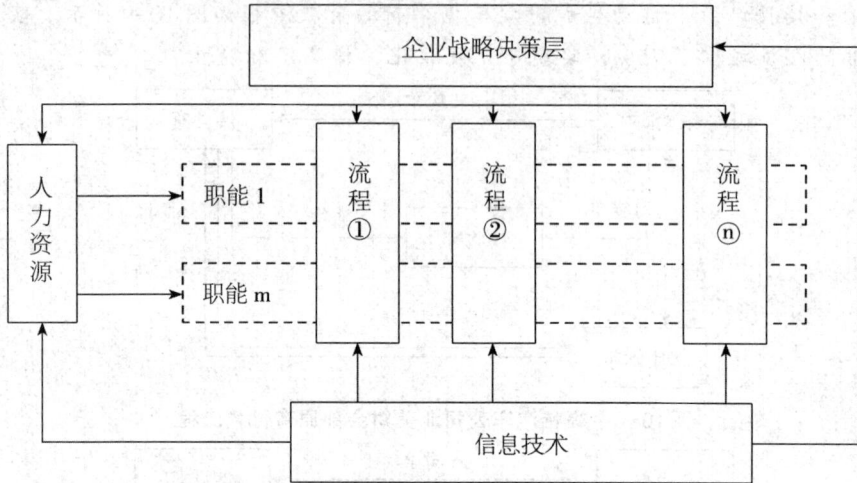

图10-10 基于BPR的企业组织结构示意图

3.供应链管理环境下的企业组织结构

自从BPR提出后，适应供应链管理的组织结构变化逐渐从过去的注重功能集合转向注重流程的重构上来，人们要将流程的整合作为新的工作重心。

（1）供应链管理环境下的企业业务流程的主要特征是制造商与供应商之间业务流程的变化。在供应链管理的环境下，制造商与供应商，或者制造商与分销商、供应商与其上游供应商之间一般要借助Internet或EDI进行业务联系，由于实施了电子化商务交易，各企业均省去了过去很多依靠人工处理的环节。

例如，过去作为供应商的企业总是在接到制造商的订货要求后，再进行生产准备工作，等到零部件生产出来，已消耗很多的时间。这样一环一环传递下去，导致产品生产周期很长。而在供应链管理环境下，合作企业间可以通过Internet方便地获得需求方生产进度的实时信息，从而主动地做好供应或出货工作。

企业内部业务流程的变化。从国外成功经验看，实施供应链管理的企业一般都有良好的计算机辅助管理基础，借助于先进的信息技术和供应链管理思想，企业内部的业务流程也会发生很大的变化。

例如，生产部门和采购部门的业务关系，过去在人工处理条件下，生产管理人员制订出生产计划后，再由物资供应部门编制采购计划，还要层层审核，才能向供应商发出订货单。由于流程长，流经的部门多，因而会出现脱节、停顿、反复等现象，导致一项业务要花费较多的时间才能完成。在供应链管理的环境下，以一定的信息技术作为支持平台，数据可以实现共享，并且可以实现并发处理，因而使原有的工作顺序和方式可能发生变化。

支持业务流程的技术手段的变化。在供应链管理的环境下，企业内部业务流程和外部业务流程的变化不是偶然出现的。通常认为，这一变化的产生至少有两个方面的原因：一是"横向一体化"管理思想改变了管理人员的思维方式，把企业的资源概念扩展了，更倾向于与企业外部的资源建立配置联系，因此加强了企业间业务流程的紧密性；二是供应链管理促进了信息技术在企业管理中的应用，使并行工作成为可能。

（2）一体化的物流组织形式。20世纪80年代初，物流一体化组织结构的雏形出现了。这种组织结构是在一个高层经理的领导下，统一所有的物流功能和运作，目的是对所有原材料和制成品的运输和存储进行战略管理，以使企业产生最大利益。这一时期计算机管理信息系统的发展促进了物流一体化组织的形成。这时的物流组织将厂商定位于可以处理采购、制造和物资配送之间的利益协调角色，有利于从整体把握全局。物流一体化组织结构如图10-11所示。

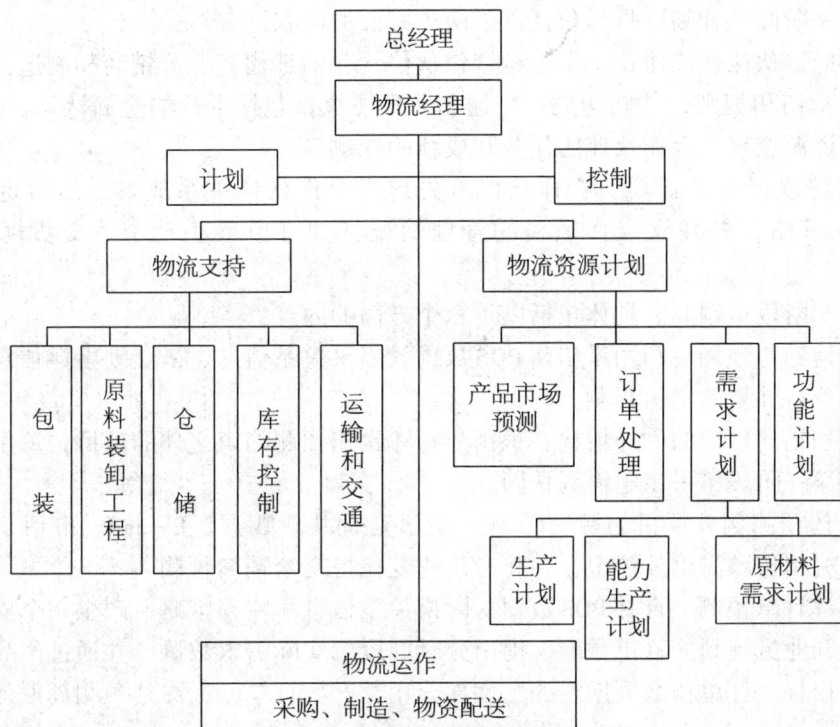

图10-11　物流一体化组织结构

这已是供应链管理的基本形态。在过去的一段时间内，物流组织完成了从分隔到物流一体化的转化，使功能渐趋整合。

二、供应链管理过程的监控与协调——CPFR

为了改善供应链伙伴合作关系，提高预测的准确率和供应链效率，减少库存，提高消费者满意程度，必须有效加强供应链管理过程的监控与协调。面向供应链的策略——合作计划、预测与补给就是为了实现对供应链的有效运作和管理，以及对市场变化的科学预测和快速反应而产生的一种技术。

1.CPFR 的概念

合作计划、预测和补给（CPFR：collaborative planning，forecasting and replenishment）是一种哲理，它应用一系列的处理和技术模型，提供覆盖整个供应链的合作过程，通过共同管理业务过程和共享信息来改善零售商和供应商的伙伴关系，提高预测的准确度，最终达到提高供应链效率、减少库存和提高消费者满意度的目的。CPFR 有三个指导性原则：

（1）贸易伙伴框架结构和运作过程以消费者为中心，并且面向价值链的成功运作。

（2）贸易伙伴共同负责开发单一、共享的消费者需求预测系统，这个系统驱动整个价值链计划。

（3）贸易伙伴均承诺共享预测并在消除供应过程约束上共担风险。

2.CPFR 的业务模型

CPFR 的业务模型可划分为计划、预测和补给三个阶段的业务活动，共包括九个主要流程活动。

（1）第一阶段：计划。具体包括以下两个方面的内容：

一是供应链伙伴达成协议。供应链合作伙伴（包括零售商、分销商和制造商等）为合作关系建立指南和规则，共同达成一个通用业务协议，包括合作的全面认识、合作目标、机密协议、资源授权、合作伙伴的任务和成绩的检测等。

二是创建联合业务计划。合作伙伴首先建立合作伙伴关系战略，然后定义分类任务、目标和策略，并建立合作项目的管理简况（如订单最小批量、交货期、订单间隔等）。

（2）第二阶段：预测。具体包括以下六个方面的内容：

一是创建销售预测。利用零售商 POS 数据、因果关系信息、已计划事件信息等创建一个支持共同业务计划的销售预测。

二是识别销售预测的例外情况。识别分布在销售预测约束之外的项目，每个项目的例外准则需在第一阶段第一步中得到认同。

三是销售预测例外项目的解决/合作。通过查询共享数据、E-mail、电话、交谈、会议等调查研究销售预测例外情况，并将产生的变化提交给销售预测。

四是创建订单预测。合并 POS 数据、因果关系信息和库存策略，产生一个支持共享销售预测和共同业务计划的订单预测，提出分时间段的实际需求数量，并通过产品及接收地点反映库存目标。订单预测周期内的短期部分用于产生订单，在冻结预测周期外的长期部分用于计划。

五是识别订单预测的例外情况。识别分布在订单预测约束之外的项目。

六是订单预测例外项目的合作。通过查询共享数据、E-mail、电话、交谈、会议等调查研究订单预测例外情况，并将产生的变化提交给订单预测。

（3）第三阶段：补给。具体包括以下内容：

将订单预测转换为已承诺的订单，订单产生可由制造厂和分销商根据能力、系统和资源来完成。

上面建立了一个贸易伙伴框架结构，可用于创建一个消费者需求的单一预测，协同制造厂和零售商的订单周期，最终建立一个企业间的价值链环境，在获得最大盈利和消费者满意度的同时减少浪费和成本。

技能实训 //////.........

实训：熟悉供应链环境下的生产与运作

【实训目标】

让学生对企业经营管理有一个整体了解，知道战略对于企业经营成败的重要性；对企业的业务活动有明确的认识；理解财务活动和业务活动之间的关系；认识到每个职能角色在企业经营中所担负的职能及与其他职能部门间的关系；作为组织中的一员，学会以全局的观点和共同的语言来处理问题。

【相关知识】

一、供应链管理环境下的生产控制系统

供应链是一个跨越多厂家、多部门的网络化组织，一个有效的供应链企业生产计划系统必须保证企业能快速响应市场需求。

1.供应链管理环境下的生产过程管理的特点

（1）决策信息来源——多源信息。

（2）决策模式——决策群体性、分布性。

（3）信息反馈机制——递阶、链式反馈与并行、网络反馈。

（4）计划运行环境——不确定性、动态性。

2.供应链管理环境下的运作管理要求

（1）需求信息和服务需求应该是以最小的变形传递给上游并共享。

供应链管理系统通过计划时区来平衡需求与供应，同时发现供应链上已发生的问题。由于实时、双方向的重计划能力，计划员应有能力执行各种模拟以满足优化计划，这些模拟提供实时响应。如我的安全库存水平应是多少？这是最低成本计划吗？我使用的资源已经优化了吗？这个计划满足我的客户服务水平了吗？我已经最大化利润了吗？我可以承诺什么？

在供应链里的每一个阶段，把最终用户的需求（实际）传递回去，因此一旦实际需求产生变化，所有地点都知道，并实时产生适当的行动。

（2）同步化供需是关于服务和成本的一个重要目标。

有几个因素影响这种匹配：

① 大批量。

② 生产上维持高效率，而不是满足客户需求。

③ 如果缺少同步，将使得库存水平提高且变化频繁。

（3）可靠、灵活的运作是同步化的关键。可靠、灵活的运作应该主要集中于生产、物流管理、库存控制、分销。销售与市场的角色是发现需求。

（4）与供应商集成。

导致经营失败的原因，除了内部的不稳定性，就是供应的不稳定性。企业应鼓励供应商去寻求降低供应链总成本的方法，与供应商共享利益。

（5）对供应链的能力必须进行战略性的管理。

企业必须直接控制关键能力来平息从需求到供应的过程中所产生的震动，为此，要考虑库存位置、运输的路径。一旦产品需求发生变化，可以并发考虑所有供应链约束。当每一次改变出现时，就要同时检查能力约束、原料约束、需求约束。这就保证了供应链计划在任何时候都有效，就能实时优化供应地点、分销地、运输路线，避免由于库存超储给工厂的供应带来过大的冲击。

为此，要通过企业信息化建设逐步实现对供应链的优化管理。

优化所有供应链的活动，如图10-12所示。

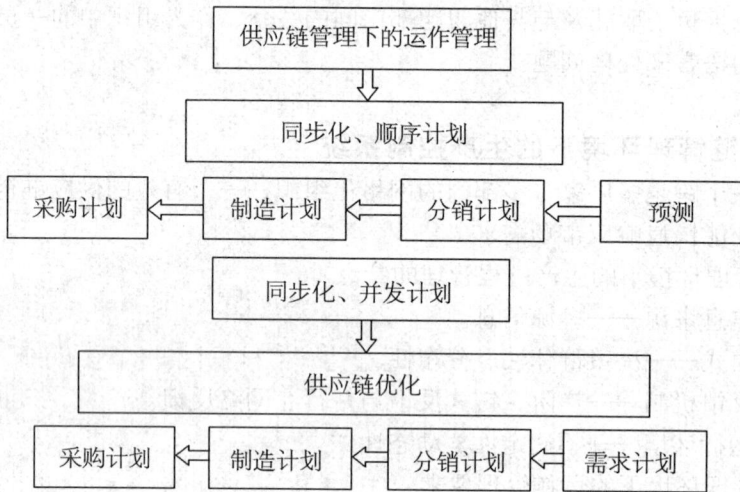

```
        ┌──────────────────────┐
        │ 供应链管理下的运作管理  │
        └──────────┬───────────┘
                   ↓
        ┌──────────────────────┐
        │   同步化、顺序计划      │
        └──────────────────────┘
┌────────┐  ┌────────┐  ┌────────┐  ┌────────┐
│ 采购计划 │←│ 制造计划 │←│ 分销计划 │←│  预测  │
└────────┘  └────────┘  └────────┘  └────────┘
        ┌──────────────────────┐
        │   同步化、并发计划      │
        └──────────┬───────────┘
                   ↓
        ┌──────────────────────┐
        │     供应链优化         │
        └──────────────────────┘
┌────────┐  ┌────────┐  ┌────────┐  ┌────────┐
│ 采购计划 │←│ 制造计划 │←│ 分销计划 │←│ 需求计划 │
└────────┘  └────────┘  └────────┘  └────────┘
```

图10-12　优化所有的供应链

二、供应链管理环境下的生产计划

1.企业内部三个信息流的闭环

企业独立运行生产计划系统时，一般有三个信息流的闭环，而且都在企业内部。

（1）主生产计划—粗能力平衡—主生产计划。

（2）投入产出计划—能力需求分析（细能力平衡）—投入产出计划。

（3）投入产出计划—车间作业计划—生产进度状态—投入产出计划。

2.供应链管理下生产计划的信息流

（1）主生产计划—供应链企业（粗能力平衡）—主生产计划。

（2）主生产计划—外包工程计划—外包工程进度—主生产计划。

（3）外包工程计划—主生产计划—供应链企业生产能力平衡—外包工程计划。

（4）投入产出计划—供应链企业能力需求分析（细能力平衡）—投入产出计划。

（5）投入产出计划—上游企业生产进度分析—投入产出计划。

（6）投入产出计划—车间作业计划—生产进度状态—投入产出计划。

3.供应链管理环境下的生产控制特点

（1）生产进度控制。生产进度控制的目的在于根据生产作业计划，检查零部件的投入和产出数量、产出时间和配套性，保证产品能准时装配出厂。供应链管理环境下的进度控制与传统生产模式的进度控制不同，因为许多产品是协作生产的和转包的业务，和传统的企业内部的进度控制相比，其控制的难度更大，必须建立一种有效的跟踪机制进行生产进度信息的跟踪和反馈（如图10-13所示）。

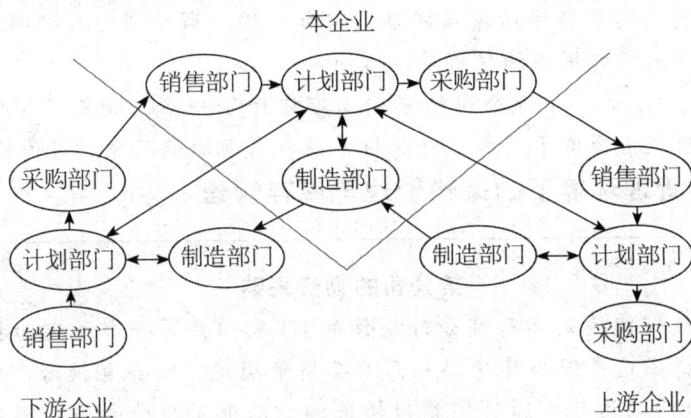

图10-13 跟踪机制运行环境

（2）供应链的生产节奏控制。供应链的同步化计划需要解决供应链企业之间的生产同步化问题，只有各供应链企业之间以及企业内部各部门之间保持步调一致，供应链的同步化才能实现。供应链形成的准时生产系统，要求上游企业准时为下游企业提供必需的零部件。

（3）提前期管理。基于时间的竞争是20世纪90年代一种新的竞争策略，具体到企业的运作层，主要体现为提前期的管理，这是实现 QR（quick response，即"快速反应"）、ECR（efficient consumer response，即"有效客户反应"）策略的重要内容。供应链管理环境下的生产控制中，提前期管理是实现快速响应用户需求的有效途径。缩小提前期，提高交货期的准时性是保证供应链获得柔性和敏捷性的关键。

（4）库存控制和在制品管理。库存在应对需求不确定性方面有积极的作用，但是库存又是一种资源浪费。在供应链管理模式下，通过实施多级、多点、多方管理库存的策略，对提高供应链管理环境下的库存管理水平、降低制造成本有着重要意义。这种库存管理模式涉及的部门不仅仅是企业内部。基于 JIT 的供应与采购、供应商管理库存、联合库存管理等是供应链库存管理的新方法，对降低库存有重要作用。

案例 10-5

GE照明产品分部的采购优化

以前，GE照明产品分部采购代理每天浏览领料请求并处理报价。要准备零部件的工程图纸，还要准备报价表，这样发给供应商的信件才算准备好了。简单地申请一次报价就要花几天时间，一个部门一个星期只能通过100～150次这样的申请。GE照明产品分部的采购过程要花22天。

后来，GE创建了一个流水线式的采购系统，该系统把公司55个机器零部件供应商集成在一起，开始使用贸易伙伴网络（TPN）。分布在世界各地的原材料采购部门可以把各种采购信息放入该网络，原材料供应商马上就可以从网上看到这些领料请求，然后通过TPN给出初步报价。

259

GE的领料部门使用一个IBM大型机订单系统，每天一次。领料请求被抽取出来送入一个批处理过程，自动和存储在光盘机中的相对应的工程图纸相匹配。与大型机相接的系统和图纸光盘机把申请的零部件的代码与TIFF格式的工程图相结合，自动装载，并自动把该领料请求通过格式转换后输入网络。零部件供应商看到这个领料请求后，利用其浏览器在TPN上输入所能提供的报价单。

用上TPN后，GE的几个分公司的采购周期缩短了一半，降低了30%的采购过程费用，而且由于联机报价降低了成本，使原材料供应商也降低了原材料价格。

三、供应链管理环境下的采购管理与库存管理

案例—10-6

某公司的物资采购

某公司的相关部门决定实行部分外协件的JIT采购，第一个被选为批量采购试点的外协件为汽车座椅。这是因为座椅供应商产品质量稳定，服务也较好。双方通过协商谈判，开始了JIT采购的运作。通过实施座椅采购，降低了座椅的平均库存水平，减少了库存资金占用。在此基础上，该公司开始逐步扩大了JIT采购物资的范围，取得了明显的经济效益。

该公司的物资采购打破了传统的采购模式，运用供应链管理的思想，建立起互惠互利的采购模式。在对此案例进行分析时，应重点考虑采购物资的质量、交货期等要素。

1.供应链管理环境下的采购管理

在供应链管理模式下，采购工作要做到5个"恰当"，即"5R"。

恰当的数量——实现采购的经济批量，既不积压又不会造成短缺。

恰当的时间——实现及时化采购管理，既不提前，避免给库存带来压力，也不滞后，避免给生产带来压力。

恰当的地点——实现最佳的物流效率，尽可能地节约采购成本。

恰当的价格——达到采购价格的合理性，价格过高则造成浪费，价格过低可能质量难以保证。

恰当的来源——力争实现供需双方间的合作与协调，达到双赢的效果。

为了实现上述5个"恰当"，供应链管理下的采购模式必须在传统采购模式的基础上做出扬弃式的调整和改变，主要表现为以下几个方面的特点：

（1）从库存驱动采购转变为订单驱动采购。

在传统的采购模式中，采购的目的很简单，就是为了补充库存，防止生产停顿，即为库存而采购，可以说传统的采购是由库存驱动的。在供应链管理模式下，采购活动是以订单驱动的。制造部门的订单驱动采购部门的订单，采购部门的订单再驱动供应商（如图10-14所示）。

图10-14 订单驱动采购

（2）从采购管理转变为外部资源管理。

　　所谓在供应链管理中应用的外部资源管理，是指把供应商的生产制造过程看成采购企业的一个延伸部分，采购企业可以"直接"参与供应商的生产和制造流程，从而确保采购商品的质量的一种做法。应当注意的是，外部资源管理并不是采购方单方面努力就能够实现的，还需要供应商的配合与支持。

　　（3）从买卖关系转变为战略伙伴关系。

　　在传统的采购模式中，供应商与需求方之间是一种简单的买卖关系，无法解决涉及全局性和战略性的供应链问题，而基于战略伙伴关系的采购方式为解决这些问题创造了条件。这些全局性和战略性的问题主要有：

　　一是库存问题。在供应链管理模式下，供应与需求双方可以共享库存数据，采购决策过程变得透明，减少了需求信息的失真现象。

　　二是风险问题。供需双方通过战略性合作关系，可以降低由于不可预测的需求变化带来的风险，比如运输过程的风险、信用的风险和产品质量的风险等。

　　三是合作伙伴关系问题。通过合作伙伴关系，双方可以为制订战略性的采购供应计划共同协商，不必为日常琐事消耗时间与精力。

　　四是降低采购成本问题。由于避免了许多不必要的手续和谈判过程，信息的共享避免了因信息不对称决策可能造成的损失。

　　五是准时采购问题。战略协作伙伴关系消除了供应过程的组织障碍，为实现准时化采购创造了条件。

　　（4）采购业务外包管理。

　　现代企业经营所需物品越来越多，采购途径和体系也越来越复杂，使得企业采购成本越来越高。为了克服这个困难，越来越多的企业将采购业务外包给承包商或第三方公司。

　　（5）电子商务采购兴起。

　　在传统采购环境下，供应商多头竞争，采购方主要进行价格方面的比较，然后选择价格最低者。在供应链管理模式下，电子商务采购已普遍得到运用。采购方将相关信息发布在采购系统上，利用电子银行结算，并借助现代物流系统来完成物资的采购。电子商务采购的主要特点体现在以下三方面：

　　其一，市场竞争更宽松。供应商除报价外，还投报其他附加条件（如对交易的售后服务的要求和承诺），报价最低者不一定是胜者。

　　其二，供应商有更多竞争空间。打包贸易时，采购方只需统一开出打包价和各种商品的购买数量，供应商可在各种商品单价中进行多种组合，根据自己的优势进行网上竞价。

　　其三，采购方可节省时间，提高效率，降低成本。多种商品打包采购时，只需一次性启动网上市场。

　　（6）采购方式多元化。

　　在供应链管理环境下，采购已经呈现出全球化采购与本地化采购相结合的特点。特别对一些大型企业而言，在采购方面，通常会比较各个国家的区位优势，然后进行综合判断，制定采购策略。

　　2.供应链管理环境下的库存控制

　　（1）供应链管理下库存控制的目标：①库存成本最低；②库存保证程度最高；③不允

许缺货；④限定资金；⑤快捷。

为了实现最佳库存控制目标，需要协调和整合各个部门的活动。高的顾客满意度和低的库存投资在过去被视为一对不可能同时实现的目标。现在，通过供应链管理下创新的物流管理技术，同时伴随改进企业内部管理，企业已完全能够实现此目标。

案例 10-7

安装"智慧心"打造定制服务

为制造业安装"智慧心"，是寄递企业探索打造定制化解决方案的不懈追求。中邮服饰1号智能云仓总占地面积为11万平方米，2021年6月完成一期工程，现已全面完工。库存量达600万件，能实现每小时处理订单超过3 000单，可同时分拣5.5万个品类的商品，中邮服饰1号智能云仓成为中国邮政系统内处理能力最强、最先进的智能化鞋服仓。从2019年起，宁波邮政基于全国云仓及O2O等全景供应链服务理念，携手雅戈尔集团共同打造集数字化、自动化、信息化、智能化于一体的源头总仓。突出智能仓储在供应链中承上启下的作用，为雅戈尔集团提供物流分析、仓储规划、智能化物资运输和调拨以及全环节信息共享支撑。推进全国"云仓+干线+配送"的合作，构建全景智能供应链，助力雅戈尔服饰实现"线上推广、线下体验，线上销售、线下服务"的新零售业务场景。随着"智慧心"的不断升级，依托数据分析平台，管理人员可以通过电脑、移动端或者在作业现场查看各项管理信息。货物自带电子标签，实现工厂、仓储、物流环节、零售店全流程可视化管理。与此同时，宁波邮政与雅戈尔集团共同合作建立的大数据平台，可对接金融消费、寄递、仓储等多类数据。"以前，雅戈尔在入库、上架等环节都没有一个固定的标准；现在，各方面都在逐步优化，包括货品上架要在8小时以内，发货至江浙沪必须是次日达，偏远地区要实现隔日达等。"雅戈尔服饰公司物流部仓储负责人段鹏飞在谈及合作前后的变化时表示，"在中国邮政的帮助下，雅戈尔的物流业务更加专业化，也让我们把更多精力投入品牌业务方面。"

从与智慧供应链相关的环节入手，突出智能仓储在供应链中承上启下的作用，合作建立大数据平台，雅戈尔的物流业务更加专业化。

（2）供应链管理环境下的库存管理策略。

小思考 10-2

在传统的企业里，提高服务水平是靠大量的库存来维持的，但大量的库存必然导致企业库存成本的增加。现代企业提倡既要降低库存成本，又要提高服务水平，如何才能做到这一点呢？

答：既要降低库存，又要提高服务水平，这是一些企业面临的困惑。运用传统的管理理念，我们很难实现这个目标，这也是当前很多企业面临的挑战。要做到这一点，企业首先必须具备供应链管理的整体观念和信息共享的思想，在此基础上可以采用供应商管理库存和联合库存等方法。

①供应商管理库存（vendor managed inventory，VMI）。

这种库存管理策略打破了传统的各自为政的库存管理模式，体现了供应链的集成化管理思想，适应市场变化的要求，是一种新的有代表性的库存管理思想。

A. VMI 的思想。VMI 系统突破传统的条块分割的库存管理模式，以系统的、集成的管理思想进行库存管理，使供应链系统能够获得同步化的运作。VMI 的思想主要有以下几方面的内容：一是强调合作性。在实施该策略时，相互信任与信息透明是很重要的，供应商和用户（零售商）都要有较好的合作精神，才能够保持较好的合作。二是强调双赢互惠性。VMI 不是关于成本如何分配或谁来支付的问题，而是关于减少成本的问题。通过该策略使双方的成本都减少。三是强调目标一致。双方都明白各自的责任，观念上达成一致的目标，并且体现在框架协议中。如库存放在哪里，什么时候支付，是否需要管理费，要花费多少等问题都要约定。四是连续改进，使供需双方能共享利益和消除浪费。VMI 的主要思想是供应商在用户允许下设立库存，确定库存水平和补给策略，拥有库存控制权。

B. VMI 实施方法。首先，供应商和分销商（批发商）一起确定供应商的订单业务处理过程所需要的信息和库存控制参数；然后，建立一种订单的处理标准模式，如 EDI 标准报文；最后，把订货、交货和票据处理各个业务功能集成在供应商一边。其实施步骤如下：

第一步，建立顾客情报信息系统。通过建立顾客的信息库，供应商能够掌握需求变化的有关情况，把由批发商（分销商）进行的需求预测与分析功能集成到供应商的系统中。

第二步，建立销售网络管理系统。供应商要很好地管理库存，就必须建立起完善的销售网络管理系统，保证自己的产品需求信息和物流畅通。为此，必须做到：保证自己产品条码的可读性和唯一性；解决产品分类、编码的标准化问题；解决商品存储、运输过程中的识别问题。

第三步，建立供应商和分销商（批发商）的合作框架协议。供应商和分销商（批发商）一起通过协商，确定处理订单的业务流程以及控制库存的有关参数（如再订货点、最低库存水平等）、库存信息的传递方式等。

第四步，组织机构的变革。过去一般由会计经理处理与用户有关的事情，引入 VMI 策略后，订货部门被赋予了一个新职能——负责用户库存的控制、库存补给和服务水平。

一般来说，在以下的情况下适合实施 VMI 策略：分销商（批发商）没有 IT 系统或基础设施来有效管理他们的库存；供应商实力雄厚并且比分销商（批发商）市场信息量大；有较高的直接存储交货水平，因而供应商能够有效规划运输。

②联合库存管理（jointly managed inventory，JMI）。

联合库存管理则是一种风险分担的库存管理模式。联合库存管理的思想可从分销中心的联合库存功能说起。地区分销中心体现了一种简单的联合库存管理思想。传统的分销模式是分销商根据市场需求直接向工厂订货，比如汽车分销商（或批发商），根据用户对车型、款式、颜色价格等的不同需求，向汽车制造厂订的货，需要经过较长时间才能达到。因为顾客不想等待这么久的时间，所以各个分销商（或批发商）不得不进行库存备货，这样大量的库存使分销商（或批发商）难以承受，甚至导致破产。据估计，在美国，通用汽车公司销售 500 万辆轿车和卡车，平均价格是 18 500 美元，分销商（或批发商）维持 60 天的库存，而库存费是车价值的 22%，一年总的库存费用达到 3.4 亿美元。而采用地区分销中心的模式，就大大减缓了库存浪费的现象。从分销中心的功能可以得到启发，对现有的供应链库存管理模式进行新的拓展和重构，便提出了联合库存管理新模式——基于协调中心的联合库存管理系统。

联合库存管理是解决供应链系统中由于各节点企业的相互独立库存运作模式导致的需求放大现象，提高供应链的同步化程度的一种有效方法。联合库存管理和供应商管理用户库存不同，它强调双方同时参与，共同制订库存计划，使供应链过程中的每个库存管理者（供应商、制造商、分销商）都从相互之间的协调性考虑，保持供应链相邻的两个节点之间的库存管理者对需求的预期保持一致，从而消除了需求变异放大现象。任何相邻节点需求的确定都是供需双方协调的结果，库存管理不再是各自为政的独立的运作过程，而是供需连接的纽带和协调中心。

联合库存管理的优点有：为实现供应链的同步化运作提供了条件和保证；减少了供应链需求扭曲现象，降低了库存的不确定性，提高了供应链的稳定性；库存作为供需双方的信息交流和协调的纽带，可以暴露供应链管理中的缺陷，为改进供应链管理水平提供依据；为实现零库存管理、准时采购以及精细供应链管理创造了条件；进一步体现了供应链管理的资源共享和风险分担的原则；联合库存管理系统把供应链系统管理进一步集成为上游和下游两个协调管理中心，从而部分消除了由于供应链环节之间的不确定性和需求信息扭曲现象导致的供应链的库存波动，通过协调管理中心，供需双方共享需求信息，因而提高了供应链运作的稳定性。

联合库存管理的实施策略：

A. 建立供需协调管理机制。为了发挥联合库存管理的作用，供需双方应从合作的精神出发，建立供需协调管理机制，明确各自的目标和责任，建立合作沟通的渠道，为供应链的联合库存管理提供有效的机制。

B. 发挥两种资源计划系统的作用。为了发挥联合库存管理的作用，在供应链库存管理中应充分利用目前比较成熟的两种资源管理系统——制造资源计划（MRP）系统和配销需求计划（DRP）系统。原材料库存协调管理中心采用 MRP 系统，而在产品联合库存协调管理中心则应采用 DRP 系统。

C. 建立快速响应（QR）系统。快速响应系统的目的在于减少供应链中从原材料到用户过程的时间和库存，最大限度地提高供应链的运作效率。

D. 发挥第三方物流（TPL）系统的作用。第三方物流系统也叫物流服务提供者（LSP），它为用户提供各种服务，如产品运输、订单选择、库存管理等。把库存管理的部分功能代理给第三方物流系统管理，可以使企业更加集中精力于自己的核心业务，第三方物流系统起到了联系供应商和用户的桥梁作用，为企业带来诸多好处。如减少成本，使企业集中于核心业务，获得更多的市场信息，改进服务质量，获得一流的物流咨询，快速进入国际市场。面向协调中心的第三方物流系统使供应与需求双方都取消了各自独立的库存，提高了供应链的敏捷性和协调性，并且能够大大改善供应链的用户服务水平和运作效率。

【实训材料及实训要求】

通过 ERP 模拟训练，可以了解企业经营过程，对企业经营活动进行剖析。

场地要求：实训场地面积 100~200㎡ 即可，现场部署如图 10-15 所示。

实训用品：学员用桌椅 6 套，规格以 110cm×150cm 为宜；教师用桌椅 1 套或 2 套，放置电脑和投影仪；外部合作单位用桌椅 1 套，用于银行（贷款）、客户（收货）、资格认证；另备茶水桌 1 套。教师用的创业者沙盘分析工具、授课用 PPT；学生用的学员手册。

其他的实训用品见表10-1。

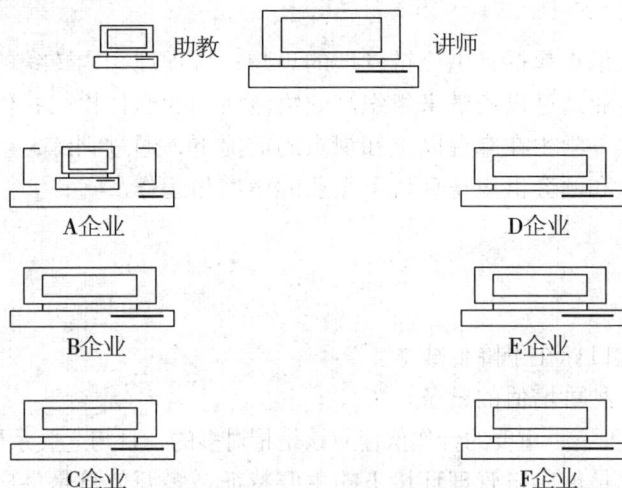

助教 讲师

A企业 D企业

B企业 E企业

C企业 F企业

图10-15 现场部署示意图

表10-1
其他的实训用品

序号	品名	数量	序号	品名	数量
1	沙盘教具	1套	9	A4白纸	50张
2	投影仪	1台	10	签到表	1张
3	电脑	最好7~8台，最少2台	11	实训效果评估表	按学员人数
4	音响设备	1套	12	沙盘教学光盘	1张
5	白板	1块	13	学生手册	按学员人数
6	白板笔	红蓝色各1支	14	铅笔	按学员人数准备
7	学员用白板笔	每组1支共6支	15	铁夹	若干
8	海报纸	30张			

说明：电脑最好每组1台，共6台；讲师及助教各1台，共2台。如果条件不具备，应保证讲师及助教的2台。

具体实训内容如下：

（1）教学准备。组织方预先按要求准备好学员信息；实训现场初始状态设置、课程导入；ERP沙盘模拟课程简介。

（2）企业组建。学员分组；确定角色，明确岗位职责。

（3）模拟企业概况：企业基本情况——产品、市场、生产设施、股东期望、财务状况及经营成果。

（4）企业竞争规则：市场、订单竞争、产品研发、设备投资、产品加工、材料采购、企业融资、会计核算等多方面的规则。

（5）企业运营流程（按企业运营流程进行教学年经营）：每季度末、每年末进行报表编制。

[项目总结]

本项目涉及的知识点包括：供应链管理的思想；管理理念由传统的企业管理向供应链管理转变的原因；企业通过供应链来组织高效物流活动的运作模式；供应链管理环境下的生产计划与运作管理。学生在掌握以上知识点的前提下，通过训练，对一家具体的企业进行供应链分析，认识和领会供应链环境下企业的生产与运作。

[项目测试]

□判断题

（1）供应链管理目标在于降低成本。　　　　　　　　　　　　　　　　　（　　）

（2）供应链是一种可增值的链条。　　　　　　　　　　　　　　　　　　（　　）

（3）对于制造商而言，重要的合作伙伴应该是相对多的，且与之关系是密切的。（　　）

（4）信息多源化是供应链管理环境下的主要特征，多源信息是供应链环境下生产计划的特点。　　　　　　　　　　　　　　　　　　　　　　　　　　　　　　（　　）

（5）联合库存管理是一种风险分担的库存管理模式。　　　　　　　　　　（　　）

（6）VMI的主要思想是供应商在用户允许下设立库存，确定库存水平和补给策略，但不拥有库存控制权。　　　　　　　　　　　　　　　　　　　　　　　　　（　　）

（7）在传统的采购模式中，采购的目的是补充库存；在供应链管理的模式下，采购活动是以订单驱动的。　　　　　　　　　　　　　　　　　　　　　　　　　（　　）

□选择题

（1）体现了战略伙伴关系和企业内外资源的集成与优化这一结果，这是利用了供应链的（　　）。

A.决策机制　　　　　B.合作机制　　　　　C.自律机制　　　　　D.激励机制

（2）拉动式的供应链运作方式的核心是（　　）。

A.供应商　　　　　　B.制造商　　　　　　C.分销商　　　　　　D.用户

（3）推动式的供应链运作方式的核心是（　　）。

A.供应商　　　　　　B.制造商　　　　　　C.分销商　　　　　　D.零售商

（4）下列不是供应链合作关系特征的是（　　）。

A.供应商数目多　　　　　　　　　　　　B.信息共享

C.供应商选择多标准　　　　　　　　　　D.长期合作并具有开放性

（5）就目前看，我国企业在选择合作伙伴时最主要的标准是（　　）。

A.价格　　　　　　　B.质量　　　　　　　C.品种　　　　　　　D.交货提前期

（6）主要思想是"供应商在用户允许下设立库存，确定库存水平和补给策略，拥有库存控制权"的库存管理方法是（　　）。

A.自动库存补给法　　　　　　　　　　　B.共同库存管理法

C.联合库存法　　　　　　　　　　　　　D.VMI

（7）准时采购是一种先进的采购模式，是一种管理思想，它的缩写是（　　）。

A.JOT采购　　　　　B.JAT采购　　　　　C.JIT采购　　　　　D.ZCG采购

（8）准时化采购的特点之一是（　　）。

A.多源供应　　　　　　　　　　　B.获得最低价格

C.小批量，送货频率高　　　　　　D.短期合作

□简答题

（1）简述供应链及供应链管理的含义。

（2）供应链自从人类有商业活动以来就存在，为什么供应链管理近几十年来才成为热门的话题？

（3）供应链管理环境下的采购管理有哪些特点？

（4）企业业务流程再造的含义是什么？如何实施？

（5）与传统条件下相比，供应链管理环境下的生产计划与控制的特点表现在哪些方面？

（6）供应链管理环境下的库存问题是什么？

□案例分析题

沃尔玛公司供应链管理分析

"让顾客满意"是沃尔玛公司的首要目标，顾客满意是保证未来成功与成长的最好投资，这是沃尔玛数十年如一日坚持的经营理念。为此，沃尔玛为顾客提供"高品质服务"和"无条件退款"的承诺绝非一句漂亮的口号。在美国，只要是从沃尔玛购买的商品，无须任何理由，甚至没有收据，沃尔玛都无条件受理退货。沃尔玛每周都有对顾客期望和反映的调查，管理人员根据计算机信息系统收集信息和通过直接调查收集到的顾客期望即时更新商品的组合，组织采购，改进商品陈列摆放，营造舒适的购物环境。

沃尔玛能够做到及时地将消费者的意见反馈给厂商，并帮助厂商对产品进行改进和完善。过去，商业零售企业只是作为中间人将商品从生产厂商传递到消费者手里，反过来再将消费者的意见通过电话或书面形式反馈到厂商那里。看起来沃尔玛并没有独到之处，但是结果却差异很大。原因在于，沃尔玛能够参与到上游厂商的生产计划和控制中去，因此能够将消费者的意见迅速反映到生产中，而不是简单地充当二传手或者传声筒。

供应商是沃尔玛唇齿相依的战略伙伴。早在 20 世纪 80 年代，沃尔玛就采取了一项政策，要求从交易中排除制造商的销售代理环节，直接向制造商订货，同时将采购价格降低 2%～6%，大约相当于销售代理的佣金数额，如果制造商不同意，沃尔玛就拒绝与其合作。沃尔玛的做法招致与供应商关系紧张，一些供应商为此还在新闻界展开了一场谴责沃尔玛的宣传活动。直到 20 世纪 80 年代末期，技术革新提供了更多督促制造商降低成本、削减价格的手段，供应商开始全面改善与沃尔玛的关系，通过网络和数据交换系统，沃尔玛与供应商共享信息，从而建立伙伴关系。沃尔玛与供应商努力建立关系的另一做法是在店内安排适当的空间，有时还在店内安排制造商自行设计布置自己商品的展示区，以便在店内营造更具吸引力和更专业化的购物环境。

沃尔玛还有一个非常完备的系统，沃尔玛称其为零售链接。任何一个供应商都可以进入这个系统中来了解其产品卖得怎么样，昨天、今天、上一周、上个月和去年卖得怎么样。他们可以知道这种商品卖了多少，而且数据在 24 小时之内就能得到更新。供货商可以在沃尔玛公司的任何一家店中及时了解到有关情况。

另外，沃尔玛不仅仅是等待上游厂商供货、组织配送，而且也直接参与到上游厂商的生产计划中去，与上游厂商共同商讨和制订产品计划、供货周期，甚至帮助上游厂商进行

新产品研发和质量控制方面的工作。这就意味着沃尔玛总是能够最早得到市场上最希望看到的商品，当别的零售商正在等待供货商的产品目录或者商谈合同时，沃尔玛的货架上已经开始热销这款产品了。

沃尔玛的前任总裁大卫·格拉斯曾说过："配送设施是沃尔玛成功的关键之一，如果说我们什么比别人干得好的话，那就是配送中心。"沃尔玛第一间配送中心于1970年建立，占地6 000平方米，负责供货给4个州的32家商场，集中处理公司所销商品的40%。在整个物流中，配送中心起中枢作用，将供应商向其提供的产品运往各商场。从工厂到上架，实行"无缝衔接"平滑过渡。供应商只需将产品提供给配送中心，无须自己向各商场分发。这样，沃尔玛的运输、配送以及对于订单与购买的处理等所有的过程，都是一个完整的网络当中的一部分，可以大大降低成本。

随着公司的不断发展壮大，配送中心的数量也在不断增加。现在，沃尔玛的配送中心分别服务于美国18个州约2 500间商场，配送中心约占地10万平方米。整个公司销售商品85%由这些配送中心供应，而其竞争对手只有50%～65%的商品集中配送。如今，沃尔玛在美国拥有100%的物流系统，配送中心已是其中一小部分，沃尔玛完整的物流系统不仅包括配送中心，还有更为复杂的资料输入采购系统、自动补货系统等。

供应链的协调运行建立在各个环节主体间高质量的信息传递与共享的基础上。沃尔玛投资4亿美元发射了一颗商用卫星，实现了全球联网。沃尔玛在全球4 000多家门店通过全球网络可在1小时之内对每种商品的库存、上架、销售量全部盘点一遍，所以在沃尔玛的门店，不会发生缺货情况。20世纪80年代末，沃尔玛开始利用电子数据交换系统（EDI）与供应商建立了自动订货系统，该系统又称为无纸贸易系统，通过网络系统，向供应商提供商业文件、发出采购指令，获取数据和装运清单等，同时也让供应商及时准确把握其产品的销售情况。沃尔玛还利用更先进的快速反应系统代替采购指令，真正实现了自动订货。该系统利用条码扫描和卫星通信，与供应商每日交换商品销售、运输和订货信息。凭借先进的电子信息手段，沃尔玛做到了商店的销售与配送保持同步，配送中心与供应商运转一致。

资料来源　佚名. 案例分析：沃尔玛公司供应链管理分析［EB/OL］. ［2020-05-25］. https://wenku.baidu.com/view/2f5e911bbdeb19e8b8f67c1cfad6195f302be877?_wkts_=1688778037119.

问题：（1）请总结沃尔玛供应链管理的成功之处。

（2）沃尔玛是如何强化供应链战略伙伴关系的？

（3）信息共享在沃尔玛的供应链管理中起到了什么作用？沃尔玛为强化供应链信息管理采取了哪些措施？其效果怎样？

（4）根据你对沃尔玛的物流体系的了解，你认为现代物流系统应包括哪些内涵？

（5）根据案例背景，试以物流与信息流关系为主线绘制沃尔玛的供应链流程图。

［学思践悟］

供应链如何助力企业降本增效

产业链供应链是制造业的筋骨血脉，是稳住经济大盘的重要支撑。党的二十大报告3次提及产业链供应链，提出"着力提升产业链供应链韧性和安全水平""确保粮食、能源资源、重要产业链供应链安全"。

从助力企业降本增效，到服务基础设施建设；从餐饮原材料供应提速，到海关流程加快简化，近年来，福建厦门积极推动供应链建设，使供应链服务融入生产生活的各个角落。

获评全国首批供应链创新与应用示范城市，拥有国内四大供应链集团中的 3 家，中国供应链管理年会永久落户……近年来，福建厦门大力推动供应链建设，不仅助力企业降本增效，还带动了城市建设，改善了人民生活。

供应链到底如何发挥作用？厦门有哪些经验和思考？推动供应链建设，还有哪些难题待解？带着这些问题，记者进行了采访。

资料来源　王鉴欣. 供应链如何助力企业降本增效（一线调研）——来自厦门的供应链创新与发展调查〔N〕. 人民日报，2023-04-06.

延伸阅读

供应链如何助力企业降本增效（一线调研）——来自厦门的供应链创新与发展调查

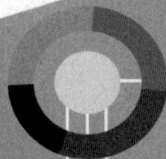

生产成本控制与经济核算

[学习目标]

通过本项目内容的学习，你应该达到以下目标：

知识目标：

◎理解生成本控制的含义及生产成本控制项目；

◎掌握生产成本控制的程序和方法以及生产系统经济核算的内容和方法；

◎了解生产系统经济核算的体系。

技能目标：

◎能开展生产成本控制工作；

◎能对生产活动进行经济分析。

素养目标：

◎培养学生的成本意识，认识到节约资源、绿色发展的重要性。

引例

戴尔公司的低成本管理

戴尔公司直接通过网站和电话接受客户订单，然后按单生产，并以最快速度直接将产品寄送到客户手中。按单装配、产品直销、低成本、高效率，这就是戴尔独创的"戴尔模式"的精要。

正是依靠这种模式，辅以高效率的生产流程和科学化成本控制管理，戴尔公司过去20年在个人电脑市场上取得了成功。

戴尔创造了在业界号称"零库存高周转"的直销模式，即公司接到订货单后，将电脑部件组装成整机，采用"拉动式"生产，而不是像很多企业那样，根据对市场预测制订生产计划，批量制成成品再推向市场的传统型"推动式"生产。真正按顾客需求定制生产，利用信息技术全面管理生产过程。通过互联网，戴尔公司和其上游配件制造商能迅速对客户订单做出反应：当订单传至戴尔的控制中心，控制中心把订单分解为子任务，并通过网络分派给各独立配件制造商进行排产。各制造商按戴尔的电子订单进行生产组装，并按戴尔控制中心的时间表来供货。戴尔需要做的只是在成品车间完成组装和系统测试以及客户服务。由于戴尔采用了顺应多品种、小批量、高质量、低消耗、快速度的市场需要的JIT生产方式，并且在生产过程中采用了适时适量、同步化生产、看板方式及生产均衡化等措施，使得公司仅需要准备手头订单所需要的原材料，因此工厂的库存时间仅有7个小时。这一切取决于戴尔的雄厚技术基础——装配线由计算机控制，条形码使工厂可以跟踪每一个部件和产品。在戴尔内部，信息流通过自己开发的信息系统，和企业的运营过程及资金流同步，信息极为通畅。

一般认为，戴尔的成功可以归因于自身的核心竞争力，即低成本、高效率和高水平的服务。低成本一直是戴尔的生存法则，也是"戴尔模式"的核心，而低成本必须通过高效率来实现。戴尔的生产和销售流程，以其精确管理、流水般顺畅和超高效率而著称，有效地将成本控制在最低水平。

这一案例表明：高效率的生产流程和科学化成本控制管理对于任何一个生产企业都很重要，企业要想具有竞争力，必须降低生产成本，科学的生产管理方法是节约各个环节成本的最好途径。

基础知识 ///////......

知识点 1：生产成本控制

一、生产成本控制的含义及内容

1.生产成本及生产成本控制的含义

生产成本亦称制造成本，是指生产活动的成本，即企业为生产产品而发生的成本。生产成本是生产过程中各种资源利用情况的货币表示，是衡量企业技术和管理水平的重要指标。

生产成本是生产单位为生产产品或提供劳务而发生的各项生产费用，包括各项直接支出和制造费用。直接支出包括直接材料（原材料、辅助材料、备品备件、燃料及动力等）、直接工资（生产人员的工资、补贴）、其他直接支出（如福利费）；制造费用是指企业内的分厂、车间为组织和管理生产所发生的各项费用，包括分厂、车间管理人员工资、折旧费、修理费及其他制造费用（办公费、差旅费、劳保费等）。

生产成本控制（production cost control）是企业为了降低成本，对各种生产消耗和费用进行引导、限制及监督，使实际成本维持在预定的标准成本之内的一系列工作。

2.生产成本控制的内容

生产成本控制应该有计划、有重点地区别对待，不同行业、不同企业有不同的控制重点。控制内容一般可以从成本形成过程和成本费用分类两个角度加以考虑。

（1）按成本形成过程可分为产品投产前的控制、制造过程中的控制、流通过程中的控制三个部分。

① 产品投产前的控制。产品投产前的控制内容主要包括：产品设计成本、加工工艺成本、物资采购成本、生产组织方式、材料定额与劳动定额水平等。这些内容对成本的影响最大，可以说产品总成本的 60% 取决于这个阶段的成本控制工作的质量。这项控制工作属于事前控制方式，在控制活动实施时真实的成本还没有发生，但它决定了成本将会怎样发生，它基本上决定了产品的成本水平。

② 制造过程中的控制。制造过程是成本实际形成的主要阶段。绝大部分的成本支出在这里发生，包括原材料、人工、能源动力、各种辅料的消耗、工序间物料运输费用、车间以及其他管理部门的费用支出。投产前控制的种种方案设想、控制措施能否在制造

过程中贯彻实施，大部分的控制目标能否实现和这阶段的控制活动紧密相关，它主要属于事中控制方式。由于成本控制的核算信息很难做到及时，会给事中控制带来很多困难。

③ 流通过程中的控制。它包括产品包装、厂外运输、广告促销、销售机构开支和售后服务等费用的控制。在目前强调加强企业市场管理职能的时候，很容易不顾成本地采取种种促销手段，反而抵消了利润增量，所以也要做定量分析。

（2）按成本费用的构成可分为原材料成本控制、工资费用控制、制造费用控制、企业管理费控制四方面。

① 原材料成本控制。在制造业中，原材料费用占总成本比重很大，一般在60%以上，高的可达90%，是成本控制的主要对象。影响原材料成本的因素有采购、库存费用、生产消耗、回收利用等，所以控制活动可从采购、库存管理和消耗三个环节着手。

② 工资费用控制。工资在成本中占有一定的比重，增加工资又被认为是不可逆转的。控制工资与效益同步增长，减少单位产品中工资的比重，对于降低成本有重要意义。控制工资成本的关键在于提高劳动生产率，它与劳动定额、工时消耗、工时利用率、工作效率、工人出勤率等因素有关。

③ 制造费用控制。制造费用开支项目很多，主要包括折旧费、修理费、辅助生产费用、车间管理人员工资等，虽然它在成本中所占比重不大，但因不引人注意，浪费现象十分普遍，是不可忽视的一项内容。

④ 企业管理费控制。企业管理费是指为管理和组织生产所发生的各项费用，开支项目非常多，也是成本控制中不可忽视的内容。

上述这些都是绝对量的控制，即在产量固定的假设条件下使各种成本开支得到控制。在现实系统中还要达到控制单位产品成本的目标。

3.生产成本控制的具体措施

建立成本分级归口控制制度；建立严格的费用审批制度；建立原始记录与统计台账制度；建立定员、定额管理制度；建立材料计量验收制度；加强生产现场定置管理；加强物料流转控制；提高全体员工成本意识。

二、生产成本控制的程序

1.制定成本标准

成本标准是成本控制的准绳，包括成本计划中规定的各项指标。但成本计划中的一些指标都比较综合，还不能满足具体控制的要求，这就必须规定一系列具体的标准。确定这些标准的方法，大致有以下三种：

（1）计划指标分解法。它是将大指标分解为小指标。分解时，可以按部门、单位分解，也可以按不同产品和各种产品的工艺阶段或零部件进行分解，若更细致一点，还可以按工序进行分解。

（2）预算法。用制定预算的办法来制定控制标准。有的企业基本上是根据季度的生产销售计划来制定较短期的（如月份）的费用开支预算，并把它作为成本控制的标准。采用这种方法特别要注意从实际出发来制定预算。

（3）定额法。建立定额和费用开支限额，并将这些定额和限额作为控制标准来进行控制。在企业里，凡是能建立定额的地方，都应把定额建立起来，如材料消耗定额、工时定额等。实行定额控制的办法有利于成本控制的具体化和经常化。

在采用上述方法确定成本控制标准时，一定要进行充分的调查研究和科学计算，同时还要正确处理成本指标与其他技术经济指标的关系（如和质量、生产效率等的关系），从完成企业的总体目标出发，经过综合平衡，防止片面性。必要时，还应注意多种方案的择优选用。

2. 监督成本的形成

根据控制标准，对成本形成的各个项目经常地进行检查、评比和监督。不仅要检查指标本身的执行情况，而且要检查和监督影响指标的各项条件，如设备、工艺、工具、工人技术水平、工作环境等。所以，成本日常控制要与生产作业控制等结合起来进行。

3. 及时纠正偏差

针对成本差异发生的原因，查明责任者，分清情况，分清轻重缓急，提出改进措施，加以贯彻执行。对于重大差异项目的纠正，一般采用下列程序：

（1）提出课题。从各种成本超支的原因中提出降低成本的课题。这些课题首先应当是那些成本降低潜力大、各方关心、可能实行的项目。提出课题的要求，包括课题的目的、内容、理由、根据和预期达到的经济效益。

（2）讨论和决策。课题选定以后，应发动有关部门和人员进行广泛的研究和讨论。对重大课题，可能要提出多种解决方案，然后进行各种方案的对比分析，从中选出最优方案。

4. 通过生产管理控制生产成本

基于整个生产过程的控制，掌握生产过程中的物流、信息流和资金流的实时流转动态，把生产企业人员、设备、物料、工艺等资源有效地利用于生产过程，从事前、事中、事后控制生产质量和生产成本。这样一来，既可实现对连续制造企业的管理，又可实现对离散制造业的生产管理，并能完成对区别于连续制造企业和离散制造企业的复杂混合型企业的生产管理。

生产制造企业通过订单制订生产计划，主要分为主生产计划、MRP物料需求计划和排产计划。生产计划的制订要求生产物料信息、产能信息和工艺管理信息可靠、准确、翔实。生产物料信息不仅包含了一般生产物料的基本信息，同时结合生产制造企业的实际需求对各种专业、特殊的物料清单信息进行管理，了解详尽的物料结构；产能信息的分析，将加工单位、人员、设备、场地等信息有效集合，科学分析为排产计划制订提供合理数据，客观上拉动了生产；工艺管理信息对生产工艺和工序信息进行管理的同时设定工艺标准的参数，明确了MRP物料需求计划中所需物料的信息，MRP物料需求计划也因此更加合理、更具保障力。排产计划制订中的每段工期都可根据主生产计划的交货为最终生产完工期，以此倒推，科学安排每个环节和每个生产周期的时间。综上所述，生产活动开展之前，生产过程需要的人、机、物以及合理的时间计划等资源的合理利用，摒弃了传统的人为经验式的管理，取而代之的则是科学、合理、高效的信息化自动管理。

根据生产计划，车间进行领料和派工，进入生产过程，而此时在生产过程中的人员、设备、场地、物料、每个工艺标准和每一道工序都已自动生成唯一的计算机代码，并以代码的形式在整个生产过程中进行信息流转和记录，生产过程全程可追溯生产。此外，软件采用了工业条码技术，成为计算机代码的载体，这样使得生产过程全程可控，实现了可视化生产，生产过程中的所有信息都能够实时掌握，便于生产计划的调整，防止信息传递时造成信息失真、冗余和虚假。而产品质量也可以通过生产过程得到控制，前一道工序出现问题将不能进行下一道工序，从事中控制产品质量，防止资源浪费，有效控制生产成本，提高生产合格率。根据系统自动记录下来的各种数据生成报表，为生产企业各种考核提供依据，而企业可以依据报表数据按照考核制度进行考核。

5.通过MES系统控制生产成本

制造执行系统（manufacturing execution system，MES）是美国AMR公司在20世纪90年代初提出的，旨在加强MRP计划的执行功能，把MRP计划通过执行系统同车间作业现场控制系统联系起来。这里的现场控制包括PLC程控器、数据采集器、条形码、各种计量及检测仪器、机械手等。MES系统设置了必要的接口，与提供生产现场控制设施的厂商建立合作关系。

通过MES系统进行管理，管理部门和操作人员可以根据订单首先制订出主生产计划，以主生产计划的交货时间作为最终的完工时间，以此倒推，制定出生产周期和排产时间。操作者通过MES系统制订MRP物料需求计划和排产计划，首先要对物料信息和工艺信息进行管理；物料信息的管理除了对产品物料的基础信息进行管理之外，对于一些具有产品结构复杂、工艺工序烦琐、生产形式多样等特点的生产行为，MES系统还对其各种BOM信息进行管理，包括了工程BOM、装配BOM、工程装配BOM、装箱BOM等，在生产之前就能够对产品结构有深入的了解，在设置工艺和工序时便能获得基础数据信息支持。而对于工艺和工序进行管理，不仅有基础的工艺管理要求，还可以结合工序和工艺标准，根据工艺要求的工序和物料，科学可靠地自动制订出排产计划和MRP物料需求计划，高效准确，提高整体效率。

传统的生产企业将生产开始到完工转出之间的过程称为"黑箱操作"阶段。也就是说，所有生产资料从第一道工序开始直至成为产品转出整个生产过程，不清楚生产物料的流转情况，不清楚每道工序的完成情况，不清楚生产过程中损耗的实际情况，不清楚生产过程中人员和设备的实际运行情况；人为的信息传递方式，造成信息失真、冗余和虚假，所以导致了监督控制无力，信息混乱，效率降低，生产合格率下降，资源浪费，生产成本增加。现在通过MES系统，生产过程中的人员、设备、场地、物料、每个工艺标准和每一道工序都已自动生成唯一的计算机代码，并以代码的形式在整个生产过程中进行信息流转和记录，生产过程全程可追溯生产。此外，MES系统采用了工业条码技术，成为计算机代码的载体，这样使得生产过程全程可控，实现了可视化生产。而产品质量也可以在生产过程中得到控制，前一道工序出现问题则不能进入下一道工序。从事中控制产品质量，可以减少资源浪费，有效控制生产成本，提高产品合格率。

6.MES的功能

MES能通过信息传递对从订单下达到产品完成的整个生产过程进行优化管理。当工厂发生实时事件时，MES能对此及时做出反应、报告，并用当前的准确数据对它们进行指导和处理。这种对状态变化的迅速响应使MES能够减少企业内部没有附加值的活动，有效地指导工厂的生产运作过程，从而使其既能提高工厂及时交货能力，改善物料的流通性能，又能提高生产回报率。MES还通过双向的直接通信在企业内部和整个产品供应链中提供有关产品行为的关键任务信息。

三、生产成本控制的方法

1.基于经验的成本控制方法

这是一种最为基础的成本控制方法，其应用最为普遍。大多数企业的成本管理都是由此开始的，而其他每一种成本控制方法的最底层部分其实都是由此构成的。它是管理者借助过去的经验来实现对管理对象进行控制，从而追求较高的质量、效率，避免或减少浪费的过程。比如说，经验告诉我们，在采购的过程中，"货比三家、反复招标、尽量杀价"可以降低采购成本，于是管理者就要求他们的下属在采购时"货比三家、反复招标、尽量杀价"。又比如，经验告诫我们，在对外采购的过程中，如果缺少必要的监督机制，有的采购人员就可能产生自私行为，从而导致企业损失，于是大量的企业常常不惜牺牲效率和成本设置"关卡"来防止采购人员的自私行为。再比如，人们注意到只要对员工盯紧一点，员工的工作效率就会得到相应提高，于是企业普遍十分强调对员工行为的监督。

2.基于历史数据的成本控制方法

绝大多数企业都有意识或无意识地、全面地或部分地采取了这种成本控制办法。其基本原理是，根据历史上已经发生的成本，取其平均值或最低值（管理者通常会要求以最低值）作为当前阶段或下一阶段的最高成本控制标准。比如，过去三年或三个月，某种食品原料的平均或最低采购价格是每千克8.13元，企业的有关部门或个人就将这个8.13元确定为当前或未来一个时期同等级原料的最高采购限价来予以控制。采用这种方法最普遍的是那些工程建设类企业和制造业中的企业。

3.基于预算的目标成本控制方法

在国内企业中，采取严格的预算管理的企业并不多见。尽管一些企业管理者从各种渠道了解到实行预算管理的种种好处，因而每到年底，他们总会要求财务部门，或者是销售部门，或者是"总经办"这样的部门去为来年做一份预算。然而，由于大家都对怎样做预算一知半解，企业平时又没有积累起做预算所需要的各种数据，以及做预算所需要相应的组织环境，加上时间十分紧迫（通常他们会要求有关人员在1～7天内完成）和其他一些原因，他们做出的预算，其实只是做预算者在揣摩领导意图后拿出的一个下一年的花钱的计划。而且，做这个计划的人通常明明知道这个花钱计划只是做一做，满足老板当前的要求而已。在大多数企业中，很少有人认为预算会是有用的，不是指预算从理论上讲无用，而是在他们的企业里没有用。

4.基于标杆的目标成本控制方法

所谓标杆，就是样板，就是别人在某些方面做得比自己好，所以要以别人为楷模来做，甚至比别人做得还要好，或说别人做到了那样的效果，所以我也要求自己达到甚至超过那样的效果。这里的"别人"有三层意思：其一，它可以是别的企业。其二，以自身企业过去的某些绩效为标准来作为未来的目标予以控制。其三，是以本企业的某个部门或某个人创造的某项纪录为目标，要求其他部门或其他人以此为标杆，并力争超越。

5.基于市场需求的目标成本控制方法

基于市场需求的目标控制方法有时也被称为"基于决策层意志的成本控制法",因为这种方法在使用过程中决策者的意志将起主导作用。下面是一个典型的基于市场需求的目标成本控制方法的操作案例。

案例—11-1 ——————————————————

某公司计划开发生产一种新产品A型涂料,公司技术人员经过攻关,终于研制出了这种涂料的配方。生产这种涂料需要用白铅粉、黑铅粉、黏土和糖浆四种原料,它们所占的比重分别为:35%、45%、14%和6%。该公司通过市场调查发现,该类型涂料具有竞争性的市场价格为0.50美元/千克,公司确定的产品投放市场后的目标毛利为0.25美元/千克。

6.基于价值分析的成本控制方法

一些优秀的制造业中的大企业都使用了这种方法。这类企业往往设有一个专门的部门来负责"降低成本",他们分析现有的工作、事项、材料、工艺、标准,通过分析他们的价值并寻找相应的替代方案,可以相应地降低成本。比如,某企业的成本管理人员经过认真分析后发现,将企业内的保洁工作外包给公司以外的专业保洁公司成本会更低,于是提出议案,公司领导看后认为可行,于是就把公司的保洁工作委托给了一家专业保洁公司。

知识点2:生产系统的经济核算

一、生产系统的经济核算概述

1.生产系统的经济核算含义、内容

经济核算是对企业进行管理的重要方法,它通过记账、算账对生产过程中的劳动消耗和劳动成果进行分析、对比和考核,以求提高经济效益。生产系统的经济核算是以获得最佳经济效益为目标,运用会计核算、统计核算和业务核算等手段,对生产经营过程中活劳动和物资消耗以及取得的成果,用价值形式进行记录、计算、对比和分析,借以发掘增产节约的潜力和途径。

企业经济核算包括生产经营全过程的核算,包括:①生产消耗的核算,即对生产经营中人、财、物消耗的计算、对比、分析、检查,如对职工工资总额、职工人数及构成、工资水平、劳动生产率、工时利用、工资产值率、固定资产折旧、材料消耗、装备生产率、机械利用率等分项核算,并全面核算成本和成本降低额。②生产成果的核算,即对工作量、工程量、竣工产值(商品产值)、净产值、工程质量、工期、合同履约情况等进行记录、计算、对比、分析和检查。③资金的核算,即计算和分析流动资金周转率、产值资金率、流动资金利润率、固定资金利润率等。④财务成果的核算,即计算分析资金利润率、成本利润率、工资利润率、产值利润率、人均利润及上缴税金和利润等。

企业经济核算一般分为三级核算单位:①实行经济核算制的企业(公司)为独立经济核算单位。其拥有国家赋予的法人地位,拥有独立的固定资产和流动资金,独立计算盈亏,有独立的资金平衡表,在银行有结算账户,有权对外签订经济合同,对内制定内部经济核算办法和内部结算价格,对所属生产单位下达各项技术经济指标并负责物资技

277

术、生产机具等的供应。②企业所属的工区（工程处）、厂（站）为内部经济核算单位，不作为经济法人，不能独立对外（企业特别指定者除外），无权建立独立的会计制度，只能在企业（公司）统一会计制度控制下实行内部经济核算，执行企业规定的会计制度和下达的指标，计算本单位的盈亏。内部经济核算是企业核算的重要环节。③企业所属的车间（工段）为基层核算单位，一般只核算实物工程量、产量、质量、工料消耗、机械使用等指标。但在实行施工队包工制的单位也同时核算价值指标，计算包工队的盈亏。

班组核算是企业经济核算的基础，属于群众性的核算。本着干什么、管什么、算什么的原则，确定核算内容。它具有简明性、群众性的特点，指标简便易行，核算结果作为评比计奖的依据。

2.企业生产系统实行经济核算的意义

第一，企业生产系统实行经济核算是劳动时间节约规律的客观要求。这一规律要求企业在生产经营过程中严格节省物化劳动和活劳动耗费，合理地利用一切生产资源，向社会提供更多更好的财富，不断提高经济效益。为此，就必须实行和加强经济核算。

第二，企业生产系统实行经济核算可以降低成本，提高经济效益。企业在商品生产和市场经营中，必须核算成本，降低消耗，取得盈利，提高经济效益，因而必须实行严格的经济核算。

第三，在企业内部实行经济核算，可以确定企业和每个劳动者的经营成果和贡献，进一步加强职工的责任感和使命感，促进职工立足岗位、创造价值，调动职工的积极性和创造性。

3.生产系统经济核算的基础工作

为保证经济核算工作正常进行，必须做好企业内部的原始记录、定额管理、计量工作、清产核资和厂内计划价格等基础工作。通过经济核算，职工个人的经济利益要同工厂的经济利益挂起钩来，做好考核、分析、评比工作，提高核算的效果。企业的经济核算普遍采取统一领导、分级归口管理、专业核算与群众核算相结合的方法。大型企业一般实行厂级、车间、班组三级核算，中、小型企业一般实行厂级、车间二级核算或厂级一级核算。科室的核算属于专业核算。企业经济核算的日常工作，通常由计划、财务部门组织有关科室、车间的职能人员进行。实行经济核算，有利于加强企业管理，调动职工的积极性，促进企业改善生产经营。

原始记录是反映企业生产管理和经济活动的第一手资料，它对于提高企业管理水平，加强成本管理，开展经济核算和完成国家生产计划起着重要作用。原始记录的建立与健全，应以计划部门、财务部门为主，各职能部门和车间、班组密切配合。原始记录的制定要充分考虑本单位的生产特点，既要符合生产技术管理的要求，又要满足成本核算的需要，还要简便易行，讲究实效。要达到以上的要求，必须抓好几个环节：一是抓表格的制定，必须全面考虑项目、内容的设置；二是抓计量设施的完备、准确；三是抓操作者对原始记录的填记是否准确、认真；四是抓原始记录的利用，必须很好地利用每一张原始记录上的数据资料。通过原始记录，严格控制各项费用，并进行分析、统计和成本的计算。在企业管理过程中，必须重视原始记录的整理工作，狠抓原始记录的管理工作。

案例 11-2

某仓储公司的原始记录送货单见表 11-1。

表 11-1
送货单
NO.0312789

单位：　　　　　　　　　　　　　　　　　　　日期：2022年12月26日

品名	规格	单位	数量	单价	金额	备注
螺帽	20mm	个	100	1.00	100.00	
螺栓	20mm	个	100	2.00	200.00	
漏电保护器	3型	个	20	10.00	200.00	

收货单位：（盖章）　　　　　　　制单：陈胜　　　　　　　送货单位：（盖章）

经手人：　　　　　　　　　　　　　　　　　　　　　　　　经手人：王红

4.生产系统经济核算的指标体系

各项核算内容通过一系列技术经济指标来体现。经济核算的指标体系一般包括产量指标（实物产量、工时产量）、产值指标（总产值、商品产值、净产值）、品种指标（产品品种数量、新产品数量等）、质量指标（产品或零部件合格率、优质品率、成品或部件一次装配合格率等）、劳动指标（全员或生产工人劳动生产率、工时利用率等）、物资消耗指标（单位产品消耗量、万元产值物资消耗量等）、设备利用指标（设备利用率等）、成本指标（主要产品单位成本、可比产品成本降低率等）、资金占用指标（固定资金利润率、流动资金利润率、流动资金周转天数等）、利润指标（资金利润率、产值利润率）等。

二、班组经济核算

1.班组经济核算的含义和要求

班组经济核算是在轮班、生产小组或流水线范围内，利用价值或实物指标，将其劳动耗费和劳动占用与劳动成果进行比较，以取得良好经济效果的一种管理方法。它是整个生产现场管理的基础，又是组织广大群众当家理财的好形式，也是现场成本控制不可缺少的重要环节。班组经济核算的要求是：建立适应班组生产和经营特点的核算组织；确定适合班组生产特点的经济核算指标，并使班组和个人有明确的经济责任；做好定额管理、原始记录、计量验收等基础性工作，做到事事有记录，考核有依据，计量有标准；建立严格的考核、检查评比和奖惩制度；做到以较少的劳动耗费取得较大的劳动成果，保证厂级和车间各项指标的完成。

班组经济核算一般是在车间主任领导下，由班组长负责组织，由核算员具体承担。班组核算员在业务上要接受车间和有关科室核算人员的指导。班组经济核算一般不设专职核算员，由现场生产工人兼任。核算工作一般都在业余时间进行。为了不影响工人的生产和休息，有的企业在班组内建立兼职核算机构，将核算工作分摊到人，设立材料核算员、考勤员、设备管理员、质量检查员等，各项指标分别由其进行核算。这样做，有利于把班组所有成员动员起来，对本班组的生产活动进行记录、计算分析和考核，做到事事有人管、人人有专责，形成一个人人参加核算、控制的网络。搞好班组核算，必须建立相应的规章制度，具体包括：材料及工具的领、退、保管制度；考勤和劳动组织制度；设备管理和维修制度；质量检验制度；成本控制制度；评比奖励制度等。为了便于执行上述各项制度，各班组可根据具体情况，制定各种实施细则和有关补充规定。

2.班组经济核算的要求

确定班组经济核算单位指标应注意的问题如下：(1)应根据"干什么，管什么，算什么"和以生产为中心的原则来确定，那些与班组和职工主观因素无关和不能控制的指标不能列入班组的考核指标；(2)既要照顾不同班组的生产特点，又要与专业核算一致和衔接；(3)既要包括与班组相关的主要经济指标，又要反对事无巨细，过分强调全面，搞烦琐哲学，影响主要经济指标考核的倾向；(4)要通俗易懂、简便易行；(5)既要便于经济指标的核算和分析，又要有利于经济责任的划分，使各班组及职工责任清楚、目的明确、物质利益分配合理，认真地实施控制与核算。

3.班组经济核算指标和形式

班组经济核算指标包括：

(1)产量指标。可采用实物、劳动工时、计划价格和产量计划完成率计算。

(2)质量指标。可以采用等级品率、合格品率、废品率、返修品率等指标反映。

(3)材料消耗指标。可以采用材料耗用数量、耗用金额表示，也可用材料利用率等相对数表示。

(4)工时指标。可以用工时利用率和出勤率等指标来反映。

(5)设备完好率和利用率指标。

(6)成本降低指标。这是综合性指标，一般只包括班组直接消耗的各种材料和支出的费用，不包括固定资产折旧及修理费用。

班组经济核算的形式包括：(1)指标核算、计分计奖形式。车间将经济指标分解落实到班组，班组按规定核算完成情况。考核方式是按核算指标的重要程度和计分标准，逐项打分，按分数的多少反映指标完成情况，并确定相应的奖惩。(2)限额卡核算形式。这种方式是根据生产任务和材料消耗定额核定的定额材料费用，制定限额卡，班组依卡领用材料。到月末，车间按完成任务和领用材料的情况进行考核，按材料的节约或超支情况决定奖惩。(3)其他方式，如厂币核算形式，账、卡、表核算形式等；也可以将几种核算形式结合起来使用。

4.班组经济核算单位的确定

班组经济核算单位，应根据班组生产和劳动组织的特点，以及岗位责任制的要求来确定，一般有以下几种：(1)以整个班组为经济核算单位，它适用于没有轮班或各轮班经济责任不易划分或难以考核的单位。(2)以轮班为经济核算单位，它适用于生产周期短，能按轮班分清经济责任和计算生产成果的单位。(3)以机台为经济核算单位，它适用于能按单机进行核算的单位。(4)以生产线为经济核算单位，它适用于连续生产而又无法按轮班划清经济责任和计算生产成果的单位。

知识点3：生产系统的经济活动分析

一、生产系统的经济活动分析的含义、内容和作用

1.生产系统的经济活动分析的含义

生产系统经济活动分析，是运用各种经济指标和核算资料，对企业的经济活动过程及其成果进行分析研究，它是企业经济核算工作的重要环节，是促使企业改善经营管理，提高经济效益的一种管理活动。它能够使企业的经营者了解企业的过去，预测未来，控制现在，提高企业管理水平。

2.生产系统的经济活动分析的内容

生产系统经济活动分析的内容，主要取决于企业业务的性质。在工业企业中，通常有生产分析、人员配备和劳动效率分析、成本分析、销售和利润分析以及资金分析，还有专项资金项目的经济效果分析。

（1）生产分析。生产分析包括对生产均衡性、产品产量、产品品种、产品质量和生产成套性以及固定资产利用情况、材料供应和利用情况、劳动生产率、工时利用情况等影响生产各个主导因素的分析。

（2）人员配备和劳动效率分析。在进行分析时，应对企业人员配备、职工队伍的素质、工作时间的利用、劳动和工作的效率进行分析，寻找以较少的人力或工作时间完成或超额完成生产经营和管理工作任务的途径。

（3）成本分析。成本分析主要包括对生产费用预算执行情况的分析、产品成本计划完成情况的分析、可比产品成本降低任务完成情况的分析、主要产品单位成本的分析、主要技术经济指标的变动对成本影响的分析，以及产品成本功能分析。

（4）销售和利润分析。销售和利润分析包括对产品销售和产品销售利润、其他销售利润、营业外收支，以及利润分配的分析。

（5）资金分析。资金分析主要包括资金来源和资金占用状况的一般分析、固定资金利用情况的分析、定额和非定额流动资金的分析、流动资金周转率的分析、资金利润率的分析，以及产值资金率的分析。在商业企业中，除资金、利润分析外，着重进行商品流转分析和商品流通费分析。

3.生产系统的经济活动分析的作用

（1）促使企业全面完成生产经营计划。通过对计划完成情况的检查，可以促使企业的各部门和职工强化计划的观念，提高执行计划的自觉性，提出保证完成计划的措施，使整个企业的生产经营计划能够顺利执行；可以了解企业在制订和执行计划过程中，是否存在预测不准、计划不周、执行失控、监督不严等现象，以便从中总结经验，改进计划管理工作。

（2）督促企业的经营活动遵守国家政策法令和规章制度。分析企业的生产经营活动，必然要了解企业的生产经营活动是怎样进行的，要对企业经营活动的合理性、合法性、效益性做出评价。因此，有了经常性的经济活动分析工作，就能够对企业遵守国家政策法令和规章制度起到一定的督促作用，不断提高企业遵纪守法的自觉性。

（3）推动企业健全经济责任制。经济活动分析工作能否深入，效果如何，同经济责任

制的建立有关，通过建立经济责任制，把企业生产经营的目标和合理利用人力、物力、财力提高经济效益的要求，进行分解落实，成为各部门的具体目标，把经济责任的考核同经济利益的奖罚密切结合起来，有利于加强各部门的责任心，提高职工的积极性。

（4）为提高企业素质和经营管理水平提供决策资料。在分析企业的经济活动中，往往要联系企业的素质，从经营决策、指挥调度、人员设备保证上，研究其对取得生产经营成果和效益的影响。针对存在的问题采取有效措施，以提高企业素质，提高企业管理水平。因此，经济活动分析可以为有关部门和领导提供这方面决策的参考资料。

技能实训

实训：对企业生产系统进行经济分析

【实训目的】

熟悉对企业进行生产系统分析的过程。

【相关知识】

一、生产系统的经济活动分析的种类

按不同标准划分，生产系统的经济活动分析有不同种类：按范围可分为全企业的经济活动分析、车间或部门的经济活动分析、班组或柜组的经济活动分析；按要求可分为综合分析、典型分析和专题分析；按时间可分为定期分析和不定期分析；按任务可分为事前的预测分析、事中执行过程的控制分析，以及事后的检查分析等；按分析包括的内容划分，有全面分析和专题分析；按分析资料的形式划分，有书面分析、报告式分析；按分析的层次划分，有全厂分析和部门的分析。不管经济活动采取何种形式，都要注意经济活动分析的有效性，即重实效，而不是重形式。

二、生产系统的经济活动分析的程序

经济活动分析一般由四个步骤组成：对比找出差距；研究查明原因；计算确定影响；总结提出建议。在每一步骤中，则贯穿运用一定的方法，现分别说明如下：

1.对比找出差距

在一般情况下，对比找出差距也是经济活动分析工作的起始点。对比或比较的范围是很广的，在实践中，对比标准主要有：同预定目标、同计划成定额相比；同上期或历史最好水平相比；同国内外先进水平相比。对比所运用的方法，通常称为比较法。比较所利用的指标数据，可以是绝对数，也可以是相对数或者是相关比例数。在运用对比找差距方法时，必须注意经济现象或经济指标的可比性，即被比较的现象或指标，必须在性质上同类、范围上一致、时间上相同。

2.研究查明原因

在对比找出差距的基础上，研究查明差距（或差异）产生的原因，这是分析工作的重要一步。每项经营活动的结果，都可能由很多的原因造成，或者说会受到多种因素的影响，这些原因或因素有些是密切联系的。因此，我们可以按照这种联系，经过逻辑判断和

推理，确定经济指标间相互关系的模式，排成固定的公式，在分析中加以运用，以确定差距产生的原因。

3.计算确定影响

计算确定影响，就是根据影响经济指标的因素或原因，计算它们的变动对经济指标的具体影响，以明确作用的方向（有利或不利）和影响程度的大小。根据因素影响的方向和程度，便于在进行决策和制定措施时抓住主要矛盾，有重点地解决问题。

在实践中，确定原因和计算影响一般是同时进行的，因此，也可以把它们看作一个步骤，称为确定影响的因素。计算因素的影响，即测定各个因素变化对某一经济指标的影响程度，通常采用"连环代替法"或者它的变形"差额计算法"。

4.总结提出建议

根据分析的结果，总结企业的工作，提出改善企业经营管理的建议，供管理者作为进行决策、制定措施的参考，以充分发掘企业的潜力，不断提高生产经营的经济效益。所以，总结提出建议，是整个分析工作的重要步骤。

三、财务分析和经济活动分析

财务分析和经济活动分析的相同点在于"分析"，有相同或相近的分析程序、分析方法、分析形式等。区别主要在于：

1.对象与内容不同

财务分析的对象是企业财务活动，包括资金的筹集、投放、耗费、回收、分配等。经济活动分析的对象是企业的经济活动，除了财务活动，还有生产活动。

2.分析的依据不同

财务分析的依据主要是企业会计报表资料，经济活动分析的资料则包括企业内部各种会计资料、统计资料、技术或业务资料等。

3.分析的主体不同

财务分析的主体具有多元性，可以是企业的投资者、债权人，也可以是企业经营者、企业职工及其他与企业有关或对企业感兴趣的部门、单位或个人。经济活动分析通常是一种经营分析，分析的主体是企业经营者或职工。

四、生产系统的经济活动分析的方法

1.对比法

对比法，又称比较法。把有关指标的本期实际数对比本期计划数、对比上期实际数、对比本企业历史最优成绩或对比同行业先进实绩等，可以找出差距，查明原因。

2.比率分析法

把对比的数值改成相对数，计算出比率，然后进行对比分析，具体有趋势比率分析、构成比率分析和相关比率分析。

3.因素分析法

具体有连锁替代法、差额计算法和线性规划法等。连锁替代法又称因素替换法，是将影响某项指标的几个相互联系的因素合理地加以排列，顺次把其中一个因素视为可变，其他因素视为不变，逐个替代，以计算每一因素对指标变动的影响程度的方法。合理排定诸因素的顺序，是运用这种方法的前提条件。因为变换因素替代顺序，会得出不同的结果。

差额计算法是连锁替代法的简化形式，它以各个因素的实际数与基数（计划数或者其他对比的数值）之间的差额，计算确定各因素对指标变动的影响程度。线性规划法是把相互联系、相互制约的因素纳入一定的数学模型求解，得出一定限制条件下最优方案的方法（线性规划模型）。

在我国，有些企业定期举行经济活动分析会议，由厂长或经理、总会计师、财务会计科长、经济核算人员和职工代表参加。它是专业分析与群众分析相结合、领导检查与群众监督相结合的一种有效形式。

案 例 11-3

某酒店经济活动分析管理内容提要

经济活动分析是酒店经营管理的一个重要工具，搞好经济活动分析对指导酒店加强经营管理，促进成本控制，提高经济效益，保证各项预算的完成具有重要作用。

1. 经济活动分析的任务

（1）在经济核算基础上，通过对酒店经营活动过程及结果的分析研究，考核预算的执行情况，通过正确评估经营活动，揭示预算执行中的矛盾，分析预算与实际差异原因，提出改进措施，以促进酒店经营管理水平的提高。

（2）挖掘增收节支潜力，高效地使用人力、物力、财力，提高经济效益。

（3）通过经济活动的分析，使各部门领导层和执行层都能了解本部门的经营情况和酒店的财务状况，以调动全体员工参与管理的积极性和主动性。

（4）通过对预算执行情况的分析，积累酒店经营情况资料，为编制下期预算提供依据。

2. 经济活动分析的组织与分工

经济活动分析工作在总经理领导下，由财务部经理负责组织实施，按"统一领导，分级管理"的原则，各有关部门都负有分析预算完成情况的责任。各部门分工如下：

（1）销售部：市场、客源、销售收入和市场营销费用情况分析。

（2）客房部：客房消耗用品、全店布草洗涤与 PA 清洁用品等分析。

（3）前厅部：商务中心的收入和费用分析。

（4）康乐部：销售情况分析以及康乐营收和成本耗用分析。

（5）餐饮部：餐饮营收与成本分析，物料、器皿等费用消耗分析，以及商品销售情况分析。

【实训材料及实训要求】

某硬质合金厂已经确定了目标质量成本。管理人员在分析该车间质量成本时发现，废品损失是最主要的质量成本构成项目，于是将其作为控制质量成本的重点对象。在确定质量目标成本时，他们对造成废品损失的各个项目逐一分析并参考了历史资料，特别是近年来的资料，以及同行业的先进水平，确定分品种合格率以及全品种综合合格率作为目标值。在2022年实际水平的基础上，确立2023年的目标质量和质量成本为：综合合格率提高5%，不低于87%，质量成本费用下降52万元。

实训要求：

（1）以 5～6 人为一组，进行合理分工，每人应有明确任务；

（2）根据背景资料中企业确定的质量成本控制目标，分阶段实施控制，制订控制计划和控制措施；

（3）利用所学的成本考核指标进行模拟考核；

（4）考核各单位对质量成本管理的开展情况，并制定质量改进措施；

（5）撰写实践报告，并制作PPT；

（6）实践报告完成后进行课堂讨论，相互交流实训经验。

［项目总结］

本项目涉及的知识点包括：生产成本控制的含义及生产成本控制项目；生产成本控制的程序和方法以及生产系统经济核算的内容和方法；生产系统经济核算的体系。学生掌握这些知识后能开展生产成本控制工作，能对生产活动进行经济分析。

［项目测试］

□判断题

（1）财务分析和经济活动分析内容是相同的。　　　　　　　　　　　　　（　　）

（2）生产系统经济活动分析，是企业经济核算工作的重要环节。　　　　　（　　）

（3）班组经济核算一般是在车间主任领导下，由班组长负责组织，由核算员具体承担。　　　　　　　　　　　　　　　　　　　　　　　　　　　　　　　　　（　　）

（4）班组核算是企业经济核算的基础，核算结果不能作为评比计奖的依据。（　　）

（5）为保证经济核算工作正常进行，必须做好企业内部的原始记录。　　　（　　）

□选择题

（1）对生产均衡性、产品产量、产品品种、产品质量等的分析属于（　　　）。

A.生产分析　　　　　　　　　　　　B.人员配备和劳动效率分析

C.成本分析　　　　　　　　　　　　D.销售和利润分析

（2）生产系统的经济活动分析的种类按范围可分为（　　　）。

A.事前的预测分析、事中执行过程的控制分析，以及事后的检查分析等

B.全企业的经济活动分析、车间或部门的经济活动分析、班组或柜组的经济活动
　分析

C.综合分析、典型分析和专题分析

D.全厂分析和部门的分析

（3）生产系统的经济活动分析常用的技术方法有（　　　）。

A.对比法　　　　　B.比率分析法　　　C.因素分析法　　　D.成本分析法

（4）别人在某些方面做得比自己好，所以要以别人为楷模来做属于（　　　）。

A.基于经验的成本控制方法　　　　　B.基于标杆的目标成本控制方法

C.基于历史数据的成本控制方法　　　D.基于预算的目标成本控制方法

（5）确定成本标准的方法有（　　　）。

A.计划指标分解法　　B.预算法　　　　　C.经验法　　　　　D.定额法

□简答题

（1）生产系统的经济活动分析的程序是怎样的？

285

（2）举例说明生产成本及生产成本控制的含义。

（3）班组经济核算指标有哪些？

（4）生产成本控制的方法有哪些？

（5）举例说明生产系统的经济活动分析的程序。

□案例分析题

北大荒薯业的成本分析

"三最"冠全国——产量、质量、成本三项主要指标名列全国之首。日前，记者从全国马铃薯专业委员会年会上获悉，北大荒马铃薯产业有限公司（简称北大荒薯业）从8月23日带料试车以来，创下了三个"全国之最"，即生产精淀粉最多、产品质量最好、整体成本最低。现已销售产品5 000多吨，其中部分产品直销韩国，还有大量客商等待签约，预计全部淀粉销售后可实现利润1 000万元。

2006年，在齐齐哈尔农垦分局的支持下，北大荒薯业进行了体制创新，组建股份制公司，克山农场的职工、马铃薯种植大户和公司的全体员工共4 461人入股北大荒马铃薯产业有限公司，农场职工、企业员工与马铃薯产业结成了紧密的利益共同体。克山农场还聘请专家对全场1 398个马铃薯种植户进行全员培训，帮助他们解决种植和管理的技术难题。全场落实了230个种植马铃薯300亩以上的大户，形成市场牵龙头、龙头带基地、基地连大户的产业化格局。体制的创新，将原料基地与公司紧密联结在一起，确保了原料的生产和销售。

2006年，克山农场在降水天数、降水量、相对湿度达标天数等适合晚疫病发生的几项气候指标都较上年更加严重的情况下，攻克了马铃薯晚疫病防治这一世界性难题，取得了平均亩产2吨的佳绩，为公司提供了原料保证。

公司狠抓了全面质量管理，由外国专家从8月23日开始带领员工带料试车，至10月28日，共加工马铃薯近10万吨，生产淀粉近1.5万吨，马铃薯精淀粉提取率达到96%以上。其中优级品达到60%左右，一级品达到100%，各项指标完全达到甚至优于国家规定标准，达到欧盟标准要求。

资料来源　赵景才，迟玉梅. 北大荒薯业"三最"冠全国［N］. 农垦日报，2006-12-29.

问题：北大荒薯业产量、质量和成本三项主要指标名列全国之首的主要原因是什么？

［学思践悟］

国家统计局权威解读《数字经济及其核心产业统计分类（2021）》

2017年12月8日，中共中央政治局就实施国家大数据战略进行第二次集体学习，习近平总书记指出，要构建以数据为关键要素的数字经济，推动实体经济和数字经济融合发展，发挥数据的基础资源作用和创新引擎作用，加快形成以创新为主要引领和支撑的数字经济。自2018年起，每年的政府工作报告都对数字经济发展提出明确要求，对推动数字经济的蓬勃发展发挥了关键作用。2020年，我国建成了全球规模最大的光纤网络和4G网络，网民规模达到9.89亿，互联网普及率达70.4%；新能源汽车产量145.6万辆，比上年增长17.3%；集成电路产量2 614.7亿块，比上年增长29.6%；网上零售额达到11.76万亿元，其中实物商品网上零售额9.76万亿元，占社会消费品零售总额的24.9%。在新冠肺炎疫情肆虐全球、世界经济陷入严重衰退、外部环境更加复杂严峻的情况下，我国网络建设迅猛发展，新业态新模式竞相涌现，实体经济新动能稳步提升，数字经济的新引擎作用愈加凸显，成为稳定经济增长的重要动力。

数字经济的蓬勃发展对数字经济核算工作提出了迫切要求。为准确衡量数字经济的规模、速度、结构，必须首先研制出科学合理的数字经济统计分类标准。在此背景下，《数字经济分类》及时出台，成为我国在数字经济领域的重要统计标准，为满足党中央、国务院以及各级党委政府、社会各界对数字经济的统计需求奠定了标准基础。《数字经济分类》客观反映数字经济发展的科学内涵和内在规律，对于加快我国经济社会各领域数字化转型步伐，推进国家治理体系和治理能力现代化，形成与数字经济发展相适应的政策体系和制度环境，具有十分重要的意义。

延伸阅读

国家统计局权威解读《数字经济及其核心产业统计分类（2021）》

资料来源　国家统计局权威解读《数字经济及其核心产业统计分类（2021）》［EB/OL］．［2022-12-21］．https：//m.thepaper.cn/baijiahao_13002433.

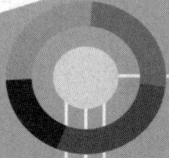

产品开发和生产运作的流程设计

[学习目标]

通过本项目内容的学习，你应该达到以下目标：

知识目标：

◎ 了解新产品类型、开发策略及流程；

◎ 掌握产品设计程序、生产运作流程的具体设计；

◎ 熟知新产品、产品开发、生产运作流程设计的内涵；

◎ 了解生产运作技术的选择。

技能目标：

◎ 能够把产品开发和生产运作流程的理论应用于实践；

◎ 能够针对简单项目设计生产运作流程并选择合理技术。

素养目标：

◎ 认识"制造强国""质量强国"的实施路径；

◎ 理解"中国制造"向"中国创造"转变的必要性。

引例

某船厂的施工图纸设计流程优化

某船厂是集设计、制造于一体的大型船舶制造商，其业务所涉及的船舶包括干散货船、工程船、海洋平台等多种类型的船舶。该船厂的详细设计工作委托外部设计院完成，生产设计工作由该船厂的设计部完成。由于设计部成立时间较短，出现过很多设计方面的低级错误，造成设计返工、现场制造安装返工，严重影响整体生产效率，因此受到船东、船检方面的投诉。同时，由于设计部内部专业之间的责任划分在某些方面比较模糊，导致内部专业之间的扯皮现象也很突出。针对这种情况，船厂设计部对存在的问题进行了深入分析，得出主要结论如下：

（1）设计部成立时间较短，设计人员经验不足。

（2）没有发挥经验丰富老员工的传帮带作用，并未将经验延续，反而出现了技术断层的问题。

（3）设计流程不够清晰，设计部内部各专业之间存在扯皮现象。

为此，船厂设计部决定优化其生产设计流程，以下是优化举措：

（1）在某条船设计开始前，设计部领导组织成立专门的施工图纸设计流程优化小组，确定小组组长和组员。

（2）流程优化小组编制设计流程节点图纸，并按专业进行节点图纸的意见收集以及问题整理工作，确定流程优化的目标。

（3）按专业根据个人经验对某条船设计的知识点进行梳理、预警、确定并进行记录，定期（如一周、半个月）对知识点进行巩固、更新、学习，保证专业知识不落伍。

（4）隐性知识的显性化，零散知识的规整化。在船舶设计过程中，定期组织经验丰富的设计人员进行经验分享活动，并针对某些关键点编制作业指导书，将隐性知识显示化，针对某些关键点编制注意事项，将零散知识规整化。

（5）设计流程标准化。将整个设计的流程显性化，简化设计过程，将需求进行分解，把复杂问题分解，逐个击破，提高各个岗位的执行力，明确职责，提高工作效率。流程的价值在于结果的可复制性，或者说可控性，从精兵到干将，从个人到团队都要严格执行流程。通过对整个施工设计流程执行标准化管理，并对职责进行细化，实现了设计流程的优化。

（6）流程优化小组组织流程节点涉及的相关人员进行培训，以一条船为例对流程进行试运行，并对试运行的情况进行分析、迭代，直至流程完善。

（7）对优化流程运行后的质量提升进行量化考核，考核指标有图纸差错率、返工率等。

生产设计流程优化后，各专业之间的扯皮现象不存在了，生产设计效率显著提高，返工率也降低了很多。同时，将整个流程标准化后，每个节点都有了执行标准和验收标准，设计质量得到了提高。

资料来源　任宇. 船舶行业生产设计流程优化的质量管理提升［J］. 船舶物资与市场，2022（5）.

这一案例表明：生产设计流程的优化，将极大降低图纸的差错率，降低现场施工的难度，有效提升施工质量，降低返工率，提高工作效率，降低生产成本。

流程优化不仅仅指做正确的事，还包括如何正确地做这些事。可以说，流程优化是一项策略，通过不断发展、完善、优化业务流程保持企业的竞争优势。

基础知识 ////////

知识点1：产品开发与设计程序

一、产品开发

1.新产品的概念及分类

新产品是指在一定的地域内，第一次生产和销售的，在原理、用途、性能、结构、材料、技术指标等某一方面或几个方面比老产品有显著改进、提高或独创的产品。新产品应具备下列特点：具有新的原理、构思或设计；采用了新材料，使产品的性能有较大幅度的提高；产品结构有明显的改进；扩大了产品的适用范围。

新产品分为四类：全新产品（采用新技术、新材料、新工艺，运用新原理制造的以前未有的产品）；换代新产品（在原来的产品上增加其功能）；改进新产品（改进其款式，增加其数量）；地域性新产品（指在某一个市场或国家是老产品，但对于另一个市场或国家来说是新产品）。

2.产品开发的策略

科学技术的飞速发展，导致产品生命周期越来越短。在20世纪中期，一代产品通常意味着会主导市场20年左右，而到了20世纪90年代，一代产品的概念不超过7年。生命周期最短的是计算机产品，根据摩尔定律，计算机芯片的处理速度每18个月就要提高一倍，而芯片的价格却以每年25%的速度下跌。这一切促使企业为了自身的生存与发展，必须不断开发新产品，以迎合市场需求的快速变化。

新产品开发的实质是推出不同内涵与外延的新产品。对大多数企业来说，这是改进现有产品而非创造全新产品。新产品开发要以满足市场需求为前提，以企业获利为目标，遵循"根据市场需要，开发适销对路的产品；根据企业的资源、技术等能力确定开发方向；量力而行，选择切实可行的开发方式"的原则进行。采用何种策略则要根据企业自身的实力，根据市场情况和竞争对手的情况而定。常用的策略包括：

（1）先发制人策略。这是指企业率先推出新产品，利用新产品的独特优点，占据市场上的有利地位。对于广大消费者来说，对企业和产品形象的认知都是先入为主的，他们认为只有第一个上市的产品才是正宗的产品，其他产品都要以其为参照标准。因此，采取先发制人策略，就能够在市场上捷足先登，利用先入为主的优势，率先建立品牌形象，从而取得丰厚的利润。

（2）模仿式策略。该策略是等其他企业推出新产品后，立即加以仿制和改进，然后推出自己的产品。这种策略不把投资用在抢先研究新产品上，而是绕过新产品开发这个环节，专门模仿市场上刚刚推出并畅销的新产品进行追随性竞争，以此分享市场收益。所以，模仿式策略又称为竞争性模仿，既有竞争又有模仿。竞争性模仿不是刻意追求市场上的领先，但它绝不是纯粹的模仿，而是在模仿中创新。企业采取竞争性模仿策略，既可以避免市场风险，又可以节约研究开发费用，还可以借助竞争者领先开发新产品的声誉顺利进入市场。更重要的是，它通过对市场领先者的创新产品做出许多建设性的改进，有可能后来居上。

（3）系列式产品开发策略。该策略是围绕产品向上下左右前后延伸，开发出一系列类似的但又各不相同的产品，形成不同类型、不同规格、不同档次的产品系列。采用该策略开发新产品，企业可以尽量利用已有的资源，设计开发更多的相关产品，如海尔围绕客户需求开发的洗衣机系列产品，适合了城市与农村、高收入与低收入、多人口家庭与少人口家庭等不同消费者群体的需要。

通常情况下，成功开发的新产品应具有以下特征：

① 微型化、轻便化。在保障质量的前提下，新产品的体积更小、重量更轻，便于移动。

② 多功能化。新产品具有多种用途，既方便购买者使用，又能提高购买者的购买兴趣。

③ 时代感强。新产品能体现时代精神，培植和诱导新的需求，形成新的市场。

④ 简易化。结构和使用方法简单，便于使用者维修。

⑤ 有利于保护环境。新产品属于节能型，或者原材料的消耗很低，或者有利于保护环境。新产品对"三废""三害"的消除有效。

⑥ 适应性强。新产品必须适应人们的消费习惯和人们对产品的观念。

⑦ 相对优点突出。新产品相对于市场原有的产品来说具有独特的长处，如性能好、质量高、使用方便、携带容易或价格低廉等。

⑧ 人体工程化。新产品的开发要符合人体工程学。

3.产品开发的流程

产品开发流程是指企业用于想象、设计和商业化一种产品的步骤或活动的序列。流程就是一系列步骤，它把一系列投入变成一系列产出。有的组织界定和遵循清晰而细致的开发流程，而有的组织甚至不能描述出它的流程。另外，每个组织使用的流程至少与其他组织的流程有细微的差别。实际上，同一企业对于不同的开发项目也可能采用不同的流程。一个基本的产品开发流程，至少应包括六个阶段。

（1）阶段0：规划。规划被作为"零阶段"，是因为它先于项目的达成和实际产品开发过程的启动。这一阶段始于公司策略，并包括对技术开发和市场目标的评估。规划阶段的成果是对项目任务的陈述，即定义产品的目标市场、商业目标、关键假设和限制条件。

（2）阶段1：概念开发。概念开发阶段的主要任务是识别目标市场的需要，产生并评估可替代的产品概念，为进一步开发选择一个概念。概念是指产品形状、功能和特性的描述，通常附有一套专业名词、竞争产品分析和项目的经济分析。

（3）阶段2：系统水平设计。系统水平设计阶段包括产品结构的定义以及产品子系统和部件的划分。生产系统的最终装配计划也通常在此阶段定义。该阶段的产出通常是产品的几何设计、每一个产品子系统的功能专门化，以及最终装配过程的基本流程图。

（4）阶段3：细节设计。细节设计阶段包括产品的所有非标准部件与从供应商处购买的标准部件的尺寸、材料和公差的完整细目，建立流程计划并为每一个即将在生产系统中制造的部件设计工具。该阶段的产出是产品的控制文档（control documentation）——描述每一部件几何形状和制造工具的图纸和计算机文件、购买部件的细目，以及产品制造和装配的流程计划。

（5）阶段4：测试和改进。测试和改进阶段包括产品的多个生产前版本的构建和评估。早期α原型通常由生产指向（production-intent）型部件构成，即那些和产品的生产版本有相同几何形状和材料内质，但又不必在生产的实际流程中制造的部件。要对α原型进行测试以决定产品是否如设计的那样工作以及产品是否能满足主要顾客的需要。后期β原型通常由目标生产流程提供的部件构成，但不必用目标最终装配流程来装配。通常要对β原型进行广泛的内部评估，消费者也会在他们自己的使用环境下对它进行典型测试。β原型的目的通常是回答绩效和可靠性问题，从而识别最终产品的必要变化。

（6）阶段5：产品推出。在产品推出阶段，使用规划生产系统制造产品。试用的目的是培训工人和解决在生产流程中遗留的问题。有时把在此阶段生产出的物品提供给有偏好的顾客并仔细对其进行评估，以识别出一些遗留的缺陷。从产品推出到连续生产的转变通常是逐步进行的。在此转变的某些节点，产品被推出并可以进行大范围的分配。图12-1是某公司产品开发过程管理流程。

外部相关部门	总经理	主管副总经理	产品管理部	相关职能部门

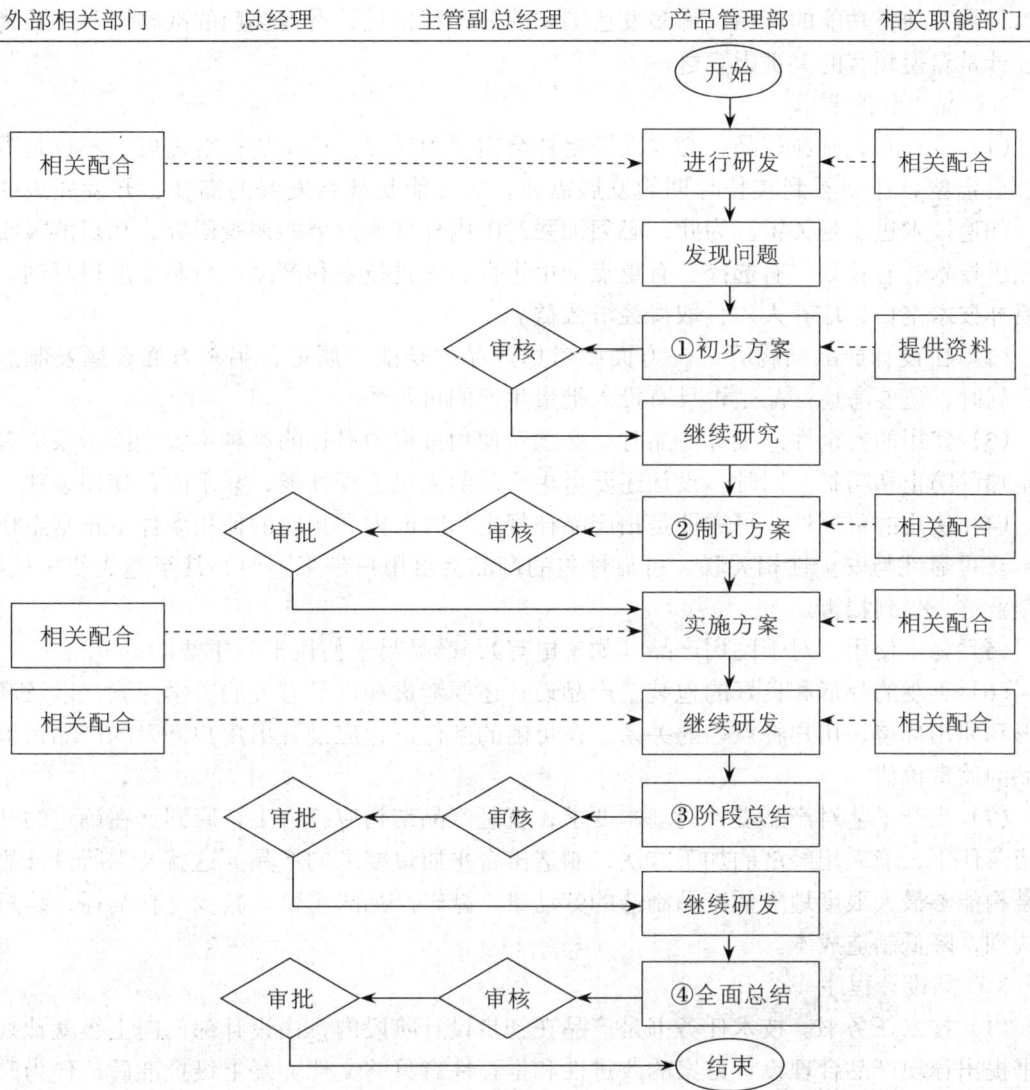

图12-1　某公司产品开发过程管理流程

二、产品设计

1.产品设计的含义及重要性

产品设计是一个创造性的综合信息处理过程，通过线条、符号、数字、色彩等方式把产品展现在人们面前。它是一个将人的某种目的或需要转换为一个具体的物理形式或工具的过程，是把一种计划、规划设想、问题解决的方法，通过具体的载体，以美好的形式表达出来的一种创造性活动过程。

由于产品设计阶段要全面确定整个产品策略、外观、结构、功能，从而确定整个生产系统的布局，因而具有"牵一发而动全身"的重要意义。如果一个产品的设计缺乏生产观点，那么生产时就将耗费大量费用来调整和更换设备、物料和劳动力；相反，好的产品设计，不仅表现在功能上的优越性，而且便于制造，生产成本低，从而使产品的综合竞争力得以增强。许多在市场竞争中占优势的企业都十分注重产品设计的细节，以便设计出造价

293

低而又具有独特功能的产品。许多发达国家的公司都把设计看作热门的战略工具，认为好的设计是赢得顾客的关键因素之一。

2.产品设计的要求

（1）设计和试制新产品，必须以满足社会需要为前提。这里的社会需要，不仅是眼前的社会需要，还要看到较长时期的发展需要。为了满足社会发展的需要，开发先进的产品，加速技术进步是关键。为此，必须加强对国内外技术发展的调查研究，尽可能吸收世界先进技术。有计划、有选择、有重点地引进世界先进技术和产品，有利于赢得时间，尽快填补技术空白，培养人才，取得经济效益。

（2）在设计产品结构时，一方面要考虑产品的功能、质量，另一方面要顾及制造成本。同时，还要考虑产品是否具有投入批量生产的可行性。

（3）使用的安全性。设计产品时，必须对使用过程中潜在的种种不安全因素采取有力措施加以防止和防护。同时，设计还要考虑产品的人机工程性能，易于改善使用条件。

（4）使用的可靠性。可靠性是指产品在规定的时间内和预定的使用条件下正常工作的概率。可靠性与安全性相关联。可靠性差的产品会给用户带来不便，甚至造成使用风险，使企业信誉受到损害。

（5）易于使用。对于民用产品（如家电等），产品易于使用十分重要。

（6）美观的外形和良好的包装。产品设计还要考虑和产品有关的美学因素，以及产品外形和使用环境、用户特点等的关系。在可能的条件下，应设计出用户喜爱的产品，提高产品的欣赏价值。

（7）生产工艺对产品设计的基本要求，就是产品结构应符合工艺原则。在确定的产量规模条件下，能采用经济的加工方法，制造出合乎质量要求的产品。这就要求所设计的产品结构能够最大限度地降低产品制造的劳动量，减轻产品的重量，减少材料消耗，缩短生产周期，降低制造成本。

3.产品设计程序

（1）技术任务书。技术任务书是产品在初步设计阶段内，由设计部门向上级就计划任务书提出体现产品合理设计方案的改进性和推荐性意见的文件。经上级批准后，作为产品技术设计的依据。其目的在于正确地确定产品最佳总体设计方案、主要技术性能参数、工作原理、系统和主体结构，并由设计员负责编写（其中标准化综合要求会同标准化人员共同拟订）。

（2）技术设计。技术设计的目的，是在已批准的技术任务书的基础上，完成产品的主要计算和主要零部件的设计。

（3）工作图设计。工作图设计的目的，是在技术设计的基础上完成供试制（生产）及随机出厂用的全部工作图样和设计文件。设计者必须严格遵守有关标准规程和指导性文件的规定，设计绘制各项产品工作图。

知识点2：生产运作流程设计

一、生产运作流程设计的含义

一个产品的制造需要物料、设备和人力等多种资源要素的组合，虽然不同的组合方式都可以生产出相同的产品，但是产品的质量、成本和交货期有可能不同。一个错误的流程有可能影响生产率、盈利和企业核心竞争力，因此生产运作流程设计对于企业来说具有战略意义。生产运作流程设计是一项系统工程，设计者需要对企业现有的资源、环境和生产工艺流程有充分的了解，需要企业各个部门的配合。一个优秀的生产运作流程设计是最大化地利用企业现有的资源和环境，以最短的生产周期和最少的投入得到最大的产出。

每一个流程的设计都取决于流程产出的产品和采用的工艺。通常，采用从下向上设计的原理，就是由产出到投入的逆向方式来设计流程。首先，根据产品工艺文件来确定生产运作技术、各个工序的生产节拍和作业交换时间，安排好各个工序的生产能力，解决流程中的瓶颈，确定物流、信息流的模式和生产周期。然后，根据产出量和生产周期，确定生产运作流程所需要的人力、物料、设备和能源等资源。流程还应包括：各个工序的具体任务；任务之间的物流和信息流的模式；库存方案等。流程设计可以用流程图来表示。生产运作流程与工艺流程非常相似，只是需要的资源要素不同；要根据企业的实际情况，尽量减少不增加任何附加价值的非增值活动；充分发挥信息流在流程中的作用；尽可能取得整个流程的平衡；采取措施减少瓶颈制约；最大限度地减少空闲时间。

二、生产运作流程的分类

根据不同的生产类型，生产运作流程有三种：

（1）按产品进行的生产流程。以产品或提供的服务为对象，按照生产产品或提供服务的生产要素，组织相应的生产设备或设施，形成流水般的连续生产，有时又称为流水线生产。这种形式适用于大批量生产类型。例如，离散型制造企业的汽车装配线、电视机装配线等。图12-2是产品-流程矩阵。

根据产品结构性质，沿对角线选择和配置生产流程，可以达到最好的技术经济性；那种传统的根据市场需求变化仅仅调整产品结构的战略，往往不能达到预期目标，因为它忽视了同步调整生产流程的重要性。

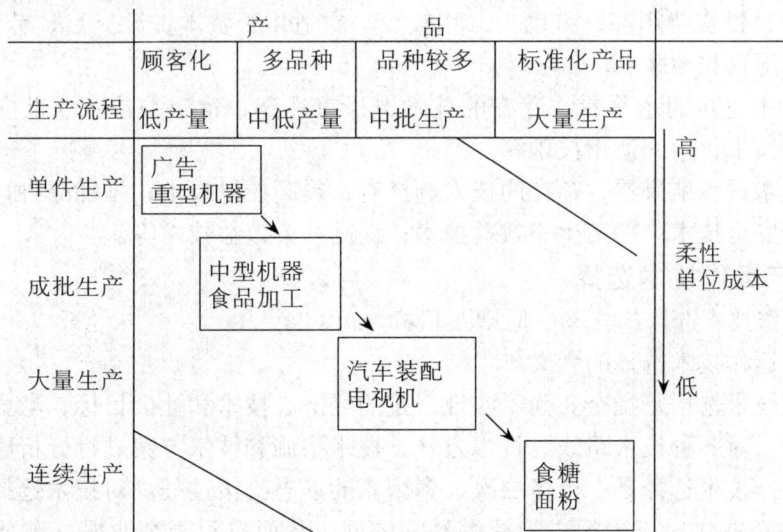

图12-2 产品-流程矩阵

295

（2）按加工路线进行的生产流程。以所要完成的加工工艺内容为依据来组织生产。不同的产品有不同的加工路线，它们流经的生产单位取决于产品本身的工艺过程。这种形式适用于多品种中小批量或单件生产类型。

（3）按项目进行的生产流程。对某些任务，所有的工序或作业环节都按一定秩序依次进行，有些工序可以并行作业，有些工序又必须顺序进行。

知识点3：选择生产运作技术

一、技术的含义与分类

1.技术的含义

技术是指根据生产实践经验和自然科学原理而发展成的各种工艺操作方法与技能。自人类社会的发端开始，技术就与每个人息息相关，一刻也没有离开过，差别在于每个人是否明确清晰地感觉到和识别出来而已，比如古老的保留火种的技术就是把雷电击中的枯树或者自燃引发的火种一直保留在岩洞中。直到钻木取火出现以后，人类的生活方式才得以大幅度改善。大致地，技术的发展可以分为石器时代、青铜器时代、铁器时代、蒸汽时代、电气时代，直到21世纪的信息时代。

2.技术的分类

进行技术选择首先应明确可供选择的技术类型。

（1）从经济增长因素的角度看，存在以下几种技术选择：

① 劳动密集型技术。这种技术的特点是劳动占用和消耗比较多，单位劳动占用的资本较少，技术装备水平较低。它适用于劳动力资源丰富、资本资源紧张、技术水平不高的国家和地区。

② 资本密集型技术。这种技术的特点是资本占用与消耗较多，技术装备水平较高，容纳劳动力较少。它适用于劳动力资源不足、资本资源充裕、自然资源缺乏的国家和地区。

③ 技术密集型技术、知识密集型技术。这种技术的特点是机械化、自动化程度高，技术装备复杂，投资费用高，劳动力占用较少。它适用于资本资源充足、劳动力素质高、人工成本高的国家和地区。

（2）从技术进步的水平看，存在的技术选择有：高、精、尖技术或世界先进水平技术；先进适用技术；中间适用技术等。

（3）从技术进步结果看，存在的技术选择有：提高质量技术；增加品种技术；扩大能力技术；生产安全技术；提高生态效益技术；提高社会效益技术等。

二、生产运作技术选择

1.生产运作技术选择的含义、原则及目标

（1）生产运作技术选择的含义。

生产运作技术选择是指企业为了实现一定的经济、技术和社会目标，考虑系统内外客观因素的制约，对各种技术路线、技术方针、技术措施和技术方案进行分析比较，选取最佳方案的过程。技术选择是一个多层次、多因素的动态决策过程。对技术选择作出科学的评价，可以为企业作出正确的决策提供科学依据，从而有利于企业提高整体绩效和竞争力，促进技术进步。技术选择在企业的发展过程中产生的影响有时是巨大的，甚至是关键的。

（2）生产运作技术选择的原则。

① 技术进步原则。技术进步是技术选择的首要原则。技术进步的重要性已越来越引起人们的注意，它对经济增长和经济发展的贡献越来越大，成为经济持续、快速、稳定发展的关键。因此，技术选择应以技术进步为首要依据，选择先进的技术，淘汰落后的技术。

② 经济效益原则。经济效益是技术选择的基本原则。因为从技术进步的内涵及技术进步与经济效益的关系可知，技术进步是提高经济效益的重要手段或途径，提高经济效益是技术进步的基本目标，因此技术选择不仅应考虑技术进步，关键还要看是否有利于经济效益的提高。一般来说，技术进步与经济效益是成正比的，没有技术进步就没有经济效益（在其他条件不变时），但并非技术越先进，经济效益就越高。当二者不一致时，应以经济效益高低为基本原则。当然，这个经济效益提高应是宏观经济效益与微观经济效益的统一，近期经济效益与长期经济效益的统一。

③ 社会效益原则。社会效益原则也是技术选择应遵循的原则。在技术选择中只考虑技术进步和经济效益是不够的。因为一些技术虽然水平较高、效益较好，但对人类健康、生态环境等会产生不利的影响，即产生负的社会效益，这样的技术是不应该选择的。

④ 因地、因时、因人、因事制宜原则。技术类型是多种多样的，不同技术类型的特点及适用范围是不同的，因此在技术选择过程中必须遵循因地、因时、因人、因事制宜原则。否则，不考虑现有技术水平和人员素质盲目选择高精尖技术，不考虑人力资源充裕的现状盲目选择人力节约型技术等，都是不会取得好的技术进步效益的。

（3）生产运作技术选择的目标。

生产运作技术选择的目标受资源条件、现有技术水平、经济发展趋势等因素影响。在不同时间、不同空间，由于其资源、技术、经济等方面的条件不同，技术选择目标也有所不同。我国技术选择的长期目标是技术密集型技术、自然资源节约型技术、高精尖技术和提高生态效益和社会效益的技术。因为地球上的资源是有限的，而人们的需求是无限的，要使有限的资源满足无限的人类需求，必须依靠技术进步，必须选用高精尖技术。

技术选择的近期目标是劳动密集型技术、资本节约型技术、适用先进技术、安全生产技术，以及提高质量、增加品种、扩大能力技术等。这是由我国目前的劳动力资源丰富、资本资源不足、技术水平较低、经济发展速度要求较高所决定的。

2.技术开发和技术引进的选择

（1）技术开发的选择。

技术开发（technical development）是指利用从研究和实践经验中获得的现有知识或从外部引进技术，为生产新的产品、装置建立新的工艺和系统而进行实质性的改进工作。目前，国外一些大的企业，像 IBM、松下、西门子、微软等公司都成立了专门的技术开发机构，以求在激烈的竞争中抢得先机，形成自己的技术积累，使别人难以模仿和超越，确保企业的竞争优势。

技术开发与技术创新没有本质的区别。技术创新是与新技术的研发、生产以及商业化应用有关的经济技术活动。它们关注的不仅仅是一项新技术的发明，更重要的是要将技术发明的成果纳入经济活动中，形成商品并打开市场，取得经济效益。

在进行技术开发决策时，应考虑系统最优和局部最优的关系，综合分析和考虑市场需求、技术储备、资金状态、设备状态，以及开发周期等重要因素，尽可能在当前情况下进行综合考虑，尽可能做到整个企业系统最优。

（2）技术引进的选择。

技术引进是指一个国家或地区的企业、研究单位、机构通过一定方式从本国或其他国家或地区的企业、研究单位、机构获得先进适用的技术的行为。通常，技术引进是一种跨国行为。

技术引进与设备进口有着原则性的区别。人们常将"技术"广义化，把技术分为软件技术和硬件技术。软件技术就是前面提到的技术知识、经验和技艺，属于纯技术；硬件技术是指机器设备之类的物化技术。只从国外购入机器设备而不购入软件技术，一般称之为设备进口；若只从国外购入软件技术或与此同时又附带购进一些设备，这种行为才能称为技术引进。

技术引进的内容主要有以下几个方面：

第一，从国外引进工艺、制造技术，包括产品设计、工艺流程、材料配方、制造图纸、工艺检测方法和维修保养等技术知识和资料，以及聘请专家指导、委托培训人员等技术服务。

第二，引进技术的同时，进口必要的成套设备、关键设备、检测手段等。

第三，通过引进先进的经营管理方法，充分发挥所引进技术的作用，做到引进技术知识和引进经营管理知识并举。

第四，通过广泛的技术交流、合作以及学术交流活动、技术展览等，引进国外的新学术思想和科学技术知识。

第五，引进人才。技术引进的远期目标是从根本上消除本国、本单位与国外、其他企业在技术方面的差距，提高本国、本单位的技术水平；技术引进的近期的目标则是从生产需要出发，填补技术空白。

技能实训 ////////

实训：设计生产与运作流程

【实训目标】

提高学生的学习兴趣；掌握多门相关学科知识的综合应用能力；掌握针对问题应用所学运作管理以及相关管理学科理论与方法进行分析，提出解决方案的能力；提高学生解决企业运作系统实际问题的能力。

【相关知识】

一、生产运作流程的具体设计

1.流程的节拍、瓶颈与空闲时间

节拍，是指连续完成相同的两个产品（服务或两批产品）之间的间隔时间，即完成一个产品所需的平均时间。生产线的节拍取决于各工序中的最慢节拍。图12-3是面包生产线各工序的节拍（每批100个）。

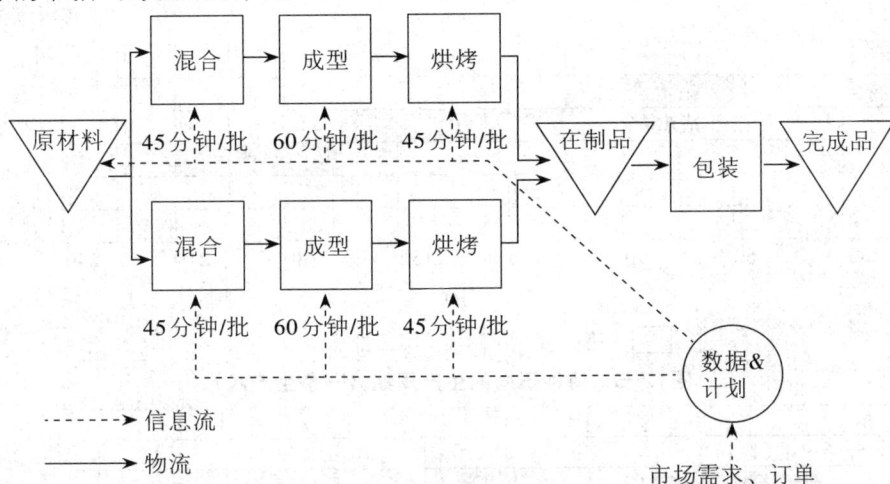

图12-3　面包生产线各工序的节拍

瓶颈，是指一个流程中生产节拍最慢的环节。

空闲时间，是指在工作时间内，设备或人没有执行有效工作任务的那段时间。

2.流程的生产能力及其平衡

生产能力，是指一个设施的最大产出率。图12-4是面包制作流程的生产能力示意图。流程的平衡，即一个流程中各个工序的生产能力基本相同。

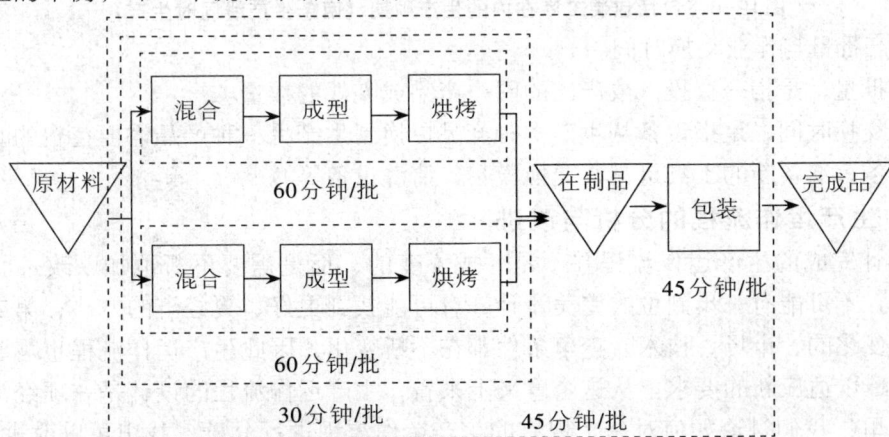

图12-4　面包制作流程的生产能力示意图

3.生产周期

生产周期，是指要加工的产品从以原材料的状态进入一个生产运作流程，直至变为成品，在运作流程中经过的全部时间。图12-5和图12-6反映的是一条生产线和两条生产线同时进行的生产周期。

299

(a)

(b)

☐ 第一批　　■ 第二批

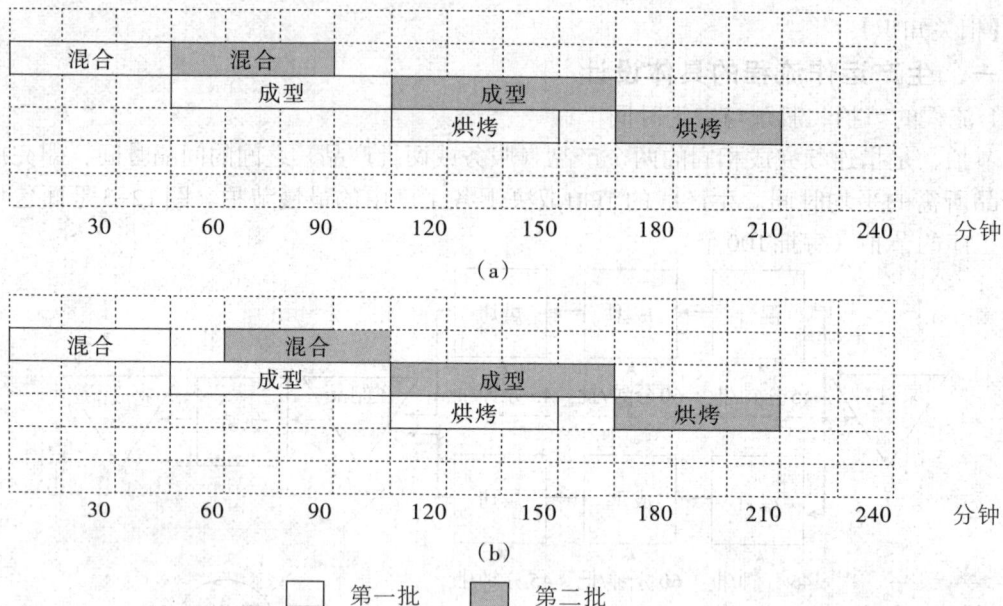

图12-5　两种不同的生产周期（一条生产线）

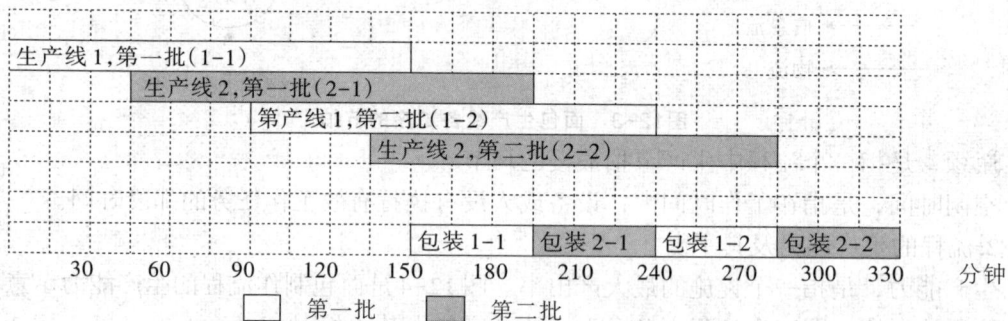

☐ 第一批　　■ 第二批

图12-6　包括包装工序在内的生产周期（两条生产线同时生产）

4.生产批量与作业交换时间

生产批量，是指一次投入或产出的同一产品或零件的数量。

作业交换时间，是指设备从生产一种产品更换到生产另一种产品需要花费的时间（以便调整设备，准备新的工具量具，更换模具，清洗设备等）。

二、生产运作流程的分析与改进

已设计完成的生产运作流程并不是一成不变的，而是需要不断地加以改进。这是因为：第一，不可能有一步到位的完美设计，有可能找到更好、更经济的方法；第二，环境是在不断变化的，市场、技术、竞争条件都在不断变化，因此生产运作流程也需要不断地加以改进，以适应新的要求。从这个意义上来看，生产运作流程的设计是一项经常性的工作。在这里，我们讨论如何对一个现有的生产运作流程进行分析，找出可以改进的地方，并加以改进。

1.生产运作流程分析改进的基本步骤

流程分析与改进的目的可以简要地概括为如何回答三个问题：我们现在何处（现状）？应在何处（改进的目标）？如何到达该处（改进的方法）？在生产运作流程分析改进过程

中，包括以下几个基本步骤：

（1）定义。在任何情况下，如果把分析和改进的对象定义为全部流程，就不会收到什么效果。因此，需要找出问题比较突出的流程进行分析，如效率最低的流程、耗时最长的流程、技术条件已发生变化的流程、物流十分复杂的流程等。确定了要分析的流程以后，绘出该流程的流程图。

（2）评价。确定衡量流程的关键指标，用这些指标对该流程进行评价，以确认所存在问题的大小，或者与最好绩效之间的差距。

（3）分析。寻找所存在问题和差距的原因，为此需要用到一些具体的分析方法。

（4）改进。根据分析结果，提出可行的改进方案。如果有一种以上的改进方案，则需要进一步对这些方案加以比较。

（5）实施。实施改进方案，并对实施结果进行监控，用上述步骤（2）的关键指标对改进后的结果进行评价，保持改进的持续效果。如果仍然存在问题，则重复以上步骤。

2.生产运作流程分析的工具

在流程分析过程中使用的最基本、最典型的工具是流程图。它能够简单明了地说明一个流程中包括哪些工作任务，这些任务之间存在的先后关系或并行关系，流程中的停顿、检查、库存等环节。选定要改进的流程以后，绘制流程图是进行流程分析的第一步，它可以使企业各个环节、各个部门、各个阶层的人员都清楚地看到企业是如何运作的。这一点非常重要，因为一个生产运作流程往往跨越企业的多个部门、多个环节，而处于不同部门、不同环节的人员往往对整个运作流程到底是如何进行的并不容易看得很清楚，或者会有不同的认识和理解。这也是流程运行中出了问题往往会导致相关环节、部门互相推诿的原因之一。通过绘制流程图，可以使大家清楚地看到整个运作流程，从而统一认识，这也是改进流程的基础。图12-7是企业销售生产运作流程图，图12-8是某制造企业生产流程图。

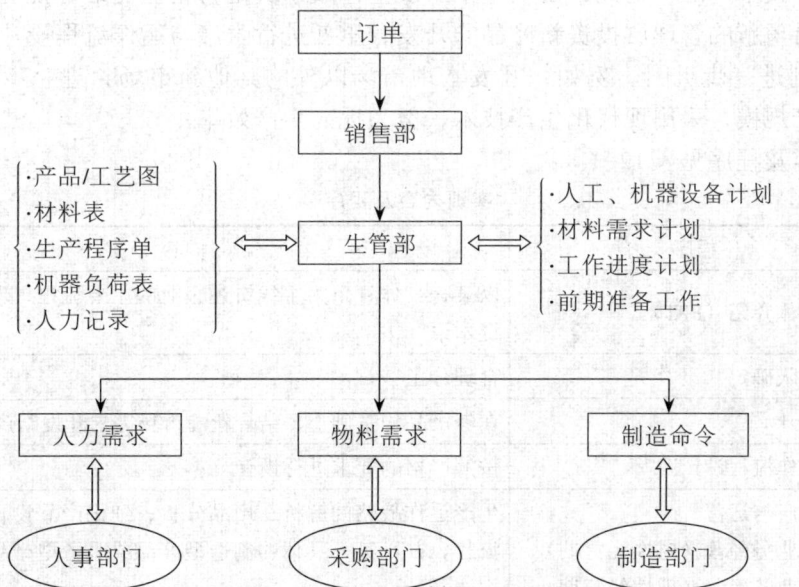

图12-7　企业销售生产运作流程图

301

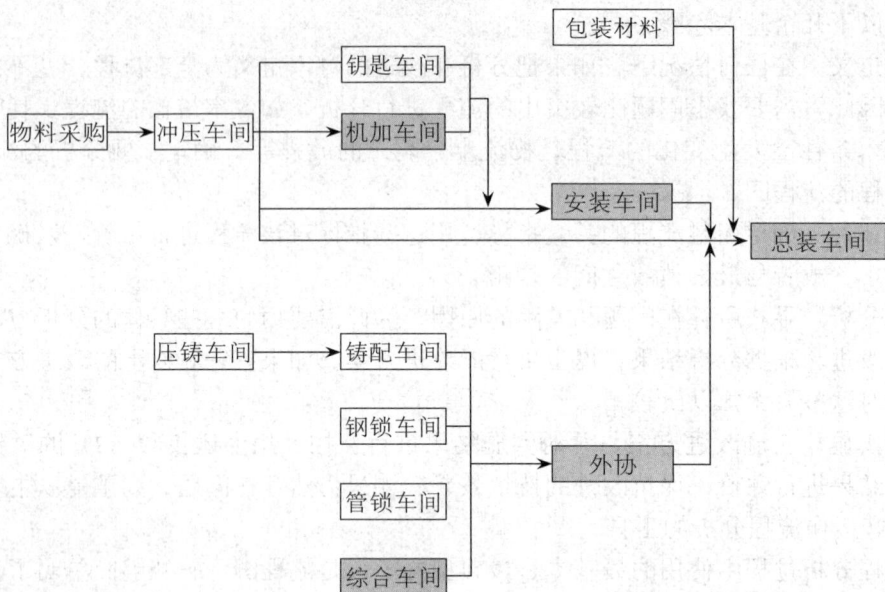

图12-8 某制造企业生产流程图

在某些情况下，尤其是在服务运作流程中，需要区分哪些步骤是在顾客在场的情况下完成的。也就是说，一个服务流程可以分成两个部分：一部分是顾客亲身参与的"前台"服务流程，另一部分则是与顾客分离的"后台"操作过程。

【实训材料及要求】

在此仍使用项目1的实训材料：某公司长期以来一直专注于某行业，其生产的P产品市场知名度很高，客户也很满意。该公司拥有自己的厂房，生产设施齐备，状态良好。最近，一家权威机构对该行业的发展前景进行了预测，认为P产品将会从目前的相对低水平发展为一个高技术产品。为此，公司董事会及全体股东决定将企业交给一批优秀的新人去运营，他们希望新的管理层投资新产品的开发，重新进行生产与运作流程设计，使公司的市场地位得到进一步巩固。例如，开发本地市场以外的其他新市场，进一步拓展市场领域；扩大生产规模，采用现代化生产技术，努力提高生产效率。

实训内容及程序见表12-1。

表12-1 实训内容及程序

序号	程序	内容
1	企业整体介绍（PPT）	以某一具体订单为主线讲述企业的主要流程，理解企业的关键术语
2	项目团队确定	合理分工
3	产品设计	在老产品的基础上，结合新的市场需求开发新产品
4	生产运作流程设计	按照严格的要求进行设计
5	引导生产与运营 第一年业务经营（感性经营期） 第二年业务经营（理性经营期）	生产运作战略的解析；产品分析；细化产品设计方案、运作流程，并以某一具体的制造型产品或服务型产品为例进行技术选择
6	总体点评	交流实训心得

[项目总结]

本项目涉及知识点包括：新产品类型、开发策略及流程；产品设计程序、生产运作流程的具体设计；新产品、产品开发、生产运作流程设计的含义；生产运作技术的选择。产品开发和生产运作流程的理论应用于实践；设计生产运作流程并选择合理技术。

[项目测试]

□判断题

（1）引进人才不属于技术引进的内容。　　　　　　　　　　　　　　　　（　　　）

（2）技术创新和技术开发没有本质的区别。　　　　　　　　　　　　　　（　　　）

（3）生产运作技术选择的目标不受资源条件、现有技术水平、经济发展趋势等因素的影响。　　　　　　　　　　　　　　　　　　　　　　　　　　　　　　　　（　　　）

（4）流程分析中最基本、最典型的工具是流程图。　　　　　　　　　　　（　　　）

（5）在设计产品结构时，主要考虑原料和制造成本的经济性，还要考虑产品是否具有投入批量生产的可能性，质量则可考虑可不考虑。　　　　　　　　　　　　　（　　　）

□选择题

（1）离散型制造企业的汽车装配线、电视机装配线属于（　　　）。

A.按产品进行的生产流程　　　　　　　　　B.按加工路线进行的生产流程

C.按项目进行的生产流程

（2）具有资本占用与消耗较多、技术装备水平较高、容纳劳动力较少特点的技术是（　　　）。

A.技术密集型技术　　　　　　　　　　　　B.劳动密集型技术

C.资本密集型技术

（3）企业率先推出新产品，利用新产品的独特优点，占据市场上的有利地位，使用的是（　　　）。

A.模仿式策略　　　　　　B.先发制人策略　　　　　　C.系列式产品开发策略

（4）在技术设计的基础上完成供试制（生产）及随机出厂用的全部工作图样和设计文件属于（　　　）。

A.技术任务书　　　　　　B.工作图设计　　　　　　　C.技术设计

（5）技术选择首要原则是（　　　）。

A.技术进步原则　　　　　　B.经济效益原则　　　　　　C.社会效益原则

□简答题

（1）简述新产品的含义及分类。

（2）生产运作流程的具体设计的基本步骤是怎样的？

（3）产品设计有哪些要求？

（4）简述生产运作流程分析改进的基本步骤。

（5）生产运作技术选择的原则是怎样的？

□案例分析题

案例1：新可乐的失败

可口可乐公司技术部门决定开发一种全新口感、更惬意的可口可乐，并且最终拿出了样品。这种"新可乐"比可口可乐更甜、气泡更少，因为它采用了比蔗糖含糖量更高的谷物糖浆，是一种带有柔和口味的新饮料。可口可乐公司立即对它进行了无标记味道测试，测试的结果令可口可乐公司兴奋不已，顾客对新可乐的满意度超过了百事可乐，市场调查人员认为采用这种新配方的可乐至少可以将可口可乐的市场占有率推高1%~2%，这就意味着会增加2亿~4亿美元的销售额。

为了确保万无一失，在采用新口味之前，可口可乐公司投入400万美元进行前所未有的大规模口味测试。在13个城市中约19.1万人被邀请参加了无标记的不同配方的可口可乐的比较。55%的参加者更喜欢新可乐，这表明可口可乐击败了百事可乐。调查研究的结果似乎证明，消费者支持新配方是不容置疑的了。

在新可乐投产之前，必须实施一系列辅助性的决定。例如，必须考虑是在产品大类中加入新口味的可乐还是用它来替代老可乐。在反复考虑以后，公司的高级经理们一致同意改变可口可乐的味道，并把老可乐撤出市场。

可口可乐公司董事长戈伊祖艾塔宣布经过99年的发展，可口可乐公司决定放弃它一成不变的传统配方，原因是现在的消费者更偏好口味更甜的软饮料。为了迎合这一需要，可口可乐公司决定更改配方调整口味，推出新一代可口可乐。为了介绍新可乐，戈伊祖艾塔和基奥在纽约城的林肯中心举行了一次记者招待会。请柬被送往全国各地的新闻媒介机构，大约有200家的报纸、杂志和电视台的记者出席了记者招待会，但他们大多数人并未认同可口可乐公司的介绍，随后的报道一般都持否定态度。新闻媒介的这种怀疑态度强化了公众拒绝接受新可口可乐的心理。

消息迅速地传播开来。81%的美国人在24小时内知道了这种转变，这一数字超过了1969年7月知道阿姆斯特朗在月球上行走的人数。

1.5亿人品尝了新可口可乐，这也超过了以往任何一种新产品的测试，大多数的评论持赞同态度，瓶装商的订单量达到5年来的最高点。此时此刻，可口可乐公司管理层决策的正确性看来是无可怀疑了，但谁都没想到这一切都只是昙花一现。

在新可乐上市4小时之内，可口可乐公司接到抗议更改可乐口味的电话达650个。到了5月中旬，抗议电话每天多达5 000个，6月份这个数字上升为8 000多个。由于宣传媒介的煽动，消费者的怒气迅速蔓延至全国。对一种具有99年历史的饮料配方的改变本来是无足轻重的，可如今却变成了对人们爱国心的侮辱。堪萨斯大学社会学家罗伯特·安东尼奥论述道："有些人感到一种神圣的象征被粗暴地践踏了。"甚至戈伊祖艾塔的父亲从一开始就反对这种改变。他告诫他的儿子说这种改变是失败的前奏，并开玩笑地威胁说要与儿子脱离关系。可口可乐公司的管理者开始担心消费者联合起来抵制其产品。

他们看到的是灾难性的上市效果："我感到十分悲伤，因为我知道不仅我自己不能再享用可口可乐，我的子孙们也都喝不到了……我想他们只能从我这里听说这一名词了。"人们纷纷指责可口可乐作为美国的一个象征和一个老朋友，突然之间就背叛了他们。有些人威胁说以后不喝可口可乐而代之以茶或白开水。下面是这些反应中的几个例子："它简直糟透了！你应该耻于把可口可乐的标签贴在上面……这个新东西的味道比百事可乐还要糟糕。""很高兴地结识了你，你是我 33 年来的老朋友了，昨天我第一次喝了新可乐，说实话，如果我想喝可乐，我要订的将是百事可乐而不是可口可乐。"

在那个春季和夏季里，可口可乐公司收到的这样的信件超过了 4 万封。在西雅图，一些激进的忠诚者（他们称自己为美国喝可口可乐的人）成立"美国老可口可乐饮用者"组织来威胁可口可乐公司：如果不按老配方生产，就要提出控告。在美国各地，人们开始囤积已停产的老可口可乐，导致这一"紧俏饮料"的价格一涨再涨。当 7 月份的销售额没有像公司预料的那样得到增长以后，瓶装商们要求供应老可乐。

公司的调查也证实了一股正在增长的消极情绪的存在。新可乐面市后 3 个月，其销量仍不见起色，而公众的抗议却愈演愈烈。最终，可口可乐公司决定恢复传统配方可乐的生产。这一消息立刻使美国上下一片欢腾，当天即有 18 000 个感激电话打入公司免费热线。当月，可口可乐的销量同比增长了 8%，股价攀升到 12 年来的最高点——每股 2.37 美元。然而，可口可乐公司已经在这次的行动中遭受了巨额的损失。

问题：利用本项目所学知识分析新可乐失败的原因。

案例 2：激光技术的应用

激光器的发明是 20 世纪科学技术的一项重大突破，标志着人类对光的认识和利用达到了一个新的高度。1916 年，爱因斯坦发表了《关于辐射的量子理论》，对能态之间的跃迁方式提出了新认识，提出了三种假设，即自发辐射、受激吸收和受激辐射，其中受激辐射是个新概念。在第二次世界大战时，大批物理学家参加了微波技术的研究与发展工作，并将光谱学和微波电子学结合起来开创了微波波谱学。随着微波波谱学的发展，许多分子和原子微波波谱被相继发现，关于粒子束反转的概念，以及利用受激辐射实现相干放大等问题逐渐成为微波波谱学家们研究的热点，从而促进了 1954 年第一台微波激射器（maser）的问世，从理论、技术和人才等方面为激光器（laser）的问世准备了条件。1960 年，第一台红宝石激光器及稍后的氦氖激光器诞生后，人们根据激光的一系列优异特性——高单色性、高方向性、高相干性和高亮度，设想了激光的种种应用前景，由此吸引了来自政府和企业等方面的投资，大批研究开发人员转入这一领域，激光理论、器件和技术的研究进展因此更为迅速。激光技术已在材料加工、医疗、通信、武器、全息照相、同位素分离、核聚变和计量基准等领域发挥着巨大的作用，成为支撑信息时代的一项关键技术。

问题：究竟是什么原因推动了激光技术的发展？

［学思践悟］

专精特新点亮中国制造

➤专精特新中小企业在工业基础领域精耕细作，充分体现出专业化、精细化、特色化、新颖化的发展特点

➤融通创新是释放大企业创新活力、激发中小企业创新潜力的有效渠道，是提升产业链供应链稳定性和竞争力的重要途径

➤从政策和市场双重角度来说，我国专精特新中小企业处于发展机遇期

建设现代化产业体系，制造业是重中之重。近年来，我国涌现出一大批专精特新中小企业及制造业单项冠军，它们创新能力强、成长性好，成为提升产业链供应链稳定性和竞争力的基础力量。

专精特新中小企业拔节成长，既是经营主体在细分领域创新发展的结果，更是中国制造业由大到强、从量变到质变，走向深层次结构性调整的重要表现。

随着我国优质中小企业梯度培育体系的构建和完善，以及产业链上中下游、大中小企业的融通创新，更多专精特新中小企业将助力中国从世界工厂迈向制造强国。

资料来源　胡旭. 专精特新点亮中国制造［J］. 瞭望，2023（16）.

延伸阅读

专精特新点亮
中国制造

[1] 陈荣秋，周水银. 生产运作管理 [M]. 北京：首都经济贸易大学出版社，2013.

[2] 王晶. 生产运作管理 [M]. 北京：清华大学出版社，2011.

[3] 申元月. 生产运作管理 [M]. 2版. 济南：山东人民出版社，2005.

[4] 柯清芳. 生产运作管理 [M]. 3版. 北京：北京理工大学出版社，2016.

[5] 周敏，曹庆仁. 生产运作管理 [M]. 徐州：中国矿业大学出版社，2006.

[6] 陈荣秋，马士华. 生产与运作管理 [M]. 3版. 北京：高等教育出版社，2011.

[7] 赵继新，阎子刚. 供应链管理 [M]. 3版. 北京：机械工业出版社，2017.

[8] 陈国华. 生产与运作管理 [M]. 3版. 南京：南京大学出版社，2016.

[9] 马士华，林勇，等. 供应链管理 [M]. 5版. 北京：机械工业出版社，2016.

[10] 马义飞，张媛媛. 生产与运作管理 [M]. 北京：清华大学出版社，2010.

[11] 张青山. 生产运作管理 [M]. 北京：化学工业出版社，2011.

[12] 孙树栋. 生产与运作管理 [M]. 北京：科学出版社，2010.

[13] 王建明. 生产运作管理 [M]. 北京：北京大学出版社，2007.

[14] 程灏，杨堉鑫. 生产运作管理 [M]. 北京：经济科学出版社，2009.

[15] 陈福军. 生产与运作管理 [M]. 3版. 北京：中国人民大学出版社，2012.

[16] 刘丽文. 生产与运作管理 [M]. 3版. 北京：清华大学出版社，2006.

[17] 阮喜珍. 质量管理实务 [M]. 武汉：武汉大学出版社，2011.

[18] 李晓春，曾瑶. 质量管理学 [M]. 4版. 北京：北京邮电大学出版社，2012.

[19] 马士华. 供应链管理 [M]. 2版. 武汉：华中科技大学出版社，2014.

[20] 姚月娟. 工作分析与应用 [M]. 5版. 大连：东北财经大学出版社，2020.

[21] 朱勇国. 工作分析与研究 [M]. 北京：中国劳动社会保障出版社，2006.

[22] 赵永乐. 工作分析与设计 [M]. 上海：上海交通大学出版社，2006.

[23] 李全喜. 生产运作管理 [M]. 3版. 北京：北京大学出版社，2014.

[24] 程国平. 生产运作管理 [M]. 北京：人民邮电出版社，2012.

[25] 韩之俊，许前，钟晓芳. 质量管理 [M]. 4版. 北京：科学出版社，2017.

[26] 陈心德，吴忠. 生产运营管理 [M]. 2版. 北京：清华大学出版社，2011.

[27] 张群. 生产与运作管理 [M]. 3版. 北京：机械工业出版社，2016.

[28] 刘宝红. 采购与供应链管理：一个实践者的角度 [M]. 2版. 北京：机械工业出版社，2015.

[29] 于淑娟，王生云. 生产运作管理 [M]. 北京：中国人民大学出版社，2016.

[30] 陈荣秋，马士华. 生产运作管理 [M]. 6版. 北京：机械工业出版社，2022.

[31] 于忠江，郭广珍. 影响劳动生产率变化的因素 [J]. 沈阳工程学院学报（社会科学版），2008（1）.

[32] 曾田，于立. 制造业生产效率的影响因素及评估 [J]. 科技与管理，2008（1）.

［33］西蒙斯．高绩效从岗位设计开始［J］．管理与财富，2005（9）．

［34］李景元．企业现场管理历史沿革与发展态势［J］．中国质量，2007（8）．

［35］段立文．生产现场管理若干要素［J］．全球软包装工业，2007（1）．